唐君毅全集卷五

人文精神之重建

臺灣學生書局印行

目錄

人文精神之重建

第三部　中國固有人文精神之闡述……一九三

第四部　中西社會人文精神之融通（上）……二八三

附錄

人文精神之重建

本書於一九五五年由新亞研究所出版，一九七四年分別由新亞研究所與學生書局在香港、臺灣兩地再版。至一九七八年共發行四版。全集所據爲七十四年再版本，並經全集編輯委員會校訂。原附錄之「人文主義之名義」、「學術思想與民主自由」、「懷鄉記」三文，前二文現改編入全集第十卷「中華人文與當今世界補篇（下）」，第三文作者已將其再收入「中華人文與當今世界」附錄之部（見全集第八卷），故此處抽出。

自序

本書名人文精神之重建，又名中西人文精神之返本開新。此書名，乃表示我之所祈望，而非謂本書已將人類之人文精神當如何重建之一切內容及一切中西人文精神之返本與開新之道皆說出。本書主要之目的，乃疏導百年來中國人所感受之中西文化之矛盾衝突，而在觀念上加以融解。此融解，乃依於我們之認識了：中國人文精神之返本，足爲開新之根據，且可有所貢獻於西方世界。我們又看出西方人文精神亦已有且當有一返本以開新之運動，或人文精神之重建之運動。故此書定名爲人文精神之重建或中西人文精神之返本與開新。此書中所包括者，大皆曾分別發表之論文，在民主評論與人生二刊發表者尤多。若無該二刊編者徐佛觀張丕介王道三位先生之督促，此諸文未必皆能寫出，今承他們允予重印，特先致感。

本書所集二十五篇文，除一篇外，皆來港五年中所著。寫時雖然非先有預定計劃，但因有一中心問題與中心思想，約依諸文寫作之時間先後次序，即自然形成一貫的線索。配合起來看，便可使諸文所說之義，互相證明。如再加刪節補充，亦可成一更嚴整之系統著作。但為保留每一文之獨立價值與啓發作用計，故改正之處不很多。大體尚保存其本來面目，寧使之終於未濟。使後之來者與我自己，有更進一步之道路可走。各文之內容雖不同，然皆有一些重複之話未刪。歌德曾說：「如眞理不重複，則錯誤將重複。」我希望我所說的是眞理，有些話是不能不重複的。

這些文章之中心問題，卽百年來西方文化對中國文化之衝擊之問題。西方文化思想之最後一次對中國文化之衝擊，卽來自俄國之馬列主義之征服中國大陸。由追問馬列主義如何會征服中國大陸，卽可引到對中西社會文化歷史之各種省察，以及世界未來之社會文化理想之方向的問題。在中國人之立場上說，卽主要是中國未來社會文化之方向的問題。此問題本來很大，我所思索的，只是這一大問題中的一方面。而我之一切文章之討論此問題，都是依於三中心信念，卽：人當是人；中國人當是中國人；現代世界中的中國人，亦當是現代世界中的中國人。此三句話，一方是邏輯上的重複語，眞是簡單之至。然一方面，則我總覺此三句話，有說不盡的莊嚴、神聖，而廣大、深遠的涵義。這一切文章之和，都不能說到此三句話之涵義之億萬分之一。在此，任何人亦都可有更多的話可說。如果人要在此懷疑，另轉念頭，亦總是可能的。因而要對此懷疑者另轉念頭者，以言論加以答覆，亦是永說不完的。如果不懷疑不轉念頭，則當下卽是。所以我之此十數篇文章，說是不足亦可，因確是不足，我亦未能答盡一切可能的懷疑；說是多餘亦可，因如果對此三句話，眞能深信不疑者，則此一切話可亦是多餘。同時，對未感到我所感到之問題者，此一切話亦會成爲多餘者。所以我在此不能不將我之此書各文之體裁與內容——即所論之問題，與我提示之答案的思想方向，略加說明。

二

此書之文，自體裁方面說，大皆是通論體，而非專門的學術研究論文。此諸通論之文中，有數篇是較偏於依冷靜的理智，從事於概念之分析者，如論眞理之客觀性與普遍性、自由觀念之會通第一篇、政治民主與人文之關係。其餘各篇，則大皆是根據一般歷史文化學術之知識，而討論各種問題，意在與人以思想上之啓發者。亦有二三篇是意存激發鼓舞人之精神，而偏帶情感者，如人類之創世紀、宗教精神與人類文化二篇。故讀者亦宜或以純冷靜的理智去了解，或兼以同情的共感去了解。至於內容方面說，則本書分五部。第一部包含宗教精神與現代人類、科學世界與人文世界、理想的人文世界、說眞理之客觀性普遍性。此四篇文皆我五年前初到香港時所寫，可謂本書之導言。此諸文皆意在提示一精神態度，思想觀點，指出我們之所當懺悔所宜嚮往。第一文宗教精神與現代人類，乃重在指出吾人須以宗教精神担負時代之苦難，以求中西古今之人文理想之會通，以解除此苦難。第二文科學世界與人文世界，是說明人文世界之全體包括科學，然單純的科學的觀點，不能確立人文世界之價值。第三文理想的人文世界，乃是以第一人稱的口氣，說說我理想之人文世界。此只是一主觀的嚮往，但尚說不上客觀的理論分析。第四篇則說明眞理應有客觀性普遍性，乃是超特殊個人之主觀的，超階級政黨與民族之偏見的。在此，我卽一方指出馬克斯之以一切學術上之眞理皆特定階級之意識形態之誤；一方表示我們之不能以個人之意見爲眞理，而應求公是公非的態度。我不以任意的思想爲思想自由之目標，而以讓大家能共求客觀公共之眞理，爲思想自由之目標。故以政治力量控制學術言論之極權政治，固當反對，但以眞理只是個人主觀意見，各人有各人之眞理之說，亦足堵塞慧根，而不可爲訓。我不能說我這些文章每篇皆表現客觀眞理，但我總希望能接近不屬於我個人所私有之客觀眞理。我常覺客觀眞理之難得，自己之思想亦隨時會走入歧途；常是走入之後，又再轉回。所以在有些地方，或比他人思想得更多，更曲折。如果讀者不具此求客觀眞理的思想態度，並忍耐一些思想的曲折，則對本書將很難一一看下去。而且亦將不能辨別衡定我所言之是非。縱然我所認識的是公是公非，讀者亦不能相信，因而對讀者莫有眞實的好處。所以我決定把此文附入，雖然此文如自哲學眼光看，並不很完備。

三

在確立整個人文的觀點及求客觀眞理之態度以後，我們卽進至第二部之四文。此中，第一文中西文化精神之比較，乃自整個人文之觀點論中西文化。此文本爲我七年前在南京東方與西方一刊所作。

此文以西方文化乃以宗教科學爲本，而中國文化則融宗敎于道德，以藝術居科學在西方文化之地位。中西文化之不同，是我一向所著重。我們須知不同不碍相通；亦正以有不同，而後有會通之工作當作，會通以後亦未嘗不可和而不同。若中西文化爲全同，則中西文化之差別，便只有進步與落後之別。通常人都由此以斷中國文化爲落後。此說我絕不能承認。信此說者，恒不免歸於自卑自賤，一切隨人脚跟，學人言語，便不能自作主宰，以提起向上精神。故我們必須知道中西文化之有不同，而各有所偏至。但此文所論極疏畧，與我今之意見，亦略有出入。但此書中亦不能不有此一篇，故亦附入。

第二部二三四篇中國淸代以來學術文化精神之省察，及西方文化精神之省察，乃分別論近代中西文化之流弊或毛病之原何而來。我們承認今日是一天下大亂之世，不僅中國文化有流弊或毛病，西方文化亦有。我們今日中國所遭遇之禍害之根原，遠的姑且不說，近的則一方原於中國此三百年之學術精神之降落，一方原於西方資本主義帝國主義與極權主義之侵畧。西方資本主義帝國主義之侵畧與極權主義之產生，亦有其學術文化思想上之根源，即其學術文化思想之精神之降落。我之所以頗着重以學術文化思想之降落，說明我們所遭遇之禍害之根原，乃依於我們之强調學術文化思想之重要性。創造未來之人類社會文化，必以學術文化思想爲先導。故反省一般社會文化之禍害之根原，亦當追尋到學術文化思想之精神之降落；我們乃知如何自根原上謀補救，而去創建開拓未來時代之學術文化思想。我在此二文中，追尋中西學術文化思想精神之降落，歸到淸代以來學者精神之降落，與西方近代之人文主義理想主義精神之降落。由此而指出我們要救當今之弊，須再生清以前宋明儒者之精神，發揚西方之近代理想主義，與中西方人文主義之精神。此是求中西學術文化精神之返本。然此返本，則同時是求開新。融會中西方理想主義人文主義之精神，與其文化思想，卽開新的工作的始點。故在此部之最後，爲人類之創世紀。此文卽歸結於論我們當承人類之理想主義人文主義精神，在今日唯物的極權主義之威脅下，抱一創世紀的理想。

四

現代世界上的人多有融會東西文化之理想。但至少在我們中國人之立場，則須以中國文化爲主爲本。而在馬列主義征服中國大陸之際，我們更先有重新去講出中國學術文化之精神之必要。我們如何去講？此不能只是抱殘守缺的講，亦不能止於純當作歷史知識來講，更不能只是欣賞玩弄的講。而必須置於世界文化思想之前，與之絜長度短的講，並拿出自己之心肝來講。不能只是拘執文字器物講，而要放開其意義來講。於是在本書第三部中，我先以一文論儒家社會文化思想在人類思想中之地位。在此文中，畧論到中西社會文化思想中儒道墨法之思想，與西方之社會文化思想之四類型之相似處。而歸結於說明儒家思想之反法家，卽反現代極權主義的意義。在此中，同時說明儒家之重全面社會人文，以家族統系、敎化統系、政治統系並立，而非以政治統制一切之思想，以袪近人以儒家思想只爲統治者之工具之曲說。

第三部第二篇孔子精神與人格世界，是拙著孔子與人格世界（人文出版社）中之數節，一方畧說明可敬愛之人格之類型，一方說明孔子之人格之偉大。我在此論孔子人格之偉大，不是如過去論孔子人格者直接說孔子之人格如何如何，乃是透過人格世界中其他人格之精神之讚美，再進而論到孔子之人格。而孔子之人格精神之偉大，最主要的一點，即在能崇敬一切人格世界之人格，以持載人格世界人文世界。孔子之高於其他宗教中之聖者之處，在其不只有高明之天德，而且有博厚之地德。由此而說明我們當崇敬孔子，同時即當體孔子之精神，而崇敬一切人格世界之人格。故我們之崇敬孔子，並非封閉我們之精神於孔子之內。此封閉是不可能的。因孔子之人格精神本身，即是開拓的。崇敬孔子，正所以使我們能崇敬一切人格。崇敬孔子，亦正是所以開拓「我們崇敬一切人格之心量」。由此而尊孔，並非眞罷黜百家，乃正所以涵蓋百家而持載百家。而崇敬百家或任一家者，亦當崇敬孔子。由此而在本原上銷除了一切迂固之儒只知孔子，不知其他，與輕薄少年之菲薄孔子的立論根據。

至于本部第三文中國先哲之人生思想，則主要是就孔子所開啓之儒家人生思想，與以一現代方式的講述。此中著重述中國儒家思想，依仁心以觀自然宇宙之生化，與具內在的和諧，乃不處處見矛盾鬬爭。並說明儒家人生思想重個人，又重個人仁心之涵蓋社會，並平等的表現於各種人倫關係中之平等慧與差別慧。這都是對照已流行於中國之西方人生思想，來烘托出儒家人生智慧之寬平廣大面。儒家這種人生思想，是經得起一切最現代的思想之考驗，而有千古常新之意義的。此文所論雖頗嫌粗略，然讀者儘可循此用心，以達精微。此二篇所論者，頗與拙著中國文化之精神價值（正中書局出版）第七、八二章之一部分，內容相同。在義理上後者較完備。然此篇則譬喻較多，文章語氣亦較活潑輕鬆。讀者合而觀之可也。

第三部之最後一文，中國今日之亂之文化背景，是拙著中國之亂與中國文化之潛力（華國出版社）中之一段。此文之用心，在說明中國之固有之文化思想，現在雖然衰落，然仍有其潛力。中國百年來之亂，乃由中西文化之衝擊。此亂不僅是單純的由於中國人之不行，而是由於中國文化精神之好的方面，牽掛着中國之現代化。中國百年來之未能建立富强國家，使科學發達，政治民主，與馬列主義之征服中國，皆由中國之傳統文化精神之好的方面，未與西方文化之好的方面相融合，而互相牽掣抵銷其力量所生之悲劇。此不是泛泛的悲劇，而是眞正的由善之衝突而生之悲劇。由此便見將中國今日之亂全歸罪于中國文化之不當，亦見中國文化之不能復不當加以否定。同時亦說明了今日撥亂返治之道，乃在自覺中國文化之精神而認識此潛力。再求如何建立現代國家，發展科學，推行民主；並把支持馬列主義之在中國勝利之力量，轉化爲積極的開拓中國文化之前途的力量。由此故知中國當前之文化思想之問題，乃在如何自作主宰的把西方傳來之科學知識、國家觀念、自由民主之觀念，融攝於中國之人文思想中，以銷除、融解由中西文化之衝擊而生的中國人思想上精神上所感之矛盾與衝突。一個人在思想精神中感有矛盾衝突時，行動決不能有力。而此矛盾衝突之銷除，只有求諸己，他人無法代勞。對中國當前之文化思想之樹立，一方是要承繼傳統之人文精神，一方是要開拓此人文精神，以成就社會人文之分途發展。由此即可自覺的建立科學爲一獨立之人文領域。由社會人文之分途發展而有各種社會人文組織，即可爲民主自由之實現的條件，同時爲富强的國家之社會基礎。如此而見吾人之接受西方觀念，正所以完成中國人文精神之發展。此方是立本以成末之事，而非忘本以徇末之事。此卽本書第四部之諸文之所以作。除此諸文外，讀者亦可參看拙著中國文化之精神價值最後論中國文化之創造三章。

五

第四部第五部諸篇，同是意在疏通中西社會文化之一些觀念上理想上之隔閡，而顯其可互相證明與互相補足之處。第四部第一篇，是本我們對中國文化精神與人生思想之體悟，而根於一自作主宰之精神，以論我們當如何去接受西方之文化思想。在此中，我指出我們應在西方近代思想中，兼重英美型之思想與德國型之思想。而在整個西方思想中，則當兼重近代精神與古典精神。於西方思想外，吾人復不當忘自己之文化思想。此是使我們成爲對西方各國家各時代之文化思想之觀察者了解者，而不爲一時代一國所囿，以補救百年來中國智識分子接受西方文化之態度之弊。以下五文，則分別就自由民主和平悠久四種理想，加以論列，而皆是通中西之古今來講。在自由觀念之會通上中下三篇中。我先分析八個自由之觀念，然後再看西方文化思想中，由希臘至今所重之自由之種類。最後再以孔子思想代表中國，看其是否具有西方之自由之觀念。在此中我們指出孔子爲仁由己之自由義，可原則上涵蓋持載其餘七種。再論中國所缺之自由權利之觀念何以亦可補足。在此中，我們之論自由是連接於人文之觀念以論，不局促於西哲中一家一派之言，而把西哲一家一派之言，安置於吾人所立之觀念系列中。

第四部第五篇政治民主與人文之關係，第六篇中西社會人文與民主，亦是將民主政治與社會人文處處扣緊來講，而不空頭論民主政治。此中，我注重說明中國過去之缺民主政治制度，非決無民主精神之證。其缺民主制度之原因，從社會文化方面說，乃在中國文化不似西方文化之爲多元而多衝突，緣是而缺西方式之並立相抗之社會團體組織。而中國今後之民主制度之建立，則係於直接由中國過去之重整全之人文修養之精神，與儒家之重全面社會人文之精神，以開拓出此後之分途發展之人文世界，並求各種人文領域中之社會團體組織之有力。此一方是融攝西方民主制度於中國政治，一方亦即中國文化政治自身當有之一發展。

自由與民主之理想，雖可在中國文化思想中求其根據，然此要爲西方文化思想所最重視。吾人乃受西方思想之誘發，而眞知自由權利之保障之重要，民主制度之重要。於此吾人當感謝西方文化思想之傳入者。而吾人所可以還報于西方之社會文化之思想，則爲和平與悠久之社會文化理想。此乃中國所最重視社會人文之理想。天下之和平與人文之悠久，實現於中國之歷史者，亦較爲顯著。西方文化思想中，倡和平者固代不乏人。然其文化中之衝突與歷史上之戰爭，畢竟較中國爲多。歐洲面積比中國大不了許多，迄今四分五裂，可以爲證。而其歷史上第一流之哲人，對天下和平與人文悠久之智慧，皆有所不足。我在第五部西方文化與悠久和平，及西方哲學精神與人文悠久人類和平二文中，即謂西方文化中對此二問題，尙不知所以解決之道，並取柏拉圖、亞里士多德、康德、黑格爾之思想爲證，一加討論，以見其哲學思想，尙不足爲天下太平人文悠久理論基礎之處。此部最後二文，即返而略論印度中國之寬宏博大的和平悠久之智慧所自生，及中國思想與社會文化中之致太平成悠久之道。

民主、自由、和平、悠久是人類人文社會之四大理想。除此以外，如平等、公道、安全、功利、福利等理想，在本書系統中，可說是次要。此等理想，亦可由民主、自由、人生價値及人文價値之槪念，所引申出，而包涵於其中。民主卽包含政治上之平等。民主亦依于人格之平等。而人格上之平等、政治上之平等，卽當引申出生存權利之平等、經濟上機會之平等及人文之創造與享用上之平等。而公道則是求「能得」與「應得」之相當。如各人工作之價値有差別，而應得有差別，似爲不平等。然以差別報差別，仍爲一平等。公道乃可涵差別之平等。安全乃所以保障人之自由權利，求安全亦卽人之自由權利之一種。至於所謂功利福利者，亦不外由權利之運用，而實現一人生價值人文價值，達某一目的得某一效果，感快樂滿足之謂。直用此二名而倡功利主義福利主義，乃未達本源之思想，爲本書所不取。但我們可說，欲天下太平，則社會必須有公道平等，欲人文悠久，卽須有安全，而有正當之功利或福利之目的之達到。故平等、公道、安全、功利、福利等，亦可包於和平悠久之理想之中。民主自由和平悠久之四理想中，民主是政治的，自由是社會的，和平是國際的天下的，悠久是通古往今來的。民主自由和平，是今日之爲生民立命之道，和平而悠久卽兼爲萬世開太平。至於橫渠先生所謂爲天地立心，則宜當自宗教說；爲往聖繼絕學，則在乎教育與學問。但今日言學問，當不限於往聖之仁義道德之學。科學、藝術、文學、哲學，皆是專門之學。人類人文世界之全幅開展，必當兼包含宗教科學藝術文學哲學之大盛。宗教求神、科學求眞、藝術求美、文學求誠、哲學求慧。神眞美誠慧，皆可分別成一純粹的文化理想，與民主自由和平悠久等倂列。而我們講中西文化理想之融通，亦尙有種種關於宗教思想、文學、科學、藝術，及專門哲學思想之融通等問題。這都是可以分別討論的。但只就社會人文之理想來說，則民主、自由、和平、悠久已足够。人類社會有民主自由、和平、悠久，然後個人之宗教藝術科學文學哲學之創造，乃可日進無疆。而個人之宗敎藝術科學文學哲學之創造，亦卽所以成就社會人文之民主、自由、和平、悠久。所以我們亦可暫不對這些問題，單獨分別討論。而留俟他書或他人更端另論。　至于本書最後一文則爲總論中西學術之歷史發展之三階段，　以見吾人今日對中西學術持平等觀之可能，並暗示二者之融通之可能。此文可畧補方才所言此書所未備之處，堪爲本書之後殿。至於附錄中之幾篇短文，則可作本書之餘論看。但此諸文較本書正文爲簡單明瞭，青年朋友亦可先看。

六

本書五部之宗旨及關聯，即如上所述。本書雜論中西之文化思想，總不免掛一漏萬。但是中心思想，則依于人當是人，中國人當是中國人，現代世界的中國人亦當是現代世界的中國人之信念。我認爲不僅人當自信是人，即上帝亦不能不望人眞是一人。不僅中國人當自信是中國人，西洋人眞愛中國者，亦不能不望中國人像一中國人。不僅生于現代世界的中國人，當自求成一現代世界之中國人，即中國古人亦必然望我們今日之中國人眞成爲今日之中國人。本書一切文章 皆本于此三信念而作。不過偏重在由第一信念以說第二，由第二以說第三。故第一信念尤爲本書之核心。而論列之方式，則大皆取間接一層之方式。如論現實，則追到理想。論現在，則回溯到過去。推尊孔子，則先推尊他人。論中國，則先說西方。然後由理想回到現實，由過去述至當今，由推尊他人以推尊孔子，由西方再返至中國。此種間接一層論列之方式，幾貫注於本書各篇中。因我覺不如此間接一層，則推拓不開，而一切對照不顯。對照不顯，則所論者之價値，不能凸出。然一切義理，要間接一層，推拓開說，從對照上說，則恒不免鼓盪氣機，不能親切平易近人。我亦未嘗不知，對許多義理以親切平易近人之口氣說，有時可更使人感發。這使我自已，有時也厭棄本集中許多文章。但是要蕩除偏見，振刷人心，則本書方式之文章，亦不可少。故仍與以付印。

為使讀者更能了解本書之內容計，我再總結上所說，提出幾項我特別着重之點。此諸點是與數十年來一般時論不必一一皆同的。

（一）本書着重的，是說正面的話，而不重說反面的話。本書在反對任何思想主義時，同時必要正面的想：以什麼代替之？即墨子所常想之問題：「既已非之，何以易之？」

（二）本書之目光，總希望能照顧到一問題之全面，並對古今中西之思想，平等加以尊重。而論其是非高下，則本諸理性。其求全而得偏，與是非不當之處，自甚多。但此乃篇幅之所限，個人學力之所限，與德量修養之不足，而非心之所安。我希望人能指其錯誤而補其所不足。

（三）本書尊重科學在文化中地位，而不以科學在文化中居唯一最高之地位，亦不取一專門科學中之理論以評論人文。

（四）本書肯定宗教精神之價值，並以儒家之人文精神本包含亦當包含一宗教精神。

（五）本書論民主自由，必連社會人文論。本書之根本概念或高級概念，乃人格世界、人文世界、社會人文、人文價值、人格價值之類。民主自由之概念居第二位。但在實際之求民主自由之政治事業中，以民主自由爲第一位之概念亦可。

（六）五四時代，以科學與民主衡定中西文化，本書則以人文世界包括科學與民主，以人性人格爲人文價值之本原。本書不空頭言民主與個人自由，而連人文價值或人格價值言個人，連人文價值社會人文組織之發展，以言民主自由之何以爲應當，與其實際實現之必須條件。

（七）本書以中國之當前之災難，乃由中西文化之衝突、中國文化之缺點與流弊，及西方文化之缺點與流弊混合之所生。中國人之成此悲劇之主角，不能專責他人，亦不能專責自己。

（八）本書承認百年來西方帝國主義資本主義之侵略對中國人心之重大影響，同時着重說明，中國民族之求頂天立地的獨立於世界，乃其深心中最大之要求。我並以爲許多善良的人，其參加中共，寄望於中共，而信馬列主義，自下意識中說，正是由欲以西方之「否定此侵畧之思想」，否定「西方之此侵畧」，而達以子之矛攻子之盾之效果。此種善良之人思想之錯誤，在不知唯物的馬列主義，根本不能正面的成爲中國學術文化之指導原則。又不知在政治學術文化思想上，隨人脚跟，學人言語，不能自作主宰，則中國民族永不能眞頂天立地的獨立於世界。一個人未有意識精神不獨立，而身體能獨立者。一國家亦未有學術文化思想上不獨立，而國民經濟與現實政治上能獨立者也。故反共而不求學術文化思想之獨立者，亦爲本書之所反對。

（九）中國之復興，首賴知識分子在學術文化思想上之自作主宰之氣概之建立。此自作主宰之氣槪，不得對先聖先賢之崇敬，亦不得虛心學他之長。自尊，尊人，與尊聖賢人格，乃三事一心。凡人只知其一，不知其二者，必不能眞知其一。

（十）本書肯定中西文化之不同之價値，亦肯定中西近代之學術思想之價値，且肯定近代以前古典學術文化精神，足補當今之弊。故暗示一中西人文精神之返本以開新之道路。人類之創世紀，不僅係東西人文精神之會通，亦係於近代精神現代精神與古典精神之融合。此方爲世界性之眞正文藝復興。對此人類文化之遠景言，本書只有引而不發之暗示，而未嘗具體的加以描摹。因此係於人類共同之創造，而非任何人所能機械的預定者。本書論西方文化者，在份量上與論中國文化者，亦不相稱。故本書又名爲中西人文精神之返本與開新，乃表示我之所祈望與本書之所暗示者而已。此即如此序之篇首所說。我之此書，不希望他永遠流傳。希望人了解之而見諸行事，或著出更好的書，因而此書將被忘掉。一個穀子若不腐爛，亦不能生更多之穀子。我希望讀者讀本書，要在心知其意之後，涵蓋之而超越之，以求有進一步事業上學術上的創造。而不要只停在此書所說。因我自己亦不願停於此。我以後亦擬少寫此類之文章，仍回到比較更切實的學術工作。如果可能，我希望能先將五年前所寫之較富理論性之人類文化之道德理性基礎一書，加以整理出版。故此集之付印對我個人工作，或亦是一段落。在我今日以前所發表一切談一般社會文化問題之文章，此集未收者，皆一律作廢。原文與此集有出入者，亦以此集爲準。

中華民國四十三年一九五四年二月一日・君毅自序于香港

重版自序

本書于一九五五年由新亞研究所出版，並列爲人文叢書。當時之研究所，意在于人文叢書名項下，出版一般社會人文通俗論著。但後來研究所出版之書，則多屬專門性之學術研究書籍。故雖常有人要買此書，我一直無意加以重版。而我個人之工作，在二十年來，亦偏向專門性之學術研究與教學，更少暇論述一般社會人文之問題，亦覺此書無重版之必要。但近二年來，我有些工作，已告一段落。故決定將若干通俗性之撰述，皆加以重版。如哲學概論一書，交香港友聯出版社及臺灣學生書局重版，中國人文精神之發展，交臺灣學生書局重版，此書亦就原來之紙型，由學生書局及新亞研究所分在臺港兩地重版，以應讀者之需。

至於本書內容方面，則此重版，無多改正，只校正若干錯字，並重排其中之一頁。在我寫此書後，更有中國人文精神之發展，及最近編成之「中華人文與當今世界」論文集，其中思想，皆繼此書而更進；但與此書之所論，亦無相矛盾之處。二十年來，我以通俗文章論中國與世界之社會人文之根本立場，亦無改變。此書之種種論點，我現在看來，亦大體上仍能成立。其應修正補充之處，自然很多；但讀者能先看此書，再看我後來之所寫，與他人所寫者之進于我之處，可更自求如何可以修正補充之道，亦不爲無益。故今加以重版，亦是必要的。一九七四年三月十日唐君毅于南海香州

前言

（一）本書諸文之主要目標，在疏解百年來吾人所感受的中西古今之若干文化思想觀念上的衝突，而嚮往一和融貫通而分途開展之理想的人文世界。吾信一切有價值之文化思想觀念，皆當被保存發揮。吾人之心既能感受思想觀念上衝突，而吾之此心又爲一有統一性之心，卽當求此衝突之解除，亦必能求出解除此衝突之道。

（二）爲求達上列目標，故此書諸文之思想之方法，非以一任何已成之一家一派哲學或一種科學上之原理或某一政治上之主義，而據之以演繹結論之演繹法，亦非排比事實材料而由之抽出原理之歸納法。吾此書所嚮往而或未能達之思想方法，是直就吾之生此時代，居于中國，上承中國數千年歷史文化之傳統，外感世界文化思潮之流注，吾所親身感受之若干人生文化觀念上之衝突，而情志上有所不安不忍處；自覺此中問題所在，使此心沉入問題之中，甘爲諸矛盾衝突之觀念之戰場；再進而卽于此戰場之中心，求修築縱橫交會之路道，以化除諸矛盾衝突之觀念，使之各還本位，和融貫通。

（三）由上所述，故此書諸文如有價值，皆不在其抽象之結論——此抽象結論，稍有聰明之士，皆可于一時間驀然相遇，亦可由道聽塗說而得——而在如何袪疑辨惑，宛轉曲折，以導向一結論。此卽本書諸文所以辭繁不殺之一故。本書諸文及文中諸節之標題，皆只供一提示之用。此諸標題，大皆文成以後，再加上者。故吾不望讀者本此諸標題，以推概文中之意。吾望讀者如讀本書之任一篇，皆宜從頭至尾讀完，再融會前後文之意，以求一如實之了解，不宜斷章取義。

（四）本書之文，因皆爲通論體，如是我聞，如是我思，于是如是我說。其所本之材料，不及一一註明出處，然非無所本，望讀者之自行查考。其立論之最後的哲學上的理論根據，亦不及在本書中加以說明，然亦非無所據，望讀者之自思。如有不當之處，亦望讀者指正。

（五）本書對徒作狹而深之專門學術研究之讀者，恐難有所助益。但吾望眞正關心全面之社會文化之若干思想家、教育家、宗教家、新聞記者、雜誌編輯者、作社會文化運動者、眞正之政治家，與學問與趣正向多方發展之青年，能成爲此書之讀者，將對其作社會文化事業與治學之觀點、方向、態度之確定，胸襟度量之開闢，多少有所助益。亦唯由彼等之能多少得助益，而後此書能間接有所貢獻于中國社會文化之發展與進步，而不負本書諸文所以寫作之初意。

（六）本書宜與拙著中國文化之精神價值（正中書局出版）之最後三章中國文化之創造參看。本書所涉及者不限于中國，且發揮較詳。然根本理念之陳述，則此三章較爲嚴整，且多有爲本書所未及發揮者。

民國四十三年十二月一日君毅誌

第一部 導論

（懺悔、嚮往、與對真理之信心）

宗教精神與現代人類

一　人與天之合作，以挽救人類之物化

因爲現代中國所感受之問題，皆與近代西方文化對中國文化之衝擊有關，所以本文論宗教精神與現代人類，自西方近代文藝復興說起來。我們都知道，文藝復興以來西方人文主義運動，由反中古宗敎之重神而忽人，反中古神學中之獨斷之敎義，反中古敎會之統制文化開始。于是從統一的教會中，解放出個人之信仰自由；在神學外盡量發展科學哲學；從宗敎性之建築、音樂、圖畫、新舊約之文學中，胚育出近代之多方面表現人性之藝術文學；從神聖羅馬帝國，脫穎出近代之國家與政治。人從企慕天國之福樂，對上帝之信仰與祈望，轉化出仿效天國以建立人國之熱心與理想。耶穌要上帝的事還上帝，凱撒的事還凱撒。文藝復興後之西方思想，則進而要人性還人性，自然還自然，文學藝術還文學藝術，科學還科學，以致經濟與生產技術還經濟生產技術，由此而成就對個人人格之各方面活動之進一步的尊重，成就千巖競秀、萬壑爭流之西方近代文化。上天國必須承認自己之罪惡，克制自己；而近代西洋人之想建立人國，則從征服自然，求戰勝外界開始。科學與征服自然戰勝自然之精神

結合，形成了近代之工業文明。在工業文明之下，產生了近代之資本主義經濟制度，與反資本主義之社會主義共產主義運動。從這裏看，則近代西洋的文化，是從反中古宗教開始的。而近代人文主義之精神之發揚，從神轉到人之思想之提倡，正是構成近代之異於中世之關鍵所在。孔德認爲人類學術之進化乃由神學時代而玄學時代，而實證時代，他想以人道教代神道教。佛爾巴哈謂他之第一思想爲神，第二思想爲自然，第三思想爲人。都是在標明近代之重人之異于中世之重神者。

由上所述，在現在想保存西洋近代文化之傳統的人，愛護西洋近代文化所自生之尊重個人人格之精神的人，相信西方人文主義的人，恒不免對西方中世之宗教文化，自覺的或不自覺的，不懷好感。由於摧毀個人自由最烈的俄國共黨組織之若干方面，類似中世紀敎會之組織；於是人由於厭惡共產黨，而追溯其文化淵源於基督教者（如羅素），亦不免忽視西方中世之宗敎之價値。其實，我們在現在發揚人文主義之精神，我們所要對治的，只是視人如物、以駕御機械之態度駕御人之唯物主義。我們所要講的人性，是異於物性的人性，而非異于神性的人性。我們所謂人文，乃應取中國古代所謂人文化成之本義。「人文化成」，則一切人之文化皆在內，宗敎亦在內。中國儒家所謂人，不與天相對。用今語釋之，卽不與神相對。中國之人文思想，自來不反天而只贊天。我們今日承中國之人文思想，以論我們對文化之態度，亦不須從反神反宗敎之精神開始。西方現代所需之新人文主義，亦決不能如文藝復興以來之人文運動，持人與神相對之態度。反宗敎是不必須的。不僅不必須，而且從整個西洋文化之保存與發展看，西方之宗敎精神是應當保持的，加以發揚的。如說已衰亡，便應使之再生。未來的西洋文化，決不只是近代西洋文化之精神之直線發展，並兼須迴向中世與希臘之精神。人類的文化之發展，常只有返本，才能開新。說近代西洋文化精神之發展，須由返本以開新，在只生活于此近代西洋文化潮流下之人，恒不能理解，亦不願聽。此話一時亦說不清。我們只須指出：近代西方思想之發展，至少其中有一條線，是從講神而講人，講人而只講純粹理性，講意識、經驗；而下降至重講生物本能、生命衝動。到現在而唯物主義橫掃歐亞。人眞能思想到物的重要，表示思想之擴展至極。然亦表示思想之外在化至極，與墮落至極。物質以下便是空間。空間只是虛空，人之思想與精神，再不能向虛空墮落，故必須回頭。這一回頭要包括回到神，人與神合作，以救住人類之物化，免于墮落虛空。所以未來之西洋文化之大方向，除非是唯物主義絕對勝利，便不應是宗敎之衰亡，而應包含是宗敎之再生。如果唯物主義絕對勝利，則不僅宗敎衰亡，一切人類文化亦難保持。人類文化不亡，人總不能全部物化。便須有上升而求神化之宗敎精神，以直接挽住下墮而物化之人類命運。我們須知中世紀宗敎統制文化之弊害，已經近代文化之洗滌。則此後上升求神化之宗敎精神，便可專顯其對治人之下墮物化之精神效用。中國儒家人文主義，以人爲三才之中，上通天而下通地，所謂「通天地人曰儒」，誠是一大中至正之道。但是後代儒者或排斥專求神化之宗敎，與忽畧對物之利用厚生之事，便不免有病在。個人依儒者之道以盡心知性知天，至誠如神，覺此心卽天心，人卽天人，另無外在之神，固是一精神之極高境界。而個人之少私寡欲，忘却貨利之重要，亦學賢聖者必有之懷抱。然而對社會文化說，則人們必須先存在于物質世界，才能學賢聖。而對物界之了解與加以主宰，均表現人類精神活動之開展。利用厚生，即所以充實人之自然生命力，以從事文化道德之生活者。而人能先信一外在之神，至少亦是使人超越唯物之宇宙觀之一精神條件。愚夫愚婦之求神化之嚮往，皆可以平衡其一往追逐物欲之趨向。而一般人眞要識得人心天心原來不二，人性中有神性，亦恒須先視天心或神爲外在，對之有崇敬皈依之宗教意識。則儒家之聖賢學問，在社會文化上，正須以科學與生產技術之發達，宗教之存在，以爲其兩翼之扶持。中國古代儒家精神，原是即宗教，即道德，即哲學者，亦重利用厚生者，本當涵攝科學與宗教。然後代儒者，因要特重人而不免忽畧其中之宗教精神，並忽略對物界之了解與加以主宰之事；乃未能充量發展此儒家原始之精神。如充量發展之，顯天地人三才之大用，正須在社會文化上肯定科學與宗教之客觀地位。此一肯定，完成了中國文化之發展，顯示出人文化成之極致；此與西洋未來文化將以宗教精神之再生，理想主義之發揚，救治人類物化之趨向，兩相湊泊。正是人類文化大流，天造地設的自然滙合之方向所趨。由此以看一時橫決之唯物主義，其在西方文化史之發展上，便不過近代機械文明下之一必經變態。而中國現在之唯物主義，不過中國文化過去忽略對物界之安排之一報復。這必經的變態與報復之效用，均在昭示人類文化由反本以開新之大道。西方文化之返本，賴宗教精神之再生，理想主義之發揚。中國文化之返本，賴儒家精神之重新自覺。在此自覺中，聖賢學問將不以囊括或排斥其他文化活動之姿態出現，而將以肯定其他文化活動在社會上之獨立地位之姿態而出現。因而不僅對物界之安排之科學與生產技術，將被重視，而宗教之獨立地位之肯定，亦不可少。而直接糾正唯物主義，宗教精神尙須居于前驅之地位。記得伍光建先生曾譯一書名列寧與甘地。二十世紀之精神之象徵，是列寧與甘地。甘地是直接對治列寧，使之顯出渺小而無地自容的。耶穌與釋迦，是直接對治下墜而物化之文明，物化之人生的。所以我們的新人文主義，不特不能反對宗教，而且要爲宗教精神辯護。雖然我們仍是以人文之概念涵攝宗教，而不贊成以宗教統制人文。在兼通天地人的意義下，孔子是可以涵攝耶穌釋迦與科學之精神的。然而至少在補今日之偏，救今日之弊的意義上，我們對于耶穌與釋迦，決不當減其敬重。

二　流俗所謂宗教精神恒爲第二義以下之宗教精神

我們爲宗教辯護，並非向已信宗教者說話，而是對不信宗教或未信宗教者說話，以使人更公認宗教在文化中應獲得地位。而我們之立場，又非站在某一特殊之宗教立場，以勸說人信某一宗教。而唯是站在一求人類文化生活之充實發展之立場，以論究此問題。所以我們之辯護，將只着重說明宗教精神之價值，宗教精神對于人類文化之必需。而不着重在神存在（或佛菩薩之存在）之證明、神之意義之說明等。關于神之意義與神是否存在之問題，我們只當在純哲學或神學中討論。我個人是相信宇宙間有鬼神存在的。但神之意義如何，則不是簡單的幾句話可說，此亦不必與一般宗教家所說全同。我現在所能說的，是人只要打破了絕對的唯物宇宙觀，並打破只以感覺所對爲實在之態度，人總會發現一種意義之超物質之神之存在的。而且我們可以退一步說，縱然任何意義下之神皆不存在，神只在人們之主觀之信仰或想像中；人能信一超越的神，而依之以生一宗教精神，仍有極高之價值。我們主張，無論如何，對整個人類言，其中必須至少有一部分人，富於眞正之宗教精神。任何人皆須了解宗教精神，讚美崇敬有宗教精神的人，或自己亦具備相當之宗教精神。對現在之時代言，則眞正宗教精神之價值之普遍的被認識，尤有迫切之需要。在這個時代，如果人們之宗教精神，不能主宰其科學精神；人之求向上升的意志，不能主宰其追求功利之實用的意志，人類之存在之保障、最高的道德之實踐、政治經濟與社會之改造、世界人文主義之復興，中國儒家精神之充量發展，同是不可能的。

我們說這個時代，尤特須眞正宗教精神之價值，普遍的被認識。我們所謂眞正之宗教精神，是用來簡別世俗流行的所謂宗教精神之意義的。世俗流行的宗教精神之意義，或是指一種堅執不捨，一往直前的意志。或是指一種絕對的信仰、絕對的希望。或是指一種人對於其所信仰所希望實現的目標之達到，有一定的保障之感。此三義可相連，統可如詹姆士之名之爲一信仰的意志。通常人說一革命家、一主義信徒、一事業家、一戀愛追求者有宗教精神，常不出此三義之外。此三義之宗教精神，表現在一般宗教生活之本身，即爲一信仰神之愛吾人，救主之願賜恩於吾人，信仰吾人之將蒙恩而得救；信仰吾人只要眞向神祈求，神卽能助吾人之成功而得幸福。由此信仰，而感到自己之生命有了寄託歸宿，覺到一切都安穩了，而加强了生活意味與勇氣，在人生道上一往直前的意志。一般宗教徒之宣傳宗教，亦常依此意義，以講宗教之價值。一般人之相信宗教，亦恒是依此意義而相信宗教。但是此種宗教精神之意義，只是第二義以下的。並非眞正的宗教精神的根本意義，原始意義。如以此爲宗教精神之根本原始的意義，或人自開始點卽出自此動機以信宗敎，人便落入純實用功利的觀點。從實用功利的觀點，人絕不能透入宗敎之核心的。而人若泛稱一切有絕對信仰與堅强意志的人爲有宗敎精神，則宗敎精神之對人類爲禍爲福，亦殊難說。因爲人之絕對信仰堅强意志本身，可卽是壞的。如從此種意義講宗敎精神，則宗敎精神之眞正價值，不能確定下來，不成爲當普遍的被認識者。

三　苦痛罪惡之存在之肯定與超一般意識之解脫苦罪之意志

我們所要指出的眞正的宗敎精神，是一種深切的肯定人生之苦罪之存在，並自覺自己去除苦罪之能力有限，而發生懺悔心，化出悲憫心；由此懺悔心悲憫心，以接受呈現一超越的精神力量，便去從事道德文化實踐之精神。此精神在世間大宗敎中皆有，而原始佛敎基督敎更能充量表現之。在原始自然宗敎中，人相信有神，恒由其深感自然降臨之災難與苦痛，並覺人力之常有無可奈何之處。在此中，罪惡之自覺，比較茫昧。而直接求神賜福之念，則較顯著。此其所以爲最低之宗敎形態。回敎婆羅門教中一方對神作讚頌祈禱，或冥想直觀的工夫，一方即要人直接依神之所命或效神之德以成人德。但在基督教與佛教中，則先對人之罪惡有深切之自覺，乃爲最主要者。基督教所謂原始罪惡，佛教所謂無明煩惱，都不只是與生俱生，而且是由人類之第一祖宗傳來，或無量劫傳來，深藏於吾人生命或下意識之底的。此罪惡之根，在吾人生命或下意識中之底，即在我們個人所能自覺之表面的意識生活現實生活以外。故一般浮淺的道德反省，恆不能透入之。世俗的遷善改過，亦恆不能絕去此罪惡之根。因而必須要大懺悔，大謙卑，以沉抑下我們浮動掉舉之心，自內部翻出一自罪惡絕對解脫之意志。此意志直接求超化吾人之下意識境界之罪惡。故此意志，亦爲一超意識境界之超越的意志。此超越的意志，一方懺悔悲憫吾人之罪惡；一方即本身是——或能接上——一宇宙之超越罪惡之意志。此即神之意志或一超越的精神力量。而由此意志、此精神力量之呈現，吾人乃能眞拔除吾人之罪惡，而有宗教性的道德文化之實踐。這一種精神，我們可稱之爲原始的佛教基督教之眞精神。表現這一種精神之第一句話，不是與人以一福報之保障，不是使人相信你求什麼，神佛便幫助你什麼，而是在人深陷於苦痛、無辦法的時候，向人啓示：你的一切苦痛，都原於你與人們的罪惡。你不能湔除你與人們的罪惡，你便應承擔苦痛。而你必須憑一超越的意志或精神力量，你才能去除你與人們之罪惡與苦痛。否則，你總是無力的。你自以爲有辦法的，都是無辦法的。你一般意識生活中之一點理性的光輝，你現實生命中之自然力量，乃是被限定的，卑微的，渺小的。如此，則你只有轉出或接上一超越的精神力量，可以使你逐漸上升，望見眞正的偉大、無限、幸福與至善。在最後階段，你可以有保障。然而此保障，是第二義的。故說之爲神所賜，是佛菩薩之加被。你並不能期必此保障之何時降臨。即此保障之何時來臨，你不覺有保障。你不覺有保障，你才可以眞得保障。所以眞宗教的精神，自始至終都是謙卑的。流俗的宗教宣傳，開始點即說：你信了神，便有神冥冥中扶助你；祈禱他，他就答應。此除了爲教化的方便，別無價值。而當人不知此只爲一方便，而以爲眞宗教精神即求神扶助時，並以祈禱神相助，爲宗教生活之主要內容時；人根本誤解了宗教精神，而過着一墮落的宗教生活。西方教會自成一政治力量後，神之信仰便有時成扶助教皇滿足權力欲之工具。耶穌之原始精神即開始喪失。而近代宗教改革以後，信仰自由之被承認，固是一進步。然一般人以宗教信仰保障人之世俗事業之成功之意味更强，却更代表一宗教精神的平凡化與衰落。所以我們要講眞宗教精神，必須透過一層，回到宗教精神之根本處原始處去。如果我們不能在此根本處原始處，看得穩，握得緊，並求其爲人所了解，我們將不能有宗教精神之再生。而宗教在文化中之地位，亦將因其本身之功利化世俗化，而日益降低。不復能再有其過去之尊嚴與光榮，以至根本失却在文化中之地位。

四　近代精神與宗教精神之相違

然而我們上述之眞宗教精神，在近代人現代人之文化意識中，却是不易眞被了解的。因爲西洋之近代文化之根本精神，自一方看，是與眞宗教精神相違的。眞宗教精神，是先肯定苦罪之源遠流長，自己對自己之苦罪無辦法，知我們一般意識生活中之理性，現實生命之自然力量，是不能拯救我們到苦罪之外的。而近代之西洋文化，主要是富於自然的生命力之日爾曼人所創造。誠如斯賓格勒之在人與技術，及西方文化之衰落二書所說：近代西洋人是先有一野獸般的自然生命衝動。由此衝動而不自覺的自信其力量之無限。故在其未有什麼文化創造時，雖亦具一原始人類同具的宗教情操，而易于接受基督敎精神的陶冶與感化。但是在他入文化舞臺，在近代文化史上出現時，便要想建立人國于地上與天國比美，而顯出一與上帝競賽偉大的雄心，成所謂浮士德精神。于是改革宗敎，航海開荒，征服五洲，殖民世界。天文學之進步，于此又展示了太陽中心之學說。天體之偉大與無限，使人之心量亦向無限之空間開展，而追慕無限。物理學、化學、生物學之進步，使人更了解自然，征服自然。農業工業、醫學之進步，使人于地上的礦物，可自由加以改變製造；於植物動物，可自由加以變種培植畜養；於人自己的身體，可多方治療其疾病，延長其壽命。十八九世紀，科學發展到社會科學及心理學。人們相信，我們一朝發現了社會政治經濟心理的原理定律，我們便能依理性以改造舊的社會，以組織一永遠向前進步的人類社會。樂觀的絕對相信進步的思想，使學者們從生物學上的進化論，轉到尋求社會進化的證據。人類的史料，成了學者們構造社會之政治、經濟、家庭，一切的一切之各種進化階段之學說的證據。而每一進化之學說，均助長了人們的自信，相信現在的階段應當存在，將來期望的階段必然出現。而此相信所自來，在根本處說，則由人之自信其生命力理智力之無限，科學力之無限，而自覺的或不自覺的自信：人可以建人國，以比美天國；人可以與上帝競賽偉大。在這一種精神下，人是認爲人之一切苦痛，都可賴自力克服；個人之罪惡，都可賴一般敎化力量去化除；社會之罪惡，則可賴戰爭革命來燒凈滌洗。在近代西洋，從培根、康多塞、孔德、弗爾巴哈、馬克斯，及其他無數思想家，都爲此種進步之理想所鼓舞（此可看比芮Bury進步之觀念Ideaof Progrers一書）。近代西洋人總覺自己對自己之命運，一切都是有辦法的。宇宙的進化，生物的進化，是自然且必然的。人類社會之出現，人類社會之進化，亦自然且必然的。在自然之上，肯定一超自然之神，是不必需的。因而「眞正的承認自己之苦罪，爲一般理性及自然生命力量所不能加以拔除拯救，必須承受一超越的意志精神力量之呈現」之宗敎精神，是與近代西洋文化中之根本生命情調，人生態度相違的。此便亦是眞正宗敎精神總爲近代西洋人之精神所拖下，以致現實化世俗化之理由。而我們要使我們上述之眞正宗敎精神，爲浸習于近代西洋之思想生活之人所了解，在開始點即有一情調態度上的不相入，而使說話者亦感困難。

五　無可奈何之感與罪過之自覺

但是在二十世紀以來，人類接二連三的經歷了世界大戰。在西方人，由文藝復興宗敎改革、啓蒙運動、使個人精神解放而生之心靈自由之感、生命歡樂之感都漸喪失，樂觀地絕對相信進步之心情，都漸漸動搖了。第一次大戰，有人統計死的人之棺材， 連起來可以由海參威到倫敦。 第二次大戰，應當可以繞地球一週。第三次大戰，只須數十顆原子彈，即可毀滅全人類。我們不要說此事不可能，而自己享受着今天的活着。日本廣島的人， 在原子彈未降下的一刹那， 亦曾享受其生命的活着的。在廣島，當時定有母親正在抱着小孩，商人正在拿着賬簿， 科學家正在研究室， 政論家正在作文，論日本之必然勝利，哲學家正考慮着人類之進化，必是依着日本精神所示之方向的。未產生的事情，在未產生時，都好像永不會產生。然而一產生，便永遠產生了。人類的毀滅，不是不可能的：因爲人類正到處瀰漫着與汝偕亡的心理。而唯物主義的思想，不惜視人如物，必然的結論，亦是不在乎人類之毀滅與否的。因人類毀滅，人身之物質的分子原子電子之能力，仍是存在的。一切皆有內在的矛盾，進行着內在的鬥爭之宇宙觀、社會觀，便是促進人類之戰爭的。而此二種思想，竟然流行，亦即現代人之物欲薰天，喜歡戰爭之客觀象徵。對此不斷遭罹戰禍，隨時可毀滅其自己與其文化之人類，我們便不禁要問；你自己對你自己的辦法在那裏？究竟有多少客觀現實的證據，可以證明你之自信，證明你眞能安排你自己之命運？你只回顧數百年來之科學成就，工業文明，是莫有用的。你寫出一部文明進化史，說人類那一年發明什麼，再一年又發明什麼，是莫有用的。重要的是你要能絕對的保障你之能力所成就之文明，不自己用來毀滅自己。然而你絕對的保障在那裏？只是此接二連三之大戰爭，卽證明你所成就的，都是你所預備毀滅的。科學的進展，只告訴人所能用科學以謀之福利，都是用科學所降之災害所能消除的。近代科學的成就，除學術本身價値外，說到底，只有控制自然一方面。至于所謂對人類社會的控制，則整個的說，全是無效的。今日之社會科學的知識，可以帮助人理智地治理在軌道上的國家或社團；但國際間的戰爭，與國內的革命，則總是訴諸暴力，或盲目的自然生命衝動力。爲了戰爭，各國可更勵精圖治。爲了革命與爭政權，人們可以有極嚴密組織之團體政黨。然而這種勵精圖治，與嚴密組織之精神，如果不能眞隸屬于爲整個人類社會之目標，而爲敵對意識所主宰促進，最後總是用來相毀的。而說要調整國際關係，對人類各民族關係，皆求一合理安排，使人類社會眞能控制其自身；說此話甚易，訂一計劃主義亦不難。難在有一眞正愛人類的精神。而現代人以爲有一國際法庭、國際政府（愛因斯坦最近還又說此話），卽可造成一天下一家之世界，而控制人類社會者，皆是向外用心，是永遠達不到其目標的。國際政府，國際法庭，賴什麼精神來支持？于此有人夢想統一世界。世界固不難統一，暴力亦可造成統一。問題是如此之統一，要花多少代價？統一了，如何保證不分裂？且統一之後，是否卽等于眞正之天下一家，或把全人類當作機器來駕御？這些問題，如人眞肯用心，最後便將發現：只用今日社會科學知識，憑軍事政治法律、社會輿論、主義宣傳、警察特務之力量，都不能全眞解決問題，眞安頓整個人類社會的。而且近代人所喜歡用的控制，及與此相類的名詞，如支配、領導、服從等一切之名詞，卽都是從外面看人類社會關係，處理人類社會關係之名詞。此類名詞，並非絕不可用。但只依此類名詞而引起之意識，常都是浮面的、淺薄的、外在的、或有毒的。眞正的問題深處，只有向內用心，才接觸得到。向內用心，才知當前人類社會之軍事、政治、法律、經濟等問題之後面，有一眞正的文化問題、精神問題。現代人類社會之關係之安排不好，總是革命，戰爭，人對社會之不能控制，實實在在是由于人對于其自己生命自身之盲目衝動、野心、征服意志、貪欲、瘋狂性向之不能控制。在西方文化歷史愈短的民族，其盲目之衝動愈强。所以日耳曼民族之文化，雖極高而歷史短，故野心與征服意志，較英格魯撒克遜與拉丁民族强。俄國歷史更短，文化又淺，故野心與征服意志更强。說到近代西洋之科學、哲學、藝術、文學之各方面之發展，誠然處處表現條理萬端，與奇情壯采。其天才的科學家、哲學家、詩人、音樂家、藝術家之生活，尤多獨來獨往之瑰意奇行。政治社會中英雄、戰士、革命家，亦多有悲壯淋漓、可歌可泣之故事。我們對之只有擊節讚美，絕無責斥之意。但是他們的精神的生活，一往向上向外，作自我表現，往而不返，無所不用其極；却證明其後面之生命衝動，只是洶湧、澎湃、鼓盪、翻騰，而不必同時是爲智慧之光輝加以照耀、潤澤、安頓的。他們這種人格，僅管令人讚美，令人隨之而興奮、激厲、鼓舞、熱狂，但總不免只能使人精神提起，而不能使人精神放下，而安定舒泰，與其他人類眞正和協相處。這一種精神，底子裏有一大毛病。卽隨自我表現欲而生之對外界之權力欲支配欲。此權力欲支配欲，恒不免多多少少直接滲透于天才與英雄之可歌可泣之瑰意奇行中，以向外宣洩，爲他們所不自覺。而間接則與一民族社會、一階級，或其他社會集團之廣大羣衆之向外膨脹擴張之野心與征服意志，並行不悖，互相促進。此乃近代一切國際之戰爭、國內之革命、社會之鬥爭不斷爆發之內在的精神原因。這個問題不解決，不管你在科學上、哲學上、文學藝術上，有多少成就，政治社會之組織如何科學化，如何整嚴，文化如何進步，以什麼高遠的理想號召，總是隨時可以引起人類之互相征服、排斥、仇視、與戰爭的。科學與工業文明愈發達，所加于人類之毀滅的威脅，亦總是愈大的。你所謂你對世界有辦法，最後終歸于無辦法的同歸于盡。這個問題的癥結，老實說，亦就在人們不知自己能力之限制，而常妄以爲自己對世界有辦法。亞力山大與拿破崙，自以爲對世界有辦法；威廉第二與希特勒，亦自以爲對世界有辦法；現在斯大林，又以爲他對世界有辦法。人類歷史上，幾乎凡是說他對世界有辦法的人，卽世界的禍根。孔子不敢自稱爲聖，一生常在慨嘆之中，覺莫有辦法。耶穌、釋迦，處處只感到無窮之悲憫，自願爲人之子，入地獄，都是自覺在實際上，對世界毫無辦法的。他們却是人類之永恒的救星。眞正的聖哲，總是謙卑，覺有不足。而自以爲對世界有辦法的人，底子裏常全是一不自限量，一無謙卑精神之盲目而熾盛之權力意志，而以挑動附從之人之權力意志，鬬爭情緒，以互相利用團結，來共滿足其權力欲者。這一個權力欲，乃從亞當帶來，無量劫的前生遺傳來，或人之獸性的遺留來，眞是源遠流長之原始罪惡，無明瞋恨。對此罪惡，我們常不能眞切的反省到。這實是人類之財富的爭奪、領土的爭奪、政權的爭奪、文明統制的爭奪之共同根原。資本主義、帝國主義與俄國之極權主義，同是近代西洋人之權力意志向外擴張之不同表現形態。只有淺薄的唯物論者，才以為資本主義者之追求財富，是為獲得財富之物質本身，以增其個人之物質生活之享受。只有幼稚的社會主義者，才以為人類財富分配平均，便天下太平。只有天眞的人道主義者，才以為號召平均分配財富之社會主義或共產主義的國家民族，如俄國，是無野心與征服世界之貪欲的。我們如果不能認識，在下意識中支配近代西洋之精神之權力意志，我們總是不了解近代西洋文化之後面的病根的。而我們如果眞認識到此病根，便自然知道單純的軍事、政治、國際法庭、國際條約、科學與工業文明，都不足解決人類當前的問題，保障人類之存在，創建未來之文化社會的。一切生活在近代文明中，感到物質享受的提高，科學知識之日新月異，而無條件讚美近代科學文明，並迷信此文明之直線進化的人，必須轉回頭來，承認西方近代文明在底子裏是有一種極惡大罪才是。眞宗教的精神，卽是承認自己有罪，承認整個人類有罪。依我們上面的分析，近代西洋人之權力意志，是其罪。東方之中國人印度人亦有罪。我們不能抵抗其權力意志之征服，當了資本主義帝國主義極權主義的奴隸，卽我們之罪。全世界的人類，不能形成一感化人類之野心與貪欲之宗教道德精神，陶養馴服人之蠻性的遺留，卽全人類之罪。承認自己有罪，承認自己對世界無辦法，這是現代人應學習的一種謙卑的宗教精神。本此謙卑的精神，去檢討反省我們個人人格中之一一之罪，我們自己民族和人類之自覺或不自覺而深藏下意識之罪；而先自己懺悔，幫助他人懺悔感化他人，是人類唯一解除其毀滅之威脅，眞正存在以創建未來之文化社會的道路。人不承認其罪，而妄自以爲有辦法則已；人若眞自認爲有罪，自認爲無辦法，而能細反省其自覺的或不自覺而深藏于下意識之罪，而懺悔，則不管你相信神之存在與否，神在實際上即已展現于你， 你即接受了神之命令。因爲你承認你有罪而懺悔時，你即已顯出一超越罪的精神，你即已有去超越罪之意志，你即已證明你有超越罪之力量。你已開始對你自己有眞正的辦法。神只是一超越的精神意志力量。只要你眞有對罪之承認與懺悔，你之承認與懺悔深一分，此精神意志力量即多顯一分。你之承認與懺悔，可以深又深，則此精神意志力量，亦顯又顯。你之罪無限，人類之罪皆你所願擔負之罪；則此所顯之超越的精神意志力量，原則上亦是無限的。這即是神之無限性之證明。離開罪之承認與懺悔，而言神之存在，是極難證實的。有對罪之承認與懺悔，神總是實際顯現的， 人總是接上神的。我們說人不承認其自身有罪，不承認現代文化有罪，現代文化所引起之戰爭，終將使人類毀滅。至少人類之存在是無保障的。人若承認其自身有罪，承認現代文化有罪，承認現代文化之大罪，在缺乏一融化節制人之盲目的生命衝動，權力意志；便知去罪的東西之一，即此敎人之謙卑的宗敎精神。人類只有了內心的謙卑，人之智慧的光輝，才能沉下而照耀潤澤其生命之自身，再由此生命以滋養智慧之生長。人類只有了內心的謙卑，才能涵容他人。人類只有相涵容，人彼此之情流，才能互相感通，而有眞正的仁愛。人方可以和平相處，而免于相殘互毀，共謀社會之改造。宗敎家之以永恒無限的神與佛，對照有罪之我之渺小，原是爲的敎人以謙卑、滋養愛與慈悲之生長。這是宗教對此時代最大的精神價値。而人類未來的文化，亦必須此時代的人，以謙卑之心情去創造。而未來文化中，永少不了宗教者，亦因人類下意識之盲目的生命衝動，人類之盲目的權力意志，總要隨時出現，一般的道德的反省，常是達不到；而只有由宗教性的謙卑與懺悔，在與一內在的一超越的精神意志力量之對照下，才看得見的。

六　罪過之分擔與悲憫之情

由上我們畧述了眞正宗教精神的價値。此眞正的宗教精神，在原始的基督敎佛敎，最表現得充分。這一種宗敎精神，由謙卑愛慈悲所養成的心量，是寬宏的，大公無我的，劃除一切狹隘的民族國家階級社團之界限的，超政治的，超功利福祿之動機的，人服役于神，而非神役于人的。西方原始基督敎，由參加政治，到劃分敎派，爭正統，與世俗化，乃是一墮落。至于如說共產主義襲取基督敎之精神，則只襲取其人與人平等之觀念，無國界之觀念，與敎皇之統制政敎，殘殺異端之精神。而此種殘殺異端，以統制政敎之精神，根本是與基督敎原始精神相反對，而純爲人之權力欲利用宗敎所造成之罪惡。共產主義求統制政敎，則本質上由其褊狹之唯物主義，不能容納人類文化中各方面的精神。宗敎中眞正的神，是無所不包的神。信神者是不當亦不會與人類文化中任何有價值之精神爲敵的。而俄國共產黨之罪惡，則兼由斯拉夫民族之蠻性遺留使然。唯物的共產主義之所以產生，其最初只是對于近代西洋之資本主義、帝國主義之反感。若無此二者，前者亦不會有。唯物的共產主義者之罪惡，在其文化學術上之抹殺太多，此主義之內容太狹，使人不能有寬宏涵蓋之氣量。而視人如物之思想，本身可招致待人如機械之極權政治。至其主張以財富之平均分配，爲解決人類文化問題之鑰匙，雖淺薄一些；然其動機之本于人道與平等之觀念者，我們仍須承認其價值。所以我們要爲人類之文化，指出正途：卽富肅殺之氣的開化未久之俄民族之野心，與一切帝國主義，是絕對應當被改造或被否定的。共產主義之求平均財富之觀念，是應多少保存在我們人文思想之內的。唯物主義與一切都在矛盾鬥爭中之宇宙觀社會觀，妨礙各方面之文化生活之肯定，至少暗示人相視如機械，暗示人以鬥爭與戰爭爲天經地義，是應當加以批判，以提醒人們之覺悟的。文化之多面的創造，與使創造此可能之自由，是必須有的。文化中除政治、經濟、法律、體育、科學、哲學、藝術、文學外，宗敎絕不能少。而以宗敎精神去指導人生，須一方承認自己罪惡，一方分擔他人之罪惡，由是而化出對己兼對人之悲憫。所以我們還要本一如耶穌釋迦之超敵對的精神，培養出一偉大的心量：卽我們雖然需要對有征服人類野心之民族或個人，與以大義的懲治，然而眞要使全世界人類永拔于唯物主義極權主義之罪惡之外，我們終仍須以眞正的宗敎性的道德文化敎育之感化力量爲主。人們之相信共產主義者，常是本于佩服其求平均財富之精神，而非信其唯物主義與統制政敎之野心。人因缺乏智慧，不幸而其思想受其桎梏，尤是深可悲憫的。我們生爲中國人，不能保存我們之文化精神——使馬克斯之地位代替孔子之地位，這罪過亦卽在我們之自身。宗教精神之一要點，在分擔罪過，化出悲憫。我們今日亦須如此。因爲只有這樣，才可免于世界人類明朝的浩劫。惻怛的情懷，嚴正的思想，我們雖不能至，然心當嚮往之。

（三十九年三月・「民主評論」第一卷第十九期）

科學世界與人文世界

一　以德性爲中心而全幅開展之人文世界

我理想的世界，我不名之爲聯合國的世界，不名之爲社會主義的世界、共產主義的世界，而名之爲以德性爲中心而人文全幅開展的世界；不名之爲一大同的世界，而名之爲一太和的世界。我理想的世界中之人生，不只名之爲人人能各盡所能各取所需的人生，人人都能滿足其欲望，不斷的享幸福的人生，而名之爲德慧雙修的人生，福慧雙修的人生，而一切幸福皆從德慧來。

我之所以不用聯合國世界社會主義世界等名字，冠在理想的世界理想的人生之上，因爲這幾個名字，主要表示人在政治經濟上的願望。只是因爲在這數百年中，似乎政治經濟的問題壓迫人特別緊，所以人才用政治經濟上的範疇，來劃分理想世界與現實世界之不同。然而人不只有政治經濟的願望。在過去另一時代，西洋的希臘中世，海通以前的中國與印度，當時人所感到之政治經濟的問題，其迫切程度，正未必如宗教道德藝術及其他人生問題之迫切。在未來時代，人亦可以不以政治經濟之問題爲最主要之問題。對無盡長遠的人類歷史上看，也許如此特別重視政治經濟之問題，只是人類此二三百年的變態。我們何可只以政治經濟的範疇來劃分世界？

我從原則上反對只以政治經濟的範疇劃分世界。只以政治經濟的範疇劃分世界，是自覺的或不自覺的出自以政治經濟上願望爲根本之人生願望之觀念。然而此觀念我們可否認。所以我不以政治經濟的範疇劃分現實世界與理想世界。我以爲人只有先跳出這些政治經濟的範疇來劃分世界之觀念，人才能了解理想的世界，實現理想的世界。

我理想的世界是全幅開展的人文世界。人文中包括政治經濟，但人文之主要內容是藝術，文學，宗教，道德，科學，哲學。政治經濟只是人文之最外部的一層，最表面的一層。或正因其爲最外部最表面，所以人纔易認識其重要性，而易以政治經濟之範疇來看文化，看人生，看世界。這種看法的流行，使人把人文的世界，越看越膚淺了。

單以政治經濟之範疇看人生看世界的人，恒不惜犧牲一切人類之歷史文化，人類之一切藝術文學哲學宗教道德之生活，以求其政治經濟上目標之達到。他們恒以一切人類之文化活動，都自來是，現在是，將來亦是，而且應該是，只能是，滿足其政治經濟上目標之手段與工具。于是人類之歷史文化，與古先之聖哲之精神，便不免被曲解，被侮蔑，不復有任何尊嚴之存在。一切文化既然只是工具，則一切文化之價值，又比鋤頭鐮刀之價值能高多少？

二　原爲人所生息之人文世界，及人之自覺之與否

我理想的世界，是以德性爲中心而全幅開展的人文世界。在此世界中，每個人之生活的重心，在了解眞理，欣賞美，實踐道德上的善，而與天合德，與神靈默契。這中間有無限的天地。他們透過人文去看世界，他們決不相信粗野的唯物論。他們至多只欣賞唯物論的粗野，因爲它亦是人之思想之一產物。

我理想的世界是人文的世界，不是說已往的世界均未曾是人文的世界。其實，自有人類以來，世界卽已是人文的世界。自有人類以來，人所最關心的便是人間的愛情、友誼、眞理、美、德性、與神靈。人最喜愛的人物，是學者、詩人、先知、聖賢、神仙、俠客、武士、探險家、不計成敗的英雄豪傑，與民族文化共存亡的氣節之士。過去如此，現在如此，將來亦如此。單純的老謀深算的政治家理財家，從來不曾被人衷心喜愛過。一般人從不肯定政權與財富本身之價値，而只以之爲獲得優美的生活之工具。自有人類以來，人卽是透過人文去看世界，從科學哲學去看世界的條理與秩序，從文學藝術去看世界之美，從道德去看世界之善，從宗教去看世界之無限的神聖莊嚴。人不能看一個「莫有人看的」世界。唯物論本身，是人的看之一產物。但是人類文化本身可以生病。由此生病，人可以忘了他自己的看，忘了他自己之是透過人文以看世界，忘了他自己所最關心的一切人文、眞理、美、

愛，忘了他自己之原處在一人文的世界，而自以爲處在一陌生的自然世界，而自己同化于自然世界物質世界之一生物，一物。于是，人的罪惡產生，人迷失他自己的道路，人開始自己毀滅他自創的人文，這就是世界人文進化到現代之一大矛盾。這矛盾，可說是先由西方近代人文中科學之一支特別發達人們只依已有科學結論去看宇宙人生，及科學技術運用之不得其當，而來的。由人忘了他自己在人文之世界，于是我們只好說人文的世界，是我們理想的世界。其實此理想的世界，卽是我們所原在之世界之深一層的自覺而已。

我們說科學之發達。竟致使人忘了其本在人文之世界，而自以爲處在一陌生世界物質世界，而迷失他自己的道路，反從事於人文之毀滅，有很長的話可說。這所說的是牽涉西洋近代文化史與抽象的意識形態史。這可以簡單獨斷的說明如下。(懷特海 A.N. Whitehead 著科學與近代世界，他詳論近代科學以理智看自然，而忽視自然與人生之價值之病。此書與本文着眼點不必同，但讀者亦宜參看。)

三　東西傳統思想之尊人，與科學的宇宙觀中人之自卑感

原來東西的思想雖然不同，然而，其傳統的思想正流，都表現同一的向上的人性。東西的傳統的思想正流，同承認人不只是一自然的存在，而是一精神的存在、文化的存在。人不只有外部的社會生活、自然生活，而且有個人在內部開闢的精神生活、文化生活。人外部的生活可以是變，而精神生

活、文化生活，永有其常道。人與禽獸草木有本性之不同。如果有神，人直接根原于神。這一種思想，在科學的世界觀未出現之前，幾從不被人懷疑。這一種人生觀保持了人類的尊嚴和向上心。這一種思想與地球爲宇宙中心之觀念結合，使人安靜的定立於宇宙之間，爲天地之支柱，神與萬物之樞紐。在傳統思想主宰下的社會，當然有許多缺點。然而一切改造社會的政治經濟之思想，都得是依宗教道德的常道而建立，而一切改造之目的，都須是爲發展人類的精神生活，完成向上的人性。然而在西方近代的科學文化，繼中世紀的文化而起，於是西方文化慢慢來了一個天旋地轉。科學家之研究天文，在凱卜勒牛頓等，是藉此來了解上帝所造之宇宙之偉大與秩序性。但是哥伯尼的太陽中心之學說，已將地球在太陽系中放在一偏頗的地位。地球的運動性，使人直覺到他身體無一刻之安定。愈發現上帝所造的世界之偉大與有秩序，愈顯出人與其地球在宇宙間之地位之渺小。物理學化學生理學之發達，使人了解其身體之構造運動的原理，與自然物之物理化學的變化之原理無殊。生物學的進化論，證明人類是猴子之表兄弟。而整個進化論的系統，將人類與阿米巴間之各種生物，聯成一系列。人類乃不復是上帝之子、亞當之後裔，而成了阿米巴之末代子孫。有機化學膠體化學的進步，使人相信阿米巴是複合的有機物，由此似可彌縫了物質與生命的間隙，而人類却成了星雲時代之塵土之後裔。如此，成就了唯物進化論的世界觀。雖然進化論的學說，似乎涵蘊在進化歷程中後來者居上，晚出的人類，被認爲生物進化之頂點，尚可保持着人類的尊嚴。然而人類從自以爲其祖宗是上帝，到自覺其祖宗是阿米巴與星雲中之塵土；人再舉頭一望，那無盡天空中之數十百萬光年以外之星球，那無盡的物質世界，又不知比此區區人類身體之物質，多億萬萬倍；在人相信了此種唯物的哲學那一剎那，人便把他自己之精神萎縮到無以復加之小，貶斥到從有文化以來未有之卑微地位了。這時只有進化論的思想，可以使他稍得自居尊大。進化論的思想，使人類自以為高過人類的祖先。進化論應用到社會科學，使人相信人類社會的中古優於上古，近古優於中古，將來優於現代。於是近代的人們不自覺的產生一鄙棄傳統之歷史文化之心理。兒子要反抗父親，學生要反對先生，青年要打倒中年與老年。革命成為神聖。宗教革命、文學革命、科學革命、社會革命、政治革命、經濟革命不斷的產生。不革命者是頑固與反動。而革人之命者，人亦革其命，社會文化的花樣，新新不窮，革革不已，浸至新即是善，革即是善。或而只有革命才能進化，只有進化，才能超過祖宗，只有超過祖宗，才能削去其深心所感到之祖宗是阿米巴與塵土之恥辱。這蓋近代歐州人在為唯物世界觀的威脅之下，變相的保持人生之向上性之方法。然而在無盡進化之信念下，無盡的追求革新之努力下，人類時時都覺他自造的文化成績，成為他自身之桎梏與束縛，而要求自其中解放，以得自由。於是只有消極意義之自由，亦可成為至善。然而一根無盡伸展向前的時間之線，拖住人的靈魂，去把握更進化的未來，人在世界却再也不能安定。中世紀人能自覺與永恆同在，因為他自覺他是神的子孫，人的精神原在自然的時空之上。而唯物世界觀，把人與生物與物同放在自然時空之中。被放在自然的時空中的人，當然只有不斷的追逐時間，而在空間中動盪不寧了。

近代的科學，除了在理論上幫助人形成一唯物的宇宙觀，使人自覺爲一不能安定不應安定之自然存在之外，由於科學研究範圍之普遍化，與科學之實際應用，更無意間導人走背離人文、面向自然、物化人生的路。

四　化人文生活爲客觀對象而研究之科學與人文生活之自身

原來科學研究之對象，最初原是人以外的自然。科學的發展史，是由天文學到物理化學到生物學。科學的精神要客觀，所以較遠於人生之那些客觀事物，如天文物理，最初爲科學研究之對象。但是科學研究範圍的擴大，必然要從生物科學，到心理科學，社會科學，文化科學。於是對人類之情感意志，人之一切文化之表現，無論建築、繪畫、音樂、文學、宗教、道德、都可以對之作科學之研究。要對之作科學的研究，卽須將之客觀化，視作客觀的對象。這本來是可能的。我們的情感意志、宗教、道德之生活，我們本來可將之客觀化，爲客觀之對象，而對之作冷靜的科學研究。這一種研究情感之喜怒，而不動一絲毫之喜怒；研究宗教，而無絲毫宗教之熱忱；研究道德，而對人對事無一道德上之好惡，正是科學家的冷靜之被人尊崇處。科學家的冷靜，是他的本分，亦是他所需要，他由此可以得一些眞理。但是我們須知，關於宗教藝術道德生活之眞理，並不是那種生活之自身。科學所得的關於那些生活之眞理，只是那些生活之共相，只是那些生活與其他東西或其他生活之因果關係等。但對一種生活之共相，與因果關係，加以抽象了解，同時卽使我們多少不免看輕對那種生活本身之具體的體驗。所以科學家研究「生活」之所得，常並非他所研究的「生活」，而只是他個人之科學研究的生活。然而科學家自覺能居高臨下，以研究人類之各種生活，他們便又不免有「自覺其精神是凌駕於人類各種生活上」之幻覺。當科學家精神特別被人尊崇時，於是人都分享了這「科學精神在一切人類生活之上」之幻覺。當科學至上被人公認而不敢反對時，人雖然在實際上所最喜愛的是藝術生活，而非藝術科學，是宗教生活而非宗教科學；然而在意識中，已經把藝術生活宗教生活之本身之價值，放在低一層，而且在開始削弱在科學生活以外之一切文化生活之興趣與信心及熱誠，而背離整個之人文世界了。

五　求人與生物及物之共相之科學與馬克斯弗洛特等之自然主義

科學研究人類文化生活；遂常着重發現其共相與因果關係，由此科學研究之成果，便可幫助種種自然主義的文化哲學之成立。

原來順人之求共相之自然傾向，必由小共趨向大共。所以研究文明人之文化生活，得其共相之後，不能滿足，必進一層研究半開化人原始人之文化生活，以得一切人類之文化生活之共相。研究人類心理之共相，不能滿足；必須研究人與動物之共同心理，以得其共相。求共相之活動，必須向外鋪開，以求得愈廣被之共相，這是必然的趨向。而以求因果關係之態度，研究人類之文化生活，必要問人類之文化生活之始原。由此亦終必研究到人類之文化生活如何自原始人之文化生活進化而來。研究人類之文化心理，亦要追問其如何自原始人之心理、以至如何自動物之心理進化而來。由此種研究，一方幫助進化論的成立，一方即幫助一種自然主義之文化哲學之成立。這一種自然主義之文化哲學，即是由追溯人類文化之起源，到原始人之文化生活，再到人之生物本能，而以人之生物本能爲根本觀念，以解釋一切人類生活之思想。這種思想，將人類一切高級文化生活，視作一種生物性之本能之變形或工具。由是而將人文本身之內在的價值，均加以曲解抹殺；而使相信此種哲學的人，不知不覺間背離人文之生活，而迴向生物之生活。這一種自然主義之哲學之極端形態，在近代可以三個思想家之思想爲代表。一是以生物性的權力意志解釋一切科學宗教藝術道德之尼采。一是以人之生物性的求利爭生存之本能、人之爲其自身經濟利益而奮鬥之心理與所形成之制度，解釋人類一切哲學、宗教、道德、政治文學等文化形態之階級性之馬克斯。一是以生物之戀愛本能解釋一切文化之弗洛特。這三位思想家，均有可驚的才力，來證明他所信之觀念。而尼采之爲人，作爲一詩人來看，又爲一極可愛的天才。故他們之思想，皆曾風靡世界之此一二世紀。他們儘量揭穿人類文化活動之生物本能之背景，使人相信人類文化活動，實爲其生物本能之化身，至少被其主宰；使人不復再相信人類文化活動眞有其自身獨立之目的，如眞善美與神靈等。他們自己雖未嘗反對文化，然而在此種思想流行的影響之下，至少在一般人的意識中，已不復相信人類文化活動眞具有先前人所認爲具有之純潔性、尊嚴性、高貴性、神聖性了。

六　近代科學之實際應用上之歧途，與附帶產生之物化的人生

至於近代科學之實際應用，亦無意間使人背離整個人文，而只面向自然，以至物化人生。因爲近代科學之實際應用，首先表現在征服自然之科學發明。產業革命改變了生產方式。機械的大量生產，增加了人之物質享受。同時亦使人不斷的去開發自然的資源，尋求自然的資源，以爲大量生產的原料。於是人們更須遠適異國，去探險考察，業商殖民。遠適異國者，首須離開本國的人文環境。而適異國之目的，在尋求資源，則其所注目者，在他國之資源，而不在他國之人文。所以殖民異國者，很少能了解尊重異國之文化，以致只想征服奴役利用異國之人民，使異國成爲殖民地。尋求資源者，一心念着機器，一眼在地上淘金，其根本精神，卽是背離人文，而向自然。今日之應用科學家企業家的精神，卽皆在征服自然，增加物質的財富。當應用科學家、企業家之社會地位，在近代特別被人尊崇羨慕，而爭相倣效時，其背離人文以面向自然之精神傾向，遂漸被社會所感染，而人類亦自覺其現精神之重心不復在整個人，而向自然傾倚了。

然而，由科學之發達，而無意造成之對於整個人文生活之最大的威脅，還在由科學之應用於產業革命，所造成之工商社會，最使人之精神日趨於物化。近代大企業的生產，以機器爲主，而以人的勞動力，加於機器之生產力之上，以出產貨物。人的勞動力，在近代生產過程中之減少過去的重要性，同時使人覺人的地位之降低。透過生產出的貨物，來看人的勞動，不過生產之三要素土地資本勞動之一。人的勞動之價值，只在生產出貨物。貨物只是一物質，可以交換其他貨物而有價格，成爲商品。勞動力亦只是物質力，可以交換工資，亦有價格，亦只是商品。資本家視勞工的勞動力，亦只是生產之手段，可購買之商品，勞工亦自知其勞動力之祇有商品的價值。而勞工心目中之資本家，亦只是一土地資本之佔有者，交換勞動力與工資之對方。於是勞資關係，除了經濟的關係之外，可無其他任何情誼的關係、道義的關係、人文的關係，精神的關係，而只相視如商品與商品之所有者，消費者。近代產業革命，使人更認識人之從事生產，必須精細的分工，各人工作要密切的配合。一工廠之各部門固須配合，工廠與工廠亦必須配合。由此而促進了社會中人與人的聯繫，團體與團體的聯繫，使近代社會的組織日益嚴密，而產生了大都市與交通的發達。這些事，固然更促進了個人的社會化，增加了人類各地文化的交流。交通縮短了空間的距離，使人在短時間，可旅行全球以擴大眼界。然而此種由產業發達而促成之社會組織之嚴密，與個人生活之社會化，並不亶表示人與人之情誼之增厚，與人之自我之眞正的擴大，因爲這一種社會組織之嚴密，人與人之連繫之加强，只是由機器本身之複雜性需要人分工合作，工廠的生產之互相依賴，必須集中於都市等廹成的。換言之，即以機器與工廠為媒介，為中心，而結成之人與人之聯繫之加强；並非人與人之直接聯繫之加强，這一種以機器與工廠為媒介，所造成之人與人之聯繫，祇使人與人間，增加外在的間接的生活關係。而由產業發達，交通發達所促進之文化交流與人之眼界之擴大，如不與一尊重人文過于貨財之意識結合，並勤求不同文化之融通，則空間距離之縮短，不過表示地球之顯得更狹小；文化之交流，不過使人更感到人類文化形態之複雜紛歧，互相衝突矛盾，使人更覺無所適從而已。而且由分工、分職而相配合以造成之嚴密組織，由于各人工作之特殊性，工作所需之技能學問之特殊性，復使同在一都市，以至同在一工廠的機器旁工作的人，都可互不相了解其工作所需之知識技能，互不相了解其工作之意義與價值，亦互不了解其工作時之情調與心境。由是在最多工作者之工廠作工的，在最大都市居住的人，其人與人之相遇，愈乏通情致意以表關切之事。而人在其中，愈感內心的冷漠與孤獨。排遣內心的冷漠與孤獨之方法，便祇有儘量麻木此內心之感覺，而尋求外部的刺激，與物質的享樂。所以我們決不能由近代社會之愈能將人們集中，而形成更多更嚴密之組織，遂以為個人眞更社會化了，每人的自我，均更能與他人之自我相貫通，而使其自我之內容更充實了。我們亦不要以為有同一利害關係之資本階級之人彼此間，或勞工階級之人彼此間，比農村社會手工業社會之人，更有同心共命之意識。如果我們這樣想，我們就完全走到眞理之反面了。眞理是近代人以其追求財富之欲望之强，以其將人本身商品化，以及其知識技能工作之愈分愈細愈專門，而愈不相了解，人與人愈祇相視如一互不相關者。征服自然，追求財富，與各人的勞動力，分別的固着于機器、工廠、都市之結果，是使人愈唯物是視，愈相視爲物而愈物化了。

自從產業革命以後，西方的工商社會所產生之種種病態，其中最爲一般人所感覺的，只是在此社會中勞資關係中之矛盾。資本家之資本之不斷累積，其生活享受之豐厚，與勞動者之困苦，使人感到最大的不平，而逐漸產生社會主義共產主義之理想。馬克思的剩餘價值說，指出資本家之資本，均原自社會之蓄積的勞動，乃自勞動者身上剝削而來。他指出共產主義之社會必然通過階級鬥爭而來臨，並懸之爲理想。在世界產業落後的國家，則因產業發達的國家之向外尋求資源，而成爲殖民地，于是以爭取民族自決民族獨立、對近代科學文明迎頭趕上，以發達產業，爲其最高理想。列寧斯太林進而要利用此類國家之民族意識以打倒資本主義的帝國主義。本來，一種接近平等的經濟社會之實現，與民族平等的世界之實現，實是一人類應有之要求。然而馬克思等對人類理想的世界，只定名爲共產主義之世界，以致爲了此目標之達到，不惜以犧牲一切傳統之文化爲手段：視過去之人類之文化意識，皆爲其階級意識所支配決定者，皆將在革除之列；然對于近代之科學至上之觀念，及只重工業文明，注重集體生活之精神，則認爲毫不容疑，而且進而以集體組織控制個人之一切，以唯物論爲唯一之哲學，以證明宗教之當消滅，禁止其他一切哲學之講述，却又使人類更走向物化人生的路向。

我們說，理想的世界是人文的世界，乃是針對整個的近代文化之弊端說的。近代文化之弊端，由于人之只根據一時之科學結論以形成其宇宙觀人生觀與科學技術運用之不當，乃使人不免背離整個之人文，面向自然，物化人生。而我們的理想，則對于近代文明中之把科學放在其他人文如道德宗教，藝術之上與由是成立之宇宙觀人生觀，及把工業放在農業之上，祇重社會之集體生活，而將人之個人生活，全放在人集體生活之控制下之思想行動；我們均以之爲不合我們理想的世界，理想的人生之標準。科學祇是人文之一種，科學意識，祇是人生意識之一種，建基于一時之科學結論的宇宙觀人生觀，只是人之宇宙觀人生觀之一種。我們必須以人文之全體和協發展之理念，代替科學至上之理念。我們將以其他人生意識限制科學意識，以建基于其他人類文化意識，如宗教經驗、道德經驗、藝術經驗之宇宙觀，限制只建基于一時科學結論之宇宙觀。我們之理想的世界，理想的人生標準，依于我們之看重整個的人生，多方面之人生要求，與人性之全體。這種看重整個人文，多方面之人生要求，與人性之全體之精神，大體上來說正是東西傳統學術文化之正流之共同精神。所以我們的目標，亦可說是求世界性的文藝復興，可以說是要求重建人類之常道。我們相信我們所提出的理想的世界，理想的人生，更能合乎人性的要求。以下我們便將說到我們理想的世界之輪廓。

（三十八年　七月「民主評論」第一卷第一期）

理想的人文世界

一　人的哲學心的哲學之重要

我們理想的世界，是人文的世界。人文潤澤人生，人文充實人生。人文表現人性，人文完成人性。脫離人文的人生，是空虛的人生，是自然的人生，是只表現動物性的人生。違悖人性的人文，是片面發展的人文，是桎梏人生之人文。片面發展的人文乃人性之片面發展所生。片面發展人性所成之人文之固定化，即脫離整個的人生要求而桎梏人生，湮滅人性。

在人文的世界，人不僅是人，而且必須自覺他是人，異於禽獸、異於物，自覺的求表現其人性，以規範限制超化其動物性物性之表現。人之異于禽獸主要在其心，所以人文的世界之人，必重人的哲學，心的哲學。

二　宗教生活之必須

人文的世界中之人，可以相信有神。因爲縱然莫有神，而人相信有神，願意相信有神，建立一神靈之世界，即可以使我們不致只以物的世界、自然的世界爲託命之所，即可以平衡我們之精神之物化、自然化，而背離人文之趨向。一般人雖實際在人文的世界中生活，但恒不自覺其在人文世界中生活，以了解人文之價值意義；而恒自以爲只在物的世界、自然的世界中生活。有一神靈世界之信仰，亦可提升其精神，以自覺的了解人文之價值意義。所以相信神靈之宗教，本身是人文應當有的一支。除非人相信他自己之自性本心即是神、最高之人格即是神；相信盡心知性則知天；相信聖而不可知之謂神；相信至誠如神；相信人可以成佛，人絕不應當反對相信有客觀之神之宗教。然而人縱然相信人即可成聖、成神、成佛，他人對於此聖神佛之崇拜，仍可是一種宗教。一種在原則上反對一切宗教，反對人之信神之宗教意識之人文觀，如馬克斯恩格斯之所想，是斷絕人之慧命，斲喪人性之人文觀。只用懷特海（A.N. Whitehead）所謂科學的唯物論來說明神之不存在，此至多證明神之不存在于人之此種科學之意識中，而不能證明神之不存在于人之全部意識要求之中。我們要肯定人性，便應肯定人之全部意識之要求。以人之一種科學的意識，來宰制人之全部意識的要求，是人之自小其心，而以小人自居，是一種罪惡。

人如果相信有神，以神爲絕對至善之存在，而以人性之本原純爲罪惡，這種宗教觀，雖可以使人更謙卑，更忘掉其自我，但是亦有其流弊。我想西洋中世紀之人生觀，即不免過于强調人之罪惡使人太傾注于超越之神，這仍是人生之重心之外傾。或正由中世紀人之人生之對神外傾，才產生近代西方人之人生之向物向自然之外傾。我雖對西洋中世紀之宗教精神，甚爲尊重，但是我仍主張人之精神之重心，應放在人自身之內。人如要上通神而外備物，此亦即爲人之自性之所要求，故人當視人本身爲一目的。

三　心與心交光互映之社會與個人關係

人不是物，人本身爲一目的。人本身爲一目的之涵義，亦包括個人不是社會之一工具、國家之一工具，此時代之人不是下一時代人之工具。如果我們視社會國家爲一更大之人格，以個人爲其一細胞；或懸未來之理想社會理想世界之實現爲目的，而以現代人之工作只爲一過渡之手段，都常會使人相信：一個人只是社會國家實現其意旨之工具，現代人之工作，只爲一客觀的歷史使命，完成其自己之工具。此種種觀念，如離開譬喻的意義，而視之爲眞，亦是一大迷妄。此種以人爲工具之思想，將幫助那種政治上之統制者，自以爲負有迎接未來時代之使命之社會改造家野心家，不擇任何手段，以造成一嚴密的社會組織，使個人成爲一社會的機械之齒輪，而由彼來自由加以推動。我們現在說人應以其自身爲目的，即我們要承認每一人之自身皆爲目的，無一人可以被視爲工具。我們不願以任何人爲工具，我們亦不說個人只是社會或國家之工具。所以在我們理想世界中的人，必須有行一不義殺一不辜而得天下不爲之心境，才配說領導社會、改造社會。

我們說每一人之自身爲目的，不是說每一人可以自外于社會，個人亦不須視社會國家爲達其個人目的之工具。我們說每一人之自身爲一目的，是說每一人都應以自盡其性，完成其自己之人格爲目的。而人的心性卽是仁，卽是愛。人的性，根本卽是要爲社會的。人眞求自盡其性的心，絕不會自外于社會。因爲他的心量卽已涵蓋社會于其內，而以成就社會爲己任。我們認爲只有以敎化充量發展人之此種道德的天性，可以協調所謂個人與社會的衝突，超出個人與社會之對立的範疇，使社會的存在支持個人之存在，個人的精神也支持社會之存在。從外看，個人的身體固必小于社會中各個人之身體之和；從內看，社會亦並不大于有德者之心量。自然的個人之內容，固比由個人集合，而分工合作之社會有機體之內容少。然分工合作之社會有機體中之各個人，如只由於互相監督，互相裁制而各作其工，以爲此社會；而未能各自動的發展出其道德的天性，以仁者之心互相涵蓋，互相同情，互相了解，以各自完成擴大其人格；則這種社會，亦決非我們理想之社會。這種個人集合成之社會有機體，縱發展到最理想的境地，亦不過化整個社會如一大身體之有機體。其中之一切器官、組織、細胞之配合，均處處適於此大身體之存在之目的而已。這是社會之生物學的理想，不是人文社會之理想。這個社會之價值，我將以爲亦不過等於一個大生物之大身體之價值。而我們理想的世界、理想的社會，則是一切人均努力成爲有德者，成爲以仁心互相涵蓋，心與心交光互映之社會。然而此種社會之達到，不能只由將社會之觀念，放在個人之上來。我們不能只將社會放在個人之上，只說社會存在是個人存在之根據。我們應知個人之德性即是社會存在之根據。應知社會中之有德之聖賢，雖是社會之一分子，而其精神即是社會之所托命。他們不只是對社會有用，而且是爲社會中之人所當崇敬。因爲一般人只有通過此崇敬，才可以自發展其道德的天性，而漸成爲有德者，以使社會成爲一切人皆以仁心互相涵蓋，心與心交光互映之社會。所以在我們理想的世界中的人，將不籠統的重視社會；更重視的是人的德性。重視人之德性，必崇敬聖賢。西方一般人崇拜英雄，俄國人革命後亦崇拜英雄，如身體中之細胞之崇拜發號施令的腦髓。蓋其理想中之社會，仍不過如一大身體，而未能形成更高社會之理念，如中國先哲之人皆可以爲堯舜，人人皆有士君子之行，以仁心交相遍攝之社會也。此理想社會之充量實現之不易，吾豈不知。但要談理想，只能取第一義。取第二義，則生心害政，流毒無窮。悠悠當世，如何不思？

四　禮樂精神之重要

人之德性自內顯發，欲使之顯發，必賴陶養。經陶養而能自動顯發，不容自已，方爲眞德性。陶養之道，不重在互相批評、檢責、監督、使人皆不敢爲非——此是第二義以下；乃是人各以其善互相示範，互相鼓勵，互相讚美，互相欣賞，互相敬重。藝術之生活使人忘我，使人與物通情，使人合內外，而血氣和平，生機流暢，最能涵養人之德性。人之以其善相示範、相鼓勵、相讚美、相欣賞、相敬重是禮，藝術是樂。所以理想之世界中必重禮樂。禮樂在文化之地位或須放在科學、政治、經濟之上。

五　科學家之胸襟與德性

我們理想之世界，科學亦自必需發達。我們只反對以科學凌駕于一切人文之上。在我們理想的世界中，科學家可以有偉大的發明，但是他有更偉大的胸襟。卽他自知科學所認識的世界，只是在人的理智中的世界。在理智中的世界之外，尙有審美中之藝術世界，信仰中之宗敎世界，修養中之道德世界。科學家的世界中有更多的眞，但只有較少的美，較少的善，較少的神聖。他的世界中之花，是植物之一部，是包含某些物質元素的。但他不能自花中透視宇宙的生意與天心之仁，亦不能視花爲美人。他只有以他之人的資格，看花爲美人……而不能以他科學家的資格看花爲美人。……于是他知道作爲人的他，比作爲科學家的他更偉大。他遂知道人文涵蓋科學，科學不能凌駕人文。他可以知道說「花是植物的一部，是包含某些物質元素」一語之趣味，在一方面看，不如說花是美人所含之趣味，是他知道科學對于人生之直接價值，不必高于文學藝術。他又知道他之能獲得科學眞理，由于他有求眞理的心，求眞理的德性。他又可推知人類德性之價值，或高于客觀之眞理。他知道他所研究的可以是物質，是自然，但他所了解的只是自然的理，物質的理。每一理是普遍的抽象的。他如眞自覺他是在求眞理，他將不以爲他生活在物的世界自然的世界，而將自覺生活在理的世界。他不會以爲能了解普遍抽象的理者，即是他之具體而特殊之身體之物， 而將知道「能了解普遍抽象的理的」是心，他將能自證心之重要。他將至少不會鄙棄信仰宇宙有大心之哲學或宗教。而且在他不斷求眞理之心之發展中，他是在不斷的求眞理，亦卽在把他的心變成了解更多眞理之心。這亦卽是顯出一比他原來的心更大的心。他在此驀然一轉念，便無妨相信時時有一更大的心，來自天上，在要求顯現于他，所以在我們理想的世界中的科學家，至少將不把人文中之道德、藝術、宗教之地位，放在其自身所研究的科學之下。因爲他不僅自覺他是科學家，而且自覺他是人。當一個人比只當一個科學家可更能是人。以人文涵蓋科學，比以科學凌駕人文，更是當一人的科學家應具備的態度。這樣的科學家，雖自己限制其所研究之科學在人文世界中之地位，然而他的胸襟，見他的德性，作爲人來看，我們將更愛他。他自知他之此種德性是最可貴之品性時，他亦走到聖賢的路上，或亦卽是聖賢了。

六　藝術科學之超政治經濟性與其社會性

在我們理想的世界，必重視藝術與科學。但我們反對在上面冠一個什麼社會主義或共產主義的藝術與科學。這是以政治經濟的範疇規範藝術與科學。藝術與科學，在根本上可超出個人與社會之對立範疇以外。科學藝術之活動，固皆本于一一個人，但皆可以培養人之社會性。科學研究之直接目的在求眞，藝術之直接目的在求美。求眞求美本身，卽有價値，原不必就其與社會之關係說。但求眞求美都需要一超個人而忘我之精神。求眞是要忘我以接觸普遍抽象的眞理，求美要忘我以欣賞對象之美，或表現我之情調于客觀之聲色文字。所以人能愛好眞美，自然減少私心。又眞理是人所必須公認的，眞正之美亦是人所同好。所以眞與美，都可以爲通人與人心之媒介，而可謂含社會性。共同了解眞理、欣賞美，卽可以培養個人之社會性。誠然，人之沉酣於美的觀照與眞理之尋求者，或亦會對社會之痛癢，漠不相關。但我們此時所需要的，是使科學家藝術家，更自覺其求眞求美之活動所依以存在之超個人而忘我之精神，與眞美本身所含之社會性，而喚醒科學家藝術家之道德責任感與仁心。卽我們這時所需要的，是以哲學智慧或道德覺悟，貫注于科學家藝術家之人文活動中，而不是以政治經濟之範疇規範科學藝術之人文活動。

七　人文合奏之諧樂的嚮往，及政治上之上下位分間關係之提示

我們理想的人文世界中，政治經濟是放在較低的地位，這是從價値層次說，不是從人之所以得其存在之條件的層次說。如從後者說，人之所以得其存在，當然首須經濟上之富足，政治之安定。我們在價値層次上，所以要把政治經濟只放在較低之地位，因爲政治之目的，只在保障促進人之文化生活，經濟之目的只在使人生存，得從事文化生活，並生產分配財物以使人達其文化之目的，如作科學

研究藝術創作之消費用，而支持文化之存在。對其他文化生活而言，政治經濟應是手段而非目的。人的生活，當然離不開一社會之政治經濟，但人可以不要求參加政治，可以不直接從事生產，然而人不能不自覺的要求其他文化生活之陶養。理想的政治經濟，是支持文化，保護文化促進文化之政治經濟，理想的政治家經濟家勞動者，是有尊重文化愛護文化之德性之人格，而又能尊重愛護他人之人格者。所以理想的政治家，決不運用其政治上之權力，以壓制無此權力者。理想的治者，負政治之責，將使人放心，使人相信皆可獲得更豐富之文化生活之樂；因而可不感有親身參加政治之必要。但從責任上說，人皆有政治上的責任。為了免除政治上之專制之弊害，依于人格平等的道理，人如果願從事政治活動，人應有同樣之權利。莫有任何個人或政黨或特殊階級應永遠把持政權，所以政治應以民主為極則。

我們理想的世界之政治，當是天下一家。但天下一家應以中國為一人為條件。這是說天下一家，仍可有許多國。此天下一家，不能由武力來達到。如果用武力來達到，亦將由武力而破壞。現在世界亦許能出一個秦，來統一當今之戰國。然而秦終將覆亡。人類和平天下一家的理想，是出自人類最高之仁心，出自人類要造成一切國家之人文合奏之大諧樂的嚮往。這一個理想之實現，亦只有賴人類仁心之更大的擴充，各國人文之更大發展，人與人更多的相互了解。武力吞併，只有破壞人之仁心與人文之成就。欲以武力吞併實現天下一家之理想者，必是缺乏溫柔敦厚之仁心，人文進化不久之半開化人如秦者。他只有利用他人之天下一家之理想，來實現其民族的野心。他決不能眞有天下一家之理想。所以當他人將其天下一家之理想，先寄托於他統一世界的努力，感到受騙而失望時，必然而否定之。此即秦之所以覆亡。古代的秦要覆亡，現代的秦亦不能例外。所以現代人要求天下一家的途徑，只有發展人之仁心與人文。此是一迂闊的老話，然而此外莫有捷徑。要用速成的武力，去實現崇高的天下一家之理想，宇宙間不會有如此便宜的事。

還有在我們理想世界之政治社會，可以莫有經濟上之階級，然而不能莫有政治上之位分之等級。政治上之位分之等級，乃依於價値高下之等級。但是高下之位分等級間的關係，將不是壓制與反抗之關係，亦不是服從與支配之關係，亦非隸屬與領導之關係，而是尊戴與涵容的關係。此暫不多說。

八　經濟問題之重心不在生產分配交換而在消費

在我們理想的世界中，經濟當然亦重要。但我們認爲財富之價値，一方在維持人之生存，一方在供實現我們之文化目的時之消費。現代人講經濟，重生產，重分配。資本主義之與，初似由生產着眼。社會主義之與，初似從分配着眼。其實生產分配之目的，都在消費。說生產是爲再生產，說分配公平之社會主義之生產，更能發展生產力，都是純就經濟說經濟的話。如將經濟與人生人文連起來看，則經濟之目的應在消費上。現在經濟學上說消費，便說到物質欲望之滿足，生存欲望之滿足，亦是未就經濟與人生人文之關係來說的話。人之有物質欲望與要求生存，可出自二種動機：一種是直接的出自人之生物的本能，一種是出自人之欲憑藉物質以實現其文化目的道德目的；維持生存，以實現有價值之人生。籠統說消費是爲物質欲望滿足之求得生存，恆使人忽畧消費之文化目的道德目的方面。同樣的財富之消費，可以用來實現高低不同之文化目的道德目的，而有不同之消費方式。簡單的比方，如我們以同樣之金錢用來買布，或買作書之顏料，或用來幫助朋友，或捐助國家。我們之文化道德目的不同，則此運用金錢之經濟行爲的文化價值、道德價值亦各不同。唯在我們對不同之文化目的道德目的之各種決定上，此各種消費方式之分別選擇上，方見財富對於人生之多方面的價值，經濟與人文之密切的聯繫。所以在我們理想的人文世界中，人對於經濟問題之考慮，將不以生產與分配爲重心，而將以如何消費所生產之財富，以實現人生人文之目的爲重心。人類應當可以開闢出一人文經濟的新世界，我亦暫不多說。

九　理想之社會關係與太和世界

最後關于我們理想世界的社會關係的基本範疇，我想應是仁義，而是和諧。仁義是自由平等之基礎，和諧中包含自由平等。西方近代人宣揚之自由與平等，或偏重其消極意義。如以無束縛與强制而得解放之謂自由，無政治經濟上之特權階級之謂平等。但是此種消極意義之自由平等，並不要求人之獲得什麼，與享有什麼。如果將自由平等，視爲有積極之意義，則眞要自由，恒不免犧牲平等；眞要平等，恒不免犧牲自由，其中實難免矛盾。今須求其和諧。主張自由者說，我要自由，唯勿侵犯他人之自由。但我不能自由侵犯他人之自由，亦可說有一不自由。在自由之上，須加人與我之自由不能相侵犯之原則，即證明單純之自由非自明的最高原則。最高原則當是使人我自由不相侵犯之正義原則，或公道原則。但在合此正義原則下之人我之自由，如只成爲互相限定規範對方之自由者，則人與我只是相對抗之敵體，而非相和協之一體。人與人只爲相對抗之敵體之社會，尚不是最理想之社會。理想的社會，是不只表現正義而且兼表現仁道而致自然的和諧之社會。

次說平等。西方近代人說平等，恒只指政治權利上之平等，或經濟上之平等，如資本主義之機會平等，社會主義之分配平等。但何以要平等？此不能只依于人人皆有生存欲望之自然主義以立論。如只以人之生存欲望爲人應平等之根據。則一切動物如狗亦有生存欲望，何以我們不講一人與狗平等的主義？此問題稍一想，便知我們之所以要人人在政治經濟上平等，只有依于人道正義之立場，與人對人之仁心。唯從仁心出發，我們乃不忍少數人獨佔政權，不忍少數人之享受有經濟之特權，不忍大多數人之廹於飢寒，不得其生存所需之物質。但眞以仁心爲本而論平等，則我們亦應不忍人之安于愚昧醜惡。我們便不僅應使人人皆在政治上經濟上平等，而且應使人人都得眞美善，都提高其其他文化生活如學術生活、藝術生活、道德生活。

我們一談到文化生活，便應知文化生活之多方面的豐富性。各方面之文化生活，均完滿發展之人是完人，是最有慧有德之人，亦即最有福之人。如不及乎此，則皆有缺憾之人，皆無眞福之人，亦皆是可憐人。以此眼光看，則人類大皆可憐以至無一人不可憐，而悲憫之情生。而且人之在一種文化生活中所得多者，在他種文化生活中，有所得者常少。人在政治上得權多，經濟上得利多者，所得于眞美善者恒尤少。以此觀富豪與有政權者，亦將不只覺其可恨，而亦覺其可憐。所以我們雖然主張在理想社會中，政權與財富之分配當趨于平等，但我不相信絕對平等之能達到與必須達到。我認爲在理想的社會中，以人之仁心之發達，人將不斤斤計較于政權財富之絕對平等。人應當先有讓愛錢者多得一點錢，讓愛權者多得一點權，讓求眞者獲得眞理，讓求善者獲得善之氣度；並以政治敎化之力量，使愛錢者愛權者愛更高的東西，使愛眞理者愛美愛善者，有更多之政權與財富，以實現他的更多眞善美之理想。此方是我們理想社會中的人，羣居和協之道，亦即平等自由之理想之眞實現。

在我們理想之社會，人人都有較高之文化意識與德性，但我不相信一種絕無人我之分別、無家庭之分別、無國家之分別之渾然一體之世界，可以實際的實現，而且即是一最好的世界，如許多人所想。因爲如果此世界實際上眞成如此，則一切人成爲一個人。人與人間無差別，亦將無感通精神之必要。人如無可私之一切，亦將無逐漸化私爲公之道德的努力，無由狹小的自我逐漸擴大，以愛家庭，而國家，而天下之歷程。如果我們再想一理想的世界，其中一切人，均只有一個思想、一個意志，一個情感，過着同一文化生活，再無一切之差別；則人之思想之交流莫有了，情意之互相關切莫有了，文化活動之互相觀摩、欣賞、互相砥礪、批評，與互相影响、充實、互相提携引導之事、都莫有了。這將只是人文世界之死亡，而不見有人文世界之存在生長。所以我們理想的世界，不是無異之人與人同之世界，而是有異而相容、相感、相通，以見至一之世界。異而相感相通之謂和。所以我們不名我們之理想世界爲大同之世界，而名之爲太和之世界。和與同之不同，是我們所最須認識的。

（三十八年七月「民主評論」第一卷第二期）

論眞理之客觀性與普遍性

一　眞理與偏見

現代世界的危機，表面是經濟政治社會的危機，深一層看，便是學術文化的危機。而學術文化的危機裏面，是人們的思想態度的危機。現代最流行而最危險的一種思想態度，足以斷送人類學術文化之前途，是否認眞理之客觀性普遍性的思想態度。

所謂否認眞理之客觀性普遍性之思想態度，即認爲一切眞理，皆是相對于信仰該眞理之特殊的個人主觀的。如希臘普洛太哥拉氏所謂「個人爲萬事萬物之權衡」。俗話所謂公有公的理，婆有婆的理。然而實際上與此相距不遠，同爲否認眞理之客觀性普遍性的，即流行的所謂各民族有各民族的眞理，各時代有各時代的眞理，各階級有各階級的眞理，各政黨有各政黨的眞理之說。這種種說法，表面似較有道理。但是如果我們眞平心細想，便知這種說法與各人有各人的眞理，實只五十步與百步之差。如果由此而否認有眞正超主觀而對一切人普遍爲眞之客觀眞理，否認人類精神有共同交會於此客觀普遍眞理之可能；則必然的結論是：不同民族所認識的眞理不能互相承認，各民族依追求眞理而產生之學術文化，不當或不必互相交流。一切過去時代的學術文化，只表現那時代的眞理，現代時代既已不同，便當加以無情的捨棄，至多視爲死物來研究。而如以爲某一學術上之學說，是代表某一階級利益，便必然以爲我褊袒的階級不同，褊袒的學術便當不同，政治上更根本無所謂超自己之政黨主張的眞理。希特勒相信，德國有德國民族所特有的數學物理學，以爲愛因斯坦的相對論，是猶太人的，所以要加以排斥。馬克斯說，唯心論哲學，是資產階級的哲學，而加以否定。列寧說，量子論物理學，有資產階級的唯心論色彩，而加以貶斥。斯太林說，門得耳遺傳律，是資產階級的生物學，而清算講他的生物學家。中國現代人說，儒家學術思想是封建時代的，所以現在不當存在。他們同樣的錯誤根原，是不相信人類有超民族之限制，超時代之限制，超階級意識政黨意識之限制，以求得普遍客觀之眞理之可能。他們不知，眞正的眞理縱然最初是由特殊的民族，特殊的時代，特殊的階級、政黨，或特殊個人所發現，却自始須具有超特殊主觀之客觀性，對一切有理性的人皆眞之普遍性，而可爲不同民族、不同時代、不同階級、不同政黨的人，運用理性所同承認的，然後才可說是眞理。如其不然，一定不是眞正的眞理，而只是政黨的偏見、階級的偏見、時代的偏見、民族的偏見。人類可能常以偏見爲眞理。你可以誇大的說，人類過去所認爲眞理者，皆可能是偏見。但是你不能否認眞理本身有客觀性普遍性，否認人類有運用其理性，以超越偏見，以求普遍客觀之眞理之可能。你說一切眞理、一切學術文化只是分別的隸屬于某一民族、某一時代、某一階級的，則連人類用理性以超越偏見之可能，也根本否認了。人類因爲相信眞理有客觀性普遍性，然後人類才有發表言論，交換意見，依理性互相批評、研討，以求公是公非，並覺對異代異國之學術文化，有虛心求了解之必要。如果我們相信人之一切思想，皆只爲其人之政黨意識、階級意識、時代意識、民族意識所必然限定的，則不同政治主張的人，即决無互相商量之餘地，而民主政治成不可能。不同階級的人，一切學術文化，皆當相反，彼此排拒。不同時代，今人便必須鄙視古人。不同民族，便必須互相敵視。由此而人類之理性聯結，成不可能，一切學術文化，都只落得成爲政黨之宣傳文件，階級利益之辯護書，時代風氣之裝飾，民族野心之工具而已。此直是毀滅人類學術文化之價值的想法。我們要肯定人類學術文化之價值，當先自承認眞正之眞理有普遍性客觀性開始。我們下文的分析，雖似乎對一般讀者，稍迂遠瑣屑，然而人們如果能清晰的加以把握，則一切流行的浮妄之論、游蕩之辭，皆無立足之處了。

二 「道理之是否眞」與「主張一道理者爲何人」之分別

首先我們須知：「一種學說、一種理論、或一命題、一句話，一家思想之道理是否具眞理性？」與「主張或相信此學說理論命題道理之人是什麼人？」根本是兩個問題。初相信或繼續去相信一道理之人，總是一一特殊的個人。此特殊的個人，總屬于特殊之民族、時代，亦可能屬于某一階級或一政黨。然其屬于特殊之民族時代階級政黨，與此道理之是否具眞理性，全無關係。我們要決定一道理之是否眞，可根本無問此道理是何人主張的，主張者屬于何特殊民族、特殊時代、特殊階級政黨之必要。這最簡單的例証是：如果我們說二加二等于四是眞理，水含氫二份氧一份是眞理，人與人應平等應相愛是眞理，則不管此眞理是何人說的，它都是眞的。我們絕對不能說，此道理在英國人說出是眞，在中國人說出則假；今人說出則眞，古人說出則假；無產階級說出，馬克斯說出則眞，其他階級其他人說出則假。我們要討論這些道理是否眞，亦根本無問其是何特殊的民族、時代、階級、政黨之人先發現之必要。如果我們要問最初是何人先發現一眞理，則須知人類許多眞理，根本上卽爲一切人所共認，不能指出誰最先發現。有些眞理，我們自然可以問最初是誰先發現。譬如問最初是何人先發現水含氫二份氧一份，其人是屬何民族何時代等。但我們如是問時，我們是另求解答一問題，另求一種歷史的眞理。然我之爲某一民族某一時代某一階級的人，仍與此歷史的眞理之眞理性無關。如果我們發現某化學家先發現水是含氫二氧一，于是我說「某化學家先發現水是含氫二氧一。」我之此話之眞與不眞，仍與我是如何如何的一特殊人無關。因爲如果是另外與我全不同民族時代階級的人，先說「某化學家先發現水是含氫二氧一」，這句話仍是同樣的眞。所以凡是眞正求眞理之人，都是直接以問某一道理之是否眞，爲唯一之問題。如要問此道理是何人發現，此人是有何特殊性，則是轉到另一歷史之眞理之問題。而我們之再決定「此人之特殊性如何，」之一句話是否眞，仍須專就其本身來考究。不能再轉爲問「說此人之特殊性爲何之人，是有何特殊性，是屬于何民族，何時代，何階級，何政黨？」如果我們如此一直轉下去，則我們將不能討論任何道理之是否眞，而一直在迴避當前的問題之過程中。這最後必然的結果，便是使人求眞之理性活動成不可能，而停止人之理性活動。所以我們首先必須將一道理之是否眞，與說出或主張此道理之人分開。而我們在討論一道理之是否眞時，我們絕對應當只就此道理本身來討論，絕對不能將「說出此道理之人之特殊性是什麼」之問題，代替「此道理本身是否眞」之問題。這是人類要眞有理性的活動所必須抱的一個思想態度。

三　眞理之客觀性普遍性

我們在上已說，我們論究人所主張相信之道理時，我們必須把道理本身之眞理性問題，與主張此道理之個人之特殊性之問題分開。如果我們眞將此二問題分開，絲毫不加以混淆，則我們便亦不致從「主張一道理之人所以相信此眞理之心理與生活背景，是主觀的，屬于他特殊個人的」，而主張眞理之本身無超主觀之客觀性，超個人之普遍性。我們儘管可以承認我們之發現一眞理，相信一眞理，是我們個人在某一特殊時間空間的事。我們之所以發現或相信一眞理，必須有我們許多個人的心理上，生活上之主觀特殊的經歷。這些主觀特殊經歷，與我個人隸屬之時代民族階級，都有關係。然而這些主觀特殊經歷，只是我們發現承認眞理之條件，而不是眞理自身的條件。眞理自身之所以眞，不依于這些條件。這些條件之主觀性特殊性，亦不能沾染到眞理自身。誠然，在我們相信或發現一眞理時，我們可以反省到或自覺到，此相信（或發現）之活動，是屬我自己的，是主觀的，特殊的，不必人人皆普遍有同樣之相信。但是當我們相信一眞理而說之爲眞，我們明是直接說此道理之爲眞，而不是說的「我對之之相信之心理活動。」我說「我對之有此相信，」是可以說的。但這是另一句話。如這亦是眞理，這是另一個眞理。說這道理是眞，是說客觀上這道理是眞。說客觀上這道理是眞，即說這道理不只對我爲眞，而且對一切人亦當爲眞，此是承認此眞理之客觀性普遍性的話。如說二加二等于四，不是說二加二對我才等于四，而是說二加二等于四這一道理本身是眞的。對任何人，二加二等于四是眞的。只說我相信這道理，則只是敍述我自己之主觀心理。說這道理爲眞，我須對道理本身負責。如果有人能證明其不眞，我亦須承認其不眞。因對自己眞，必須對他人亦眞；如對他人不眞，對自己亦不能眞。眞與妄是有同一之客觀性普遍性的。反之，如只說「我相信這道理」，（如說「我相信地球是不動的」），則不須對道理本身負責，而只對我之主觀心理負責。如果我們說「我相信這一道理」一句話本身是眞的，則我們此時是將我們自己之主觀心理客觀化，想客觀宇宙中，確曾有「我如是如是之相信」之存在，因而「我相信這道理」之一句話是眞的。然而在這種情形下，則「我相信這道理」一句話，便仍有客觀性，亦有普遍性的。因不僅我可以說我有如此之相信，他人亦同樣可指我而說，我有如是如是之相信。

四　人之否認眞理之客觀性普遍性原於觀念上之混淆

人之所以否認眞理之客觀性普遍性，常由于人之過度驚駭于人類之知識學術文化之多方面性，複雜豐富性，隨時代而變化性，並感于人類學術文化之領域中，又常充滿種種之爭辯。其實由此三者以論證眞理之無客觀性普遍性，無一不是由于思想之混淆。

我們須知，人類知識學術文化之多方面性或複雜豐富性，所証明的，常只是人類所論究的事物之眞理，原有不同的方面。而眞理之種類，原可說是極其複雜。眞理世界之內容，原是無盡的豐富。此與分別說任何一定的眞理，都有其客觀性普遍性無關。由於眞理世界之內容無盡的豐富，使無人在實際上能了解一切眞理，而且很少眞理是實際上普遍的被一切人所了解，如許多專門的眞理，便常只爲極少數專家所了解。而關於一特殊時空所表現之特殊事件之狀態之眞理，可能在爲一人所了解後，那人卽死去，而那事件終古不再來，不能實際上再有人去了解它。這都似乎可以成爲眞理無客觀性普遍性的理由。然而我們須知，我們之論究眞理之普遍性客觀性，根本不須建立在一眞理之實際上普遍被一切人了解上。實際上普遍被一切人都了解的眞理，可說是莫有的。因爲一切人之概念，包含未來的人。莫有一眞理是實際上爲一切未來人都已了解的。實際上了解與否，是一一個人的主觀心理上的事，而普遍性客觀性是眞理本身具有的性質。所謂眞理之客觀性普遍性，只是一眞理之不只對我眞，而對一切人皆眞之性質，其在原則上可以逐漸被人由理性活動(此名可包括經驗)之運用以了解之性質。對一切人皆眞的眞理，可在實際上尙未爲人所了解。實際上他人之未了解，亦不礙此眞理之亦對他爲眞。有人說世界上只有十二人了解物理學中之相對論。然而相對論並不只對此十二人才眞。就是那上面所謂發現一特殊事件之眞理卽死去的人，他在發現那眞理時，他亦不能說那眞理只對他一人爲眞。他想着此眞理是客觀的眞理，他便不能想此眞理只對他爲眞。他必須相信，如果有他人在此，他人必能認識此同一的眞理；而且他如知此眞理以後無人能了解之，他便必然希望有人在此加以了解，而致憾於無人之在此。此卽他已肯定此眞理之有普遍性之兩種証明。我們平日之常不容已的，以我們所知眞理告訴人，與我們之要求去研究學術，知我們所不知之眞理，都因我們相信有客觀普遍的眞理；所以我們才覺我與人應當了解他，而我們本來能了解它。如果眞理在我們未了解時，它卽不是客觀的眞理，則試問我們有何去求人或我自己去了解他之義務？如果它是私屬于特殊的我個人，或特殊的他人的，則我們共同對它之實際了解，又如何可能？所以眞理本身之具客觀性普遍性，乃是眞理實際上被人普遍了解之必然條件。當我們希望人了解眞理，或我自己要了解眞理時，便必然已肯定了的。至于眞理之實際被人了解，却不爲眞理本身具客觀性普遍性的條件，而爲眞理有客觀性普遍性的証明。所以我們决不能從人類知識學術文化中之眞理之多方面性，複雜豐富性，其中所包含之眞理，多未實際上被一切人所了解，而說其無客觀性普遍性。我們當知一切眞正的眞理，整個眞理世界之眞理，都是自始對一切人爲眞而放着光輝以照耀一切的人的。你不了解它之對你爲眞，並無礙它之已對你爲眞。粗俗的例証是，人不了解火會燒死人之眞理，然而那人可能被火燒死。難道你能說他不了解「火會燒死人」，此理對那人便不眞了嗎？

至于人類學術文化之隨時代而變化，乃由于顯示各種不同的眞理之存在萬象，在不斷的生成，與人類之認識能力對之不斷有新的適應，而轉移他注意的方面；及各時代之特殊事物之不同，而所能應用的眞理亦因而不同。這皆不證明一一眞理自身之變化，亦不證明眞理之無普遍性。所謂事變而理變，常只是我們原應用於其他事物之理，不能應用於當前事物之謂。然當其他同類事物再來時，此理仍可再應用。此理永對同類事物可應用，則亦永不變其眞理之性質。如在熱天，「水寒成冰」或「寒必穿衣」之眞理不能應用，但到冬天，此理仍可再應用；而當我們不應用此理時，此理並未改變。不應用之眞理，不失其所以爲眞理之性質，則不失其客觀性普遍性，這是一層。就是那說明唯一無二之事之眞理，雖與唯一無二事分不開，亦無所謂改變其眞理性質。因爲那說明一唯一無二之事之理，如說眞了，仍是永遠眞了。如說明希臘何以滅亡之理，只能應用於一個唯一無二之希臘。希臘已亡，西洋歷史已變了若干朝代了，然而此眞理，仍是永遠當被人認爲眞，而具備對一切人爲眞、可爲人所逐漸了解之普遍性的。時代儘管可變，了解此眞理的人，可不斷的出生又死亡，死亡又出生，亦在變。然而此眞理無所謂變。變的只是了解此理的人，逐漸逐漸的更增多了。此眞理更在實際上被人更普遍了解，此眞理之普遍性更顯現了。人類學術文化之史的變化，只證明人所認識之眞理之增多，所注意之眞理方面，所應用之眞理之不同；不證明眞正的眞理之變化，眞理之無普遍性；而恒只證明眞正的眞理，可以爲更多的人所了解，而更顯現其對一切人都是眞的性質——卽更顯現其普遍性。

至于說到人類學術文化中之所以常充滿了爭辯，我們亦不當以此爲眞理無客觀性普遍性之證明，正當以之爲人人相信眞理有客觀性普遍性之證明。因爲人之所以爭辯，是因爲人互以爲對方錯了。人想對方錯，而自以爲是眞理，然後要與人爭辯以說服對方。說服對方，卽是要對方相信我相信的眞理。我們爲什麼要對方相信我相信的眞理？如果眞理是我個人主觀的，無普遍性的，我們何必要對方相信我相信的眞理？對方之相信我相信的眞理，又如何可能？故我們之要說服對方，正證明我們相信此眞理，是有客觀性的，是有普遍性的，所以我們才要與人爭辯，而求說服別人。

誠然，人類學術文化上之爭辯，不必都有結果。無結果之爭辯，常繼續進行。縱然一問題有結果，而新問題不斷的產生，仍將有不斷的爭辯。這亦似足使人們更懷疑眞理之有客觀性普遍性。但是人們忘了學術文化上之爭辯，無結果者固多，有結果者亦不少。新問題之所以帶來的爭辯，常由於舊問題之已有結果，而引伸出的。無結果之爭辯之仍繼續進行，正由於人相信眞理是有客觀性普遍性，是必須爲人所共同了解的。新的問題之爭辯之增加，常正表示人之認識了更多方面之眞理，表示人更迫切的求這些眞理之被反對者所承認。共同運用理性的學術上爭辯之增加並不表示，人對於眞理有普遍性之信心之減弱，而正常表示人求顯現眞理之普遍性或尋求普遍的眞理的努力之加强。在依理性的爭辯中，常只有客觀性普遍性之眞理可以逐漸被人依理性而承認。本無客觀性普遍性之錯誤的意見，則因無法被人類共同之理性所承認，而被淘汰被排斥。學術上的爭辯，正是有客觀性普遍性的眞理，表現它自己，以糾正錯誤的道路，而不是眞理無客觀性普遍性的證明。只有從外面看學術的人，才以爲學術上之爭辯，是表示眞理無客觀性普遍性。只有誤以爲眞理無客觀性普遍性，不知學術上之爭辯是眞理顯現自己之道路，以爲一切眞理都是私屬於一政黨、一階級、一時代、一民族的人，才會怕見學術上之爭辯，而以戰場上之爭鬥，代替學術上之爭辯，而要取消學術上之討論爭辯之自由。所以我們必須承認眞理之客觀性普遍性。

五　人之主觀的私意私欲與學術思想

人還有一種最重要的不承認眞理有客觀性普遍性之理由，卽由於一些人過度强調人主觀的私意私欲，對於人類之求眞理活動的影响。如人類之民族的偏私、階級的偏私、政黨的偏私，及其他私意私欲，常不免決定人之求眞理的方向，所喜愛的眞理之種類；使人有意或無意的，掩蔽了其他眞理；有意或無意的犯錯誤；並有意或無意的造作詭辯，以證明誤者爲眞，而以眞者爲誤。於是有人因而想着人根本無求客觀普遍之眞理之純粹的理性活動。遂竟至主張所謂依於人之求眞理之理性活動而有之學術文化，都原是爲滿足人之權力欲的（如尼采之說），都是人之性欲的昇華（如弗洛特之說），都是人之求生存之欲望所決定之意識形態（如馬克斯之說），滿足一民族之自我表現願望的（如斯賓格勒之說）。由是人之求眞理之活動，與由之而生之學術文化，都只是人之主觀欲望之表現，根本無所謂求客觀普遍眞理之理性活動之存在，更何有眞理之客觀性普遍性之可言？

關於人類之主觀的私意私欲，常不免有意或無意的影響人之求眞理活動之種種現象，我們不能加以否認。然而我們不能因而否認眞理之客觀性普遍性，否認人類有純粹的求眞理之理性活動之存在；因而說人之學術文化，皆人之私的求權力欲，求生存欲，或性欲之表現。如果我們如此主張，根本上便是自相矛盾。因爲人無思想無主張則已，人有思想有主張，而自以爲是眞理，便必然要承認此眞理有超我個人之私意私欲之客觀意義、普遍意義。我們不能只從人之私意私欲常無意的支配我們之思維眞理，表達眞理之活動，遂說人無求眞正的眞理之理性活動，說我們所得之眞理無客觀性普遍性。反之，我們當知，卽在人爲私意私欲所主宰以思維眞理表達眞理時，亦不會以被私欲私意所主宰爲應當。人決不會向他人宣稱，其主張皆出自個人私欲私意，而必須說其所表達之眞理有客觀的意義，並對人亦爲眞。此卽證明，人類總有超私意私欲之理性活動，總是承認眞理之當有客觀性普遍性的。如果有人堅持主張，人之一切求眞理之活動皆全爲其個人私欲——如權力欲、生存欲、性欲——之所主宰或表現，而人類之理性活動與由之而生之學術文化，皆人滿足其諸私欲之工具或化身，因而無所謂有客觀性普遍性之眞理，則我們要問：你之此主張與思想本身，是否亦只是滿足你個人私欲之工具，或你個人私欲之化身？你本人是否無理性活動？你之此思想主張本身，是否並無客觀性普遍性，而且只對你個人爲眞理？我們可以問尼采：你之提倡權力學說，是否只爲滿足個人之權力欲？問馬克斯：你之主張唯物史觀，是否亦只爲你個人之生存？問弗洛特：你之心理分析學，是否只是你個人性欲之表現？你們造作此種種學說時，是否有超你們個人私欲之理性活動？你們之學說，是否並無客觀性無普遍性，而只對你個人之主觀才眞的？如果你們說你們之造作此種學說，不是爲滿足你個人之私欲，不只是你個人之私欲之表現，而是你們理性活動之產物，是客觀的，對一切人皆眞的；則你已承認眞理之必須有客觀性普遍性。你們承認你們自己能有超私欲之理性活動，才造作學說，以貢獻於文化，你們便亦當認承認，與你們同樣是人的人，亦能有超私欲之理性活動，以從事學術文化。你如何能說，人類求眞理之活動，與由之而生之學術文化，都是爲人之私欲所主宰的，都是爲人之求自己之生存，謀自己之物質利益，滿足變形的私欲或權力欲之工具？如何能說人類學術文化之眞理內容，是無客觀性普遍性的？所以承認人類之有超私欲的理性活動，承認眞理之有超個人之主觀性特殊性的客觀普遍之眞理，是一切學術成立的前提。尼采弗洛特馬克斯如要講學術，亦不能離此必然的前提。然而他們不自覺此前提爲他們之講學術所必然須肯定的必然的前提，而在他們之學術內容中，却要企圖否認此前提，否認人類之學術文化是人類之超私欲的理性活動之逐漸實現其自身之產物。他們的學術之內容便直接毁滅其自身成爲學術的條件，使他們所宜稱的眞理，亦不能有客觀性普遍性。所以他們之學術，有一種自已毁滅自已的性質。他們的學術，如果要求存在，便須轉而肯定眞理之客觀性普遍性，肯定人類中一切之超私欲的理性活動之存在，而視人類之學術文化爲人之超私欲的理性活動之逐漸實現其自身之產物，以形成另一歷史文化觀。人只有具此另一歷史文化觀，相信人類共同之理性之存在，並對於不同民族、不同時代、不同階級、不同政黨之人類歷史文化中，一切眞理內容，都有願在可能範圍中加以學習之精神氣度；然後能顯現具客觀性普遍性之眞理，造成人類之理性的聯結，而救住人類之學術文化於長存而不墜。

（三十九年一月・「民主評論」第一卷第十四期）

第二部　中西文化之省察

中西文化精神之比較

一　西方文化與宗教科學

以中西文化相較而論，可以各種之觀點論其異同，吾昔年嘗以天人合一、天人相對之別，論之于一書。（正中卅二年出版「中西哲學思想之比較論文集」）然今將另取一觀點，直就中西文化所重視之文化領域之不同，以顯示其精神之差別。吾將自西洋文化之中心在宗教與科學，而論其文化爲科學宗教精神所貫注支配。自中國文化之中心在道德與藝術，而論其文化爲道德與藝術精神所貫注。此語似浮泛而實切實。惟此中須注意者有二：一爲吾所謂科學宗教精神道德藝術精神云云，皆有確定之意義，見本文第四段，非是泛指。二爲吾謂西方文化之重心在科學宗教，中國文化之重心在道德藝術，乃以中西相較而言。如不以中西相較，則西方與中國在不同之時代，亦各有其所重視之文化領域之不同。以西方而言，則希臘文化以科學藝術爲主，羅馬以法律政治爲主。希伯來文化傳入歐洲，而中世紀之基督教文化，以宗教道德爲主，近代西洋文化中，科學與經濟所居地位之重要，又昔之所無。以中國而言，則漢代文化以政治爲主，魏晉以文學藝術爲主，隋唐宗教之盛，乃昔之所無。宋明理學家之重視道德與社會敎育，亦有劃時代之意義。然此以中西歷史各時代相較而見其各有其重視之文化，無礙于吾人之自中西相較言，以論其所重視之文化不同。論文化必重觀其大，且必視其所以相較者以爲言，否則無文化精神之異同可論。而凡有所論，皆可詰難。此二義，讀者所宜先知。

吾人謂科學宗敎爲西方文化之重心，卽謂中國缺乏盛行西洋之科學與宗敎。謂中國較缺乏西方之科學宗敎，人可無諍。先秦重科學技術之墨學，不數傳而絕。荀子重察理辨類之精神，後世之學者罕能承之而進一步以倡科學者。漢人之自然哲學與陰陽五行之術數相夾雜。淸人考據校勘之業，多在書籍名物。中國古代對器物之發明雖多，然爲西方科學本原之形數之學與邏輯，終未發達。重概念之分析理型之觀照之希臘科學精神，依假設之構造以透入自然之秘密，而再以觀察實驗證實之近代西方科學精神，二者在傳統之中國文化中，終爲所缺。至于中國固有之天帝信仰，則自孔子以後卽融入儒家道德精神，化爲道家之形上智慧。墨子暢言天志而期於實用，嚮往超世之情不著，終未能成宗敎。秦漢之際讖緯流行，蓋古代原始宗教意識，存於民間者之復蘇。然圖讖止於預言。緯書言，天皇地皇人皇，蓋欲試繪原始天神之形貌。然又謂之氏族，則同于人而有生死。及太初太始只有混淪元氣之說生，天地衆神，一齊包裹于其中。則見陰陽家終不能續原始宗教之命，乃流爲方士，下開道敎。然道家修煉以飛昇，有人成之仙，而無超越之神。緯書中多陰陽家與儒家混血之思想，其中復有神化孔子之論，爲公羊家所承。然公羊家著眼在政治。孔子之事蹟，人所共知，終無法化之爲神。玄風扇于魏晉，陰陽之言漸息。佛敎東來，中國人之宗敎意識，復寄托于佛。然佛學呵斥梵王，固與西方宗敎不類，佛敎徒信佛爲天人師，此乃以信孔子先師之精神信佛。及禪宗起而信卽心卽佛，呵佛駡祖無不可，益遠于西方宗敎之事神惟謹矣。宋元明道敎復興，重性命雙修仍缺西方重超越上帝之精神也。

吾人若回顧西方，則希臘文化爲科學之母，固人所公認。而近來研究希臘文化蓋有二精神，一爲阿波羅精神，卽科學藝術之精神。一爲狄阿尼薩斯Dionysius精神，卽阿菲克Orphic敎精神。(自尼采于悲劇之誕生一書中，指出狄阿尼蘇斯精神後，Harrison 宗敎研究導論，F.M. Cornford 由宗敎至哲學Burnet希臘早期哲學、羅素近著西洋哲學史皆論阿菲克宗敎在希臘精神中之重要。）前者之哲學爲米列塔學派及德謨克利塔等之自然哲學。後者之哲學，爲辟薩各拉斯之宗敎性的數理哲學。除後者之哲學，兼具宗敎性外，二者同爲希臘科學之根源，而後者之促進數學幾何學之發達，其功尤偉。希臘文化之一源爲埃及文化。而埃及卽一方首先發明幾何學，一方最富于超世之宗敎意識者。柏拉圖哲學承辟薩各拉斯之思想發展，而承認理念世界之眞實、靈魂之不朽，以神話說明Demiurge之創造世界，而下啓柏羅提諾之神流出世界說。希臘之宗敎哲學思想，經聖保羅、辯神論者，及敎父哲學家如奧古斯丁等而與希伯來基督敎合流。基督敎遂直成爲西洋人精神生活之中心。此中有一貫之傳統。至于希臘之自然哲學中自然律之觀念，則爲斯多噶派之自然哲學所承受。斯多噶派以理性發現自然律之普遍性，而用之於政治社會，遂建立普遍之自然法之觀念，爲羅馬政治法律之基礎。而近代科學中自然律之觀念，據懷特海在科學與近世一書中所說，則又遠源於希臘宗教意識中之命運觀念與羅馬法。而西洋之近代文化，則爲科學思想與宗教思想二者之激盪所成。近代科學之發展，有實用的動機與理論的動機。言實用的動機，培根之知識卽權力之言可代表。培根之欲人卽知識以求權力，自言乃欲建立天國于人間，卽企圖化人間爲天堂。此種欲征服自然，以建人國而上齊天國，乃近代人之大欲。而此大欲，正由中世紀之宗教訓練中，所培養出之企慕天國之情所轉化。言理論的動機，則原于欲發現自然之數理秩序。近代之始，科學家如凱蒲勒、蓋律雷、牛頓、笛卡兒，皆由此動機研究科學。Burtt近代物理學之玄學基礎一書，論之甚詳。西方自辟薩各拉斯、柏拉圖以來，卽視數理爲普遍永恒而超現實之律則。故近代科學家皆以發現自然之數理秩序，卽如發現一神聖律。而牛頓等，則一面研究自然之數理構造，一面卽益以讚嘆上帝所造世界之整齊而有秩序。故近代之初，科學精神咸脫胎于其宗教精神。而當時之教徒不察，徒以科學家破壞其所承受之亞里士多德之自然哲學，而加以敵視。唯科學家之萬物平等觀，所生之機械論，確可使意志自由靈魂不滅之說成問題，使人之價值理想，在自然界中無地位，以致使人之宗教理想，發生動搖。遂有十七八世紀以來之科學與宗教之人生觀的衝突，與科學家向教會爭取自由思想之運動。近代哲學則位于科學思想與宗教思想之間，或左右袒護，或居中作調人，其權衡輕重，折衷于兩大之間之事，費盡苦心，哲學亦因以興盛。近代科學之理論的動機與實用的動機相結合，由應用科學工業科學之迅速進展，造成產業革命；復引起資本階級與勞工階級之對峙、人之物質享受慾望之提高。主社會革命者，固或遠本于基督教精神，而人之物質欲望之發達，又不免使眞正之宗教精神，日益喪失。是整個西洋近代文化，乃科學精神與宗教精神相反而相成，相成而又相反之一激盪史也。

二　西方之宗教精神科學精神與道德

循吾上所論西洋宗敎精神科學精神之發達，吾將進而指出西洋人之道德精神藝術精神，實爲其宗敎精神科學精神所貫注主宰。西洋自中世紀至今之道德教育之責任，始終主要在敎會。最使人感動之道德教訓，不出自道德哲學家之口，而出自牧師之口。上帝啓示之新舊約，爲道德敎訓之根本經典。而一般道德哲學家之論道德，罕有不歸宿于以神之信仰爲道德之基礎者。康德由道德之形上學，以建立自由不朽與上帝，由此以說宗敎，此在西洋爲一異軍。後康德派大皆更重宗敎之地位。自然主義者固不建立道德于宗教，不以道德原爲神之所命，而或以道德原爲人各謀其私利之工具如霍布士之所言、或以道德只原于人之與生俱生，由生物進化而來之社會本能，如克魯泡特金等之所言。然徒溯諸自然，終難建立當然。自然主義之道德觀，乃欲由科學以建立道德，此爲一般哲學家建立道德于宗敎之反動。在西洋哲學，自亦有既不自宗敎亦不自科學建立道德哲學者，如今之哈特曼之以現象學的方法，對道德作如其所如之體驗與叙述，此則近乎對道德現象作藝術的直觀。然此非承西洋近代道德哲學之源流而來，而較近乎柏拉圖之以詩情歌頌對至善之愛慕者。柏拉圖之所謂對至善之愛慕，乃是一超世間之嚮往。至善之獲得，賴于死後靈魂之超升。其詩情乃一宗教的詩情。亞里士多德之最高道德，爲對神之理智的觀照。此實以眞理之把握爲最高之道德生活。道德精神根本在實踐。凡以眞理之把握爲最高之道德生活者，皆科學精神或科學主宰之道德精神也。

三　西方之宗教精神科學精神與藝術

至於言西洋之藝術，則希臘之雕刻建築以神像神廟爲中心。中世紀之 Gothic 建築，以教堂爲中心。近代米西爾朗格羅之雕刻，仍多以希臘猶太之神或先知爲題材。西洋之畫，夙重宗教畫。一般人物畫，始于近代，山水畫尤爲晚出。而西洋畫之重明暗，重觀景，則近乎科學家觀測實物之精神。西洋近代之音樂，以德國音樂最發達。德國音樂所表現之嚮往企慕之情最著，其原于表現宗教精神之讚美詩，蓋無可否認。西洋之悲劇，原于希臘。希臘悲劇，蓋皆人在宗教性之命運感下戰慄之悲劇。近代浮士德之悲劇，仍是一種宗教性之無限追求（浮士德所象徵），與理智的懷疑主義（靡非士陀所象徵）衝突之悲劇。莎士比亞之悲劇，人謂之爲性格自身造成之內心的悲劇，易卜生早期之悲劇，爲社會與個人衝突之悲劇。此二者與西方宗教精神之關係甚難言。然現代梅特林克之悲劇，則明爲一宗教上之神秘主義氣息所圍繞。哈代之悲劇，則是一無神的盲目自然，對人生加以無情的安排之悲劇。此是希臘式之命運感之與近代科學中及叔本華之盲目的自然觀混合之一種悲劇意識。一切西方悲劇，皆本于理無必至，而勢竟不得不然，終歸于個人意志之屈服于一超個人自覺之一種無可奈何之力量。故悲劇之意識，卽個人自覺與超個人自覺者之緊張關係之意識。此種意識之原始，實由宗教精神與科學精神二者所培養。宗教精神肯定客觀之神意或神秘命運之不得不然，科學精神肯定客觀事實之不得不然。由神意命運事實之不可移易，而人自覺中以爲可得者，終不可得，以爲可逃者，終不可逃，則主觀自覺屈服于客觀卽成悲劇。社會與個人衝突之悲劇，是個人主觀自覺，屈服于客觀規定之社會結構。性格之悲劇，是主觀自覺，屈復于規定之性格。此性格乃先自覺，先意識地，被遺傳所規定，便仍是客觀規定者。故二者皆主觀自覺之屈服于客觀也。至于西洋近代之其他種文學，如詩歌小說，通常分爲二大潮流，一爲寫實主義自然主義，一爲浪漫主義。十八九世紀之海涅Heine、諾瓦利Novalis、霍德林Holderin、少年歌德，及華茲華斯Wordsworth古律芮己Coleridge等，浪漫主義者，皆表示一種對無限者、超越者、深藏萬物內部者、遙遠者、生疏者、神秘者之讚嘆，其根本精神爲宗教的。而寫實主義者與自然主義者，如弗祿倍耳、左拉等則欲對現實者、當前者、實際存在者，加以詳盡與細密之刻劃與描述。其根本精神爲科學的。故前種潮流恒爲宗教嚮往所鼓舞，而後種潮流爲科學之盛興所激發。此皆近代文學史中可徵考者也。

四　科學宗教藝術道德四種精神之差別

至于中國文化之傳統，則吾人前已言其科學精神宗教精神之不發達矣，而道德與藝術在中國文化中地位，卽特崇高。中國之文化與其中僅有之科學宗教，皆爲道德精神藝術精神所貫注主宰。所謂道德藝術精神與科學宗教精神之不同，卽主觀（我）與客觀（物——此物取廣義同于對象）之和諧融攝關係，與上所謂主觀與客觀之緊張對待關係之不同。科學精神爲主觀之自覺，去了解客觀自然或社會之精神。宗教精神爲主觀之自覺，去信仰皈依客觀之神，而祈求與之合一之精神。藝術之精神爲主觀之自覺，欣賞客觀之境相，或求表現意境于客觀媒介如聲色文字之精神。道德精神爲主觀之自覺，自己規定支配主宰其人格的形成之精神。在道德精神中，可說被規定被支配之自我爲客我（Me），而去規定支配之者爲主我（I），如詹姆士之說。此是就已自覺的求規定支配自己時說。若就吾人尙未自覺求規定支配自己時說，則亦可說將被規定支配之我，爲經驗的我，主觀的我，而將呈現爲能規定能支配此我之我，爲超越的我，客觀的我。如康德黑格耳之說。此二種說法，皆可說。在此四種精神中，可依二種分法分爲二組。一種分法，乃將宗教精神與道德精神爲一組，科學精神藝術精神爲一組。另一種分法，則宗教與科學爲一組，道德與藝術爲一組。宗教之精神活動與道德之精神活動所依之形上實在可相同，因而二種精神活動可相交會，而活動之方向相反。宗教上所信仰皈依之天心或神，可同時爲啓示吾人以道德命令之天心或神。卽其所依之形上實在或道體可相同。故吾人實踐道德命令以規定支配自己道德生活，與信仰祈禱神之宗教生活，可相交會。然宗教信仰皈依神之活動方向，乃自下而上；而道德性之實踐神之命令之活動方向，乃自上而下。故同此一神，宗教信仰中之神常爲超越之神。而道德實踐中之神，則宜爲內在之神。人之宗教信仰主宰其道德實踐時，神恒高高在上。而人之道德實踐主宰其宗敎信仰時，神恒卽在吾心。又宗敎精神未能引出道德精神時，則神可望而不可及。宗敎精神全融入道德精神時，神卽同化於吾心，而人性卽天性，人心卽天心。科學精神活動與藝術精神活動之對象，亦可相同，二種精神之方向亦相反。蓋同一自然物或社會物，一方可爲理智的了解之對象，一方亦可爲觀照欣賞或藉以表現內心之意境之對象。然在理智的了解之活動中，初必視對象爲外在于我之理智者。了解之活動，乃欲攝外物之理于內心，可謂之攝外返內。而欣賞表現之活動，乃卽外在之境相，或聲色媒介，以表內心之意境，可謂卽外顯內。至於宗教精神與科學精神可爲一組者，則由二種精神活動對象不同而恒相衝突，又復可互相緣引。科學之對象，恒爲客觀現實之存在，此乃在個人之自覺的了解力所可籠罩之下者。而宗教之對象，則爲客觀而超現實之神之存在，在個人自覺的了解力之上者。故二種精神活動，常相違反而衝突。然二種活動，皆肯定主觀自覺與超主觀之客觀者之對待，皆求有以克服此對待，而又終不能全克服之。科學肯定我與現實存在之對待，欲由了解其所依之條理而克服此對待。宗敎肯定我與神之對待而信仰皈依之，以求克服此對待。然現實存在所依之理，絡繹相連，愈引愈遠，故科學終不能克服理智的了解與所了解者間之對待。如科學而眞了解現實存在之一切理，使萬理皆呈現于目前，則萬理成觀照之所對，而內在于吾心，可自由加以玩賞。而科學生活，將無以異于藝術生活。又如吾人對神信仰皈依，而直達于神之境界，則神亦內在于吾心，神之命令我，皆我之自命，而宗教生活，卽無以異于道德生活。故科學宗教皆建立于主觀客觀之對待上。人欲求克服對待又終不能克服，卽造成一種主觀與超主觀之客觀間之緊張關係。此二者既皆同具一主觀與客觀間之對待關係，及緊張關係，故二種意識可互爲增上而相緣引。

復次藝術精神與道德精神可爲一組者，以二種精神活動，亦對象不同，可相衝突，而復可相緣引。道德上所欲規定支配者，乃「自我」。而藝術上所欲欣賞或藉資表達我之意境情趣者，乃物之境相。表達之媒介如聲色等，亦是境相。是二種活動對象之不同。道德生活固須關涉我以外之人物，而對之有所規定支配，然此是通過對自我之規定支配，以及于自我以外之人物。道德目的之是否實現，只視其是否能自己規定支配其自我而不在其他。藝術生活中，固可包含自我自身之欣賞，以自我表現自我。然當自我欣賞自我時，我卽視被欣賞之我，亦如我以外之他人。以自我表現自我，如舞蹈演戲時，我之視此舞蹈演戲之我之身體，亦無異顏料與樂器。由此而富道德精神之人，常較內向，而時反省自己。富藝術精神之人，常較外向，而留心物之形相。是二種精神可相衝突。于是詩人與道德家，可相譏誹。然二種精神活動對象雖不同，同缺主客之對待意識。道德上之自己規定自己，雖有主客之別，然我固知主我客我，皆爲同一之我。藝術上之主觀欣賞客觀，或主觀表現于客觀，亦是一移情或通感。道德之修養，藝術之創作，初固須與自己奮鬥，或與成藝術品之媒介物奮鬥。然道德藝術之努力，皆須求達于純熟自然，至「從心所欲不踰矩」、「得于心而應于手」之階段。此卽道德上之重發而中節，藝術上之重物我相忘。而此內外主客對待之全劃除，並非道德藝術生活之同化於宗教科學之生活，而是道德生活藝術生活之流行無礙。由此二種生活，皆包含內外主客對待之劃除，故同歸于主客之和融關係，而可互相緣引。

五　中國之道德精神與宗教

吾以上既論道德藝術精神與宗教科學精神之對照，卽可進而論中國文化之爲道德藝術之精神所主宰。吾人論中國文化爲道德藝術精神所主宰，當先畧說中國人古代之道德精神之如何能融攝原始之宗教信仰于其中。希臘印度哲學之初起，于其原始之宗教信仰，皆曾自覺的加以懷疑排斥。中國古代固亦有天帝之信仰。然于此種原始之宗敎信仰，孔子以後之儒家，並未嘗自覺的加以排斥，惟融攝之于其道德精神中。此融攝之所以可能，初乃原於在中國原始宗敎思想中，自始卽缺神人對待，神人懸殊之意識，缺神造天地之神話，原始罪惡之觀念等。由此融攝之功，而宗敎信仰中之天神卽漸同一于直呈於自然之天道；宗教信仰中之天命卽內在於吾人，而爲吾人之性，吾內心之仁。中國古代之天帝與西洋基督教中之神，自哲學上言之，可指同一之道體。然此中有一根本之差別，卽此道體之超越性與內在性偏重之不同，與對此道體之態度之不同。西洋人以信仰祈求嚮往之態度對此道體，將此道體推之而上，使道體人格化。由重視其超越性，而視之爲超越吾人之一絕對之精神人格，吾人之精神人格乃皆其所造而隸屬於其下，以求其賜恩。此爲宗教精神。中國人以存養實現之態度對此道體，徹之而下，則此道體，唯是天命。天命卽人性。人之誠意正心、親親仁民愛物，以至贊天地之化育；卽此內在的天人合一之性命之實現，而昭布於親、民、萬物之中者。則親、民、萬物皆吾推恩之地。求神之賜恩，要在信神之至善，知自己之罪孽而對神懺悔。推恩於外，要在信性之至善，知罪惡皆外在之習染，乃直接率性爲道，以自誠其意自正其心。故中國人言道德修養不離一自字：所謂自求、自得、自誠、自明、自知、自覺、自作主宰。而中國儒者所言之道德生活，亦非如近人所論，止於一社會倫理生活。中國儒者言盡倫乃所以盡心知性，盡心知性卽知天。中國儒者之道德生活，亦非止於是一個人之內心修養，其存心養性卽所以事天。此與西洋人之由祈禱懺悔以接神恩，未嘗不有相似之處。然西方人之祈禱懺悔以接神恩，必先自認自力不能脫罪。乃以放棄自己，爲入德之門。中國聖賢之教，則以反求於心，知性之端，而明倫察物，爲入德之門。故特重禮敬之貫於待人接物之中。而卽在此一切率性之行中，知天事天而與天合德。前者是以道德建基於宗教，後者是融宗教於道德。前者著重信歷代傳來之天啓，後者貴戒愼乎不睹不聞之己所獨知之地，此是二種精神之大界限。陽明所謂「無聲無臭獨知時，此是乾坤萬古基」。唯中國人儒者眞識其意趣。以中國聖哲觀西洋人之求神，皆沿門托鉢，騎驢覓驢，未眞知求諸己者也。數十年前，章太炎先生初接觸西方學術，卽謂依自不依他爲中國學術之精神與西方之精神之大差別，其原卽在中國人之道德精神之主宰其學術也。

至於中國人之道德理想，不建基於科學上之自然主義，則人所共知，不必多論。

中國人之道德精神旣融攝宗教精神，復轉而支配中國人後世宗教精神。自孔孟奠定盡心知性卽知天，存心養性卽事天之思想以後，卽確立中國文化學術之大統。孔孟之崇敬祖先聖賢與天道及歷史文化，固亦包含一宗教精神。然此亦必須由道德精神以透入。墨子言天志而不重祈禱，其全副精神只在承天志以兼愛弭兵，其組織之團體，亦終不能成敎會。（關於墨子之敎與西方基督敎之詳細比較，我有論墨子與西方宗敎精神，見東方與西方第二期。）至後來緯書之神化孔子之言亦終未爲後世所承受。道佛二家固具宗敎精神。在仙佛前之祈禱與懺悔，與在上帝前之祈禱懺悔，在本質可說未嘗有異。然仙佛爲人所修成，人與仙佛之別，惟是證道先後之別。人一證道卽與仙佛平等，仙佛與人在心性本體上，亦原無差別。故人在仙佛前之祈禱與懺悔，恒不如自修自證之功。故道敎初重符籙咒語以通鬼神。而道家思想之發展，則進而重自修其性命，如全眞敎其最高形態也。佛敎初來，信佛者亦重禮懺而捨身于佛前。逮禪宗起，則全歸于自參自悟，敢於呵佛罵祖矣。此皆道德精神之貫注主宰於宗敎精神中，與西洋之教徒於上帝但有崇敬歌頌，惟神能赦罪之說，實迥不同也。

六　中國之藝術精神與科學

中國文化精神中，除道德精神主宰中國之宗教精神，中國人之藝術精神亦較能獨立於宗教精神之外。中國古代宗教性之雕刻與建築，皆不發達。漢代之建築，以宮殿為主。寺院之建築，乃佛教輸入後事。而宮殿之建築，則一直為建築之中心。雕刻塑像之重佛像，亦以後事。中國原始之藝術，蓋即商周之鼎彝，其上鏤刻各種花紋物象者。鼎彝固兼用以事神，然仍以供人之用。或者謂由此鼎彝上所刻之花紋物象之渾灝流轉，龍蛇飛舞，即化為鐘鼎文字之書法。中國文字原于象形，即自圖畫中出。鐘鼎之文字，所開啓之中國書法，即成中國特有之藝術。書法純是形式美，其無宗教意味，蓋無疑義。再由漢魏晉唐之書法，以影响於漢唐宋之畫，則來自畫之筆法，還入於畫。中國畫又以一般之人物畫及山水畫為主，此人所共知。唐壁畫中，宗教畫甚多，然此是自異域來者。在中國藝術中，書畫之地位，高于雕刻建築。雕刻建築之媒介，為沉重堅硬之物，易示人以物我對待之意識。藝術精神之本，在物我相忘以通情。故表達精神意境之藝術媒介，愈柔軟輕便者，愈與藝術精神相應。而中國用紙筆之書畫之地位，高于用刀石之雕刻建築，亦中國人更富藝術精神之證也。中國古亦缺如西方之讚美耶和華之詩。詩經之頌，重美盛德之形容。楚詩中頌神之作，如九歌之類，所頌者為庶物之神，如山水之神等而非天神。其神之富人情味而乏超越性，抑尙在希臘之神之上。至于後來之詩歌，則宗教之情調更少。魏晉之游仙詩，與李白詩之神仙思想，皆重表現隱逸之趣味與放浪之情懷，乏眞正之宗教性之祈求企慕之意識。古代中國缺系統之神統記。見於述異記、山海經、搜神記一類之書之紀神，多富文學想像，而其神罕有具偉大之權力者。而在封神一小說，以神爲仙戰敗而死者所成，神之地位尤卑。至西遊記之以一猿而大鬧天宮，尤爲對天神之一諷刺。中國小說戲劇，又缺乏悲劇。其述人之可悲之遭遇，恒終之以大團圓。紅樓夢似悲劇，而後人必繼之以紅樓續夢紅樓圓夢，使終于喜劇。西廂終于驚夢，有悽涼之感。而後人必繼之以續西廂，詠張生之得其妻妾。皆反悲劇之意識。紅樓夢終于寶玉爲僧。七十回本之水滸，終于夢境。二書著者，皆對宇宙人生有深刻會悟。水滸爲一形而上之蒼茫氣息所包圍，紅樓夢爲一形而上之太虛幻境之意識所包圍。二書之所記，皆寂天寞地中一團熱鬧。此一團熱鬧，在水滸中，好似驚天動地，在紅樓中，好似繡天織地。實則此團熱鬧，乃是噴懸于一蒼茫之雰圍中。水滸中人物，似有命運感，噩夢所示，爲一悲劇預兆。紅樓夢著者，以荒唐言，洒辛酸淚，似有悲劇意識。但皆終與西方之悲劇意識不同。其根本處，在此二書中人物，皆缺乏强烈的目的性之意志。水滸中之一羣二十餘歲之少年英雄，實只是順天賦之性情如是如是表現。紅樓夢之一群十七八歲之兒女，在大觀園中推推蕩蕩。此與西方悲劇中之人物，總是要表現一强烈的目的性之意志，而終屈服于一神定的、潛伏性格決定的社會自然決定的命運者根本不同。水滸紅樓之形上意識，根本是一人生如夢如烟之意識。其中人物，任天而動，任運而轉，並無定要如何如何之强烈之意志。故著者亦未積極肯定一與入之强烈意志相違反、相對照之更强大的神力、自然力、社會力，以迫其意志屈服。紅樓夢之悲劇，乃是自然的演成，而悲劇主角寶玉，尙不自覺。西方之悲劇主角，要自覺的掙扎、奮鬥、逃避。紅樓夢之悲劇主角，則自始在夢中，夢醒而悲劇已成。悲劇成而取得唯一之智慧，卽人生原是夢而已。水滸紅樓中煙夢式的人生，於科學精神宗教精神，兩無所根，亦掛搭不上眞正之形上實在。此亦可說是一大虛無主義。吾昔嘗論中國人之生活，如不在爲其道德精神所主宰而信萬物皆備于我時，恒不免此虛無主義情調，生自靈魂深處。唯吾今將不止言此虛無主義原自人生無常之感，而將以之爲中國人之純粹藝術精神之一表現。原純粹之藝術精神，根本在移情于物而靜觀靜照之。靜觀靜照之極，必凸出對象，使之空靈。對象眞達空靈之境，卽在若有若無之間，與我全然無對待。故中國元明山水畫，重荒寒淡遠，重虛白之中，靈氣往來。嚴羽論詩，亦以如空中之音，相中之色，透澈玲瓏，不可湊泊，爲詩中最高之境。而以絕對之觀照態度看人生，則于人生之悲歡離合、好惡喜怒，亦必置之于遼闊蒼茫之氣息所籠罩中，成若虛若實若有若無之境。此卽水滸紅樓之在寂天寞地中描繪一團熱鬧也。常人只知二書之熱鬧，不知其寂寞，只知水滸文字之跌宕，紅樓之細膩，而不知透全書之氣息以觀，實是空靈。如人之置身于市塲之中，但覺其熱鬧，而不知出市數里，以遙聞好風捲來之市聲，全是一片寂寞空靈之意味也。人寂寞空靈之極，卽常不免悲來無端，覺人生之如寄。蓋空靈到底，則一切皆行雲流水，在若有若無之間。故魏晉人之空靈，卽與無端之哀樂，及人生如寄之感爲緣。余嘗另有文論之。惟書畫中不能表現哀樂與人生如寄之感。詩中只能表現人生之片斷，恒哀則不樂，樂則不哀。定哀定樂，皆有所寄。惟似哀非哀，似樂非樂，哀樂無常，更迭相易，乃益知人生之如寄。此唯小說更能表達之。故水滸紅樓者，亦表現中國藝術精神之發展爲空靈寂寞之一形態者也。

吾人上已論中國藝術精神獨立于宗教精神以外，今將繼以指出其獨立于科學精神之外之處。西洋畫重貌似，重明暗。重遠近之觀景，所繪物象，形界分明，如可握持，皆未離科學家觀測實物之精神。而中國畫之不求貌似，不重陰影、明暗、遠近、觀景，又不重形界，復運以淡墨，使虛實莫辨，氣韻生動，則遠離科學家觀測實物之精神。近人論中西繪畫者，類能道之。此實見中國之畫更表現純粹的藝術精神。蓋吾人依純粹的藝術的精神，游心寄意于萬物之中而觀照之，必游離形相于實物之外，使之宛爾凌虛，剔透空靈，全不作實物想也。人游心寄意于物，觀山情滿于山。觀海意溢于海，景之所在，心卽隨之，神與物契，則遠者亦近，暗者亦明。神不滯物，何必貌似。神運于景物之間，卽色卽空，卽空見色，虛白處有靈氣往來，固不必使形界分明也。

然中國藝術雖缺乏科學精神，而中國之科學則富於藝術之精神。中國固有之科學，有醫學，其價値極高。中國醫學診斷之法，有所謂望聞問切，而切脈㝡重。醫生之切脈，乃以其生命之振動，與病人之生命發生共感作用之一種直覺的診斷法。此法實類似一藝術性之移情活動。中國之拳術，乃一體育學。然中國拳術之運動，多曲線運動，其回互往復，周旋進退，實亦近乎舞蹈藝術。中國古有曆法之學。然曆法之學，旋即與音律之學合一，而合稱律曆。古所謂以十二律之管，測氣候之變化。即以音樂之眼光觀宇宙之運行。此在西洋辟薩各拉氏之思想中亦有之。然西洋律曆之學終分，而中國律曆之學，經漢儒之本五行八卦加以排比配合之後，即一直難分。此亦藝術精神主宰科學精神之故。中國動植物之學，成欣賞花鳥之學，亦源於此。中國政治經濟法律之學，古皆統于治術之名詞之下。治術之本，如制度之立，根於道德之原理。而治術之運用，所謂默觀風氣，體合物情，見幾而作，動合無形。皆一種善於移情於物，與物俱往，游刃於虛之藝術精神也。

七　總論中國文化中之道德精神與藝術精神

以上吾人論中國文化中道德精神藝術精神貫注主宰於中國之宗敎與科學精神中。吾人既已言道德與藝術精神，爲融和主觀客觀之精神，與科學宗教精神之爲主客對待者異矣。故中國文化中之道德精神與藝術精神，復互相增上緣引，合力以使中國之宗敎科學不得發展。中國道德精神之貫注於藝術文學，則使中國文學，富道德敎訓之意味。而戲劇小說，尤多意在勸善懲惡。蓋爲善而得罰，不可以垂訓。加以中國人之不肯定人之强烈意志與神力自然力之衝突對待，故小說戲劇恒終於大團圓。而西方式悲劇遂難產生。爲善之所以必得賞，實由相信神聖律自然律與人之道德律之一致。蓋以藝術眼光看自然，自然皆可空靈化，則無機械必然之定律所支配之自然。以道德眼光看天，則天心內在於人心，而謂有超越外在之神意或天命，故與人意相違，而與人以災難之思想，亦宜不能有。而人對天，亦可不負其良心自覺所昭示者以外之責任。原西洋悲劇之所以使人爲善而得罰，如予以宗教精神之解釋，則所以顯示人之自覺之善之微小，使人知其自以爲善者之中，有罪惡存焉。或所以示人：其存在卽罪惡，如叔本華之見。故必須使人屈服其意志於悲劇之下，而懲罰其罪孽。如予以科學精神之解釋，則所以顯示，在自覺之善行外，尙有必須肯定之客觀必然之自然律。此律之肯定，乃科學精神所要求。爲善而得罰，乃表示必然的自然律之不遵道德律。人必須認識此超越於道德外之必然的自然律，科學精神乃得舒展。然中國人以天心卽內在人心，遂使人之道德律以外無超越外在之神聖律。復以藝術精神軟化剛性之必然的自然律，則自然律亦宜須統於道德律之下，而爲善乃宜歸於大團圓。此中國文學中之未嘗有悲劇也。自然律既經藝術精神所軟化，而統屬之於道德律之下，則知道德律而踐之，亦可自求多福。於是科學之求客觀必然的自然律之純理動機，不得滋長，而改造自然之科學的實用動機，或被阻塞也。

關於中國文化之以道德精神與藝術精神爲主，吾將謂其自周代已然。周代之禮樂，乃古代文化之二幹。禮原自原始宗敎中事神之禮，而轉爲敬祖之禮，敬祖之長子之國君或宗子之禮，及天子對諸侯與諸侯大夫之相對之禮，終以成一切人與人相對之禮。由此而敬天之宗敎意義，轉化出政治社會道德之意義。天子承天志，承天之仁愛以愛民，臣下本敬天之義以敬君上；此爲中國古代原始宗教精神之啓發道德精神。孔、孟之承古代文化之大統，而昭示天命卽性，盡心知性存心養性卽知天事天之敎，卽爲將古代宗敎精神超化融入於道德精神中之哲學。至於周代之樂，本與禮相輔而行。吾人觀淮南子世本，莊子天下篇等所載古帝王之樂之名稱，想見古樂之盛。孔子旣表露一上達天德之道德精神，亦表示一尊重藝術之精神。故聞韶而三月不知肉味，讚曾點之志，笑弦歌之聲。原古代中國之教育，一掌於司徒，一掌於司樂，司徒者政敎之官，司樂者樂敎之官，而太學稱成均卽成韵，乃取義於樂。司徒以禮導行，司樂以樂和志。孔子訂禮樂而統之以仁。仁爲人道，亦爲天道。四時行百物生，無私覆私載者，天之仁也。孔子繼天而立仁道。其興於詩卽興於仁，溫柔敦厚，爲詩敎卽仁敎。仁立於禮而成於樂。則體形上之天德，成世間之人德以顯爲禮儀威儀之盛，而完成之於藝術精神者，孔子之精神也。然在孔子思想，畢竟以道德爲主。心由道德之實踐，而和順積中，英華外發，顯爲德音，可以感動人之善心者，斯爲盡善盡美之樂。故觀樂可以知德，樂爲德之華，樂可以養德，金聲玉振，以象德之盛。故孔子之藝術精神，是表現的，充實的，而非觀照的空靈的。純粹之藝術精神重觀照。觀照必以空靈爲極致。統於道德之藝術精神，必重表現其內心之德性或性情，而以充實爲極致。故孟子曰充實之謂美。此種藝術精神蓋較純粹藝術精神爲尤高。後墨家承天志而言仁愛，其重實踐此仁愛與孔子同，而不重禮樂。故既不能復興宗教，亦不能承繼古代文化。道家不信天神，毁禮樂而棄仁義，此是對傳統文化之大革命。然道家之即萬物以觀道，是有形上學之意識者。道家以道無乎不在，平齊萬物，而觀道於螻蟻稊稗。此正是一觀照的欣賞的藝術精神。故莊子亦以天籟、天樂象徵得道之境界。純粹觀照的欣賞的態度，必使對象空靈化，成即虛即實者。而道家之道，亦即有即無，似有似無之物，而存於希夷恍惚、虛無寂寞之境。道家之人生觀，唯重齊是非、忘生死得失利害，以忘物我之別。物我之別忘，而游心於萬象，與天地之一氣，此觀天地之大美之藝術境界。物我之別忘，而以神遇，不以目視，以游刃於虛，此成入間之大巧之藝術精神。此後代之書畫文學，皆多少表現道家精神也。藝術之精神，在物我相忘，其應用於道德，即莊子所謂「魚相忘於江湖，人相忘乎道術」。欲物我相忘，必我善能順物。如飄風之還，若羽之旋，無可不可，因循爲用。此田駢，愼到，乘勢順俗，與物俱往之政術、及黃老之言所自本，藝術精神之用於政治者也。周代秦晉之法家，尙功利，自有其特殊精神。而法家之言術言勢，皆本於道家因循之義，言齊之以法，則以齊物之精神齊人也。漢代思想是儒道墨，與自原始之宇宙觀發展出之陰陽家，及秦晉功利思想之大融合。在前漢，則儒道互爲賓主，後漢而儒學益影響於風敎。魏晉隋唐，道佛之言盛而尙文藝，宋明儒與而尙德行。數千年固有文化思潮之轉變，固委屈甚多，然要以儒道二家之相激相蕩，相錯相綜，爲其主流。大率儒樹常然之則以承天，道明自然之用以輔人，儒重常，道觀變。言治道者多本於儒。言治術者，多本於道。儒愓性天之機，以成己成物。道養心氣之虛以靜照無求。治世之能臣多崇儒，亂世之隱逸多崇道。道主宏納，主因勢，故開國之君臣，多崇道。儒樹綱常以立本，故中興之君臣，恒近儒。立本故倡經學，因勢故或重史學。然歸本而論之，則儒重剛性之建立，道重柔性之順應。道德精神之本，爲剛性之建立，藝術精神之本，必歸於忘我，而與物周旋無間，是爲柔性之順應。西方文化思潮爲理想主義自然主義二潮流之激蕩史。西方言理想主義者，最後歸宿於宗教，故萬理統於神。儒家近理想主義，而性即理心即理，盡心知性以成己成物，即知天事天，則歸宿於道德。西方言自然主義者，取證於科學，以人與物同爲自然律所支配。人欲支配自然，必知其律，以戡天役物，此爲科學之應用於技術。道家以人物齊觀，而自然社會中之盛衰之殺，變化之流，則亦有其不可逆之權勢，固亦近乎必然律矣。然科學以客觀萬物爲實在，而道家視萬物，則實中有虛。全實則剛，有虛則柔。科學家之自然，爲剛性之自然，而與人對峙之自然，故必加征服。此以剛性活動制剛性之物也。道家之自然，有實有虛，而爲柔性之自然。故不主征服，或則靜觀之靜照之，使自然空靈化成藝術境界。或者因應而用之，物之實中有虛，人事之變亦然。入於事物之變，以觀其虛，見其竅，以得其幾而轉之，因勢利導，動合無形，則用力少而功多，此卽道家之學之用於中國之醫學、拳術、治術者。此卽實知虛而游刃其中，卽空靈化萬物之本領，仍是藝術精神之一表現也。故言西方文化思潮，則理想主義與自然主義之推蕩可以概之。而言中國文化思潮，則儒道二家之推蕩可以概之矣。（三十六年四月「東方與西方」第一期）

中國清代以來學術文化精神之省察

一　導言

在這篇文章內，我將對中國之清代以來之學術文化之精神作一省察。我將簡單說明：此三百年中，中國學術文化精神之反宋明，乃一方表現進步之勢，一方亦表現退步之勢。由是歸到一結論，即爲中國文化之正本清源計，應重新肯定清以前之儒學精神。我常說，人類文化潮流之進展，常由反本以開新。西方文藝復興是反中世接希臘羅馬，淸學是反宋明接漢唐。我們今日要救治近代西洋文化所生之弊端，須一方面要回念希臘中世。而要使中國文化自唯物極權主義之統治救出來，必須回念淸以前之精神，方能眞開闢世界文化與中國文化之新機運。

清代文化學術之反宋明精神，在代表淸代學術之精神之學者心目中，是反虛入實，反師心自用，注重客觀之硏究，注重學術之實際的社會效用。除掉淸代學者在訓詁、校勘、考證、輯佚之成就，及顏習齋、李恕谷、戴東原、焦里堂等之思想上之成就不論，專就此種特重視客觀之研究，注重學術之實際社會效用言，未嘗不可說是宋明儒學精神之一推進。對于宋明理學心學之流弊，亦不無補偏救弊之作用。清代學者之客觀的研究精神，實近乎西洋近代科學精神。其所以未發展出科學，乃研究對象之不同，而未必全是方法態度之不同。在民國之新文化運動中，胡適之等之一面提倡科學，一面推尊清人治學之方法態度，梁任公諸人之以清學之與，比文藝復興，已見二者精神上之契合之處。我們既不抹殺西方科學精神之價值，我們當然不能抹殺清代學術之精神之價值。

但是淸代學者，對以前之宋明理學或宋明理學之根本精神，有一點大誤解，因而對于其自身所代表之學術文化精神之限制，亦有未能深切自覺處。直到民國，此誤解仍一直流傳，人少能眞切了解淸代學術文化精神之限制在何處。

淸代學者對宋明理學之根本精神之誤解，是以宋明理學爲忽略實際，其根本精神是虛玄不實的。此種批評，在淸初對理學末流而發，非無是處。但以後之人，一直以此爲理學之詬病，則不免謬見流傳。

我們如果眞用一客觀眼光，從文化史來看，則宋明理學所代表之精神，實只是一如何自覺的求樹立民族眞生命，民族文化眞生命之精神。宋初之三先生，卽注意于此。漸便成宋代學者共同之努力目標。後來之理學家與永康永嘉之功利主義之不同，只是理學家兼看到，中華民族非眞在精神之凝斂上下一番工夫，不能眞有生命力之發揚。一個民族在文化學術思想上，不能仰不愧俯不怍而頂天立地，內心卽有歉愧，生命力亦卽不能發揚起來。所以一定要講性與天道，以深植本根，主靜主敬，以求凝斂精神，一定要闢佛老，以樹立儒學之統。理學家之不滿漢唐，非不知漢唐時代，民族生命力之充沛。但此充沛，乃以才質天資勝，只可謂之暗合于道。理學家要進一層自覺的求道：以人的工夫補天資氣質之所不足。理學家注重道德實踐。個人的道德實踐，無不在人倫中、社會中表現。其不能忽實際是必然的。而理學到陽明之講知行合一，動靜合一，更是現身說法，見學問于功業。王船山之重禮樂刑政，其精神正是宋明理學之一脈下來。從此看淸學中之重視學術之實際社會效用方面，正是上接宋明，而當融攝于宋明學統之下的，根本無別立門庭之理由。

二　淸代哲學之價値及其限制

如果說淸代之學者，如顏李焦戴等，有對宋明理學別立門庭之理由，只能在他們之反對理學家之那一套講理氣心性之哲學。他們反對朱子一派之理先氣後，理生氣之思想，反對陸王一派之心卽宇宙良知卽天理，卽造化精靈之思想。他們反對重天理而忽略人之情欲之地位。用新名詞來說，卽他們反對宋明理學家之近乎今所謂唯心論之本體論，與太重內心理想之理想主義。他們只講理在氣中，理在事中，理只是事上之條理，情欲之不爽失，理只在情之旁通上見；而否認一切所謂在自然上之當然，在器先之道，在用先之體，「如有物焉得于天而具于心」自上而下主宰情欲之天理；而更接近今所謂現象主義、實用主義與自然主義。從此處看，他們之思想，似更能去掉宋明理學家之形上學中許多理論上的困難，使哲學更合常識，更可實用。因照顧人情，亦卽免掉了人之以意見爲天理，以理殺人之流弊。這些長處，我們亦可與以承認。但是我們同時要說明，從整個文化精神上看，一般人之只接受一種現象主義實用主義自然主義之思想，恒表示一精神之降落。也許朱子之理先氣後之說，陸王之心卽宇宙，人之良知爲卽造化之精靈之說，是不易接受的，或錯誤的。但是一個時代的人，崇尙此種理想主義或近乎唯心論之思想，却至少表現一眞正向上的自强不息之精神。所以黑格耳菲希特倭鏗與斯賓格勒，都以唯心論理想主義爲盛世之音。人在能以理想領導行爲的時候，理之所往，氣卽隨之，便直覺一理先氣後。人在眞自尊自重，自信自覺的時候，絕對不會貶抑精神之重要心之重要的。聞宇宙卽吾心吾心卽宇宙，人之良知卽造化之精靈，縱然不解其義，未知其理，亦必樂聞其說。絕不會輕加毁謗爲重主觀輕客觀的。而眞正能鼓舞陶冶一民族之精神之思想，亦至少必須是重視人在宇宙之特殊地位，注重人之尊嚴人之價值—因而必然是在原則上强調理想之重要心之重要的。依心之理想，來提起精神，建立民族生命文化生命，亦卽是理生氣。然而這種意思，清代的思想家並不眞了解。

至於宋明理學家之講理欲之辨，賤情貴性，可流于嚴刻，流弊至使人以意見爲天理，以理殺人，事誠有之。（章太炎在檢論中釋戴一文，說戴東原之盡量攻擊宋儒理學，正由于清代君主之以理殺人之事實而來。）顏李戴焦等之喜歡講利用厚生，講錢穀兵刑，講欲當卽理，于情之孚應處見理，固是一使人與人上下左右間，更能互體貼關恤，和協輯睦，相生相養，以凝翕社會之道。但就流弊說，把情欲放在第一，亦有流弊。方東樹漢學商兌，從流弊上反對戴東原，同樣理由充足。從根本上說，講情講得好必合理，講理講得好卽含情。戴焦等所說之積極義，在原則上宋明理學家何嘗否認？但講情，是偏重個體與個體相與之際說。講理，是偏重普遍之涵蓋原則之建立說。超出個體處，卽見普遍。個體與個體之情之根通處之一念惻隱等，卽心之理之直接顯示處。此處是卽情見性，原是儒家共許之義。所謂不離人倫日用，卽此之謂。但是如將此理只在現實之生活中所接之個體之關係上講，只說此中情之通處乃是理，而不能依理以透過所接之個體；則情之所通，束縛限制于所接觸之個體，便不能高遠，達于上下古今。戴焦等講情欲，總是限在橫的現實之社會生活中說。便于個人之向上憤悱而不安于流俗之情，對歷史文化民族國家之情，對宇宙人生之全體之情，不能眞正講。此處全賴人依理之自覺，以推擴充實其情之量，而至于其極，而後能卽情以見性之全。當下卽情見性，只是一面。依理充情見性，又是一面。所以性卽理一句話不能少。故將淸代之思想家如顏李戴焦之倫，與宋明理學家精神相比，則見其終遜一格。他們之精神似念念在安頓社會民生，使人得均平給欲。又如西方社會主義功利主義之精神，只是平面的橫的。他們在異族統治之下，不能眞談政治，談民族國家，談民族歷史文化之統緒；使精神更能徹上徹下，頂天立地，由平面進至立體，由橫的精神發展出縱的精神。宋明理學家則自覺是要建立民族之生命，民族之文化生命。其精神便不只是橫的，只照顧實現社會的，而是兼徹上徹下，頂天立地的。他們不客氣的教育君主，上法三代，闢佛老以存歷史文化之統緒，處處以道自任，與師友相激勵。所以教學者首先立志以開拓心量，要人「先立乎其大者」，「先收拾精神，自作主宰」，「有必爲聖人之志」，要人「爲天地立心，爲生民立命，爲往聖繼絕學，爲萬世開太平」。相信「千百世之上，有聖人出焉，此心同，此理同。千百世之下，有聖人出焉，此心同，此理同。東海西海南海北海，有聖人出焉，此心同，此理同」。「以宇宙內事即己分內事，己分內事即宇宙內事」。他們之精神，乃自其自我之小己或個體一念超拔，即求充塞乎上下古今，與天地合德。故他們可進而自覺：此能自個體超拔之心，即一普遍心，一天心。人之求自個體超拔，誠須自最平常之人與人之關係間之道德實踐來。因爲人與人之每一關係中，皆可依理以通人與我之情。情求通處，即有個體之超拔。由此超拔，而情落在對他人之關愛上，便是倫理道德，一社會精神。由此超拔，而不落在對他人實際關愛上，而自覺此中能超拔之理，此超拔之心，以保任之，持續之，便是一向上之憤悱之情。由此而人可不安于流俗，而有眞正之志氣。眞正之志氣，不必志什麼，可只是一超越而涵蓋之心境或精神。此心境此精神，不是從自己之軀殼起念來，亦不是對他人之軀殼本身起念來，只是從人有能超拔個體之性或理來。所以亦不能說它只是我個人之軀殼中的。它由個體之超越處見，所以此理亦即是超越個體之天理。此心是超越個體之天心，或宇宙心、普遍心，這個理這個心不僅我有，人人都有。因爲我不能私佔這個理這個心。你私佔之，它就離開你。故此理爲天理，此心即天心。這個意思，在現代來講，須大費周折。淸代人便不懂。但在宋明理學家，是極平常的共許之義。就是對現代人說，如果那人私欲不很重，或無什麼觀念上之成見，稍虛心一點，亦並不難懂。人能懂此理此心之能引起我們之向上憤悱之情，一眞正志氣、心境、精神；亦便可漸了解宋明理學家之理先氣後，理生氣，我之良知卽天地萬物之良知之形上學。而了解此形上學，卽了解宋明理學家之精神，不只是一社會的客觀精神，而是一充塞宇宙之絕對精神。這個精神與西方基督敎之精神不全同，但是同包含一對絕對者之肯定與體驗，同是通天人之際的。不同處在基督敎之神之爲普遍心或天心，其超越意味太重，其識此天心之道，主要賴信仰。理學家以天人合德，則此天心，亦卽內在於每一人之心。人只要從自我個體，一念超拔，便可多多少少見得。而且更著重自人倫踐履中，切實實證此天人合德之心。因而亦要人與現實社會中一切與我發生關係者通情，由正德以作利用厚生謀社會福利之事。自此點說，顏李焦戴之精神，卽包括於其下。但依宋明理學家義，這個心，順其性而充量表現，便不能只限在橫的現實社會中之個體人之關係間，求人人皆得生存，滿足其經濟上之欲望便完事。他要使人人皆受敎化，而充實其文化生活精神生活。此文化生活精神生活，對人乃有本身之價値內在之價値者。又這個心，自知其尊貴，卽有自尊心。亦知他人之有此心，而有尊人之心。自尊尊人，卽不能甘于同胞爲異族之牛馬，受異族之統治。他必求自己建立國家，自己建制立法，自己延續自己民族自己文化之生命。這個自己建立國家之要求等，乃出于心之要求主宰自己，出於民族之自尊心，亦並不爲什麼。這是一種依理而生不容自已之情。又人愛當前所見之同胞，愛自己之生存，必愛自己與同胞共同所自來之祖先，必尊自祖宗傳來之歷史文化。這都是依理而必推擴到之情。你無此情，即無此心。你無此心，即是禽獸。然此心此情，必依理而生。如眼光只局促於現實之個體人之生存與經濟上之欲望上，便見不到此種種心種種情之必須有，亦如人之必須生存一般。人不生存，固然是一切都說不上。然而人縱然生存，如只是禽獸般生存，生存有何意義？所以理學家必須反對單純的社會功利主義。必不僅要人相生相養；而且要重眞正的教化有本身價値之社會教化，而非只是生存之手段之教化。（一切社會功利主義者亦講教化，但總常只以之爲生存之手段。顏李戴焦等在此亦絕不明白，此處差以毫厘，便謬以千里了）。一定要談政治，談民族之自主；不能蜷伏於異族之壓廹之下，而只談社會改良。一定要尊敬自己之祖宗，自己之歷史文化。其所謂客觀存在者，絕對不能限於那作生存之手段之現實事物。他們視貫通古往今來之民族生命、人類生命、歷史文化生命亦是客觀上最眞實之存在。你看不見，只是你精神提不起，自安於卑近，不能如理生情。由此我們可知宋明理學家所言之「爲天地立心，爲生民立命，爲往聖繼絕學，爲萬世開太平」一套話不是空話。那只是一種肯定民族生命人類生命歷史文化生命之爲一客觀上之眞實存在，而個人心量須涵蓋之並對之負責任的話。這種意思，明末清初，王船山雖窮老荒山，猶念茲在茲。顧亭林黃梨洲已不能痛快說了。多次的文字獄及博學鴻詞科，把中華民族讀書人之志氣摧殘盡了。誰還能有宋明理學家之氣概？顏李戴焦能在民生社會上用心，已經很可貴了，我們何能多責？然而我們可不責他們個人思想之不能如宋明理學家之徹上徹下，從民族人類生命歷史文化生命之延續上用心；我們却不能不說中國近代民族的生命精神之降落之始於淸。善觀世運者，當知及今猶不能振拔之根原在此。

三　淸代訓詁考證之學之價值及其流弊

至於淸代之訓詁考證之學，誠然表示一種客觀研究的精神。但是淸人之從事此種工作，除學術之價值外，無論從原因或效果上說，均無什麼對精神本身之價值。從原因上說，他們或是因當時無講學自由，爲避免遭禍而埋首陳編；或意謂道在古人之書中，欲求聖人之道，必須先將書中之名物制度，一一考證訓詁淸楚。但爲避禍而從事此種學問，精神上便先有一委屈感，志氣上先覺有一阻抑。說必須先將書中之一切，考證訓詁淸楚，乃能知古人之道，並不錯。但謂道在古人之書，無形中卽否認了離書以直接求宇宙人生自然社會之道的精神。以道只在古人之書，則一日書未明白，便無道之可言。此全是孟子所謂義外之論。此種態度，徒使人之心，先成空無所主之虛白，而期待一日書之明白，以爲塡補。此種態度，將不免訓練出一被動之心態或精神。西方學者講考證，便以爲其有本身之眞理價值。則說考證一文物之價值，如發現一行星，亦可說。但他們不以爲道在古人之書，則考證訓詁之學，不妨礙其他人應用思想能力以直接求宇宙人生自然社會之理之科學哲學之發展。宋明理學家，以道無不在，道在古人心，亦在自己之心，讀書只是求啓發，要人自動求理，則縱不必能發展出自然科學，亦必另重直接求道之學。而清代漢學家之精神，則兩頭皆不着邊。不敢說爲考證而考證，不說考證本身卽有眞理價值，而說爲了道在古人之書；卽旣非爲眞理而求眞理之精神，亦限制了思想能力之運用。於是學問上之成績，固只限於文字之考證訓詁，而精神亦局促於故紙之中。遂不願亦不能直接與活潑新鮮之宇宙人生、自然、社會之事之理接觸，而不免只以名物上之發見沾沾自喜。浸至互相盜竊、詆娸，如錢賓四先生在其「中國近三百年學術史」中所舉之事實。學問之對象，如直接是宇宙人生、自然社會，則同此對象，心同理同，你講，我亦講，有何妨礙？要研究發明，則道理與道理脈絡相連，無人能一口吃盡西江水，可研究發明之處，無窮無盡，自然局度開宏。一限在文物考證上，則材料有限，秘本古董，自然深自珍惜。考證本身，又卽是要知一人之所不知之秘密，自不免矜其獨得，而妬人之先得我心。若在理學，則聖人先得我心之所同然，學問愈與人印證，愈見此理之顚撲不破，可望見諸行事，形成民族之公共精神。何至如清代漢學家之小器？我在此處，並非抹殺清代漢學家考證之價值。我重在要說出，清代漢學家之說道在古人之書，以詆娸宋明理學，無形中斲喪了人之自動思想之精神，狹窄了學者之眼界胸襟，使學術成私人之事，而不能以樹立民族之公共精神爲目的。這在效果上，是非常不好的。此種空氣之餘毒，亦及於民國以來之一些以科學方法整理國故者。

誠然清代之學問方面很多，亦不止上文所說的顏李戴焦之哲學與考證訓詁之學。此外有眞正之史學、文學，亦有理學。如曾國藩，羅澤南，以理學為本，而平太平天國之亂。清代經學之趨向，乃由反宋明而宗漢唐，由東漢，而西漢，以求孔子之微言大義。晚清倡今文學者如常州學派，更求明體達用，不安於文字訓詁之末，而關心國家政治。此亦未嘗不表現一愛護歷史文化而求探本溯源之精神，與對民族生命之延續有所負責之精神。然而代表清代學術之精神者，仍當是如顏李戴焦之哲學與考証訓詁之學。曾國藩講理學，反對太平天國，從延續文化生命處着眼，固是理學精神。然而一民族不能自己建制立法，精神終不能頂天立地。曾國藩不敢自立為帝，譏謗來而只能退。今文學家講春秋公羊，間接固不無引發民族之政治意識之功。清末康梁之挺身而出，要求担當國運，正從公羊家思想來。然公羊家思想，多「非常異義可怪」之論，易引發幻想與浪漫熱情，而不能樹立學術文化之骨幹，貞固人之精神。而當時國人，遑遑求改革，多出於恐懼瓜分之禍，慮黃帝子孫，不得生於競爭劇烈之現代，亦尚非眞從民族與文化自尊心出發。所以當時士大夫，最初並不要求推翻清室，只求救亡。及康梁之改革運動失敗，而本於民族意識之革命運動乃興起。

四　論清末思想

關於清末之民族革命運動，其中許多烈士之可歌可泣之事蹟，如馮自由之革命逸史中所載，皆出自性情，我們只有敬佩。然而當時促成革命領導革命之思想，則多為本源不清。清末盛行之書，可以促成革命，領導革命者，一種是警惕貧弱之不能存在，富强必須講求之書，如盛世危言天演論之類。一種是激發對清仇恨與革命情緒之書，如揚州十日記，鄒容革命軍之類。而學術性之著作，則一爲今文學下來之康有爲之大同書，譚嗣同之仁學，與梁任公先生之時務報新民叢報之文章。一爲從古文學下來國粹學報一派，如章太炎先生之思想，及民報中吳稚暉先生等之思想。孫中山先生之思想，在當時尙只把握住幾個政治上之根本觀念，其三民主義亦未寫出。當時之警惕貧弱，與激發仇恨之書，從宣傳價值上說，無可非議。但須知只從恐怖瓜分等念下手，便是一在底子裏的怯弱心理。由此而促成發憤圖强之心理，便只是一壓廹下之反動力。仇恨意識激發出了，亦可以促成革命，但其本身亦只是先受了壓廹而生之反動力。一切反動力可以革命，但皆不能建國。如眞從一個民族要求頂天立地之精神出發，自然要圖强，但那不是恐怖什麼。一個有自尊心的民族，應當政治上自主，不能只仰人鼻息，爲人奴役。縱然別一民族把我統制得安居樂業，既富且强。有自尊心的民族，亦不屑。不屑就是不屑，此外不須說別的。此處方見眞志氣。有志氣的人，反抗壓廹，是必然的。但不止於反抗壓廹。反抗壓廹，亦不是爲報復。所以轉來亦不壓廹人。民國成立，對滿清並不轉而壓廹之，是好的。但以前只爲去除壓廹恐怖滅亡而革命，其動機便不够積極。動機只在去除壓廹，則壓廹一去，氣便洩了。動機只在恐怖滅亡，則暫不滅亡，亦可苟安。在這種地方，要維持一革命成功後，民族之積極的志氣，與自尊心，以建國，全靠有一時之宣傳價值外之學術。而此學術，必須是由社會直接生長出的，不能臨時製造。然而清末之學術，從以前之文化風氣社會風氣中長出來，原不够担當建立民族生命文化生命，以開創國家之使命。眞正之建國思想，必須能發揚鼓舞人民之生命力精神力；必須注重本于理性之普遍原則之樹立，以求凝翕分散之個人的生命力精神力；兼必須能與該民族過去之文化生命銜接貫通，然後基礎深厚。深厚，力量乃源源不窮。這種意思，先秦儒家了解，漢儒了解，宋明儒亦了解，然而清人就不能眞了解。康梁譚章之才情人品，均極有可愛可敬處。他們豈不亦講中國之歷史文化？但是他們當時都不肯接上中國儒家之傳統。梁任公先生當時喜講墨子。譚嗣同之仁學，乃一一往平等之佛家與墨學之精神，其以仁爲以太，開中國從來沒有之唯物思想之始。康有爲先生雖講孔學，而以長素爲名大于孔子自命。康喜談進化，與其經學所自出之廖季平先生同。二人皆意構未來一往平等之大同世界。康之大同書，不僅共產，且主公妻。男女同居，不得過一年。人死以骨頭作肥料。其書中，並幻想如何使一切人皆長成一模一樣之方法，如籌劃如何使人之皮膚，皆成白人之皮膚。此却是一徹底之功利主義，加上浪漫幻想之非常可怪之論。章太炎先生反今文，講古文，處處與有爲相反。有爲談進化，太炎反對進化。據佛學著俱分進化論，謂善進惡亦進。又著五無論，歸于無部落、無政府、無國家、無人類、無世界。其革命熱情與其思想最高宗旨，乃如成二事。宋明理學家之孔子，是一負擔文化政治之責任之聖人，康廖之孔子只是如一預言家一宗敎主。章太炎之孔子，則是一史家，地位與劉歆同。康廖使孔子人而神，使人難信。太炎早年則有意貶抑孔子同于一般學者，又處處依老佛之言評論儒學。陽明朱子，更不在其眼中。吳稚暉先生，在當時一面以講通俗科學出名，後信無政府主義。諸老先生在清末民初所對思想界之影響，一是浪漫幻想之精神，一是開始消極的批判中國文化傳統之精神。他們只有橫的一切個體平等之社會意識，與企慕將來之社會意識，而不重積極發揚充實民族之生命力、精神力，及凝翕分散之個人之普遍原則之建立，亦無對于民族生命、文化生命之客觀存在積極加以肯定，承前啓後以建立一頂天立地之國家之意識。誠然，國家意識中國過去亦缺乏，此是中國數十年來未能眞建國之根本原因。但是順宋明理學家之求建立民族生命文化生命之義下來，亦可發展出一國家意識。然當時諸老先生未能及此。梁任公比較不同，其後來更念念不忘民族生命、文化生命之如何延續不墜之問題。太炎晚年，亦悔其早年之論。蘇州講學時，更歸平實通達，更尊歷史，重儒行。嚴又陵先生在民國十年與熊純如書，亦悔悟當清末時，彼與當時人之思想之本源不清。然皆悔之晚了。假如清末民初之學術思想界，與革命成功後之人士，皆眞有更正大而切實之思想，當時社會元氣，尙未大傷害，何嘗不能一方接受科學，一方建制立法，眞作爲天地立心，爲生民立命，爲往聖繼絕學，爲萬世開太平之事業？然而浪漫之幻想，消極性的批判，及由反感反動而生之思想學術，終不能凝翕民族之精神以建國，豈不令人悲嘆。

五　新文化運動時之思想

民國初年之千載一時之機會一去，軍閥混戰，外侮繼續相臨。五四時學生之愛國運動起，進而要反抗一切帝國主義之壓迫。新文化運動者在此時更追溯中國之不長進，歸至于整個之社會文化。于是順清末民初諸老之浪漫精神，不大看得起中國文化與儒學之態度，再推進一層，遂以儒家思想爲科學與民主之敵，視理學尤爲不近人情不切實際之學。他們中一些人，一面打倒孔家店，一些人即重提倡清代學術之精神，以之反對理學。而實際上他們之精神，亦正是從清代精神下來。當時之新文化運動者介紹西洋思想，從不重視西洋之理想主義潮流，與宗教精神、人文主義；對德國之學術，尤爲忽畧。而只斤斤于英美之實驗主義、功利主義、自然主義。而又不重依此諸主義，以實際解決社會政治經濟之問題，而或以之破壞傳統文化。他們因要反理學儒學，竟至說在中國書中只見吃人二字，（魯迅語）並要反對理學家所喜言之人心爲天地之心之說，而主「人與臭石頭一類」之思想（吳稚暉先生當時著之新信仰之宇宙觀人生觀，自此立論，此文當時百口傳誦。胡適之先生大爲推尊。此文以宇宙本源爲漆黑一團之物質。人生不過吃飯、生小孩與招呼朋友三事，乃一最原始之純粹唯物主義。）當時有梁漱溟先生，爲中國文化、孔子及理學，打抱不平，即羣起而攻之。張君勱先生等主張科學不能全決定人之人生觀，即被詆爲玄學鬼。梁任公雖推崇孔子，亦講戴東原，而推尊清學，以當中國之文藝復興。新文化運動輕賤中國文化、理學與孔子，以至拿人類與動物石頭齊觀，與後來顧頡剛先生之要把中國所崇拜之大禹王化爲一蟲，並求縮短中國歷史之年限等；最初皆可能是出于要打破民族之誇大狂，頑固者迂執之見的一種善意。然而他們不了解，西方科學與民主，雖在效果上說是實用的，然其本源所自之精神，則是超實用的。科學之根源正是相信宇宙處處皆有理，民主之根源，是人格之尊嚴之肯定。理性主義與理想主義之思想，至少是其一基礎。提倡科學與民主，正不須如此反對理學與儒家之理性主義與理想主義。他們亦未了解，人在輕賤他自己，而無對人性尊貴之自覺時，人在對自己之民族已往之生命，其歷史文化之生命，無愛敬之意時；人的生命精神，便成無厚之平面，而靡所依止，眞將下同于動物與臭石頭，而不惜。古往今來之聖哲，費盡心力，講個人禽之辨，義利之辨，講個如何維持延續民族生命文化生命的道理。此等道理，清儒雖認識不清，然決不敢反對，到新文化運動，則百年講之而不足者，一旦毀之而有餘。自此點而言，新文化運動之精神，較清末諸老又降低一層了。

然而新文化運動，從一方面說，亦有解放思想之功。新文化運動時人，其一股活氣或新鮮之氣，皆極可愛。提倡科學與民主，亦是爲補中國所短。新文化運動時諸先生等所標榜之重新估定價值之精神，尊重思想自由之精神，個人主義之精神，仍有一肯定人格尊嚴之精神在內。然自倡新文化運動之主要刊物之新靑年，成爲陳獨秀宣傳共產主義之刋物，魯迅諷刺中國社會文化之刻薄文章，一天一天的風行以後，順勢所趨：終于培養出一些視人如物之唯物論者，既無中國歷史文化意識，亦不重視民族生命文化生命之貫通的發展，反而膜拜馬恩列，視俄國爲其精神上的祖國之共產主義者。致後來陳獨秀亦被譏爲落伍，因他尙篤信民主與自由。共產主義之思想，本無在中國得勢之理由。因爲卽依馬克斯之理論，此思想亦只能在資本主義發達之國家盛行。然則何以竟得勢了？此固然由于國民政府之失人心。然國民政府之失人心，不能在日本投降之後，又一千載一時之機會，眞正建立一頂天立地之國家；正一方由于北伐成功以後，國民黨人與學術界人士，未能眞正求把握如何貫通的發展自己之民族生命文化生命之一大問題。國民黨執政後，曾一度提倡新生活運動，與本位文化運動，亦缺學術基礎。且出自政府提倡，學術界人自不看重之。人莫有涵蓋的胸襟度量，以通民族文化的古今之變，莫有眞正之自尊心，兩眼只向外看，則他人之長，亦不能眞接受。科學與民主雖好，自己無精神，無立脚點，亦消受不了，只能隨人脚跟，學人言語。學日本，學英美，學德國，都學過了，當然現在只有把俄國爲師了。

以我所接觸民國之學人，歐陽竟無先生有理學家氣魄而兼宗儒佛，熊十力先生進而援佛入儒，牟宗三先生再進而欲延納西方康德哲學于儒家學統之下，皆有孤懷閎識。抗戰期間，錢賓四先生出版國史大綱，乃一異清及五四以來治中國史之風，重新肯定中國歷史之特殊價值，而上接宋人。此外亦頗有學人在謀中國學術思想之獨立上，有所用心。然而此一切，正如陶淵明詩所謂；「種桑長江邊，三年望當採，枝條始欲茂，忽値山河改，柯葉自摧折，根株浮滄海。」中國文化生命，仍不免遭今日之大劫。

六　下降之路與上達之機

我們從以上看，中國三百多年來之學術文化精神，從反理學運動開始，即斬斷了宋明理學家那種以頂天立地的精神來貫通的發展民族生命文化生命之氣概。所以雖然在一方面來看，清代精神是由虛入實，多少表現科學的客觀的治學態度，並更注重學術的實際社會效用，不無對宋明理學之末流，補偏救弊之功。然而清代前半之顏李焦戴之思想，在精神境界上，能橫通而不能縱貫，即降了一格。純考證家精神，限在文字，又降了一格。清末諸老，以才情逞幻想，局面雖較開展，不免趨于浪漫，開始鄙棄過往文化。新文化運動雖講科學民主，求補中國所缺，然侈言對一切價值重新估定，而不在深處立根基，遂漸流于輕薄放肆，開始視人如動物如物。但尚尊重民主自由。至共產主義者，則根本否定自由精神，而視人如物。此與宋明理學家之視人如神，視物如有情，恰恰走到一正反對。宋明理學家，是以人之頂天立地之精神，建立學術文化之生命，以建立民族生命。清代民族受壓迫，人少了頂天立地之精神。但學術文化之統緒猶存。清初諸帝皆不能不對中國文化屈服。是民族失敗，而文化尚勝利。太平天國出自民族運動，但因要否定中國文化，中國人寧民族受屈，不肯犧牲文化，故太平天國失敗。然此終是一民族意識與文化意識自相矛盾之悲劇。無文化，民族固立不起，然民族立不起，又何愛于文化。故洪楊崩潰，會黨仍對曾胡銜恨。清末之革命乃是民族之求頂天立地。然文化學術上，此時遂不復眞求有所主。今文經學與古文經學相攻，老佛墨攻儒。舊有文化學術，開始自相矛盾，呈崩壞之機。自西方輸入來的重末來之進化觀念，使人更要反傳統。新文化運動起，其本身爲世界性，乃使舊文化意識全崩壞。然五四運動之本身，仍代表一民族意識。惟單純之民族意識，無自覺之民族文化精神與相配合，則只有生物本能上、自然生命上之根據，而無眞正之精神生命之根據，終無眞正之力量。國民黨後來之北伐，亦代表一中國之民族意識，而與學術文化界亦始終配合不上，故亦未能眞建國。中國之學術文化，在清代雖能使滿帝屈服，然其本身力已弱，經太平天國之悲劇而尤弱，清末民初諸老，與新文化運動者又重批判懷疑，不料歸于去否定自己文化之精神，于是所介紹之西方思想，亦以「自外至者，無主不止」，則大勢所趨，必至共黨起，而以俄國爲精神之祖國。于是中國之文化生命與民族生命之統緒，全被斬斷。只能走到宋明精神之反面去了。

我們如果冉縱看此三百多年之學術文化精神，我們又發現一特色，卽此一切學術精神，幾都原來卽是由外力壓廹而生之反動。明末清初之人，已開始反理學，何以反理學？只因痛心于明之亡。由此開啓清之顏李焦戴等之思想。清代學者，何以多埋首考證註疏？只因清廷不容人自由講學，乃廹上此路。清末諸老之反儒學，新文化運動者之反中國文化，同是感外力之壓廹，怕不能生存，怕在時代落伍，而生之反動。五四運動，國民黨之數十年之革命運動，是對淸與帝國主義之反感。共產黨是對英美與國民黨之反感。凡是只從反感出發之思想，皆非主動而爲被動。皆無主動的，正面的，積極的力量，而只有反動的，負面的，消極的力量。故常未能眞對社會文化有實際效用，即再被否定。淸之顏李焦戴之學，與考證之學，皆本無什麼對社會文化之實際效用。以此數十年之學術說，康梁章譚之思想，在新文化運動時，被否定而落伍了。共產主義者視新文化運動者爲落伍者。然陳獨秀之共產主義又被後來之共產黨認爲落伍。今之共產主義者强調階級性以反普遍之人性，而又在中國民族歷史文化精神中無根，故亦將被否定。這是因爲一切從反感來者，皆只是被動。隨刺激之來而來，亦將隨刺激之去而去；隨所反者之存在而有力以反之，隨所反者之不存在，而自身亦即無力，遂不能不終歸于再被否定。

但是我們可再換一眼光看。則一切從反感生之精神，皆無正面積極之力，則自反感發出之消極的力量，又來自何處？如從此反省，則知一切反感之力，一方是從對方激起。一方是一切反感之後面，自有正面積極之要求。正面積極的要求，被自覺的加以促進，則不是反感。而生出正面積極之力量。不自覺，便伏在後面。只顯爲反感，對一切不切合其眞要求，而在浮層意識之思想，皆任其自相更迭代替自相否定。而一切此種似能代替否定其他者，皆似有力而實無力同爲待被否定者。中國三百年來之學術文化之發展，自有一潛伏的眞正的正面積極要求。此要求是什麼？此正是宋明理學家，所念玆在茲之如何貫通的發展民族生命文化生命之精神使命。自淸統制中國起，此精神使命，壓伏在民族心靈之後，總要求伸展。伸展不出，于是就自怨自艾，兩眼向外求救。所以首先埋怨宋明理學。從深處看，考證學家之所以以爲道在古人之書，亦是一向古聖人求救之心理。由向古聖人求救；到淸末之學者幻想一未來世界；與新文化運動以後，一面倒向西洋文化求救，與共黨之一面倒俄國求救，是一個精神背景下來的。但是，在學術文化接受他人之長，是可以的。一往自怨自艾，貶責自己至等于零或負數，是不可以的。淸代考證學家之反對宋明理學家之注重自動思想之態度，而動輒責之以師心自用，卽爲人不信自己之精神之始。以後卽每況愈下，至民國而極。這樣之不可以，道理非常簡單。卽忽視「自外入者，無主不止」。自己之主宰提不起，一切外入者，將何處棲泊？接受西洋文化之長亦要力量，要度量，要胸襟，要氣魄，此力量氣魄等，只能內出，不能外入，這是決無疑義的。自己要有力量，有氣魄，先要信得過自己。我如何能信過自己？如果我個人之生命精神，所自生之祖先之生命精神，及祖先所造之歷史文化，皆無價值，則我這個壞種，是否有價值亦是可疑的了。一個孤零的個人，與民族生命文化生命脫離之個人，自始未嘗存在。然而在人精神下墮時，只自現實之物質眼光看時，便宛若只有我七尺之軀孤立于天地間。從此軀殼起念，便若過去之民族文化均不存在，只有死的書籍存在，另只有與我並生之外國人才存在。于是只向死的書求救，只向外國人求救。所以宋明理學家，一定要叫人不要只從軀殼起念，不要只從現實的事物看一切，不要只從氣看一切。而要人透過理，從心之涵蓋之量看一切。從理與心之涵蓋之量看一切，則理到那裏，心便到那裏，心到那裏，我便到那裏；則上下古今內外，一齊穿透，一齊收拾。這是何等氣概？從此看，則祖先之生命，即我之生命，祖先之文化精神，即我之文化精神，我何忍踐踏它？他人之長，我學它；我即以我之心胸度量涵蓋它，我有何卑屈？如此方可言民族生命文化生命之貫通的發展。中國自宋明之亡，此種氣概與精神，即壓到下面，後之學者亦未能自覺的喚醒之。所以從滿淸壓廹下翻了身，民族之自然生命，無文化的精神生命以提挈之，充實之，發揚之，則無理以生氣。此自然生命，亦終立不起。故此種氣概與精神，終將被自覺而喚醒，以提挈充實發展此民族之自然生命，正是中國民族三百多年來潛伏在心靈後面的一正面積極的眞要求。共黨在現在中國之勝利，絕非中國人喜歡馬恩列史之表示，只是國民政府不行，中國之學術文化，在外表已空虛，而此潛伏之眞要求未眞被自覺，它才乘虛而入。然而他們在意識中，竟妄以爲馬恩列斯眞可替代孔子，中國眞能以俄國爲精神之祖國，于是鑄下彌天大錯。這個錯誤，共產黨自已不懺悔。中國民族終將自覺其三百多年來之眞要求所在，以逼廹你懺悔。三百多年來中國學術文化精神之表面的下流之勢，由視人如神，視物如有情；到視人如物；由民族之自然的生命與文化的精神生命之全部肯定，至對二者之全部否定；是由全正至全反之極點。到全反之極點，便有全反之反。全反之反，含重光三百年前儒者全正之道，其誰與歸。

（三十九年六月．「民主評論」第一卷第二十四期）

西洋古典文化精神之省察
——西洋文化精神之省察（上）

一 導言

司馬遷作屈賈列傳曾說：「人窮則返本，故勞苦倦極，未嘗不呼天也。疾痛慘怛，未嘗不呼父母也。」人類所生息之歷史文化，亦是人之天與父母。現代人亦可謂勞苦倦極，亦可謂疾痛慘怛矣，所以在此時，我們每一人，實皆當對於人類東西之歷史文化，回頭一看，即有一反省。在反省中，人可以在迷途，覺前面似山窮水盡時，再記起所走的陽關大道。在反省中，他可知他是如何走入迷途而跌下，亦即知其如何逃出迷津而重新立起。在反省中，人亦可知其過去曾有無數次之不斷傾跌，而不斷立起，以至不斷向上升起之歷程，由此而可使其對於未來，抱一理想，有一信心，兼知一些我們現在所當作。這一種對人類之歷史文化之反省的工作，通常說是歷史哲學、文化哲學的工作。這又是極端困難的學問。在西洋近代之歷史哲學統系中，最能撼動人心者，一是黑格爾之歷史哲學，一是斯賓格勒之西方文化之衰落，一是馬克斯之唯物史觀。唯物史觀武斷的解釋人類過去文化皆受經濟決定，並預斷未來。黑格爾之歷史哲學，則以絕對精神已實現于普魯士，對未來歷史存而不論。他在其歷史哲學最後段明白的說，歷史祇講過去不問未來。斯賓格勒則謂西方文化已經衰落。他明白勸西方人再不要幻想：再有偉大的宗教，哲學，詩歌，繪畫，人只須去從事實際政治與技術工作；而帶深刻的悲觀色彩。于是馬克斯之唯物史觀，可以吸注人對於未來之幻想，對未來之熱忱。這是不幸的。人類是否一定有更光榮的未來，這在邏輯上說，並無必然。所以重視邏輯推理的如羅素諸人，便時時警告人類之可不存在於世界，人不要太信任他自己。但是人類終須信任他自己之可信任處。人類不必驕矜，但應由其文化歷史，發現其自己之可信任處在那裏。關于各派歷史哲學之是非，不是這篇短文所能討論。在這篇文章中，我只想就西洋文化史上的一般知識，以論西洋文化中之一貫的精神發展。關於講希臘中世一段，多取一些黑格爾之意見。論近代，則間取斯氏之說。此外則福利德爾E.Friedell近代文化史（有中譯本但未譯全）、懷特海之科學與近代世界，羅素之自由與組織，對本文一些觀念，皆多少有一些影響。其餘則多出己見，以爲解釋。短文不能詳細發揮，但是凝鍊西洋數千年之歷史文化，所表之價值涵義，以便人作鳥瞰；于世亦不爲無益。我在此不對西洋歷史之前途取悲觀的看法，亦不如黑格耳之以絕對精神已實現於普魯士。我相信人類文化中之西方文化，依其本身發展的理則，亦應當有其前途。這前途在我心目中是：對其古典精神中之哲學、藝術、宗教精神之本原，與近代精神中之科學政治經濟之精神之本原，皆加以重新自覺後之大融通，同時與東方之印度中國文化之精神之相應合。這將形成人類文化之一大諧樂，爲「人類之超越自己而又內在于其自己之精神」所主宰者。但是此義未在本文中發揮，而只在結論中畧加說明。至於馬克斯之唯物史觀以奴隷、封建、資本主義社會之名目，來解釋西方文化之精神之發展，以人類歷史只是一階級爭利害的相斫書，並預斷未來人類社會文化之必然爲蘇俄之形態，則我們認爲根本是不曾了解西洋文化史之意義與主宰其發展之精神的話。馬克斯本人，卽不了解其思想在西方文化中之眞正的地位與命運。但是我們在本文中，亦未特就此批評。我在此文中只是鳥瞰式的根據兩個觀念，以標示西方文化中古典精神與近代精神之不同的發展歷程。人們只要眞從此二觀念去把握西洋文化史之意義，則唯物史觀亦可無待批判。此二觀念，一是說貫于希臘文化羅馬文化與中世紀文化（中世紀之起訖，西方史家說者不一。本書之中世紀或中古文化，乃指基督敎所主宰之文藝復興以前之西方文化）之精神，是一種逐漸去追求、嚮往「超越現實之普遍者，」之拔乎流俗的精神。一是說貫于西方近代文化者，是一種求擴張生命力量于時空中之現實世界，並實現普遍者于時空中現實事物，以改造俗世，而不惜精神之物化之精神。我們以下，卽當本此二觀念，以綜攝三千年西洋文化之精神之向上的發展之歷程：並附帶追溯近代西洋文化之一切流弊之根源，以暗示西洋文化今後發展理當遵循之途徑，及我們對西洋文化應取之態度。

二　希臘精神——自由理性之尊重與對普遍之理之肯定

我們說希臘羅馬中世之精神是追求嚮往「普遍者」之義，須從希臘之文藝、科學、哲學；羅馬之政治、法律，中世之宗教的文化成就之內面，看其所依之人的態度、內心要求等，乃能見得。希臘的科學，以數學、幾何學爲主。希臘之數學幾何學，皆以有永恒性、絕對普遍性之數與形之關係爲對象。亞里士多德之生物學，亦肯定生物種類之形式，是永遠不變。希臘的文藝，以雕刻、建築、悲劇爲主。彫刻與建築，皆表現凝固的形式。希臘悲劇，則多表現必然的命運之理念。希臘的哲學，則由畢薩各拉斯、蘇格拉底、柏拉圖亞里士多德之潮流，都以尋求事物普遍永恒之理念或形式，爲其核心。我們不須詳加討論，我們亦可說希臘人對于西洋文化之一有永久價值之貢獻，即在其能在事變之流轉外，求發現一貞常之理。

誠然，希臘文化精神特爲後世所仰慕者，恒在其初期表現于其競技、游藝、審美活動中，神話之想像中的及尊重「個性自由」與「形相之美」之精神。希臘人也許是世界古今一切民族中最尊重人之個性，尊重個人之自由與形相之美的。然而此個人之自由之最高表現，乃在依自由理性，以企慕實現理境。美之形相本身，即一理之顯示。希臘人所謂理，與中國儒家所謂理，及斯多噶、康德之理性不同。其不同處在：希臘人之理，恒只爲科學、哲學、文學、藝術之意識所對、所觀照之一普遍的相或形式。故最好稱之爲理型。理型自其本身言，有普遍性、客觀性、超越性，而不必有實效性，現實的存在性。希臘人之發現理型之普遍超越性，首先表現出了西方人之「能透過時空中事變之流轉，而獲得安身立命之地」的精神。此是希臘人精神中最可貴之一點。我們須知，人在日常生活，人只是饑而思食，寂寞而思配偶，無權位而思權位。人所求以滿足欲望者，總是時空中之特殊事物。而此特殊事物，都是流轉無常的。人之求自其主觀之欲望超拔，而寄精神于一超主觀之普遍者，乃向上的人性之所同然。印度人于此先發現梵天、神我、眞如。中國人于此先發現天道、仁道、仁心。希臘人則由發現理體Logos、理魂 Nous，而發現更可爲觀照所對之理型 Ideas。三方面的人所發現之普遍者，其內容雖不同，然其爲超主觀而有客觀性者則一。人之求此數者，意在超出凡情，顯人之所以爲人，而異乎禽獸之眞性則一。人之得此三者，皆可使人之精神貞定，而自流轉無常之時空中、事物的得失利害中超脫，而若入於永生之域則一。這一種希臘人之肯定普遍的理型之精神，乃西洋理性主義之傳統之本源，亦西方人的精神生活之本源所自。如否認或忽畧此精神，即否認了西洋人之精神生活的源泉。而最忽畧並企圖否認此精神之價值，無過於唯物論者的思想；爲了保存前者，我們才不能不批評後者。

但是希臘人之精神，亦有其缺點，希臘文化中之審美精神，是重個體的。希臘哲人原在殖民地生活，恒不對社會政治負責，亦不重勞働生產，以至不重技術發明。此點論之者極多。如杜威哲學之改造，論希臘哲人之輕勞働。Müller-Lyer 社會進化史論技術發明皆來自東方。魯濱生之心靈在形成中，曾謂亞基米德只仰觀俯察，冥心思索而羞于記述其巧妙發明品，因其有辱哲學家之高貴事業云。（此與中國古代聖王皆被視為發明文物者，正為一對照）蘇柏亞諸氏，乃注意道德社會政治。但他們終只是愛智者，其內心所嚮往所注意，總偏在理型本身，或萬物之理型之觀照與探索。其精神視線是向上看，亦仍是向外看的。以中國聖賢標準說，他們都不識內心之仁。以基督教標準說，他們不識人內心之謙卑，普遍之人類愛。以康德、斯多噶標準說，他們不識一切有理性者皆應眞平等之正義。他們所講之社會的正義，只是各等級之人之和諧。亞氏論人與人間最貴之德，止于友情，然無「人道」之德。（可看Rogers 西方倫理學小史）。其民主政治，雖是西方近代民主政治之遠源，然只限於少數自由民可參加政治。柏亞二氏，都以奴隸制度為應當。因為無奴隸專事生產，則無有閒者之從事政治學術文化之工作。此雖由當時社會情勢使然，但他們看人性重其天生材質之不同，如金銅鐵之不同，（拍拉圖理想國中之意）並不免從工具眼光看奴隸；便與儒家人皆可以為堯舜，基督教一切人皆為上帝之子，斯多噶康德之以人皆有理性，其自身為一目的，便不同。所以從進步眼光看，由希臘本身之精神，至希臘後期，或史家所謂希臘羅馬期之斯多噶之精神，是一大進步，到耶穌出，又是一大進步。

三　羅馬精神之形成

——普遍紀律之強制的實現與普遍人性之自覺

希臘是小城邦。羅馬是由小城邦而成立大帝國。此大帝國之形成，不由小城邦之自相凝合，乃由羅馬之武力之不斷的征服。羅馬人自始缺乏由自然的家庭意識所培養出之柔情。羅馬人所謂德行一字，原義只是勇武。羅馬之能征服世界，賴其武力的組織之不斷的擴大。組織中有紀律精神，即其法律之原始。但此組織之紀律，初純爲了征服外在之敵對者。此外在敵對者之存在，遂亦爲紀律得存在之根據。因而此紀律中之普遍性之根據爲外在的。羅馬帝國之統一當時的世界——依黑格爾在其歷史哲學之分析——主觀的說，是羅馬人之有野心與向外膨脹之意志。而其他城邦，則分裂弱小而無力；客觀的說，正是時代精神要求一普遍的統一原則實現于分裂的世界。我們不能說羅馬人最初是自覺的依普遍理性而要求賦世界以普遍的統一性，以形成帝國。這普遍的統一原則，只由羅馬人之野心而外在的實現于世界。所以羅馬人之統一當時的世界，即以暴力與其組織之紀律，宰制世界。羅馬在當時爲世界普遍的統一原則之體現者，乃以一超臨於世界之上之姿態而出現。羅馬內部自始有貴族階級與平民階級之鮮明的相制衡相對峙。羅馬建國後，貴族階級對君主之鬥爭，平民階級對貴族之鬥爭，使彼此逐漸有名義上之法律平等。然而此平等中表現之普遍性原則，仍爲外在的。支持此普遍性原則之外表的實現者，只是無數互相敵對而互相限制的個體意志。所以在下面，是在形式上，人民都在同一的民法，萬民法之下。而在上面，則由君主時代、共和時代、而帝政時代，終於出現以單獨的意志統治國家之凱撒，與相沿而來之皇帝絕對專政，竟至產生奢淫殘虐如尼祿之君。在基督教興起以後，西方文化精神應求諸基督教。基督教起以前之羅馬精神表現于政治法律方面者，只是一外在的超臨于世界之上之羅馬政府，與黑格爾所謂抽象形式的法律，及握「一」之主權的英雄帝王。直至東西羅馬之分裂，神聖羅馬帝國之出現；羅馬的政權，終是建築在對行省之人民與被征服者對奴隸與農奴漠不關情的剝削壓制上。所以羅馬之體現一有普遍性原則之政治與法律，只是體現一外在的、抽象的、因而亦是隔離的、超臨于世界社會人民之上的普遍性原則。此政治與法律之被羅馬時代世界人民所承認，只依于人民之被脅迫的向外肯定：「一個在自己之上之最高主權與法律，爲世界之客觀的普遍原則」之不自覺的理性要求。

然而在政治法律之外之斯多噶精神，則爲自發的，而非人爲的、非脅迫的去肯定一客觀普遍之自然理法的精神。羅馬世界原是一賴征服壓廹、互相限制，使人之個體意志之力相銷，以承受一普遍之統制權在形式的法律中生活所形成之一統一體。斯多噶之精神，則是在外在的社會之脅廹與限制下，求依自然理性以生活，以求獲得個人內心之自由。此所謂依自然理性以生活，卽承認一外在的實然的限制與不自由等；而反視之爲必然，表現有必然性普遍性之理法者。由是而人依理性以生活，卽肯定一切實然與必然之理法以生活，如是而人可無求于外而自足。自然理性，人所共有；理法，人與萬物所共由。故一切人可依同一之自然理性，而在有理法之任何環境下生活，皆可自得其得。依此而人可言眞平等。而柏拉圖亞里士多德以來所重之理性，至斯多噶派，卽不爲觀照超越之理型而用，乃化爲有「主宰生活，條理化生活之實效」的理性。理性亦宛若由上至下而落實。自哲學理論之高下說，斯多噶派固不如柏、亞等。但自精神生活說，則斯多噶派人精神，是更沉下而凝斂。雖比較似缺乏一些高貴，斯多噶派人重積極克制情欲，依理性主宰自己，此是在實際上特注重：用人之人性對制動物性，以在實際上立人道之始。在柏拉圖等雖重節制，然其精神仍偏在向上企慕嚮往理型世界上。斯多噶人克制情欲，可到以腿任人鋸斷而不呼痛。此便是以才情汗漫勝之柏拉圖所未必能作得到者。斯多噶派人，未從事廢止奴隸，但是其思想可使奴隸忘記了他自己是奴隸，帝王忘了他是帝王，使人同自現實政治社會中地位之特殊性解放。所以斯多噶派中，有以奴隸而爲哲人者，如依辟克特塔Epictetus。亦有以帝王而爲哲人者，如馬卡奧理阿Marcus Aurelius。而他們都能自忘幷相忘其爲奴隸，或帝王。馬克斯說，階級之差別決定思想之差別。然而他們階級之差別，偏不造成他們思想之差別。因爲他們之思想，卽使他們共同相信一切階級、種族、貧富、貴賤、身體之強弱、美醜之差別，都是外在的。財貨、地位、名譽，都是人所可有可無的；只有理性，是人所共有，人應以之自制的。

他們根本不看見這些外在的可有可無的東西所造成之差別。所以他們可以有眞正的人與人平等之理念。羅馬法之成立，主觀的說，由人們之要自覺的爭其自身之權利，而互相限制其權力以立法。而客觀的說，則是不自覺的、半自覺的要求此理念之實現。故當時之立法者，政治家如西塞祿 Cicero、辛尼加 Seneca，亦多斯多噶派之信徒。所以，羅馬法卽可說爲斯多噶之理念之一種實現。此理念，亦爲西洋以後之文化潮流中之平等理念之本源所自。十八世紀講自由平等之思想家，亦多本于斯多噶之精神。然而假若斯多噶派亦如馬克斯之只從人之外表之差別去看人類，而不先從人與人所共有而同樣可尊貴之理性去看人類，則人與人平等之理念，將永不能形成了。

四　基督教精神——絕對的普遍精神之肯定——內心之仁之自覺

至於基督教之精神，本是希伯來精神爲羅馬人日爾曼人所接受而連接於西方文化大流者。基督教在羅馬後期之勝利，實由基督教精神高過羅馬之國教與斯多噶之精神。斯多噶之精神，最高只到認識自然理性，與依理性而肯定之人與人之平等。此仍是識義而不識仁。基督教與猶太教之別，亦在猶太教知義而不知仁。耶穌之愛的福音，終是在西洋文化中表示一最高精神者。耶穌之愛之最偉大處，人皆知其在不僅愛友且愛敵。由是而不特忘掉人與人階級之界限，亦自覺的要打破國與國之界限。故耶穌求上帝原恕敵人。他爲一切人類贖罪而上十字架，這實是一種至仁之表現。耶穌之愛，不特是理，且是情。不重外表，而重內心，不僅是通于他人之心之愛，且是通于上帝之心之絕對的神聖愛。因上帝之愛無限，故奉上帝之意旨而愛人，乃以極謙卑之精神行之。因以上帝之愛無限，照映己心之有限處，故自覺有罪，並知人皆有罪。由愛上帝而重懺悔，重信仰，重聖潔，重祈望。其教義之各方面，我們不能一一論。我們所要說的，只是耶穌之精神，乃是一種求絕對超越現實自我，忘掉自我，而破除一切人與人間之界隔，而嚮往一純粹的絕對的「天心、人心、我心之通貫」之精神。在這種宗教信仰中，當人心只包含對上帝之虔誠的信仰時，則一切自然之觀念、物質之觀念現實時空之一切事物之觀念，都一齊超化，進而皆顯爲上帝之所造。此時，遂只有上帝爲一眞永恒普遍者。人信仰上帝，人亦卽如獲得永恒普遍的精神生命。這一種精神，與中國儒家之精神之不同處，在其雖求通貫天心與我心，而終有天心高高在上，與在下之有罪的我心之對待。其所重之懺悔、信仰、祈望，都是一方聯繫天心與我心，一方亦可推遠天心與我心之距離的。又耶穌之精神因只重內心，故雖爲宗教的兼道德的，而初爲超一般社會，超現實政治的。耶穌所教人從事之內心宗教道德修養，只是要人返至上帝，而求得永生。基督教之理論，視一切自然與現實時空之事物，皆上帝自虛無中造出，因而在其本性上，是可有可無的。上帝亦可造之或不造之的。懷特海在其論文化之「理念之創闢」(Adventures of Ideas 第十章)及歷程與實在(Process and Reality 最後章)貝得葉夫 Berdyaev 在其人類之命運(Destiny of Man)精神之自由 Freedom of Spirit(God, Man and Godman 一章)，對耶穌本人雖無異辭，然皆說中世後來正宗基督教思想之發展，只偏重說明上帝對世界爲必需，而不知世界對上帝亦爲必需。所以基督教精神，在對社會文化之影响上，仍可有使人只視上帝爲超越而與現實世界隔離之趨勢。此皆其與儒家不同者。此不同，正是基督教精神之所以爲基督教精神。然而基督教所走之「獲得永恒普遍之精神生命之道路」，是較斯多噶爲進了一步；基督教精神在西洋精神中爲最高者，則爲一確定無疑的事。

五　基督教精神與世俗之糾纏及主觀自我之自覺

耶穌的精神，與以後基督教徒之精神不全同。耶穌教人直接認識上帝，說天國卽在人心，回頭是父。以後基督教徒之精神，則是重在通過對耶穌之信仰，以認識上帝。上帝之道是愛。耶穌自己之上十字架，是直接體現了上帝之道。耶穌是上帝之道之化成肉身，而顯示他自己于世間之具體表現。此道成肉身，上十字架而再復活；遂顯示上帝—卽耶穌—之爲一「純精神」于人之前，而聖靈遂可常運于世間。故以後之基督教徒，卽重通過對聖靈及聖子耶穌之信仰，以信仰聖父之上帝。一般人又逐漸變成通過對基督教士之信仰，而信仰耶穌、上帝。由此而逐漸發展出教會之組織。教會之組織，有其自身的層級性。以教會連接一般人與耶穌上帝，遂一方使上帝之道耶穌之道，透入廣大之社會；一方亦使上帝耶穌之道，日顯其尊嚴性高貴性。由此而配合一有層級性之神靈主宰世界之世界觀，連接于亞里士多德之形式質料遞升之哲學，遂形成經院派之神學與哲學。此卽中世紀精神之所以形成。

中世紀敎會之日益發展，自是基督敎之逐漸成爲羅馬國敎，進而馴化中世北方蠻族之必須條件。敎會之層級性的組織，亦是使上帝天國與耶穌之精神，顯其尊嚴性高卓性之必需之條件。然而從只着重在內心接觸上帝，不問一切關于現實社會政治之問題的耶穌本人之精神，轉成後來敎士之重視敎會之社會性的組織之精神，便開啓了敎士之世俗化之機。注重社會性的組織，便要日益牽連到現實之社會權力政治權力。所以敎會之成爲人與上帝耶穌之媒介，除使基督敎力量日益廣大外，同時亦開了一將上帝耶穌推高而推遠以外在化之機；及敎士獨佔聖經之解釋之權利，敎會被視爲永無錯誤之機。此種將上帝耶穌推高推遠而外在化，最後必然難免歸到重視宗敎儀式，如分聖餅等，並以儀式之外表上之信仰，來衡量異端與正信之差別。此點再與探取社會權力政治權力之動機，夾雜同流，必一方歸到對異端之無情的虐害，一方歸到以爭取國王之加冕等爲傳敎之重要事業，以及承認對敎會願貢獻財物爲贖罪之具等（此在十字軍時已有）。由此而有中世紀敎會之由世俗化而產生之墮落與腐化之罪過。

關于中世敎會敎皇世俗化一方面所產生之罪過，除了由于上帝之被視爲高高在上，敎會爲人信仰上帝耶穌之媒介開其機外，其眞正之根原，實在羅馬人與北方蠻族之未經馴化之權力意志。蓋惟因此權力意志與神聖之信仰，互相夾雜、糾纏，互相利用，方會作出那許多殘殺異端，統制敎化，與宗敎戰爭中之罪惡，此在本源上實與耶穌精神不相干。此點須加說明。

中世紀文化中之宗教上的神聖信仰與世俗欲望之一最大的糾纏所表現之歷史事件，是爲恢復回教所佔之聖地爲名而起之十字軍。十字軍一方是宗教戰爭，表現中世紀人之最大的宗教熱狂。然而此熱狂，是要爭取一神聖的象徵之物質的聖地。另一方從事戰爭者，又懷抱各種之現實的政治經濟之動機。因而此事件，乃人類歷史中神聖動機之最大的現實化，與人類現實動機之最大的神聖化之集結。十字軍未能達到人意識中主要目的：永遠保存聖地消滅回教；卽表示人類之神聖動機，與現實動機相糾纏，只增加葛藤；並告訴人在外在的物質上求神聖求耶穌，是不可能的，終歸虛幻的，于是使人更必須轉而求立宗教信仰于個人內心以解決此矛盾。此點，我們又須感謝黑格爾之歷史的智慧。

由于教會之墮落與腐化，宗教上之神聖動機與現實動機夾雜同流之罪惡，及十字軍失敗之認識，中世精神乃不能不轉變；由是而開始近代之文藝復興與宗教改革。宗教改革使人爭得自動自覺的直接信仰耶穌上帝之權。使人了解求上帝與耶穌，必須求之于個人之良心，而個人亦可以不經教會之媒介直接讀聖經，由此而逐漸產生了宗教自由。此正是一種回復耶穌眞精神，並斬斷現實動機或世俗的權力意志與神聖動機或宗教信仰間許多糾纏的葛藤，而純化當時之基督教精神者。文藝復興反中世，而回到對希臘羅馬之文藝之尊重，同時卽在神聖之信仰外，解放出現實的自然的人性與個性。由古學研究，希臘精神之回慕，轉到自然美、人體美之欣賞，與對人之個性表現欲之肯定，對現實的、寓于肉體中的靈魂或人格之讚美；而引起泛神論、自然神敎之思想之逐漸產生，使超越的上帝亦內在化于自然，或不干涉自然之秩序的上帝。由是而人之現實動機與世俗的興趣，亦另得其安頓。由文藝復興與宗教改革，重視個人之良心與自然之現實，于是一方解決了中世精神之矛盾，一方開啓一近代文化之新精神。此新精神，自其別于整個古典精神，別于「求植根之心靈，于超現實時空之普遍者」之精神言；我們名之爲「求發現或實現普遍者于現實時空中之特殊事物」之精神。專對照中世精神言，則爲使人之精神之注意力，由面向超越而普遍公共之神，而轉向現實之特殊個人與自然，在追求神之宗敎動機外，肯定多方面之人生動機之精神。由是而此近代精神，既使近代文化呈多方面之豐富複雜性，亦使爲中世時人之神聖要求所限制的「人之一切自然本能、蠻性的權力意志、向外征服欲」，得一盡量表現之機會；而形成近代文化中另一種人之神性與其獸性之糾纏。這是我們下文將再論到的。

六　近代精神與中世精神之連續性

——發現或實現普遍之理於自然及社會之意志

我們上說近代精神，卽求發現或實現普遍者於現實時空中之特殊事物之精神。我們之所以要如此說，是要在近代與古代中世精神之不同之外，仍注重說明重西洋文化之一貫而連續之發展，與近代西洋文化之本源之淸淨，以便說明其流弊之生於失其本，及如何滌除流弊之道。我們說，近代西洋文化精神，是要發現或實現普遍者於現實時空之特殊事物，主要是指近代之科學精神，與改造自然及社會之精神。近代科學精神，一方由文藝復興時代之尊重自然之美來，一方由相信上帝創造之世界，為有理有秩序來。而依科學以改造自然與社會之精神，則主要由欲在人間建立天國之動機來。此只須看十六七世紀之科學家哲學家，如哥伯尼、牛頓、凱蒲勒、蓋律雷、笛卡兒、培根之研究天文物理，鼓吹研究自然之重要的理由，便可知之。十六七世紀科學家哲學家，重視普遍之理與普遍之秩序，並相信共為不變者，與希臘哲人實無殊。只是希臘哲人，注重對理或共相之審美的觀照。在拍拉圖之思想中，尤特注重理或共相之超時空性。近代之科學哲學家，則更注重在時空中一一特殊事物中發現普遍之理，並以幾何學數學，實測事物之時空構造，將實際事物之時空構造，化為一數學之系統。因而亦更注重研究：有同一比例之數量關係之事物，如何互相轉化之物理化學的因果關係；由此進而發展出備因致果之應用科學，以改造自然。應用科學之精神，便全非靜的、觀照的，而為動的、制御的。近代科學精神，與希臘科學精神之不同，正在：一只重視超時空求普遍之理或共相，而一則着重在時空事物中發現普遍之理，或進而將特殊事物歸化為普遍之理之表現。亦可說其不同在：一不重視科學之現實上之實際應用，與一重視科學之現實上之實際應用。然此不同處，固無礙其為一一貫之連續發展之科學精神也。

斯賓格勒以近代西方之文化精神，爲一求無限權力之浮士德精神，而與希臘羅馬精神、希伯來精神全然不同。此說自有其所見。說此求無限權力意志，在底子裡爲一盲目的蠻性的衝動，我亦承認。但純粹的求無限權力，亦並不能形成文化。主觀的求權力之意志，必須與一嚮往客觀理想之精神要求相結合，乃能眞形成文化。近代西方人，在意識中所嚮往之客觀理想，正一方從希臘來，一方從希伯來與中世來。希臘之學術文藝中所求之眞理與美，是一觀照的形相。希伯來與中世之上帝，是眞實不虛之一至善的存在，都是超現實時空的。近代西洋人，由此三種文化精神陶冶所形成之理想，則是一方直感現實時空中之特殊存在之眞實不虛，一方欲于其中直接發現或實現眞理、美，與善之理想。其所以有種種如斯氏所謂：無限追求之精神，與無限之圖像，如無限空間、無限時間、無限大、無限小之數之觀念、無限進步之觀念；在下意識中，固可由于有一無限之權力意志。然其意識中之精神背景，正是一無限完滿之上帝圖像，或一無限的眞理與美善之意境。唯有此精神背景中無限之上帝圖像、價值意境，而又欲發現之、實現之于現實時空之事物；然後使近代人，醉心於無限之天文世界、數理世界，進而求戡天役物，宰制乾坤，並求「人國」之不斷進步，以符合天國。此中，乘因人主觀之權力意志，或其他私欲；隨人之精神嚮往而出現，並轉而利用人向上動機與文化成就，以滿足其自身；乃使近代人之無限追求之精神中，上帝與惡魔並在，人之神性與獸性同流。

然而我們無論怎樣講近代文化之缺點與流弊，此當是後話。我們現仍須承認近代文化之本源上的清淨，與其有進於古代中世文化精神所在。近代精神之注重外面之現實，在本源上，實出於內在的精神理想之求實現其自身於外，而客觀化於現實世界之要求。古代中世之精神，自其高處言之，固多爲近代所不及。然西洋古代中世之精神，無論如何高，它總是只顯於少數卓立個人的冥心孤往之中，而不能普遍的廣被於社會。依于信仰希臘思想中之理型世界，斯多噶之理性，與耶穌之內心之上帝所建立之精神；終未能眞顯其對現實之自然與社會的客觀之實效性，而徹上徹下，徹內徹外。近代科學哲學家，引申希臘人之理性主義之精神，充量的卽物窮理而至乎其極，見現實世界之律則，正合乎純理性所置定之數理；由是而現實世界遂一方可不復對人心爲生疏而外在，而人之純理性所置定之數理，亦如可實際客觀化爲現實世界之律則，或開始眞顯其軌範世界之實效性。至于依事物之因果關係，備因致果，改造自然；則所以使人之意志目的、人之精神理想顯實效性於外之自然，使被改造之自然，成人之目的意志與精神理想之客觀表現。此正可是一種西方式的不自覺的合物我主客，以擴大人生境界之道路。(此義乃取自德哲倭鏗Eucken大思想家之人生觀近代世界之部。英譯本名Problem of Human Life)由此便知西方近代之科學精神，雖面向現實世界，而在本原上，則決非現實主義，而是一理想主義；非重物的，而是重心的。科學精神之要客觀，要忘掉自我，離開人之本位，正可是爲要完成人之本位，在非我之客觀事物中，發現客觀化的我之理性與意志。而其向外追求，正可是表現一西方式的充內形外，自上徹下之精神。此種注重精神理想之客觀化，而形成客觀理想，以求其實現，除一方由發展出自然科學，而要求改造自然外；另一方即由發展出關於人類社會之哲學思想、社會科學，而要求改造社會，廣度的、切實的改造社會。此亦近代西洋文化精神之一進步處。

西洋近代文化精神之省察

——西洋文化精神之省察（下）

七　近代西洋文化中，求實際實現其「依理性而成的理想」之諸事業

人類之要本理想以改造社會建設社會，本與人類學術文化俱始。拍拉圖之理想國，亞里士多德之政治學，多瑪斯等之經院哲學中，均有對社會政治作安排之理想圖案。然而宣揚一社會政治理想，使之普遍化而成一集體的社會政治運動，並與現實上之人心需要，或已成之勢力，互相結合，以發生改變社會政治制度之實效，却是在近代史中才彰明較著的事。在古代中世中，一民族之興亡，政權之更迭，主要依武力、財力及其他之自然力量與機運來決定，而非依其所代表之學術文化思想之力量以決定。而古代哲人與宗教信徒之用心，亦常是與現實隔離。然在近代史中，則有理想、有知識之人，常直接使學術文化思想之力量，表現於社會政治之運動中。如黑格爾、菲希特之思想與行動之於德意志

之民族國家之建立；哲斐生、弗蘭克林、林肯之思想於美國之建立；馬志尼等之思想與活動之於意大利之建立；哲斐生、華盛頓、洛克、盧梭、孟德斯鳩之學術之於近代民主政治之建立；亞丹士密、穆勒之思想之於自由經濟制度；社會主義者如蒲魯東、馬克斯之思想之於社會主義之經濟改造；及甘地之思想之於印度之復興；孫中山思想之於中國之革命等，都表現出近代人之學術思想，確能成為改造現實之一動力。亦表現有理想有知識之人，投身入不合理之現實，而施其運轉之力，以使之合理化之精神。我並不說近代能發生實效之學術，在根本觀念上、精神上，全是新的。因為人類之當平等、當有自由；人間社會須依正義與人道來組織，都是顯露人性要求之普遍永恒的眞理，為自來之賢哲所同肯定，至少在原則上不能反對者。說這些近代觀念只是近代的，並無是處；我們所能說的只是，在近代這些觀念有了新的涵義之引申，而使之漸眞顯出其能主宰現實人類社會政治的安排之實效。

西洋近代史，是一充滿戰爭與革命之歷史。戰爭與革命，帶來無數的罪惡，然亦代表或多少實現人與人關係間之正義，與人道之要求。近代社會精神之行程，是由反對與打破中世之割據的封建勢力，使農奴逐漸成自由民，而建立近代民族國家；進而反對與打破君主專制與貴族之特權，而保障一般人權，實現政治上之民主，經濟上企業上之自由；再進而有社會主義運動之興起，要求財富的平均分配，為全民福利而生產。這一切，在本源上，均出於正義、理性，與人道之廣度的客觀實現之要求。由此以看十四五世紀，英法之百年戰爭之由聖女貞德結束，而英法之民族自覺心皆增强；十六世紀，荷蘭反抗西班牙而求獨立之戰爭；十七世紀，英國淸敎徒革命之反抗君主專制，定下人權法案；十八世紀，美國之建立聯邦共和國，與法國之大革命；十九世紀，拉丁美洲之脫離西班牙、葡萄牙之統治，意大利之獨立與統一，及日耳曼爲求統一而產生德奧之戰與普法之戰；南斯拉夫、希臘、保加利亞、羅馬利亞人之反對土耳其之統治，而建立民族國家；以及二十世紀，亞洲之殖民地之逐漸成獨立國家，及俄國之社會革命，便都在本源上代表一合理的要求。（此中歷史可閱海斯Hayes之近代歐州政治文化史。）一個民族要求自覺的建立國家，建制立法，乃出於理性生活之客觀化之意志。此理性生活之客觀化，乃人類之顯現其向上之人性所必須，而不只是一物質上之生存問題。——所以美德意之建國，均有一理想主義、理性主義之思想爲之引導。政治上依自然生理、血族關係而構成之君主世襲，與貴族政治，及少數人獨佔政權之非民主之制度，終是違悖人之依理性而生之平等之理念；亦違悖依人之價值之高下、德行智慧才能之高下，以定人之等級與政權如何分配之正義感的。而財富之分配之不均，亦復爲不合正義之事。我們看古代西方之學術文化精神，實多表現人類對超越的眞美善之嚮往。而對於世間的權利之分配上之不公，若覺無足輕重。耶穌打破一切民族界限之觀念，固亦代表一偉大之精神。但在近代之文化精神，轉向到注重眞美善之客觀實現的時代，則民族上、政權上、經濟上之求平等與自由，與人之運用合理的智慧，以解決其中之問題，亦復代表一偉大之精神，而且在本源上是一貫下來的。

八　西洋近代文化中神聖的理想之轉化爲罪惡之諸例證

我們在上文說，西洋近代歷史之積極的新意義，除由科學之發達而生之產業革命外，在民族國家之建立、政治上之打倒特權階級，與經濟生活上之求平等之三種正義的要求。林肯之民治民有民享，與中山先生之三民主義，在此均可見其爲應合近代社會文化之潮流的。此三種正義的要求，根原在人之本性，與由希臘中世之學術文化淵源而來之「正義」、「理性」、「仁愛」……諸有普遍性永恒性之理念。然而我們自西洋近代人之集體生活與行動，尤其是表現于戰爭與革命方面來看，又見人們之行動最初始自此三種正義的要求以爲動機者，恒終于全悖最初之動機，而至其相反面。如近代政治上之平等自由之要求，最徹底之一表現，爲法國大革命。法國大革命發生之動機，無疑出于是眞正的平等自由之要求，而且當時還有博愛之口號。然而法國大革命期中各黨之互相殘殺暴民之專政，却是最無理性的。而拿破崙之震盪歐洲，正依于平等自由民主之潮流，先傳播到歐洲他國。他國之人民，先嚮往此革命思潮，而在精神上，已反抗其原來之統治者。當時說拿破崙之能戰無不勝，由于其刀尖上有主義，這是不錯的。所以拿破崙到德國，歌德卽加以讚嘆，貝多芬爲作曲，黑格爾視之如在馬上之世界精神。然而拿破崙終是恃其神聖號召，以滅亡人國之野心家，終于帝制自爲。這是自由平等之正義的要求轉成罪惡的工具之一最明顯的例證。自由平等之思想，在英美之以個人主義姿態出現，又變成促進私人資本主義之經濟者。而私人資本主義所造成之貧富懸殊、階級軋轢，與爭奪殖民地之市場等罪惡，亦爲提倡自由平等個人主義、企業自由之人始料所不及。

德國之民族國家思想之興起，主要是反抗法國。菲希特、黑格爾之哲學，是一方承認盧梭康德所提示之人性至善或人格尊嚴，人應有意志自由之平等主義，而再進一解，以成立「個人在國家組織中實現眞自由」之理念。這至少在當時說，是比法國大革命時之浪漫的個人平等自由之思想，進了一步。浪漫的個人平等自由之思想，只能有打倒專制的力量，而不是一使個人依共同理性以建立國家之力量，所以終必產生個人的野心家。法蘭西之共和，經拿破崙第三乃完成。菲希特、黑格爾之在個人之心中，認識一超主觀的客觀的共同理性，由此理性，以講國家之建立，無論從道德精神上，或哲學理論上說，都是推進了一層，而是近代精神之向上的表現。平心而論，在西洋最能代表人類之求建立獨立的民族國家之正義的要求者，亦無如十九世紀初之德國學術文化精神。然而德國人之愛護民族國家之熱情與理性，終於逾越其應有之界限。由黑格爾歷史哲學強調日耳曼精神之價值以後，終於使德國人產生一命定應統治世界之民族誇大狂，而在二十世紀，產生威廉第二與希特拉之野心殘暴之行動。神聖的建立民族國家之要求，在此又轉成一撒旦之開路者，破壞其他民族國家之獨立者。（關于德法民族主義之寃寃相報之歷史，可參考羅素自由與組織中民族主義一章）

近代社會主義之理想，可謂始于摩耳之烏託邦、康拍勒拉Campanella之太陽城。康氏原爲多明我會僧。其後社會主義之運動，則原於反私人資本主義之弊害。社會主義可謂原自基督教所陶養出之人道感情，對無產者之同情心、正義感。故奧文Owen名其著作爲道德世界；聖西蒙Saint Simon名其著作爲新基督教主義，均表現社會主義之原始精神。孔德之人道主義，雖不限於社會主義，然而人皆以孔德爲完成聖西蒙主義的。社會主義之理論，到馬克斯，乃不復以人道等爲言，只以歷史的鐵律號召無產階級，從事無情的鬥爭爲言。至列寧斯太林，而强調無產階級專政之重要。而使共黨在俄國形成一政治上之特權階級，而違悖近代民主自由之精神，共黨又以保護社會主義祖國俄國安全爲名，大事擴張俄國之勢力，而威脅到世界之和平。社會主義之宣傳，乃成爲使其他國家自內部解體，而來隸屬于社會主義祖國之俄國者。遂又違悖近代人對民族國家之獨立之尊重之精神。這是近代精神中本質上神聖而合正義之經濟要求，向下墮落成罪惡之工具又一例證。

我們若從近代精神中，求民族國家之獨立，求政治的民主，求經濟生活上平等之正義的要求，一一皆轉化成罪惡之工具處看，則近代之科學文明，工業文明，亦復是常成罪惡之工具。關于此點論者尤多，今不論。由此等等，我們將大有理由以懷疑整個西洋近代文明之價值。而人們之仍不懷疑近代西洋文明價值者，則因近代之歷史，仍表現一罪惡之報復。拿破崙失敗了，希特拉失敗了，人們亦相信斯太林必將失敗。因爲人們相信近代之民族國家之獨立，政治上求民主，經濟上求平等之要求或潮流，在本原上，是合人之理性的，是好的，不能被利用的。誰利用，誰就要覆亡。此信心亦表現近代精神之可愛處。

不過，利用民主自由之拿破崙失敗了，利用民族國家意識之希特拉失敗了，利用社會主義潮流之斯太林，人們亦信其必將失敗。然而，我們怎保世界不再出一拿破崙、希特勒與斯太林？如果歷史的意義，只是人類正義的要求之不斷出現，而被罪惡所利用，與罪惡之再懲罰，則歷史又有何意義？由此我們便得要反省。西洋近代文化精神之根本缺點在何處，而替人類未來之遠景，懷抱一更完滿的理想。我們須學王陽明，爲西洋文化作拔本塞源之論。

九　西洋文化根本缺點之探索

關于西方近代文化精神之根本缺點在何處，通常有多種之說法。一種是如馬克斯派之說，近代西洋文化當前之一切病態，皆源於資本主義。國家主義之變爲帝國主義，法西斯蒂的極權主義，依列寧帝國主義論的解釋，亦只是資本主義之末後的形態。一種是如一切反國家主義者之說，以近代之民族國家的神話，所造成之民族國家之壁壘，爲近代一切戰爭之來源，與一切問題之癥結。如德賴西Delaisi政治的神話與經濟的現實一書，即持此說。最近我看見新康德派名哲卡西納Cassirer國家之神話 myth of state ，追溯極權主義之來源，亦即歸到近代政治思想中國家之神話。在第一次大戰後，英美思想家如羅素于權力及西洋哲學史等書，培黎Perry于現代思潮之衝突一書，桑他耶那Santayana于德國哲學中之唯我主義一書，論德國之征服世界野心之來源，亦歸之于菲希特、黑格爾之國家思想。湯因比Toynbee解釋蘇俄之極權主義之來源，又歸於其傳統之文化精神，並以之爲變相的俄羅斯主義。再一種說法，是一切反個人主義者之所說。依此說，則一切國家主義、資本主義之罪惡，均歸於近代之個人主義之思想，尤其是對個人英雄之崇拜思想。如格雷松Grierson于一九三三年所著之「卡來爾與希特勒」，即追溯希特勒之極權的國家主義至卡來爾之個人之英雄崇拜思想。此外不少人，追溯希特拉之精神至尼采之超人的個人主義、斯丁那Stiner之唯我主義。我們從另一眼光，去看蘇聯之極權主義之形成，與其新英雄主義，正密切相關。其崇拜斯太林，正是個人英雄崇拜之變相的復活。至于黑格爾在精神現象學中，論到法國大革命後之發生大恐怖，而歸原于當時之一種將個體絕對化之意識，則是從另一方面論個人主義，雖源于民主精神，而歸于毀滅民主之精神，以再產生專制之拿破崙者。

但是上列三種說法，都非我們之所採取。這三種說法之論據，許多地方正可互相抵銷，我們不擬詳細討論。海斯Hayes民族主義之演進史，曾指出許多佩服尼采的個人的利己主義者之轉成民族的利己主義者的例證。然由我們上文所說，資本主義、社會主義與民族國家主義，尊重個人之自由民主思想，在本源上均依于一近代人之求正義、理性、人道，進一步的實現要求，因而都不能負擔其流弊或所生罪惡之責任。然則此流弊罪惡之文化精神的根原，究在那裡？對於這個問題的解答，須從此種正義的要求如何轉為罪惡之工具上看。從此看，我們認為可以提出二點：

第一點，即我們前所提到的斯賓格勒，所論之西方近代文化精神中，追求無限權力之潛在的動機。人之權力欲，可說為人之罪惡之本。在西方認識此最早而最深刻者，莫如拍拉圖在高吉亞對話中所說。其中論一切政治形態，無論君主、貴族民主，均可好可壞；只有權力政治，是在任何情形均絕對壞的。權力欲是人人都有的。有限度的權力欲，亦不必壞。但是無限的權力欲，必然是壞的。而西方近代人之精神，正以此無限的權力欲，為其潛在的動機。所以卡西納在上述之國家之神話中，特指出馬克維利之權術思想之流行，為劃分近代社會政治思想與古代精神之不同之分水嶺。斯賓格勒强調近代西方人之權力欲，原則上實不錯。羅素在此亦深有所認識，于其文中隨處論到權力欲之如何限制之問題。在東方人接觸西方文明後，日本金子馬治．即曾稱西方文明為權力文明。而孫中山先生亦有西方文化為霸道文化的話。說近代西方文化．只是由人之權力欲而生，此說自不對。因純粹權力欲不能產生文化。近代之初之馬克維利之思想，亦逐漸被人所否定。然而西方近代人精神，特為其潛在的權力欲支配；其權力欲，恒在其文化意識之後面，支持其文化意識之表現；因而特善于利用其文化意識中出自理性正義之理想或要求，以為其工具，則是無可疑的事。這中間之理由，我有一文化史及精神現象學之解釋。此簡單說，即近代西洋人原純是蠻族，其接受希臘、希伯來、羅馬之文化時，其生命精神，尚未必發展進化到眞堪接受此各種古典文化之階段。所以其在意識中之接受古典文化，以及承之而創造文化之意識，與其下意識中之生命精神，當原有一內在的不調和，與對待、或矛盾。以此內在的不調和或對待矛盾，可以解釋：西方近代人何以富於一切內心的緊張、靈肉的衝突，天才性或瘋狂性之爆炸等而爲東方文化古老之民族所缺乏之生命情調；（此種情調在近代之天才之人物中愈顯著，可閱郎布羅梭Lombroso天才論，李息J.F. Nisbet天才之瘋狂性等書。）亦可以解釋：西方近代人之思想何以易走極端，與下意識中之私欲權力欲易於利用其意識中之正義要求以作惡之情形。西方人之思想之易走極端，可由其學術上之主義派別之分歧，恒不免相抹殺證之。人之思想，本是要求多方面之融合者。凡偏執一觀念，推類至盡而抹殺其他，皆由意識後面之一盲目的往而不返之生命力，將其智慧之光輝，向一方面去照耀，於是在其他方面，全被蔽障了。人一偏執一觀念，以爲眞理之全在此，人生社會之理想在此，宇宙之正義在此；自會以爲誰反對我之理想觀念，即非打倒之不可。而只要能實現此理想觀念，任何犧牲亦可不顧。流弊當然更不先在心目中。于是人自己之權力欲，遂得在自覺爲正義使者的名義下，得利用意識中之正義要求，以作罪惡。同時他人之一切「只要表面上不違此理想觀念」之罪惡行爲，亦皆被容許。所以，羅蘭夫人要慨嘆，法國大革命中無數罪惡在自由之名義下實行了。資本主義之罪惡，亦在契約之自由、競爭之自由之下產生了。希特勒愛國何嘗是壞？然以愛德國爲一切，只好驅逐一切猶太人，要征服世界了。馬克斯列寧同情無產階級，最初又何嘗壞？然而只以經濟問題爲至上，無產階級之翻身爲唯一神聖之事，則必進而主張以經濟說明一切學術文化之唯物史觀，而以一切學術文化，皆當爲促成共產主義之實現之工具，以國家亦只爲一統治之工具，以一黨專政代替民主，而否認一切其他學術文化之獨立價値，且要將一切其他國家，皆統一於實行社會主義祖國之俄國之下了。資本主義之罪惡，表現在少數人控制物質上之財富，而只滿足此少數人之支配財富之「權力欲」。民族野心所成之帝國主義之罪惡，表現在一民族對其他民族加以奴役，而滿足一民族之「權力欲」。共產黨之極權主義之罪惡，表現在一政黨之永遠獨佔政權，箝制文化，而滿足此一政黨之人之「權力欲」。而此諸權力欲，與其在思想中觀念理想上，一往的偏執的「見嗔」俱起，正是近代西方文化之根本缺點所在。這是第一點。

十　理性主義、理想主義、人文主義精神之喪失與現實主義、自然主義學術精神之流弊

我們所要說的第二點，是就上列之論點再推進一步。因我們上說近代西洋文化之三種罪惡表現、帝國主義、極端之私人資本主義，與一切極權主義之所自生之根原，是緣偏執之「見嗔」而生之權力欲，尙可不是完滿的解釋。因此諸偏執之見，最初並非偏執之見。社會主義、自由經濟、民族國家思

想、尊重個人之民主自由之思想，我們已說，其初依于近代人理性正義上之要求而形成。如何此諸理想會轉成權力欲之工具，這必須倘有學術文化之發展上之理由。這理由，我們將以爲是由于近代學術文化，在其發展的途程中，逐漸失去近代精神之本原所自——由希臘希伯來來的眞正的尊重人之人性、人之理想理性之精神，而陷落于一種現實主義、自然主義之精神。我們可以說，唯因西方近代之精神，陷落于一種現實主義、自然主義，然後人們之精神，乃陷落于現實的民族的、階級的、政黨的私利權力之爭奪中，使學術文化成權力爭奪之工具。這點我們試稍詳細一說。

我們說西洋近代文化，自十五世紀之文藝復興起，直至十七八世紀之所謂啓蒙運動，都是以尊重人性、人之理想、人之理性爲其精神。近代之哲學中之理性主義、理想主義，以至經驗主義、文學中之古典主義、浪漫主義，均表現此精神。近代人之研究自然求主宰自然之科學精神，初亦即此精神。此精神，在本原上是承希臘之尊理性，承中世之「以神之子孫之人爲現實的自然宇宙中心」之思想下來的。研究自然，求主宰自然之科學的心靈，本是把自然放在心靈之下而明照之的無盡的光輝，及加以改造的無盡願力。然而當研究自然之心靈的光輝，向自然照察，而沉入自然時，此光輝不復能反照其自身之存在；遂終于滿眼只見自然之事物，而自視人之自身與心靈之自身，亦只自然之產物，而在自然中，居一微小之地位。以爲其自身之一切亦皆受自然決定。此即近代理想主義理性主義之精神，墮到自然主義現實主義之一辨證之發展之關鍵。我們如果要追溯「幫助拿破崙、希特勒、斯太林之野心之實現，間接促進帝國主義、資本主義、極權主義之罪惡」之有偏執之見的學術之根原，無不可歸到此自然主義之學術精神。自然主義之學術，不是莫有它的根據，它的根據即從科學來。（此下一段可參考第一部科學世界與人文世界）近代科學之發展，由天文，而理化，而生物學，社會科學、心理學。生物學中有進化論，生物之進化論指出，人僱是從自然進化來。社會科學之進化論指出，人類文化社會是從原始的自然社會來。心理學之進化論又可指出，人類之心理動機從生物的食色權力之本能發展來。這都是科學中的眞理，這我們亦可承認。但是我們認爲這一切科學的眞理，只是人之求眞之科學精神所發現——或人以其心靈的光輝，照察世界所發現之條理，亦即人理性活動之表現或客觀化之成果。無論如何，人之本身、人之心靈與理性活動之範圍，比科學大。人之本身、人之心靈與理性，昭臨于其所研究一切自然世界事物之上，人縱然一方是自然的產物，一方亦是超越自然的其他產物之上，具有能對之加以涵蓋之心靈與理性者。然而人如不由自覺或反省，以知此義，反而忘掉此科學之所以爲科學之根據之眞理，而只沉沒於科學中的眞理；則終將產生出一自然主義之思想，而以人只是單純的自然產物，而只著重人之自然的根源，只著重人與動物相同之天性本能，只著重社會自然之型模，過信自然之調和、自然之必然的進化等。於是乃不免忽略人性與物性之不同，忽略自覺的運用理性之重要，人類文化生活之重要，與有文化的人之歷史之重要。而此即西洋十八九世紀之自然主義之學術精神。而近代西洋社會文化中之最大的不幸，即民主運動、民族運動、社會主義運動，最初原是導源于理想主義理性主義之精神的，後竟轉而只與此自然主義之精神爲緣，於是助成野心家之事業，而間接促進帝國主義、私人資本主義、極權主義之罪惡。我們試看近代提倡民主政治者，如洛克穆勒等雖被稱爲經驗派。然他們論民主政治與自由時，却都是從個人之理性運用之尊重出發。他們重視用理性以考察歷史積累之經驗與政治之關係。故英國之政治之改進，最能避免暴力之運用。而今以尊重理性名之羅素，在其近著西洋哲學史，亦特推重洛克。盧梭之思想一生變化甚大。其論政治提出公共意志之觀念，亦是依于人之理性而說。但他之最初應徵成名之文，其論科學藝術，即爲一反人文的思想。他强調人類之原始時期，個人之自然生活，爲絕對自由之生活之說，此雖非其政治思想之全部，然却是其思想對當時發生影響最大的一部分。盧梭雖重視公共意志，並重視由一民族之特殊性格、風俗制度所形成之愛國意識，但其公共意志，追根到柢，仍由個人自利心，與個人之自然的社會情操而形成。眞正的客觀理性與歷史文化之重要，他並不認識。此外其他一切主張國家起源之契約說者，都相信國家由于原始的自然中之個人，本其個體之自由意志而訂立。我們現在不擬於此討論，原始之自然中之個人是如何。我只須說明，此種以所謂原始社會中個人自然生活爲模範之思想，即是不眞看重人類之文化歷史的，亦不了解超個人的普遍的客觀理性對於社會政治生活之重要的。故美之白壁德，評盧梭爲本質上反人文的浪漫主義者。盧梭思想與十八世紀之唯物思想，爲自然主義，亦都是法國大革命之指導思想。然而正因此指導思想只是自然主義的——自本質上是重自然的個人的，所以破壞之力有餘，建構之力不足。法國革命中，自由之名亦終成罪惡所假而行。法國大革命混亂了八九十年，最後出現一個人英雄主義者之拿破崙，本其軍事天才與其自然的野心，掃蕩世界。後來馬志尼批評法國大革命，說其缺義務意識，不免從自私自利之個人出發，「所以只能在一個人身上完結，這個人即拿破崙」。（海斯民族主義演進史所引）眞是一語破的。

復次，近代民族國家獨立之要求，表現于菲希特馬志尼之思想中者，原是從各民族之文化生活理性生活之自主上出發。黑格爾雖講當代精神是日耳曼精神，而歌頌菲得烈大帝之政治，但細讀其歷史哲學，仍可知其實是從日耳曼文化之普遍原則中所表現之理性自由上講，而非眞從種族上講。後來德之特雷采克 Treitschke 乃盡量發揮國家至上之義。張伯倫 Champlain 著十九世紀之精神，與法之郭賓奴 Gobineau 等，才開啓偏重在民族之自然的內在氣質上，講自己民族優越之風（我此段意據海斯 Hayes 民族主義演進史，及卡西納國家之神話由英雄崇拜至種族崇拜一章）。此種重視種族之差別，以種族天生氣質，有絕對之優劣，並强調此氣質之優劣，以爲一種族應征服他種族之根據，正是從以生物學爲基礎之自然主義來。生物學中所發現之生物的進化歷程，正是不斷在一類中出現一優秀之種。依生物學講，尼采所謂人類中應出現一超人，以宰制凡人，正是應當的。人可以宰制猴子，優秀之種族，何以不可支配奴役世界？所以威廉第二與希特勒，當然理直氣壯。我們之所以不以威廉第二與希特勒爲然，我們之根據，只能在依於人性理性而生之普遍的人道意識，與我們相信文化之力量，可以逐漸泯除種族氣質上的優劣之差別。所以縱然有的人種眞較劣，亦不能作爲我應征服奴役之理由。然而我們稍離開此種「人性」、「理性」、「人道」、「文化」之信念，而墜入依生物學之觀念以定民族之優劣，並仿效生物以從事競爭之自然主義思想時，則民族主義便不能不轉爲帝國主義。于是威廉第二與希特勒，只有殘毀歐洲了。

最後，近代社會中資本主義經濟制度，原是根于政治上之民主自由、機會均等之觀念下來。貴族政治與封建經濟被推翻，正本于個人要求依理性，以從事自動自主之活動。亞丹斯密在道德學上，十分强調同情的重要。邊沁穆勒在道德學上，原是重最大多數最大幸福的。亞丹斯密與穆勒等，均多少相信個人本其追求其私人經濟利益動機以從事企業，與社會利益之增加，是相合的。「一人之私利卽天下之公利」之自然的和諧，是資本主義之自由經濟被人良心認可之理性根據。黑格爾由此以推論客觀之理性，是假私以濟公，所謂理性之機巧（Cunning of Reason）是也。由此以看自由經濟之出現而被人認許，初實由于其合理性之要求。唯此中公利與私利之結合，只是自然的結合。而當人過于相信此自然的結合，以爲人無論如何順其自然的追求私利之動機，其結果都是對社會有利，而任私人資本主義之盡量發展，往而不返時，才造成嚴重的剝削現象。與經濟上之各階級之利益之相違反，而形成階級之對峙與鬥爭。于是乃不能不有政治對經濟之控制，如徵收利得稅、遺產稅等社會政策之施行，及計劃經濟與社會主義運動之興起；一方求平均財富，一方卽反對盲目的生產，而要求自覺的依計劃依需要而生產，以避免經濟上之浪費與恐慌，而使人類的生產活動，大體爲預見的智慧所洞察。此皆是表現人之欲依自覺之理性，以安排物質世界之財富之分配生產的精神。順此精神，以改進資本主義之流弊，亦卽所以實現資本主義最初被承認時，人們對之所寄托之希望——社會公益之促進。

然而自社會主義發展至馬克斯之共產主義時，又轉入自然主義之窠臼。以一假想的、自然的原始共產社會爲型範，相信此社會經過私有財產之社會，可再在高一層級回到一共產社會。此種思想與盧梭之要回到自然，在根本上，有相近處。不同者，在馬克斯之較注重歷史的發展。他們有一套歷史的必然論，說明人類社會由生產力與生產關係之不斷發生矛盾，依歷史的鐵律，要自然且必然的發展至他們理想中之共產社會。他們不說因共產社會合乎人之理性，因人之理性要求實現它，所以它能實現，亦不說人類歷史是人類之理想、理性在障礙中逐漸實現之歷史，亦不說因人有人道平等之觀念，所以財富應求平均分配。他們反而依唯物史觀，以說明在人類歷史進程中，人之理性與人道意識都是無力的。人依理性而有之學術文化，無論宗教、道德、藝術、哲學、政治、法律，都是被人類社會之生產關係、社會生產力所決定的。而人之自然性習，自從離開原始共產社會，卽是只爲其自己所屬之階級利益而鬥爭的。既然人類之學術文化自來卽爲分別的代表不同之階級利益之意識形態，表現有普遍性之理性的學術文化，自始未嘗存在，國家亦自始非人類理性之客觀化之產物，而只爲統治階級之機器；于是人類當前的問題，只是如何促進資本主義之經濟制度及其國家、政治之必然的死亡。此則賴于無產階級之覺悟其階級利益，並爲之而鬥爭。他們說，無產階級是最不自私的。然而亦並不從無產階級之理性與良心上說，只從無產階級無可私之物上說。所以只要有了階級覺悟，知其利益在打倒資本主義，便可爲共產主義而奮鬥，而求其實現。實現之後，便到一人人各盡所能，各取所需，無盡享福之社會。此之謂由必然到自由的飛躍。至于此社會中人之文化道德生活當如何，他們却從未說過；只說現代人應爲那無盡享福之未來社會中一切人而奮鬥犧牲。此犧牲，亦非爲完成我們之道德人格，只是順應一自然且必然之歷史進程，對我們之推逼而已。這一種思想，在本質上，正是一徹頭徹尾之一唯物的自然主義，抹殺理性、學術文化在人類社會歷史中之地位；以與自然發生關係之生產工具、生產力爲文化歷史最後的決定者；以人爲其私利而鬥爭之動機爲社會革命之動力；以理想社會只是一人人盡量享受物質的社會；以個人爲一促進歷史的必然命運降臨之一工具。此種種思想集合，則人類社會歷史，成一石斧、鐮刀、機器，依次互相輪轉砍殺之大怪物，則依此思想以陶融人心所成之政制，其流弊必然至我們前所論了。

十一　結論——西洋文化之前途之展望

關於近代西洋之學術文化之發展，何以會落到上述自然主義，如果再作進一步的追溯與省察，我們尙可歸到西洋近代所表現之尊重人性、理性、人之理想之精神本身尙有缺憾。此卽由中世傳下之宗教思想中，對人性所持之原始罪惡之觀念，使人不能如量的尊重人性；及近代思想中之視理想之客觀性爲外在性之思想，偏重向外運用之理性活動等。關于這點，因篇幅所限，暫從畧。

總括本文所論，可知在西洋文化精神之發展中，由希臘而羅馬，至基督敎興起，乃表現一不斷之向上性。西方人由自然人進至能自由運用理性，創造希臘科學文藝之希臘人；再進至肯定自然法理，承認人之平等之羅馬人，再進至肯定一絕對的精神生命，對人表現無限愛，而超越國家民族之限制之基督敎精神；都是一直向上的。經過中世，則此基督敎精神，復表現一凝結社會，陶鑄人之靈性的效用，而同時亦卽開啓其世俗化之機。近代精神本始於要解決中世精神之矛盾，乃將宗敎信仰，全沉入個人內心，成個人內心之事；同時把世間的事，還之世間，由此而遂使人欲於世界發現理性所要求之秩序，實現人依於理性而生之理想於社會政治經濟；乃產生近代之科學、各種社會改革之運動、改造自然與社會之各種事業。由是而有近代之民族國家之建立、民主自由之政治之要求、自由經濟制度及社會主義之經濟之思想。這些事，在原則上只是希臘人所提出之理性之觀念、斯多噶之人類平等觀念、基督敎之博愛之精神之具體實際的求實現或表現。因而亦顯爲西方文化精神之一種向上發展。然而文藝復興，宗教改革以後，一方使人有個人自我、個人之良心與人格之尊嚴之自覺；同時亦使個人自然的本能、自然的權力意志，因無嚴肅的宗教精神之約束，而得放肆其自身。自然科學之發達，又使人之心沉入外在之自然，而忘它自己本有之超越於外在自然以上的人性、理性、理想之尊貴。反而以看自然萬物之眼光，看它自己。進而以其自然的權力意志之發揮、種族本能之滿足、自私自利之要求爲正當，以至下同于生物與物而不惜。這樣才使近代人之神聖的社會理想與科學技術之運用，復一一轉爲權力意志自然本能之工具。神聖之事業，亦成爲撒旦之事業。這卽是西洋文化發展至最近一二百年，所產生之一大漩流。此大漩流，從西方捲到世界，到世界一切古老的民族，到日本、到印度、到中國；使他們由羨慕其科學技術、其工業文明、其民主自由之政法、其自由經濟制度與社會主義之經濟之思想、其民族國家之富強，而終于亦捲在此漩流中，莫能自拔。于是全世界之神聖的事業，皆與撒旦之事業，互相糾纒，膠結而不解。全世界的人們，浮沉在此大漩流中，而掙扎、而呼號，而沒頂漂流。此是現代人類所遭遇之一大悲劇。從此看，則見西洋近代文化精神之一切表現，雖然極其精彩燦爛，然而整個人類世界，與西方人自己，若眞不能自此漩流中超拔；則整個世界文化，與西方文化自身，都可由此而毀滅。如果要免于毀滅，只有西方文化與世界文化，有一眞正的新生。專就西方文化說，此新生之道路，亦不在遠，這卽是先自覺此漩流之所自生。我們認爲，只要人們眞能自覺西方文化所形成之漩流，生于人之人性、理性與理想之不能主宰其自然本能與權力意志，而反爲其工具，及自然主義唯物主義之促進人之動物化與物化：此自覺卽啓示人自此漩流超拔而提起精神之路向。由此精神之提起，卽可自覺爲西方近代文化之本源之尊重人之人性、人之理性，及人之理想之精神；亦可自覺「希臘直到中世所表現的一步一步把自然人提昇到理性的人、有普遍的平等意識的人、通於神的人」之向上歷程。如是而可一方再接上西方文化之向上的正流，一方亦即使我們站在一更高的歷史發展之階段。人類歷史之進程，恒升降起伏地前進。已過去的當然不會再來。而每一次之降落，即產生一漩流。然而此一漩流，同時開拓了河道，使下流更浩瀚開濶，推進歷史發展，到一新階段。

我們須知，以西洋古典精神與近代精神比較，古典精神之長處，在求超越現實，以上達于普遍者之認識，而成就純理科學、哲學、文藝，與依理性、依人心深處之上帝與愛而生活之人格。近代精神之本源，則重在對於外在的客觀自然社會之了解，及實際改造自然的知識之追求，與政治經濟事業之完成，以實現人之理想，滿足理性之要求。而其潛在的目標，正當是在人精神內容之擴大，表現其人格之價值與意義于自然與社會。然而近代人，因太重實際知識之追求，與事業之完成，遂恒未能眞自覺其潛在之目標，乃只事沉沒其精神于所知自然界，與所懸之似外在之客觀的理想之實現。于是在意識之前，產生一自然主義之宇宙觀人生觀。而在意識後之生物本能，與權力意志，則與追求似外在之客觀理想之心，夾雜同流，進而反利用此追求理想之人性與理性之表現，以形成罪惡。如我們上所講。故我們可說，西方文化中之古典精神之長處，在其高明的超越性，與深度的向上性。近代精神之長處，則在切實的內在性，與廣度的向外性。古典精神能向上提起而凝聚，未能放下而展開。近代精神則一直爲要實現理想滿足理性之要求，而一往向下放，向外展開，終于趨于物化。所以我們認爲西洋文化，要自拔于其目前之漩流，以開拓新局面，必須一面保持近代精神，而一面由自覺古典精神，而眞涵攝古典精神中之深度的向上提之超越精神于其內。由此一深度的向上提之超越精神，注入近代精神中，近代人之注重科學知識之追求，與社會事業之完成之精神可以保存。然而此一切知識之追求，與事業之完成，必須自覺其一方卽是爲擴大人之精神之內容，完成人之人格；一方自覺是爲實現人之理性理想于社會與自然，表現昭顯人格之價值意義于客觀的自然與社會。因而對一切政治經濟社會之改造，必須一方自覺處處是本於人對于其理性之尊重，對於其理想之愛，對於人性之覺悟。同時對一切政治經濟社會之事業本身，亦不能視爲究竟目的，而必需處處自覺是爲人之精神生活之充實，文化生活之豐富，與一切人人格完成之目的而有。其一切措施，亦不能違悖此目的。這一種精神，我們將以爲是西洋古典精神與近代精神之一更高的綜合。西洋古典精神之發展，是由自然人而向神以上契天德，而近代精神之進程是由向神而向自然而至物化的人。此更高之綜合精神，則是再自覺天德之內在于人性，自覺人之一切對自然社會之知識與事業，亦皆不外人格之價值意義之客觀表現。這一種精神，自其別于古典的超越精神，與近代之內在精神言，我將稱爲包含超越精神之大內在精神。在此大內在精神中，有超越精神，使人提起其神明，以知天事天而不致物化；有內在精神，使人能安頓於自然于社會。於是人可通神、和人，而備物。在此大內在精神中，希臘人本其自由理性，以企慕眞美之純粹科學、哲學、文藝之精神，羅馬人之平等人道的精神，與基督教之神聖的仁愛精神，及近世科學家之利用厚生之精神，國際間一切民族互相尊重其獨立自主之精神，政治上之自由民主之精神，與經濟上之求機會均等公平分配財富之精神，都可以互爲基礎，並行不悖而互相和融，以培養人之人格以表現昭顯人性天德于世界。如果用中國儒家的說話，希臘精神尙智與美，是智敎與樂敎。斯多噶尙平等是義敎。基督敎是仁敎中之一義。經濟生活上之求均等與公平，民族主義之要歸於一切民族之講信修睦，這是儒家的治國平天下之敎，都是偏於外王的。西洋文化之缺點，本原在希臘人之尙智卽過于美，其樂敎實亦不够。基督敎之仁敎，則病在人心天心相距太遠。各時代各地域之西洋人，恒一往向一方用力，而割裂道術之全，因而處處造成對待相抗之局面。（此亦可謂由於其科學精神與宗教精神中，卽包含對待精神。）然由西洋古典精神與近代精神之綜合，則可並補其仁敎智敎之所不足，亦更接近中國儒家所謂內聖外王之道之全；而中國儒家所謂內聖外王之道之全部的展開，正亦當涵攝整個西洋文化之重分途發展之精神于其內。（詳拙著中國文化精神價值最後三章）這當是西方文化與中國文化並行發展，以形成世界文化之新生之一當然且必然之一前途的方向。誠然，一切綜合，都同時是一創造。一切綜合，都有許多曲折的問題。但是方向如此，是不會錯的。

附錄

本文論到自然主義之思想處，我特別加以貶斥。我認自然主義之思想，對近代文化精神言，乃促進其降落者。我認爲我們要爲未來人類文化開遠景，首須認識此自然主義思想之流弊而揚棄之。我之所以要如此說，我覺須說明二點，以免誤會。

第一點是我所謂自然主義，是指那種崇尙生物的自然物質的自然，而看輕人性人文之思想。在廿世紀西方有不少自稱爲自然主義而又崇尙人文人性者，如杜威及一切層創進化論者Emergent Evolutionists等，可不在此上之列。第二點是我此文反對自然主義，主要尙非只依于一學術上之理由，從學術理論上說，我已說其非無根據；近代科學之一方面，卽可作其根據。要作學術上的辯論，須很長的話。在此，我只指明一切關於人生政治社會之思想，只以自然科學作根據來解釋，無論如何是不正當的。因我們如以自然科學爲根據來說話，我們必須問到自然科學之根據問題。然我們一問到此問題，我們卽發現：在自然科學之研究進程中，同時顯示人類在其本性有一超于所研究之自然之機能。此卽人之心靈與理性。我們必須肯定，此心靈與理性乃超越地涵蓋于所研究自然之上。然後自然科學乃可能。而此自然科學研究中所表現之心靈理性活動，同時卽通於自然科學以外之道德、藝術、政治社會之世界，以至上通所謂天地之心、神之世界的。由此到理想主義哲學之思路。人如不順此思路，而謂上述之硏究自然之心靈與理性亦是自然之一部，此亦非不可說。但如此說，則須承認：此自然之一部本身仍當有超一般自然之性質。如承認自然之一部有超一般自然性而講自然主義，則此自然主義便是包含理想主義精神的。依此種自然主義，仍不能只以自然科學爲根據，以論人生政治社會之道。因在此：自然科學仍不過人之心靈與理性之活動之一方面之成果而已，關於此中理由，我們不在此多說。因學術理論上之理由，在此處尙非最重要的。

在此最重要的，是從歷史文化效用上說。因爲本文所言，十九世紀以來之自然主義之代替理性主義、理想主義，成爲民族主義、社會主義、民主主義之基礎，實際上確曾幫助促成它們之轉化爲帝國主義、極權主義，而造成罪孽。誠然，從文化效用說，我亦並非不知，在一時期自然主義亦有它的好處。自然主義雖崇尙自然，其本身亦是學說，屬於文化範疇，並非屬於自然之範疇。作學說來看，人類之會相信自然主義，亦有一不自覺的理性支配着。大約人類之現實文化，在積習已深而僵固化或腐爛，而新文化之理想未能形成或難於實現時，則人必在情感上要求回到自然，以致生一反一切文明文化之思想。所以野蠻主義、唯物主義、感官的享樂主義，與模倣生物生活、野人生活、原始人生活之思想，在此時都可流行。自然主義亦可有一崇高的精神爲背景，而其流行，亦可有滌淸文化之毒素，與虛僞形式之文明之功效。中國道家之自然主義，即常能表現很好之文化效用者。其自然主義之境界亦特高。因其以天地爲法，並於其中認識普遍之道。希臘羅馬之伊辟鳩魯、斯多噶之思想，一方尊理性，一方帶自然主義色彩，亦可使人能自樂其樂而自得其得。盧梭之自然主義，與法國大革命前其他唯物主義之初起，亦未嘗無滌除腐爛之效用。俄國文學家如托爾斯泰，贊美平民勞動者之樸質天眞，亦原於對都市中上層階級腐爛的生活之厭棄。馬克斯以唯物史觀解釋人類之創造的文化活動，雖屬錯誤，然其強調人求其自然的生存之勞動的重要，揭出虛僞的文明人之意識後面之自利本能，亦未嘗無暴露事實之價值。這種種自然主義之思想，在一時期之滌蕩文化中之虛飾與腐爛之效用，我願完全承認。然而我們同時仍必須了解，此種效用，永遠只消極的。此種自然主義至多只是人類文化於積病已深時之一種轉捩的思想。自然主義決不能負擔開創文化，推進文化之使命，亦不能成爲人類文化之最高原則。眞開創文化，推進文化，能爲人類文化之最高原則的，只能是自覺的重視人文學術在自然之崇高地位，重視人在宇宙之地位，重視能創造文化之人類之心靈、精神、理性之地位之理想主義理性主義、人文主義。這不是因我們有何偏見。這是依於道理的必然。我們嘗說唯物論之必然失敗之根據，即在唯物論本身是一種思想。一種思想，要說明思想自身之不重要，只是物之屬性，最後必是自殺的。同樣，一切只根據人外之自然而提倡自然主義之思想，用生物本能生理現象、人類之自然生活來說明文化學術，最後亦一自殺的政策。結果必至使其本身之學說亦不存在，徒挑起人類之自然的本能的求私利、爭權力之生活之泛濫，以毀滅破壞舊文化，推進文化而已。所以我們雖可以一廣大的胸襟，去承認一切自然主義在文化中之一時效用，然我們仍必須知此種自然主義之流弊，與所引生之罪惡，亦可不亞於文化之虛飾與腐爛。而近代之自然主義之思想，正與人之意識後面之自然的私欲權力欲相裏脅，以促成之帝國主義、資本主義、極權主義之罪惡。則此種自然主義之思想，至少在現在是應加以反對的。我認為無論是強調物質之重要之唯物論的自然主義、強調自然的生命衝動之生命論的自然主義，重視人之性的生物本能之弗洛特思想的自然主義、重視人之生物性的種族氣質之差別之自然主義、重視人之求物質生存之馬恩思想、重視人之權力意志之尼采思想，與只建基於個人的自然權利之民主政治思想、只建基於求人類物質生活之圓滿享受之社會主義思想，與只建基於民族的種族本能之民族思想，都是在原則上會增加當前時代與最近的未來時代之災害的。而此種種思想之剔除，亦即使我們眞自覺近代西方文化之精神本原所自之人文主義、理想主義與理性主義之精神的道路。

（四十年二月・「民主評論」第二卷第十五、十六期）

人類的創世紀

（一九五二年元旦獻辭）

一　共產主義之力量之來源

中國宋代程明道先生曾說兩句話：「充擴得去」，則「天地變化，草木蕃」。「充擴不去」，則「天地閉，賢人隱。」荀子又曾說一句話：「天地始者，今日是也。」

現在的時代，是在「天地閉」或「天地變化」的邊緣，而關鍵只在此時代人之是否在精神上「充擴得去」。充擴得去，則「今日」便是人類的創世紀。充擴不去，則明日便是世界的末日。

人類自始是以其精神上創發的理想，開拓世界，形成文化，建造歷史。而二十世紀之人類歷史上之大事件，亦明顯是少數人先自覺的形成理想，以之感召鼓舞大多數人心，而後成為驚天動地之歷史上之大事。孫中山先生之理想之于中華民國之建立，甘地之理想之于印度之獨立，馬克思列寧之理想之于俄國之革命，同樣證明二十世紀尚是人類能自覺的憑其理想，以眞實的主宰其未來歷史之命運的時代。

然而現在世界的危機主要的表現，是馬列的理想在初起時雖然亦代表人求經濟平等之理性的要求（可參考前文所論），但到現在，已僵硬的具體的現實化為一極權世界。這極權世界要獨佔人類文化世界之現在與將來，要窒息人類一切理想之生發，而斬伐其他一切理想之根株。于是馬列的理想，已成爲一「非理想性的理想」。如果此非理想性的理想，主宰了世界，卽人類一切其他理想之毀滅。于是其他一切眞有理想的人們，都不能不起來謀自救。這是當前人類最艱難的事業。

這事業之所以艱難，是因爲我們雖說馬列之理想已成一非理想性的理想，然而信此理想的人們，却是正以全力，且不擇任何手段，來求推行其理想到全世界。而在今日所謂自由世界民主世界生活的人們，以至政治家，却尙許多都只是一極端現實主義者，只顧其國家或個人之既得利益，多數人們尙在醉夢中生活。卽所謂自由民主之理想，亦常只成爲口號與名詞。如果自由世界民主世界的人們，不能眞抱一更偉大，更神聖，更高遠，更廣濶，更有實效性的人類理想，共求其實現，則極權世界之「非理想性的理想」，終將戰勝一切的「無理想」。反極權的武力與原子彈，亦終將成爲無用。

我們雖說馬列之理想現已成一非理想性的理想，我們必須先承認它曾是出自人之理性之一理想。這一理想由馬克思提出，到現在已一百年的歷史。相信此理想的人們，都有宗教性的熱狂，他們亦要作一創世紀的工作。所以列寧自稱其工作爲第一因First Cause。他們在二十世紀，建立了蘇維埃聯邦，赤化了東歐與五萬萬人口的中國，正以排山倒海之勢，威脅整個人類世界。他們的信徒，目空一世的氣概，不是莫有原因的。如果我們不能正視其原因之所在，眞實的承認他們之理想的力量，進而以更偉大更神聖的理想之實踐，安頓整個的人類，我們只有讓他們之「非理想性的理想」統治世界，直到世界的末日。

我們如果正視共黨之極權世界的力量的來源，我們便首須了解，共黨之極權不是一般的極權，不是如慕沙里尼希特勒之極權，不只是一政治制度之極權。故單純的民主自由理想，尙不足代替或否定他們之理想，單純的民主自由之理想所能引發之力量，亦不足戰勝共黨之極權世界之力量。

馬克思列寧之理想之本質，在共唯物論，唯物史觀，與各盡所能各取所需的未來世界的共產天國。這個理想，所以有大力之故，人們之認識常不够親切。今再略加說明。

我們須承認，近三百年的歐洲，明明是內部充滿國家與國家之戰爭，同時向世界各處膨脹勢力，施展帝國主義的壓廹的歷史。資本主義的經濟，亦明明帶來階級利害的衝突，人與人之物質享受的懸殊。人們連帶而生起各種羡慕、嫉妬、憤懣不平之情調，莫有國家的劃分，莫有階級的剝削。而人人各取所需之共產天國，正是一直接打動一切不滿現實的人們之心坎之理想。于是共產天國，可以成爲各不同國家民族的人們所嚮往，使共產黨成爲今日唯一有國際性的政黨。我們須特別注意，就在共產黨是國際性的政黨一點，已使共黨宛成人類世界達到未來之統一或天下一家的唯一的象徵。因爲人類自來是嚮往天下一家的。

馬列主義者的唯物史觀與唯物論，更是他們之一切力量之最後的來源。唯物史觀指陳，人類歷史只是一階級鬥爭史，亦卽人對人之壓迫剝削史；指陳人類過去的一切學術文化之成就，無論是宗敎，哲學、文學、藝術、道德、法律、科學，都受經濟的決定。過去人類歷史中之一切宗敎家、哲學家、科學家、藝術家、政治家、聖賢、先知，都是自覺或不自覺的，爲其所隸屬之階級之利益而服務。於是整個人類學術文化，都是人剝削人，人壓迫人的工具，或武器。歷史的車輪之唯一的意義與價值，即在其將必然推致到共產天國之實現。唯物史觀之不重視人類之一切學術歷史文化之內在的本身價值，只在人類過去與現在之歷史中，看見剝削壓迫鬥爭的血腥。于是過去與現在之人類歷史中，全無眞正的光明。憑此理論，便可使追求光明的人性，可全不向過去去回顧，一齊向其未來之共產天國而集中。這才使天眞無邪的青年，與若干有良心的人，都可成了共黨之信徒。

馬列主義者將追慕理想、尋求光明的人性，吸注在未來的共產天國。這共產天國是遙遠的。但是正因其遙遠，才引起人無盡的企慕嚮往之情。猶如宗教家的天國與極樂世界，都是因其遙遠，才使人對之有無盡的企慕嚮往。——這是現實主義的政治家與流俗的知識分子所忽略的。而在另一方面，共黨再以唯物論，使人自視如物，自視如一單純的猿類之子孫，如一單純的生物存在，如一集體組織之細胞，如一歷史機械的齒輪。人除共黨天國之理想以外，不必再有任何社會文化之理想。人除盡其在集體組織中歷史機械中之細胞與齒輪之任務外，不必再有任何個性之表現，或天才之創造。人除爲此共產天國之實現而鬥爭外，不必再有任何人道之感情，或家庭朋友間之感情。人除以馬恩列斯爲上帝，與人類之救星外，不必崇敬任何的上帝，或人格世界之人格。冷冰冰的唯物論的思想，足以毀滅上帝、人格、人情、天才、個性而有餘，同時即將一切人間世界、人文世界、人格世界的藩籬，全部加以打破。而每一崇拜馬恩列斯之共產天國的黨人，遂均一方自命爲天國的使徒，接引人們同到西方之接引佛，一方則目空一切，而更能無任何忌憚或畏敬地，以發揮其生物性的鬥爭本能，征服意志，權力要求爲事，以要求主宰世界。人類之生物性的鬥爭本能，一朝得此大解放，當然其力量亦宛若窮天橫地而無窮。這一點值得大家細心體會。

馬列共黨主義者强調鬥爭的理論，而稱其唯物論爲辯證法的。列寧以辯證法的即鬥爭的，並明說鬥爭是絕對的。此種唯物而重絕對的鬥爭的理論之設施，尙有一最大的特殊效用，即：人在鬥爭中，可隨時由見對方之倒下，以生一自己宛若升高的幻覺。當地主資產階級被打倒而沿門行乞時，則每一原來之窮人，都自覺成了富人。當不斷有人送到集中營與斷頭台時，則未到集中營的人，都覺自己是天下第一自由人；未上斷頭台的人，都覺自己之生命是意外獲得的，是政府的恩賜。當一切知識分子都自認錯誤時，於是最無知識的人，亦可自覺在一切大學者之地位之上。人緣于他的動物性，均可生出一撒旦式的幸災樂禍之心。由此心而一站在平地線的人，只要看見自己所站一塊土地外之其他土地，向下崩裂而沉淪，地上的人皆粉身碎骨時，每人均可私自慶幸是高居在天堂之頂。他們之鬥爭理論之設施，所以要成爲永遠的不斷的鬥爭，並不斷的製造鬥爭，由鬥爭黨外人，到鬥爭黨內人，直到一人極權爲止；亦可說因此鬥爭，常可創造人們此撒旦式的滿足，與人人宛若自己升高的幻覺。此種滿足與幻覺，即可使人們雖終朝在特務警察之監視之旁，恐怖的威脅之下，依然可說世界的天國是我們的。這是人類最可悲憫的變態心理。然而此變態心理，却正亦是支持共黨極權世界存在之一大力。

所以，我們要承認，共黨之無國家無壓迫，無剝削的共產天國，確實可以引起被帝國主義壓迫的民族，痛苦呻吟的勞動者，與無數响往天下一家想打破貧富懸殊的、善良的、樸素的、天眞的人們——尤其是青年——之企慕。我們要承認，其唯物史觀之指陳人類過去之歷史文化中莫有光明，可以吸注人心，而只向未來的共產天國，去追求光明。我們要承認，唯物論之哲學可以解放出人之生物性的鬥爭本能，使之如洪水之混流。而宛若有窮天橫地之大力。我們要承認，共黨之淸算鬥爭，雖是一方引起人民之反感，一方亦可給予人以撒旦性的滿足。我們要承認這一切的集合所生的力量之大。但是我們不當震懾。我們要指出，共產天國的光明是虛僞的光明。我們要指出，其對人之引誘力是魔力。我們要自信，人類能形成眞正偉大神聖的理想，而人類本身，自有實現此眞正理想以謀自救的神力。

二　綜合性之理想與神力

關於上文最後的幾句話，不是我們在此文中所能詳細解釋的。我們只是提出來希望大家硏討用心，我們只須簡單說明二點：

一、我們如何敢斷定共產天國的光明是虛僞的光明，非眞正光明？因爲共產天國中所謂人人各盡所能，各取所需，這至多只是人類經濟方面的理想。如果此卽是天國，則蜂子螞蟻早已在此天國生活。而除此理想以外，共產天國中什麼內容亦莫有，而只是一團空虛混沌。空虛混沌可以吸收追求光明的人之「內心的光明」，向之注視，然而它本身並非卽光明。

甚麼是眞正的光明的理想？其與虛僞的光明理想之辨別在何處？我們鄭重的提出一比喻。卽眞正的光明的理想，都是太陽。太陽的光明，是使一切萬物昭顯。仿效太陽光明的人，是聖人作而萬物覩。光明的本質，是使萬物都顯出光明。光明是一涵蓋的肯定的原則，是一將其自身施與於一切之精神。然馬克思列寧之辯證法，只肯定「一切都是要被否定的」。我們曾屢說，理想的人類世界是一有情的人間世界，豐富的人文世界，充實的人格世界。此乃古往今來，一切聖哲與了解人性者之公言。然而馬克思、列寧之全部精神，只是一個打倒資本主義帝國主義的惡惡之心。他們恨此罪惡，初自亦依於一潛伏的好善之心。然而他們却都未表現自覺的、正面的、積極的、好善之心。所以他們從未說過其理想的共產天國中，人之人文生活如何，個人之精神生活如何。亦從未對古往今來聖賢的人格，致其崇敬尊重之誠。他們只要求現在一切文化、一切宗教、藝術、哲學、科學，都爲共黨之政權而服役。一切人都要絕對的服從共黨之鐵的組織，而不能有任何個性的自由。他們亦否定政治上任何反對共產黨之反對黨之存在，而違悖民主。故人文世界、人格世界、民主、自由，對馬克思列寧都不眞實存在。而人類過去現在的歷史，依唯物史觀，又只是一團黑暗的血腥。有情的人間世界，對他們亦不存在。整個人類過去的歷史，只是爲過渡到共產天國之一必經手段。他們從不發思古之幽情。卽歷史世界對他們亦不眞實存在。上帝是莫有了，超越的神靈世界，對他們當然亦不存在。自然只是人所要利用，及與之鬥爭的對象，絕無求與自然親和之情調。國家非民族心血之結晶，只是階級統治之工具，最後是要消滅的。家庭亦是俄國革命初期要企圖消滅的。共黨到處要人大義滅親。馬克思思想中，亦無家庭必然永恒存在之肯定。而他們之信共產天國之必然來臨，亦只說爲歷史的車輪事實上必然將如此轉動，而不說這是最合人之理想的，合人之價值標準的。理想與價值之觀念，對他們亦不存在。他們哲學中的知識論，只承認客觀事實的眞理，而無關於價值與理想之眞理。以致共產黨本身，他們亦說是要消滅的。在一共產天國之理想中，莫有對有情的人間，莫有對人文、人格、自由、民主、歷史、神靈、可親的自然、國家、家庭、價值、理想等之積極的肯定。最後連他們自己之存在，亦是注定消滅的。這證明其共產天國之理想，實只是一革一切之命的否定原則之客觀投映，如無邊的空虛之非理想性的理想。所以我們敢於斷定其決非光明。而其力量之來源，只因此共產天國之無邊的空虛與混沌可吸住人對之作任何的幻想，與追求光明的人之「內心的光明」以爲其力量；再與將人之生物性的鬥爭本能解放後所生出之力量相結合所成之魔力。

二、我們如何形成眞正偉大神聖的人類理想，而有實現此理想，以自魔力中自救的神力？我們了解共產天國，是一空虛無內容，而能吸收人內心的光明之大混沌，我們便知只有有最具體之內容而表現大光明之人類理想，才可代替之，而眞正納一切人之追求光明的精神於其下，而與以一安頓與護持。這個表現大光明的理想，應當是對於他們之所否定，或未加眞實的肯定的一切人性，有情的人間、人文、人格、個性、自由、民主、國家、家庭、價值、理想、歷史、神靈、自然，全部加以肯定，以至他們本身的最初追求理想之一念之善，我們亦都加以肯定，不加抹煞。此之謂以絕對的肯定，代替絕對的否定。他們只在遼遠的共產天國看見光明。我們則於整個的人類歷史中，於當下的人間社會，都看見光明之逐步的實現，而在未來看見更大的光明。所以我們必須反對唯物史觀。他們盡量用文化作工具手段，而否定人性以同人於物，而解放出人之生物性的鬥爭本能，我們則當反對同人于物之唯物論，以盡量發揚人性中之惻隱之心，而以一切人類文化活動本身各爲目的。他們與一切異於己者鬥爭，最後自己淸算鬥爭，以歸於其自身之毀滅。我們當盡量寬容尊重異於己者，以至對於他們之個人，亦當悲憫其喪失人性，而以使其覺悟其人性之本然爲最後目標。他們對自然，只有利用與鬥爭，我們則要一方利用自然以厚生，亦對自然有情。他們以國家爲統治的機器，最後要否認國家，消滅國家，以達混然齊一的大同世界。我們則要念一切人類之國家，皆人類心血之所鑄成，人類客觀精神之表現，而恒存「興滅國繼絕世」之心。以由諸國家之聯合所成之聯合國，爲人類世界之統一原則。而聯合國則應以聯合的文化精神爲內容。他們否定神靈而自居神靈，使鬼哭神號。我們則尊重宗教，使人可滿足其求無限求神聖與求不朽之要求，使神靈之在天者，皆可在人心有所依恃。他們否定家庭之本身價値，以兒女淸算父母，爲大義滅親。我們則肯定家庭生活之內在的本身價値，使人之家庭生活，不受政治的干擾。他們否定個性，否定政治社會上民主自由。我們則了解宇宙之大法，是有同一，亦有差異，有普遍，亦有特殊，而肯定個性，肯定社會政治上之個人生活方式之自由，與政權之民主。他們以個人人格爲集體的社會組織之手段。我們則以人格之完成本身爲目的。他們以經濟平等，人人之能各取所需，有無盡之物質享受，爲社會之最後目標。我們則以人人由經濟漸趨平等，達人格之尊嚴之互相承認，人們之人格之完成，爲最後目標。他們只講歷史的必然，只講存在的事實之定律。我們則要講歷史的創造，辨別何者爲當然，爲有價値，爲眞正合理想者，以表現人類的良心的裁判。這一切的以上所述之理想，其中無衝突，無矛盾，只是互相照映，互相証明，互相和諧。這是人類數千年的文化史中，無數聖賢、哲人、學者、先知、詩人、社會改造家、一切有理性、有情感、有良心的人，大體上共認的眞理。這一切眞理之和，即是我們建立眞正偉大神聖理想之道路。而我們之實現理想，自魔力中自救的神力之來源，亦即在我們之眞愛人性，愛人間世界，愛人文世界，愛人格世界，愛自然，愛神靈，愛個性之發揚，愛自由民主，愛家庭，愛國家，愛歷史，愛一切有價値者，合理想者，愛我們之心的一切判斷。我們的愛是普照的陽光，所以能使我們所愛者，本身亦顯出光明而互相映照，互相證明，互相和諧其價値。有光則有熱，有熱則有力。他們有力，是機械力，外在壓迫力，亦卽魔力。只有熱力，才能自內部生長發育萬物，使萬物昭覩它自己，此是神力。這神力，曾經通過孔子·通過釋迦，通過耶穌，通過東西的人格世界之一切人物，亦通過在馬克斯的前輩平輩後輩之一切眞正人道的社會主義者。這神力，在今日之自由世界，民主世界的一切人的良心中，亦在極權世界中一切人的良心中，以至在一切共黨之靈魂的後面。只是不在他們之自覺的意識中。因爲他們之自覺的意識中，只有一空虛的共產天國之圖像與向外鬥爭而否定一切的意志。他們之自覺的意識只是想舉起其共產天國之圖像，以吸住人間的追求光明的心，以假借人們之追求光明之力爲己力，而成魔力。此魔力，我們深信終將在神力之前遁跡。然而人類不能眞以廣大心、深密心、悲憫心、眞正求自覺此偉大神聖之理想之內容與神力之所在，合力自魔力中謀自救時，人類艱難困苦的日子，仍將是長遠的。反之，我們復深信只要這個大理想眞正開拓得去，則立刻「天地變化，草木蕃」。人們只要向此方向努力，卽是人類的創世紀的事業的開始。這才眞是荀子所謂「天地始者，今日是也。」

（四十一年·「民主評論」第三卷第一期）

第三部　中國固有人文精神之闡述

儒家之社會文化思想在人類思想中之地位

一　儒家與道家及個人自由主義

友人徐復觀先生，日前寄來「儒家精神之基本性格及其限定與新生」一文。他謙讓未遑，要我另寫一文，以補充其所不足。徐先生說明儒家思想之精神，主要表現於社會文化，而不只表現於政治；表現於政治，亦是爲要促進社會文化。所以儒家精神，決非與今所謂民主不相容。而且今所謂民主，正須儒家之尊重人性人文，尊重社會文化之精神爲基礎。這與我之所見完全相合。徐先生在本文，論儒家精神，特別提出儒家對家庭宗族、政治、教化負責之三點，這是從儒家之重仁心之實踐說下來的。這亦是從切實平易處，論儒家精神而極爲扼要之論。

徐先生所論確當，我亦無可補充。我只望讀者再讀徐先生之文。不過我想，要了解儒家精神之此三點，亦可將儒家與先秦諸家精神對照來了解。此處我亦只從切實平易處講。我們可說：當時之道家，都是絕對的個人自由主義者。道家所重的個人自由之最高表現：或在與天地精神相往來，因而看不起一切人所崇拜之聖王——如莊子，或在爲保存個人人格之淸白，而不食其兄之食——如陳仲，或在視生命爲貴於一切生命以外之財富地位與事功——如子華子、楊朱（姑據列子楊朱篇意）。道家之個人自由主義，常不止於如今日之個人自由主義者，只重發展個性以反抗集體之控制而已。其論自由個人之精神境界，實甚高。說立義高明，道家亦可說比儒家高明。後來的儒者，亦無不能欣賞道家人物，然純正的儒者，畢竟不能全贊成楊朱陳仲莊子。這正爲陳仲抹殺了家庭，楊朱忽視了政治。莊子會說，而不會教化世人。儒家未嘗不以個人人格爲至尊無上，未嘗不重個人之自由。但儒家論個人之人格之至尊無上，必自個人之仁心之無所不涵蓋，能成就潤澤他人或群體上說。他講個人自由，必自個人由盡倫常之道，以盡性成己，而眞有所自得上說。孤立的個人，棄人文以返自然的個人，與消極的不受一切人倫規範之自由人，非儒家之理想人物。如果照應着現在時代說，則英國洛克式之「個人爲一獨立之實體」之個人主義哲學（洛克之政治制度論乃另一問題），或斯丁那（Stiner）、易卜生（Ibson）早年之個人主義，與其他主絕對放任之自由主義者，依儒家精神卽不能贊成。如只就羅素、桑他耶那（Santayana）之反權威、反傳統，要人在自然宇宙中不要自大，謙虛一點處說，則可謂西洋式的莊子精神。這種精神，依儒家之欣賞莊子之例，我覺亦當加以欣賞。造化之造人，是有此一型。依我個人氣分說，我亦常不知不覺，易站在孔子與莊子之間，而難於站在儒法或儒墨之間。但不說個人氣分，而依理說，則儒家精神不同於莊子，亦卽決不全同于一般之西洋式個人自由主義。他必須兼重視內在於個人，而又能超個人之仁心，以成就他人與群體。他必重人過於自然。他必重實踐過於觀照與欣賞。他必重積極的創建過於消極的批評。他必須反游戲玩弄的態度——無論是玩弄道理光景，或自然生命的機趣，都不算好。他必以一負責的精神，求有所擔當。儒者儘可承認道家之地位，而欣賞道家人物，如孔子之欣賞長沮桀溺，後儒之稱美隱逸之士。然道家人物定要罵孔子，以其偏至之精神否定孔子之全面的人文精神。孟荀便終必須闢道家，責陳仲，距楊朱，反莊周。因爲不如此，便顯不出儒家精神。

二　儒家與墨家及社會主義

以上畧說儒家與道家之不同。其次畧自淺近處，說儒墨之不同。墨家之精神，卽今所謂絕對之社會主義者。墨家要人兼愛，視人之父若其父，要尙同，以一同天下之義。他之中心問題，只是一社會人民之經濟生活之問題。人民經濟生活要平等。他希望打破家庭、國家之界限，而從事一天下性的墨者社團之組織。西方之社會主義者，直到馬克斯，多可謂是洋墨子。只是馬克斯不重兼愛，而重鬥爭。馬克斯不講天志，而另講一歷史的必然。墨子不重高級的文化生活如禮樂。馬克斯則說，人類一切高級文化生活，如宗教、文學、藝術、道德，皆受人之經濟意識所決定，因此有其一套經濟學，與唯物史觀。墨子之人格，能犧牲自己，堅苦自勵，一般儒者，亦多趕不上。後來儒家，亦儘多佩服墨子，如孔墨一直並稱。至唐代韓愈，仍謂「孔必用墨，墨必用孔」。然墨子一定要罵孔子「盛容修飾以蠱世，強歌鼓舞以聚徒」，後孟荀乃不能不大反墨者。儒家要維護家庭教化。墨者講視人之父若其父，結果必不免視己之父若人之父，便成無父。無家庭之孝弟，以爲行仁之本，則兼愛亦無本。仁心成了焦芽敗種，必歸至不仁。而終將只能講爲社會經濟生活之平等而鬥爭。故充墨之量，必成馬克斯。中國由清末民初之墨學之盛行，至馬克斯思想之流行，正可謂一脉相承。此外墨家重經濟，輕禮樂，便不似儒家之重教化。墨家重社會，其尙同之政治，是要「上之所是，必皆是之；所非，必皆非之。」「人民上同於里長，里長上同於鄉長，鄉長上同於國君，國君上同於天子，天子上同於天。」由此以達社會之統一。然其天則爲兼愛而無所不愛者。故其上同於天，頗似基督教之要人同體上帝之愛。故墨家之尙同，尙無大害。至共產主義，亦重社會，其理想之社會，是國家須萎縮，民主亦須萎縮（此乃列寧所明言）。共產黨與無產階級專政之事，亦最後要消滅。共產社會眞達到時，除經濟生活上之各盡所能各取所需外，社會生活與政治生活卽合一。要達到共產社會，則共產黨之辦法，正是下級服從上級，地方服從中央，各國之共產黨服從全世界之斯太林，斯太林服從歷史的必然。——此卽相當於墨子的天。然此天之本質非兼愛，而是矛盾與鬥爭。要人人服從鬥爭之定律，便與墨子要人人兼愛相反。然在要上同一點，則馬墨全相同。儒家亦重社會。儒家理想的大同之世，確定有政治而政治與社會非必合一。儒家以政治與人道相終始。政者正也。正己是道德，正人是政治。政治可說是教化之手段，而非只社會經濟生活之手段。馬克斯主後者，故其理想社會中，莫有經濟之剝削，生產爲全社會之事，政治與社會卽合一。然儒家主前者，教化乃所以使人成爲人，完成其人格者。教化永不能無，政治以正人群關係之事，亦永不能無。政乃所以輔教。而在治術方面，儒家亦不重一同天下之義，以齊一思想，而主張「君子和而不同」，「君子亦仁而已矣，何必同」。墨家相信其言是唯一的眞理，曾說他人之「以其言非吾言者，是猶以卵投石，盡天下之卵，其石猶是也。」墨者自信堅而要以其言說服他人，故墨者之工作，有一種是專從事談辯，以說服人者。此亦與共黨相似。道家講思想自由，主不辯，忘言，與墨家是一對照。儒家在此要辯。但辯是「不得已」（孟子），而伸其正見，盡教化之責，並非定要說服別人。辯亦是因「凡人莫不好言其所善，而君子爲甚」（荀子）。實在對方不聽，不憤不啟，不悱不發，亦就算了。儒者於此便守先待後去。他不是如道家任人各是其是，他要求個眞是非。但亦不是專以說服別人爲目的，強人搞通思想之謂。儒家於思想問題，更不主張下級無條件的服從上級。儒家的孟子，在當時主張「君有過，則諫，反覆之而不聽，則去」。主張賢君必有諍臣，後發展爲御史之制度。孟子又謂大有爲之君，必有不召之臣，欲有謀焉則就駕而問。後來明太祖求劉基宋濂爲輔，仍要說「朕爲天下，屈四先生」。孟荀對無道之君，都主張革命，荀子謂「奪然後義，殺然後仁，上下易位然後貞」。儒家對有道之君，願爲其臣，但恆要人君先以之爲師，如孟子所謂「學焉而後臣之」。儒家在政治系統中，恒願屈居下一級，卽爲臣。而在教化系統中，則常要居上一級，卽爲師。人不能處處居人之上，要尊嚴師道，在政治權力上，似亦宜讓君一些。儒家理想之帝王，是堯舜，乃師而兼君者。荀子所謂「大儒者，天子三公也」，即以教攝政者，此不過是理想。實際上則儒家所求者，恒是保持政治系統與教化系統之二元，連家族宗法系統，便成君親師之三元。故孟子言：「天下有達尊三……，朝廷莫如爵，鄉黨莫如齒，輔世長民莫如德。」實即政治上重爵，家族宗法中重齒，教化中重德。後荀子言禮之三本，天地、先祖、君師並為本。漢儒言三綱，以君、父、夫並為綱。故我們可謂儒家是道德的一元論，社會文化的多元論。此與墨家要去除家族系統，混政治系統與教化系統為一，根本不同。墨子以尚賢尚同並舉。他假定政治系統中之里長、鄉長、國君，皆由賢者選出，如共黨假定共黨乃最前進最覺悟之份子組成。然而墨子不知賢者不必皆可納於政治系統。共黨不知最覺悟之份子，可以是非共黨之人。而儒家則深察人性，知政治系統與教化系統，在理想上雖可合一，而在現實上，勢不能合一，故必須在君道外尊師道，在政統外講道統、學統、教統。此統乃統緒之統，非統制之統。政有統，道無統，則不能樹立學術文化之尊嚴。故儒者言道統。孔子前之時代，假定是教攝政，故堯舜之帝王亦在道統中。孔子立教後，政教分，便更無一主持政治之一代君主，置入道統中。此即同於謂任何政治上之領袖，皆不能入道統。便與希特勒斯太林之為政統所在，即道統所在，全然不同。儒者可從政或施教。從政則入於政統，而守道施教是其本份。即儒者可仕亦可隱，而隱為處士是其本份。當其隱為處士時，即與政治上之人物，「並世而生，分河而飲。」（歐陽竟無先生輓孫中山先生聯語。其下聯為「小盜移國，大惑移心。」此聯頗足見中國學人之所以自任，與自居之地位，猶存于今日。）由上三者，故儒者必反對墨家；居今日而言，亦不能不反對純自經濟觀點看社會文化問題之社會主義，如馬克斯之社會主義；亦反對統一思想，並反對共黨之以政治系統與教化系統相混同、清算父母兄弟以否定家庭之行爲。

三　儒家與法家及極權主義

但儒家與道墨二家猶有相通處。在重個人自由處，儒通於道；在講仁心處，儒通于墨家之兼愛。對社會問題之解決，先自經濟下手，先「足食」（孔子），先使「菽粟如水火」（孟子），亦正是孔孟之精神。從大處說，墨家馬克斯及西方社會主義之精神之好的一面，儒家決不否認。中國思想中最與儒家相反者，是法家。法家之根本精神，用新名詞說，即極權主義。法家與墨家不同，在墨家仍是以社會爲中心，而法家則以政府爲中心。儒家以社會爲中心，故猶近于墨。儒墨之不同，在儒家之理想，雖是以教攝政，使政治系統屬於教化之統。而在實際上所作的，却是力求教化系統之獨立於政治系統之外，以相依而並存。墨家則只有一籠統的政教合一之理想。這個理想，使獨立之教化系統成不可能。再轉進一層，便可轉成爲，只承認政治系統而否認教化系統之法家。法家廢公族，反封建，亦盡了其在中國社會之歷史使命。商鞅等強迫子女與父母分居之政治目的，只在增加生產以強國富國，似乎動機不錯。其循名責實，貴賤一齊于法，亦似可取。然他們明說強國是要弱民，富國無異貧民。

弱民貧民之目的，只在鞏固政權。富強政府乃以向外侵畧，攻戰，滿足君主之野心。法家之君，並不受法之約束。故其廢公族，「貴賤一齊于法」，不過更強大君權。此與墨家要謀百姓之利，要非攻，儒家要富民，要講信修睦，要君君臣臣，各居其位，各盡其道，上下不相凌，都完全相反。法家講連坐法，講告奸，告者受賞，不告倍其罰。此即特務制度。法家的申韓，都教統治者，要深藏莫測，對人民則要多用耳目，而無幽不察，並時時防備左右之心懷不測。教君主不要信人，因信人則爲所制，須獨裁獨斷。這卽是自己要秘密，而要人民一切坦白，時時注意反動派在旁，而要不斷的清黨之謂。法家主張明賞罰，要嚴刑峻罰，「刑九而賞一」，卽恐怖政策。法家韓非又說，聖人所以制天下者，一曰威，一曰名，一曰利。威是武力，名是模範英雄，利是生產果實之引誘。法家之精神，與今之希特勒斯大林，幾完全一樣。而此一切的一切，皆爲任何只想鞏固政權者，必然重視之治術，固無分古今中外。然而儒家則自來徹底反對法家之根本精神。法家要人君深藏莫測，儒家要人君胸懷開朗，光明洞達。法家要人君獨裁獨斷勿信人，儒家要人君無爲而治，知人善任，考察民意，反對監謗，而以民意裁制自己。此以民爲本之精神，卽民主之基礎。儒家治天下，重在以人格精神、禮樂教化，鼓舞人心，期在「忽如一夜春風來，千樹萬樹梨花開」。儒家講威，是道德之威，「威天下不以兵革之利」之威。儒家講名，非封你一個模範英雄，要你去爲政治上領袖犧牲之謂，而是正名以垂教，使居其名位者各有其實，此卽孔子作春秋之意。儒家人物之最高者，乃不求名只求實，或疾沒世而名不稱實者。其次是求一敝屣榮位之名。再次是樂由社會來之令聞廣譽；臣子所加之美謚，後世史家文人之頌讚，而非希望一斯大林之獎章之類。法家以名爲統制人心之具，是要使一切名，皆來自當今之政府。而儒家則重在使一切名來自社會與天下後世。此是儒家與法家或極權主義者對名之觀念之大界限。總之除了爲政，儒家亦當如法家之循名責實；並亦當尊法律外，無往不與法家相反。而最根本處則在儒家以教化爲本，必承認人之高級的文化道德生活，而尊重人格之價值。儒家除講政治經濟外，必講禮樂詩書之宗教、藝術、學術、道德之內心生活。而法家則以詩書禮樂爲六蝨（商鞅），文學之士等爲五蠹（韓非）。

道家之理想社會，要如魚相忘乎江湖，人相忘乎道術，不見有政治力量之存在。然儒家之理想政治，亦是要以禮樂化天下，使人若不見政治力量之存在，覺「帝力于我何有哉」。堯舜之政，「蕩蕩乎民無能名焉」。「堯舜之事，何異浮雲過太虛」。道家如此觀，儒家亦可如此觀。儒有重政治而又超政治之精神，故儒家能欣賞讚美隱逸之士，與道家人物，或純粹之學者詩人。法家則對凡不受我之政治權力所管轄者，皆不許其存在。故韓非稱讚太公之殺「天子不得臣，諸侯不得友」的狂矞華士。此與後來尙儒術之漢光武之獎隱逸，讓嚴子陵與共臥，踢他一脚，便全不同。所以依法家之道，非至焚書坑儒不止。如今之希特勒不至逐愛因斯坦，斯大林不至屠殺布哈林之徒，燒毁反對者之書不止。依儒家義，如政治不是爲成就人文世界與人格世界，則根本失去政治之本義。故法家之政治，依儒家看，只是權術。而儒家所積極加以肯定之家庭、教化、政治，在法家皆等于莫有。所以後來儒家最看不起李斯韓非與秦始皇；在今日，與希特勒、斯太林則勢難並存。

四　結論

我以上簡單的將儒家與中西思想中他家思想作一比較，意在把儒家精神更凸顯出來。我一向不以中西思想爲相同，亦未嘗不重視古今之變。但是如上文所說，則在基本型態上，古今中西之思想型式，亦可分爲此幾種。今之單純的個人自由主義者，多即道家型，單純的社會主義者，多即墨家型。極權主義者即法家型。我們只要通觀今古，便知今可證古，古亦證今。若不能今古相證，說凡舊的過去的皆死，則你說此話完結，即成過去，豈非同于已死？儒家明明白白反對法家之極權主義，如何會成極權主義？儒家明明以社會教化爲本，以人民爲本，如何會成爲反民主？儒家明明尊重個人之人格，重視自得之自由，如何會成反自由？說儒家于民主自由之義，多所未備，誠然誠然。但人之有此誤會，亦可由儒家精神在原則上，實較今狹義之個人自由主義、狹義之社會主義、或過度着重政治政府之思想更爲廣遠，故人不易加以認識。儒家立言，常要照顧各方面，而恥爲一往之談，貴通天下之志。儒家在過去，反對道家墨家法家，都只反對其執一以廢百處。反對道家，主要是反對其不負社會政治之責。反對墨家，主要是反對其忽視家庭與高級文化生活而太重功利。反對法家，主要是反對其太重政治，以至只重政府，而主極權一人。而在根本上，儒家理想雖是教化領導政治。實際上則力求教化系統與政治系統之二元化。儒者之精神，是對社會說，則要其承認君與師之地位。要說過去儒家尊君亦可以。他是尊君位，而非尊君之個人。儒家之尊君位，是表示儒家之重國家組織之統一，猶如我們今日依儒家精神，講自由民主，仍須尊重國家與世界之法紀組織與元首。然儒家在過去雖尊君，同時儒者對君說話，則又要居賓師之地位。所以社會上之人，總是一方可誹謗儒家，說他是站在統治者一面。而實際上統治者，又常不免厭儒家之以師道自許，持道統與政統抗衡。在此，儒家之精神，則或墮落而屈從於現實之政統，或則為政治上之有權力者所迫害。如漢末、唐末、宋明末之黨禍，皆有儒者被迫害犧牲。在此被迫害中，表現儒者之以道自任之精神。儒家之精神，由其本性所規定，他不能不望以教攝政——卽今所謂以學術文化理想領導政治，而且重國家或天下之大一統，於是不免與政治為緣。而政治上之現實勢力，又常欲控制教化，迫使儒者精神墮落，而為其所御用。這是因儒家要各面照顧，常不能不承担之悲劇的命運。然而儒家不能不在此夾縫中奮鬥。因儒家精神，原是超政治而又重政治的。我們須知，就就現實政治之本性而論，一切現實政治皆有趨於極權之趨向。現實政治總要想支配一切，利用一切。一般政治家之本性，必難免涵有權力欲。所以我們除非把政治只視作人文世界之一部，用其他文化力量如教育、學術、宗教、經濟之力量限制政治，規範政治，以提高政治，不僅國家建立不起，政治民主亦缺堅實基礎。所以在中國來說，只有充實儒家重視全面之人文世界之發展，重政治而又超政治之精神，可以爲建立國家與民主政治之基礎。在西方，則須好幾種哲學文化精神湊起來（如西方傳統中之理想主義人文主義經驗主義及今之羅素杜威之思想），才可爲政治民主之基礎。今人恆以爲只要西方之個人自由主義，即可建立政治民主，以反極權。又以爲講個人自由主義，則須反權威，亦當反一切道統，反儒家。此正如只以道家之精神反對法家。道家固是反法家者。然而道家把人文歷史之傳統破壞，亦即使法家所依附之政治勢力，更一往放肆，而再無阻攔之者。亦如新文化運動時，破壞中國文化傳統者，同時亦無意間成爲共黨之開路者。今人以爲一說傳統，便是爲死人張目。殊不知，此正是扶持當今極權者之論。秦代法家，要趕上時代，口口聲聲說：「前世不同教，何古之法？帝王不相復，何禮之循？」要「備當今所急」。他反對儒家道堯舜，反對墨家學夏禹，反對道家稱上古，於是結果便是「以古非今者族」，成焚書坑儒之禍。儒家承認傳統，一方是要承認從前之好處，一方正是要聚古今之人於一堂，共商當今之事。我們在現在可爲未來中國提出理想，望我們之意見後人能考慮，便知古人亦望我們考慮其意見。在精神上，我們何不可聚古今人于一堂？要說民主生活方式，此是豈非最大的民主生活方式。而法家極權主義者之開始的第一句話，即是首先把古人踢出，不許以古非今。最後則視反對者皆頑固分子而該死了。人又或以爲只以今之社會主義，便可代替極權主義，此正如以墨家反法家。然而墨家與今之社會主義，同不免要將政治社會全打成一片。依儒家精神，則在實際上，要於政府之外，建樹一獨立之文化教育之力量，而限制政治，規範政治，提高政治。這個力量，在過去以社會之農村經濟力量支持，在今日，亦須一社會經濟力量支持。若然，即必不能無條件的主張統制經濟，或徹底的社會主義經濟制度。這些話說得稍遠。我的意思只重在說，單純之個人自由主義與單純社會主義，均不能代替今日共黨之極權，亦如道家與墨家之不能代替法家。儒家精神之偉大，則在其開始點即從人生人文之全體着眼，而予政治之地位以一限制。先把政治之地位，予以一限制，進一步便當是對於政權之運用予以一限制，而當有民主政治制度。所以依儒家精神，政治與民主政治，與任何政治上之主義，都是次級概念。而人文世界、人格世界、人間世界、人性，才是高級概念。此不是爲爭幾個名詞，而是在思想上作正本清源的工夫。儒家精神過去在這種地方，本是十分淸楚。但過去之儒家在其與政治爲緣之際，中間的糾纏，仍以造成前所論之悲劇者爲多。儒者得君行道之時，到底甚少。所以今後儒家精神之保持，必須重在建樹一人文社會，使儒家所重之學術教育，全在社會生根，使社會文化力量，眞能實際的限制、規範、領導及提高政治，而社會文化之力量表現于政治之方式，則應當是一民主政治制度。（此意在本書第四部中西社會文化與民主政治有較詳之發揮。）

爲徐先生之文寫書後，本來只想說幾句，不覺說了許多。然歸根到柢，亦不外約畧由古今思想之互證，以指出一了解儒家思想之一路道。說明儒家思想之反對道、墨、法，只爲儒家要兼肯定家庭，政治、教化。而儒家思想之爲自五四以來之個人自由主義者、社會主義者、極權主義者所不了解，亦如其過去之爲法家與秦始皇所要坑殺，爲道家所攻擊爲佞者，爲墨家所攻擊爲聚徒蠱世，法家所攻擊爲無用之廢物。儒家思想，在西方與今日之中國，以人文主義或理想主義之名義來講，亦如個人自由主義之思想之爲西洋式的道家，只重社會集體之思想之爲西洋式的墨家，極權主義之爲西洋式的法家與秦始皇。我的比擬當然是極粗畧的。這中間古今中西之差別，當然極大。但是中國今後之儒家思想，或人文主義理想主義之精神，終必自三面夾攻中，樹立出來。如儒家之從墨道法之批評攻擊下，經孟荀歷秦漢之際，而樹立起來，成爲四百年之漢朝，得以存在之精神力量。然而儒家精神，在其廣大一方面說，又是無敵意的。因爲我們已說過儒家之所以要反對道家，只爲其重個人而忽社會與政治。儒家之所以要反對墨家，只因其重社會而忽個人。儒家之所以反對法家，只因其重政府而忽社會與個人。儒家之精神，從其平易切實方面說，即在保持個人、社會、政府三者之平衡，使喜發展個性之詩人、思想家、宗教家，重視社會事業之實業家，與農工商，及從事政治之政治家，各有其地位。因而儒家之精神，亦是人人所可具備的。道家墨家法家所積極重視的方面，儒家同樣重視。然而他們所抹殺的方面，儒家則必加以提醒，使之亦得伸張。儒家反對法家，則無形爲道家墨家留地位。儒家比較不爲法家留地位。因法家根本精神是芻狗人類。但亦非對之全無所取。如秦之政制之價值，後儒亦承認。法家之循名覈實，儒家爲政，亦須加以採取。中國後來所謂儒道並用，儒墨並用，儒法並用，皆表示儒家精神之廣大。儒家精神，在根本上，只是在求不抹殺任何方面的人生價值文化價值，而要保護一切有價值者。但是他必須反對抹殺任何方面的價值者。所以我們現在要發揚儒家精神，或講理想主義人文主義，對於近道家之個人自由主義，近墨家之社會主義之長，我們亦無意否認。以至對比法家更要極權之共黨所作之事，所立之法，只要有一善可取，我認爲亦可仿漢之有取於秦，以肯定其價值。但是人要以偏概全，依儒家精神，則必須依全力加以反對。在此上看，我們亦可說儒家精神，亦即人文世界中之俠義精神。這個精神如果沒有了，必然是人文世界之分崩離析，個人與社會之脫節，而最後招致極權主義，來以暴力統一世界。我希望大家不要輕易反對儒家精神。先秦之道家墨家如果不罵儒家，而合力以抗暴秦，亦許不致有焚書坑儒之禍。新文化運動時，如果大家在介紹新思想以外，多承認一點中國文化之價值，亦許不致讓共黨之導四萬萬人一面倒于「斯太林爺爺」（郭沫若語）之下。後之視今，亦猶今之視昔。國家人類之危難至此，更有何意氣之可言。如果我之此文，及徐先生之文，還有夾雜意氣處，我亦希望以後能莫有。和氣致祥，乖氣致戾。我們反對共黨之暴戾，亦如毒蛇之在手，壯士只能斷腕。這一切都是我們切身的悲痛。悲痛之餘，更如何容得下意氣。此意願與讀者交勉之。

（四十一年五月・「民主評論」第三卷第十期）

附註：本年度自由中國十卷七期，有見胡適之先生對古代政治思想史之看法一文，其以中西思想比論，與本文同處甚多。然彼以儒道合看，則與本文宗旨迥異，讀者宜察之。　四十三年四月誌

孔子與人格世界

一　前言

去年孔子二千五百年聖誕，當時我曾寫二文紀念孔子。自己看了非常不滿意，轉瞬爲孔子二千五百〇一年聖誕。朋友們又要我寫一文。我總不敢下筆。我反省我何以覺如此其難。何以對許多人講孔子之文，我看了亦少能滿意。我于是了解：我之所以覺得難，是由于想特提出幾點孔子學術思想，或孔子對中國社會歷史文化之貢献來講。我對他人所講孔子之不滿意，亦由于一般人亦常是要以其幾點對孔子的意見，以包括整個孔子。這不僅由于孔子思想與對中國社會文化歷史之貢獻之偉大，使我們難以抽象的幾點意見包括之，而且我們先自孔子之對社會歷史文化貢獻與學術思想去了解孔子，亦本非最妥當的辦法。

這一種專自孔子對中國社會歷史文化之貢獻與其學術思想，去了解孔子之態度，尤爲數十年之一風氣。清末康南海廖季平與以後之陳煥章諸先生，以孔子爲一預言家，世界大同之設計者，一宗教之教主。此說乃遠原於緯書及今文學家之孔子觀。章太炎先生則反對之，而只以孔子爲整理古代典籍之學者，而比之於劉歆。孔子之功績，依章太炎所言，則在佈文籍於社會，與平社會之階級等。依康廖氏之言，孔子之大貢献，在預言未來文化。依章氏之言，孔子之貢献，只在傳播古代文化。他們當然亦討論孔子之思想。在康氏廖氏論孔子之思想，是增益其意義，而加以誇大。章氏之論孔子與儒家思想，則是持之與佛老及西方思想相比較，而加以評論，而恒歸到減損貶抑孔子思想之地位之目的。

民國以來，西方思想逐漸輸入，更使許多人專從孔子之學術思想，孔子對過去中國社會歷史文化之影响效用，以論孔子。從學術思想以論孔子者，常提出關於孔子思想之數觀念。此數觀念，或由歸納孔子之遺教之許多話而得，或姑且假立之，憑之以演繹出孔子之全部思想。如近來治中國思想史者，自五四以來，即多是如此。而從對過去之中國社會之影响效用以論孔子者，則莫盛于民國十六七年之人，以近代社會史之眼光，分析孔子與中國社會之構造與關係者。由是而有着重分析孔子之社會地位，階級背景者。但是我現在才眞正知道，這二種流行之論孔子之方式，尙非正面之接觸孔子。孔子個人之社會地位，如何出身，階級如何，固與孔子之眞價值所在不相干。孔子對中國社會歷史文化之貢獻，亦只是孔子之影响上的價值。而孔子之思想，如當作一西方哲學思想來看，並用由歸納而得，或據以演繹之幾個觀念，來了解孔子，都只是一種架空凌虛，而不必相應之了解方式。我們眞要了解孔子之眞價值，當直接由對其人格之崇敬入手。唯透過對其人格之崇敬，乃能眞與作爲其人格流露之思想，與作爲其精神之表現之對中國社會歷史文化之貢獻，逐漸有相應的了解。

直接自對其人格之崇敬，以了解其思想事業，乃了解古今第一流之大人物，一必由之路。了解耶穌，了解釋迦，了解謨罕默德，了解甘地，需要如此。了解孔子，亦需要如此。流俗的論調說，我們一定要先分析出其思想，了解其社會地位，其對人類之貢献，乃能對其人格生出崇拜敬服之心，只是道理的一半。另一半是，你如根本不承認有比我們自己更偉大之人格，而有一向上心，願意去崇敬一更偉大之人格，並求有如此之人格而崇敬之；則我們無論在現實社會與歷史世界中，均永遠不會發現此人格的。人眞有如此之心，則對人們數千年所共同崇敬之人格，我們縱全不了解其一切，我們亦一聞其名，念其爲過去如許多之人所敬服；我們卽油然不能自已，先生一嚮往畏敬之情。此情卽我們最後眞能了解之之基礎。我們如根本上毫無此心，則你對其思想之分析，對其社會地位之了解，對其所貢献於人類者之了解；便亦不能向上提攝起來，凝聚起來，以統會的形成一精神人格之氣象，而體現之于你的心；則最後亦只落得無數抽象的觀念，你如何能崇敬其人格？你不能眞崇拜敬服其人格，你如何能眞正的親切了解其思想與事業之價值？

二　古人了解孔子之道

這一種直接依于對其人格先存畏敬之心，以了解孔子，乃中國以前人了解孔子之一普遍方式。而是這數十年才喪失了的。這一種喪失，表示中國文化精神之一最大的墮落。此墮落，卽由於一般人之精神恒只向外看向下看，不能向內看，向上看。人之精神，向外看則分散，向下看則自滿；向內看乃凝聚集中，向上看乃常覺自己之不足而生畏敬。宋明理學家，常要人看聖賢氣象。此全要依一凝聚集中而常覺不足之畏敬之心。人有一凝聚集中而常覺不足之畏敬之心，人卽超越自己之小我，而體現一無限的莊嚴肅穆之情，便能與無限偉大的人格之無限性相應，而體驗之。人在體驗一無限者時，人的思想與語言；常要歸于停息。因爲人的思想與語言，總是對對象，加以特殊的規定。而對象之無限性，使我們覺一切特殊的規定，都不能窮竭之時；我們卽要停息一般的思想與語言，譬如我們在自然界中，當我們接觸一無盡之廣漠平野，茫茫大海，或覺山水之無窮的美妙變幻時，我們卽停止我們一般的思想與語言，而感一無言之美。我們在一有無限性之偉大人格之前，我們亦將同樣停息我們之一般的思想語言。然而此時與在自然界中之感觸又不同。在自然界之無限之體驗中，我們之心情，是一往平鋪的。因爲自然之本性，是平鋪地開展的。而在一有無限性之精神人格之前，我們之無限之體驗，是一往向上的。因爲精神之本性，是向上地超升的。表現無限性之精神人格，使我們停息用一般之思想語言加以規定，而又使我們感到一引我們向上超升之力量；于是我們又可反省我們自身之體驗，而另有一種叙述我自身之體驗之語言與思想。然而此思想與語言，却非用以規定爲客觀對象之人格，而只是表露我對此人格主觀的體驗，對此人格賜我之以向上超升力量之感激與讚嘆。所以以前人講孔子，都只是叙述他對于孔子精神人格之感受，而不如近人之以幾個觀念對孔子加以規定。此種叙述，對孔子精神人格之感受而加以讚嘆，最好者莫如親炙孔子之教的人之所說。孔子之弟子，才氣橫溢者，莫如子貢。據說他曾有「存魯，亂齊，破吳，強晉而霸越」之功。此固不必然，但他自有此才。所以當時人親對子貢說，他賢于仲尼。然而子貢之答覆是：「譬之宮牆，賜之牆也及肩，窺見室家之好。夫子之牆數仭，不得其門而入，不見宗廟之美，百官之富，得其門者或寡矣。夫子之云，不亦宜乎？」又說「夫子之不可及，猶天之不可階而升也。」這全只是一片對孔子之精神人格之無限性之讚嘆。顏淵對孔子則更說得好。他曾喟然嘆曰：「仰之彌高，鑽之彌堅。瞻之在前，忽焉在後。夫子循循然善誘人。博我以文，約我以禮，欲罷不能。既竭吾才，如有所立，卓爾。雖欲從之，末由也已。」這亦是一種自叙其感孔子精神人格之無限性後，所生之讚嘆。顏淵最了解孔子，孔子亦最稱讚他，然而顏淵不曾留下幾句話，亦不曾發揮孔子之思想。這可說是因他直接融化生息于孔子之精神人格之無限性之中，而一切語言與思想都停息了。孟子又記載，孔子死了，弟子心喪三年期滿，「門人治任將歸，入揖於子貢，相嚮而哭，皆失聲，然後歸。」子貢再回去，「築室于牆，獨居三年，然後歸。」後來弟子們一直想念孔子。孔子死後，弟子們崇拜敬服之心，失所寄托，于是要求一願以事孔子之心來事之人。子夏子游子張，都覺「有若似聖人，欲以所事孔子事之」。這本已是子夏諸人一種最高之向上心情之表現。但後來曾子不同意。曾子說：「江漢以濯之，秋陽以暴之，皜皜乎不可尚已。」孟子又載有若說：「麒麟之于走獸，鳳凰之于飛鳥，泰山之于丘垤，河海之于行潦，類也。聖人之于民

：亦類也。出乎其類，拔乎其萃，自生民以來，未有盛于孔子者也。」孔子之人格，感人如是之深，故弟子們只有崇敬與讚嘆，而別無可說。這豈是孔子弟子們之智慧不及我們之證？這只是孔子之人格之無限性爲弟子們所直接體驗，而融化生息其中，一般向外把握規定之思想言語方式，均只得停用之證。後來還是孟子說出：「觀于海者難爲水，游于聖人之門者難爲言。」才一言道破此中之秘密。

三　本文了解孔子之道

這一種依于一純粹之崇敬之心，通過此類古人對孔子之讚嘆，以了解孔子之態度，在中國過去讀書人常是有的。我在二三十年前，讀到上段所引文句，亦常覺有一深心之感動，對孔子若有一直接之了解。然而在現在一般社會中人，則很難由此類之話以了解孔子，總覺此類之話太空洞，太把握不住。我現在寫了上一段，亦覺不如昔日之感動了。這原因在於，這一種無限性之精神，是現代人日益與之疏遠的。這一種無限性之精神，是絕對的，無外的，化育涵攝一切，而不露精彩的。現代人一切生活事業，皆在緊張中，奮鬥中，對抗中。處處要求顯力量，露精彩。一切都要在鮮明的對照中，才看得見。然而孔子之精神，在根柢上正是超一切對待的。孔子亦很嚴正，很剛健，然而此嚴正與剛健，即在一太和元氣中。此時代人，在情調上，實難湊泊得上。所以孔子之無限的精神，在今日實亦難提出。上文所引之話，今人總以爲是過去之孔門弟子與後儒，過分崇拜其先師，而說出之話。我們亦難爲之辯護，而使人心服。所以我們現在要講孔子之人格與思想，仍只好將孔子與其他人類崇敬之人格與思想，相對照比較的講。由對照，以將孔子之人格與思想，似平凡之偉大凸顯出來。我們將說明，人們崇拜之一切顯露精彩之人格，皆如在大地之上矗立之高山峻嶺，故人皆可見得。但是程明道先生已一語道破：「泰山爲高矣，然泰山頂上，已不屬泰山。」王陽明先生亦說：「泰山不如平地大。平地有何可見？」孔子之大，大在他是如平地，如天地。泰山有對照，顯得出其大。平地或天地，絕對無外，反至大而顯不出其大。然而我們却可自泰山之上不屬泰山一語，指明一般人所崇拜之泰山，並不眞高眞大，以顯出天地之大。由此而將不與泰山相對之天地，對照地顯示出來。同樣，我們可以從對於人們所崇拜之泰山式之人格思想，加以了解透過，而將孔子之人格思想，對照的顯示出來。這將是我們在今日昭示孔子之人格與思想於今日之世界之一條大路。依這條路去，泰山比天地爲低小之一點了解了，再落到平地，人便知天地之高大了。荀子說：「不登高山，不知天之高也。不臨深溪，不知地之厚也。」我們現在亦將說，不了解孔子以外之思想與人格而透過之，則其所見之孔子，亦不過平地。平地由你踐踏，亦如你之可覺孔子平凡，而輕藐之。但是在思想上翻過博大精深之佛學的宋明儒者，乃眞知孔子之不可及。而現代人眞能翻過西方之柏拉圖、亞里士多德、康德、黑格爾之龐大系統，亦將眞知孔子與宋明思想之偉大。而能了解世界其他偉大人格之形態者，亦將重認識孔子之不可及。如其不然，你一定只是站在泰山之旁，羡慕其高峻，而未嘗登泰山，便不能了解泰山之上不屬泰山，而屬孔子者，在何處也。

所以在下面，我擬簡單的從一般人所崇拜之人格，姑舉出六個型類，再與孔子比，看其是否不如孔子之「似平凡之偉大」。我們之目的，只在顯示如此去了解孔子之人格與思想之路向，而不在作最後的定論。討論亦不求太細密嚴格，讀者心領神會，存其大體可也。六種人格型如下：

一、純粹之學者、純粹之事業家型如康德、蘇格拉底等，此種人物堪崇敬者甚多。

二、天才型　此指文學藝術哲學上之天才，如貝多芬、莎士比亞、歌德、李白等。

三、英雄型　此可謂一種在政治上軍事上創業之天才，如劉邦、唐太宗、亞力山大、拿破崙等。

四、豪傑型　屈原、墨子、玄奘、魯仲連、荊軻、馬丁路德等。

五、超越的賢聖型　如穆罕默德、耶穌、釋迦、甘地、武訓等。

六、圓滿的賢聖型　如孔子及孔子教化下之聖賢等。

此六種人格型中，在後者之價值，不必皆較在前者爲高，但可以依次加以解釋，以逐漸湊泊到對孔子人格之了解。

四（甲）學者與事業家型

我所謂純粹之學者型、事業家型，乃指一種盡量用一種人爲的工夫，以窮究眞理，或成就一理想之事業者。這一種人之爲人所佩服，主要由於其一生，只念玆在玆於一種目的，而將全部之精力與智慧，用於此一目的之成就與達到。如康德之一生不離一城市，以一絕對規律的生活，從事學術之研究。斯賓諾薩以磨鏡爲生，不從政，不當教授。蘇格拉底終身與人在街頭講學，可以站在一處深思，一日一夜，不離一步，在死前尚與人從容論學。如牛頓垂老，尚自覺是「在一眞理大海邊拾蚌殼者」。一切眞有一段精神之東西學者，與一切在政治上、經濟上、其他社會文化事業上，專心致志於一目標，而死生以之者，無論其成就在外面看來，從客觀社會方面說，或大或小，人之知與不知。然而他只要眞是竭盡其努力，以貢獻於眞理之探究，或一合理的理想之實現，在人格價值上，都是同樣的高的。而我們一般的道德修養、道德教訓之所以自勉而勉人者，亦只到使人成大大小小之學者或盡忠一事業者爲止。人們能以此種人爲模範，社會國家便已可蒸蒸日上了。

至於後面幾種人格形態之依於天資，與至性至情者，則常非一般道德修養、道德教訓所能培養，要在有眞正之天才與覺悟。但人們只要眞能欣賞之，了解之，崇敬之，人們在精神生活中，便都可有所充實，而自然受益，而提高人格。若期必人人皆成天才，英雄、豪傑、聖賢，乃勢不可能。如作僞而勉強襲取，則此假天才、假英雄、假豪傑、假聖賢，又庸人之不如。

五(乙) 天才型

愛廸生說天才百分之九十九是汗。歌德說（或謂拿破崙說）天才是勤奮。其實流汗與勤奮，可使人爲學者與事業家，而不能使人爲天才。所以愛廸生畢竟不是天才。如說歌德是天才，則歌德並不了解他自己。天才當然亦常是勤奮的。但此勤奮，與一切人爲的自覺的努力不同。此勤奮，只是表示一內在的靈感會悟，不竭地流出。意大利之郎卜羅梭Lambroso之有名的天才論，根據西方文學上、藝術上、哲學上之天才之傳記分析，說天才恆與瘋狂爲鄰。此與亞理士多德所謂詩人、瘋人、情人爲一類之說，及柏拉圖所謂四種瘋狂中，包括天才性的對眞理與美之直接的沉醉之說，可相印證。瘋狂者恆不自覺。文學藝術上哲學上之天才，其靈感與會悟之來臨爲超自覺。二者有相同處。故西方天才多兼瘋狂。此非謂天才必瘋狂，只謂天才之靈感與會悟之來臨，爲超自覺。「文章本天成，妙手偶得之」（杜甫語），「咳唾落九天，隨風生珠玉」（李太白語），「如行雲流水，都無定質，行乎其所不得不行，止乎其所不得不止」」（蘇東坡語），這是天才詩人的心境。貝多芬在月光之下，靈感一至，馬上狂奔囘來寫。耳聾以後，再聽見音樂而作曲。這是天才音樂家的故事。文學藝術上靈感之來，都是超乎自覺的安排。立意要到一環境，如山間海邊，戀愛飲酒，去期待靈感之來臨，亦無一定之把握。他人代為安排，容或有效。自己安排多，靈感卽少。所以在文藝中，詩與音樂，較易見天才，建築雕刻中則難見。如米西爾朗格羅、羅丹，在雕刻中見天才，便須帶浪漫主義作風。浪漫主義是儘量減少安排計劃成份的。中國哲學，常是卽哲學，卽文學，卽人生。不重系統。故易見天才。西洋哲學、科學中，安排計劃之成份更多，故特較文藝難見天才。西洋哲學家中顯見天才性者，如尼采及柏拉圖語錄之一部，亦皆帶文學性。然以西方純哲學為標準，皆不必能在哲學中居第一流之地位。在科學家，則其天才性益不易見。誠然一切哲學家科學家之會悟眞理，多常有突然而來，言下大悟處。但此常只限於幾個綜合性原則性觀念。然只此數觀念，不成系統的哲學科學思想。必須再加以自覺的引伸演繹，才成科學思想哲學思想之系統。此便是人為之安排計劃。此人為之安排計劃，卽將科學家哲學者之天才性的會悟掩蓋。總之，超自覺的靈感與會悟，與自覺的安排計劃常相反。靈感與會悟，都是可遇而不可求。求則失之。蘇東坡所謂「作詩渾似追亡逋，淸景一失後難摹」。追是不能及。一失則如禪宗所謂「兩個泥牛鬥入海，直到而今無消息」。是否另有使靈感會悟之來，源源不息之精神修養方法？這我相信可以有。但應用起來，亦無把握。而天才性的詩人、文學家、藝術家，與對若干觀念有天才性的發見之哲學家、科學家之出現於世，亦常一現而永不再現，可遇而不可求。所以李白之後更無李白，莎士比亞、歌德以後，亦無莎士比亞與歌德。天才恆表現獨一無二的個性，因而是不可學的。唐書家李邕所謂「似我者死」。學李白者定非李白，學莎士比亞者，定非莎士比亞。天才的創作，當其初出現時，是天才的創作。以後人學之，便只是表示庸才之努力。此努力亦極可貴，從道德上說，比天才之多得自然之恩賜者更可貴。但是努力者，仍須推尊天才。此見人才之必須佩服天才。

六（丙）英雄型

我們所謂英雄，乃指一種在人間社會中活動的天才。此常是表見爲一種政治上軍事上創業之人物。但政治上軍事上創業之人物，不必都是天才。是天才，其格亦有高下，如文學藝術上之天才，與各種人之格之有高下。牟宗三先生在天才的宇宙與理性的宇宙中（見民主評論第四卷第二期「天才時代之來臨」一文），似即專指此種人物爲天才。其所舉之例，是劉邦與李世民。其對劉邦持另一異於通俗之看法，而專從其靈活超脫，而不滯於物處，豁達大度之風姿上說，其氣象之足以蓋世，光彩之足以照人處說。其言之尤精者，則在論「最高之天才，乃不成套，無一定之系統者。」蓋人爲的工夫，乃追求系統，求成套；求系統，求成套，即安排計劃。天才的英雄，乃是以其生命自身之風姿與光彩，以懾服人。所以虬髯客傳云，自負不可一世之虬髯客，見未爲帝王時之李世民，「不衫不履，裼裘而來，神氣揚揚，貌與常異，便見之心死。」又云「精采驚人，長揖而坐，神氣淸朗，滿座風生。顧盼，煒如也。道士一見慘然。」又說「天才與天才較，不及便是不及。」此皆鞭辟入裏之話。英雄人物之天才性，乃人所忽畧者。通常說英雄只是野心，此尤未能眞自英雄之光采與風姿上看。人之光采與風姿，有自文化上道德上之修養來。但在政治上軍事上創業之英雄，常是少年即縱橫馳騁，披靡當世。如劉邦、李世民均少年即經營帝業。項羽爲人，牟先生謂其吝而黏滯。但自其兵敗烏江，念與子弟八千人渡江而西，無面見江東父老，自刎而以頭贈故人言，則其黏滯，自與仁厚爲鄰。其以前一段之喑嗚叱咤，亦自有氣足蓋世處，而項羽爲霸王才二十七歲。亞力山大之以三十二歲，而征服波斯；拿破崙二十六歲，即開始其橫掃歐洲之事業，都見他們氣概，不由修養來。亞力山大至印度，一望渺茫，無可征服，而愴然涕下，亦顯出一超越之風姿。拿破崙第一次流放逃回，聯軍將士在一酒綠燈紅之夜，聞道「他是在法蘭西了，」即相顧失色，如痴如醉。其聲名之魔力如是，即見其自有震眩一世之軍事天才。故歌德一見面則說：「這是一個人，」黑格爾見之而視如世界精神之在馬上。皆證其自有一懾人之光采與風姿。此種有天才性之英雄人物，其格之高下，依其氣概盛之外，運於其光采與風姿中之機，是否常靈。機不靈，則氣中有硬質。純氣盤旋，則機必靈。機靈乃豁達大度，眞豁達大度，則能以肝胆照人，使風雲際會。機靈則能舉重若輕，當撒手時，便當撒手。如陳摶原有志王業，聞宋太祖黃袍加身，即撒手入華山爲道士。牟先生此文言，高祖晚年欲易太子，而知羽翼已成，便放手，亦是此意。此是英雄之第一格，亞力山大到印度不免涙下，拿破崙再困島上，不能對海忘機，解纜放船，便遜一格。學者文人中，如杜甫所謂「語不驚人死不休」，便見其在人力上多用功夫。施耐菴著水滸序下一轉語，說「語不驚人也便休」。便比一般天才文學家之隨靈機鼓動，不能自止，能提起不能放下，尙高一格。中國文學家藝術家或純以天機天趣勝，而一無滯礙，如陶淵明、王維、倪雲林之詩畫，皆在天才文藝家中爲第一格。莊子之言，皆「無端崖之辭」，「其理不竭，其來不蛻，芒乎，昧乎，未之盡者。」此在天才哲學家中爲第一格。皆因其處處能提放自如也。不過天才英雄之各種格，亦不須多說。

大率文藝思想中之天才，均表現於對內心之意境——理境——之直覺的想像與慧照——即中國所謂神思——以顯生命之光采與風姿。軍事政治之天才，則透過外表之身體之動作、意志之感召力與鼓舞力，以使「鳳不及棲，龍不暇伏，谷無幽蘭，嶺無停菊」，風行草偃，當者披靡：以顯其生命之光采與風姿。叔本華論天才之特徵，在無意志力，乃指前一種天才。後一種天才，則正以意志勝。但此意志，必化爲有感召鼓舞力之意氣，乃見光采風姿。神思勝者，意志恆弱；意氣橫溢者，神思若不足。故歌德、黑格爾、卡來耳，不免對拿破崙而低首，貝多芬早年，亦曾爲拿氏作英雄交響樂；拿破崙亦不能不傾心哥德少年維特之煩惱，亞里士多德可以爲亞力山大之師；而以思慧勝之張良，不能不佩服意氣豁如之沛公。故二種天才，似難分高下，然神思乃個人之事，意氣感人，則見生命力之充沛。故英雄性之天才，更易爲世人所歌頌。唯二者，皆天地靈氣自然之流露，恒可遇而不可求。人生如幻，天才飄忽而來，飄忽而去，人乃嘆息其神思之「留落人間者，泰山一毫芒；」而不勝「將軍一去，大樹飄零；壯士不還，寒風蕭瑟」之感；不知其在世間之著作事業，皆「泥上偶然留指爪，鴻飛那復計東西」者也。

七（丁）豪傑型

我所謂豪傑型，乃以孟子所謂「奮乎百世之上，百世之下，聞者莫不興起也」（孟子原文指一種聖人），「待文王而後興者，凡民也，若乎豪傑之士，雖無文王猶興」之言爲標準。所謂天才與英雄，乃以神思、氣概勝，卽以才情勝。然豪傑則必須自有一番眞性情。才情自英雄之事業或文藝創作見者，皆必溢出而求著於外。性情則眞動乎內。天才人物，均必求有所表現，求有所成。歌德說，「不是我作詩，是詩作我。」「詩作我」，便不能不作。軍事政治上之英雄，都有命運感。直覺一不可知之命運，驅迫其前進。氣機鼓盪，不失敗不能罷手。天才英雄，而能提得起放得下，便是大機大用，近乎豪傑之士。但天才英雄中，到此者甚少。停不下，便不是自作主宰。豪傑之士，其豪傑性之行爲與精神，則自始卽能自作主宰。眞能自作主宰，亦可兼爲英雄。然爲英雄者，不必能爲豪傑。又豪傑性之行爲與精神，通常不先見於其積極的外求有所表現有所成之動機，而見於其能推倒開拓，不顧世俗毀譽得失，而獨行其是上。故其行徑，常見其出於不安不忍之心。在晦盲否塞之時代，天地閉而賢人隱，獨突破屯艱而興起，是豪傑之精神。積暴淫威之下，刀鋸鼎鑊之前，不屈不撓，是豪傑之精神。學絕道喪，大地陸沉，抱守先待後之志，懸孤心於天壤，是豪傑之精神。學術文化之風氣已弊，而積重難返，乃獨排當時之所宗尚，以滌盪一世之心胸，是豪傑之精神。其他一切人——無論名見經傳與否，凡有眞知灼見，眞擔負，而不計得失、毀譽、成敗、利鈍，獨有所不爲，或獨有所爲者，皆表現一豪傑之精神。豪傑者，個人之自作主宰之精神，突破社會與外在之阻碍、壓力、閉塞，與機械化，以使社會之客觀精神，重露生機；如春雷一動，使天地變化草木蕃者也。天才與英雄，不能不表現自我，故不能免於求人之知之，求人之附和，遂不免功名心。而豪傑之士，則常忘世俗之毀譽得失，初無功名心，而只是一獨行其是。此孔孟所謂狂狷。「人知之，亦囂囂，人不知，亦囂囂。」「踽踽涼涼」而未嘗寂寞也。「不忘在溝壑，不忘喪其元，」而無所懼也。「自反而不縮，雖千萬人吾往矣。」其氣概又高於天才與英雄矣。故「舉世混濁而我獨淸，衆人皆醉而我獨醒」自投於江之屈原之精神，是豪傑精神。當曹操挾天子令諸侯之際，「受任於敗兵之際，奉命於危難之間」，「成敗利鈍，非所逆覩」之諸葛亮，是豪傑之精神。莊子所謂「眞天下之好也，將求之不得也，雖枯槁不舍也」的墨子，是豪傑精神。秦昭王至始皇，開始其「席捲天下，包舉宇內，囊括四海，併吞八荒」之事業，他們豈非一世之英雄？然魯仲連談笑却秦軍，義不帝秦，寧蹈東海而死。荆軻提一匕首入不測之強秦，「風蕭蕭兮易水寒，壯士一去兮不復還」。「淩厲越萬里，逶迤過千城，」入兵甲森嚴之秦庭，圖窮匕首見，「左手把秦王之袖，右手揕其胸」；張良得力士，椎秦王于博浪沙，此皆是大豪傑。豪傑心目中無英雄，即見英雄之不及豪傑處。由是而不滿當時所傳佛學，乃求法萬里，西度流沙之玄奘，是豪傑。「我若見性時，輪刀上陣亦得見之，」講卽心卽佛之慧能，是豪傑。文起八代之衰，排佛老而「被萬戮豈有悔」之韓愈，是豪傑。至於異端橫行，而獨闢楊墨、放淫辭之孟子，被禁爲僞學之朱子，被謫龍場，而在石棺中悟得良知，而排當世之「此亦一述朱，彼亦一述朱」之學風之王陽明，與竄身猺洞，以賑薄著書，蓄髮夜行之王船山，則皆學聖賢而豪傑之行。而西方之人物，如馬丁路德批評舊教，查理五世在沃蒙斯（Worms）城主持議會，召路德責問。友人勸他不去，而路德之答復是「沃蒙斯城之魔鬼，多如屋上之瓦，吾必前往。」此亦是豪傑之行也。

豪傑之士，「其人雖已沒，千載有餘情」。故奮乎百世之上，百世之下，聞者莫不興起。「千載而一遇，猶旦暮遇之也」。今人喜言個人主義之精神，而不知推尊天才英雄豪傑之士，而只以一般個人之政治上之權利爲言，實不足。唯個人無待于外之創造性的自由精神，乃眞有無待于外之價值。而豪傑之士有眞知灼見，眞擔當時，以一人之百折不回之心，使千萬人爲之辟易，乃眞表現創造性的自由精神，爲天地正氣之所寄。斯眞堪尊尚已。

八（戊）超越的聖賢型——謨罕默德、釋迦、甘地、耶穌、武訓

然而豪傑與聖賢較，豪傑又低一格。朱子說「豪傑不聖賢者有之已，未有聖賢而不豪傑者也。」豪傑皆狂狷。狂狷與「生斯世也，爲斯世也，善斯可矣，閹然媚於世」之鄉愿相反。凡以順應世俗爲

第一義者，皆孔子之所謂鄉愿。狂狷必行心之所眞是，決不陪奉，此便是豪傑精神。然聖賢則有豪傑之精神而又超過之。其超過之點，在豪傑精神恒由外在之激蕩而成。其受外在之激蕩，而與世相抗以興起，固出自內在之眞性情上之嚮往與擔當。然其精神，與世相抗，而超邁於其上以冒起；即使其恒不能無我，而細微之矜持之氣，在所不免。聖賢則平下一切矜持之氣而忘我，使眞性情平鋪呈露，由此而顯一往平等之理性。只要有同一之眞覺悟，聖賢亦爲人人所能學，不似天才英雄之爲少數人所專利，英雄豪傑之待時勢以逼成。此卽聖賢之道之至廣大，此義須先識取。

聖賢中之兩格，首爲超越的聖賢。此所謂超越的聖賢，卽宗教性之人格。謂爲超越者，指重「天」言。而圓滿的聖賢，則天人之眞合一。宗教性的人格，大皆崇拜上帝，如謨罕默德、耶穌、甘地；或則只肯定一絕對超越人間之境界，如釋迦；或則只有一絕對犧牲自我忘掉自我之宗教精神，如武訓。凡聖賢之人格，皆不如學者事業家之恃才具，仗聰明，不如文藝上天才之玩光景，不如英雄性天才之弄精魄，不似豪傑精神之待相抗而後顯。他只是純粹之本色，純粹之至性至情之流露。人之眞至性至情之流露，必多少依于忘我。最高之忘我，絕對忘我之精神，卽體現一絕對無限之精神。體現之，而直接承担之爲一超越境，卽見上帝，見天道，見一絕對超越現實之人世間之境界。這個絕對無限精神之直接體現，在宗教性之人格，或是在窮困拂鬱之極，而中夜獨坐，呼天自明。或是在深山曠野之中，萬緣放下，忽聞天音。或是在觀空觀化之後，萬千煩惱，突然頓斷。或是在艱難奮鬥之中，忽然決心捨身殉道，犧牲自己之一切。終歸于一突然之一頓悟，或驀見一絕對無限之精神，或顯一絕對忘我之志願，而其格亦不盡相類。謨罕默德之人格，是在宗教性人格中近豪傑者。其與豪傑之不同，在其自覺見了上帝，接觸一宇宙性之絕對精神。據說謨罕默德傳道，一手持劍，一手持可蘭經。持劍乃爲傳上帝之道。黑格爾在其歷史哲學中說，回教精神之偉大處，卽在人只要信了其道，則絕對平等，更不管其他世俗上一切階級民族之差別，而與猶太教婆羅門教都不同。此處便見回教眞正尊理性而生之寬大。「上帝是一絕對的普遍性簡單性之一，而無任何形相」。其宗教狂熱乃生於對此「抽象之一，無所不包之一」之一種「不遭一切約束，不受任何限制，絕對漠視周圍萬物之熱誠」。因此他要求一切人都信仰之。眞理卽生命，故抹殺眞理之生命，可死於劍下。這是一掃蕩世俗之抹殺眞理者之豪傑，而亦兼英雄之行徑。謨罕默德曾召集徒衆，說他能命令山來。但命令並未生效。他馬上說：「山不來，我們去。」這便是放得下，撒得開，較一般英雄高一等處。唯謨罕默德，雖曾忘我而見上帝，而在其豪傑英雄之行徑中，終有我在。釋迦自悲憫他人之生老病死苦而出發，而不當王太子，踰城以求道，證得一切法之如幻如化，畢竟是空，以超越一切世間之我執法執。佛家說無量劫已有無數佛，不只釋迦爲覺者。合眞理之一切法皆佛說，則不孤持佛經以迫人信從。便眞致廣大，而有進於謨氏。耶穌自願上十字架，而爲一切人類贖罪。他自覺的要以其死，作爲眞理之見證，以昭示上帝之道於人間。更在實際行動上，表現與謨氏之一往肯定自我之相反的精神。耶穌爲上帝之意旨而犧牲，卽爲體現了無限精神，全自其現實自我之有限性解脫，以上歸於上帝。其以生命之犧牲，作眞理之見證，則使上帝眞顯示於人間，上帝與世人相招呼。耶穌死，而現實世界裂開一缺口。耶穌之一生，成現實世界之人之精神與上帝之交流之一最具體之象徵。但耶穌講學精神，似無釋迦之博大。近代之甘地之宗教精神，則爲一方體現上帝之精神，一方從事最實際之政治經濟改造之事業，而使上帝之精神，在地上生根。甘地之絕對的謙退，以仁慈感化對方，與耶穌之讓人打耳光，在十字架上尙求上帝原恕他們，同一偉大。然而耶穌重在以其死表現此精神，而甘地則以其生前之事業，表現此精神。在「與對方必須在事實上對抗」之民族自救運動中，表現此精神，則其事亦有更難處。甘地亦終被刺而死，在死時，表現對敵人之原恕，又兼以其死表現此精神。至於武訓，則雖不必有上帝之信仰，然而他以一乞丐，而念自己之未能求學，卽終身行乞，以其所積蓄設學校，以使他人受教，則正表現一宗教性的至誠。此至誠純出自性情，而非原於學養。宗教性之人格，大皆不由學養知識來。所以謨罕默德原爲傭工，耶穌原爲木匠，釋迦原爲王子。只甘地曾當律師，但此職業，與其人格不相干。獨武訓原爲乞丐，而最無知識，乞丐乃一絕對之空無所有者。然而武訓，卽從其自身原是空無所有之自覺，而絕對忘我，再不求爲其自身而有所有。他卽直接體現了無限的精神。然而他自身雖已一切不要，但是他知道人們仍要知識，要受教育。於是他依其自身之絕對忘我，以使他人之得受教育，成就其自我而辦學校。他爲了辦學校，完成他人之教育，而向教師與學生拜跪，望他們專心教，專心學。他在此不向神拜跪，他爲完成學生自己而向先生向學生拜跪。這些學生先生們之人格，無一能趕上他。但是他向他們拜跪。他向人格比他卑的人下跪，爲的使比他更卑的人上升。這個偉大，在原則上，高過了對與我爲敵的人之原恕。這是一種同一於上帝之精神，向人下跪。可說是上帝向人們下跪，而不只是上帝之化身爲人之子，以爲人贖罪。亦不只是如甘地之使上帝之精神，見於政治經濟之事業。這是上帝之精神之匍匐至地，以懇求人之上升於天之象徵。上帝化身爲空無所有之乞丐。莫有父母，莫有妻子，莫有門徒，莫有羣衆。更重要的是莫有知識，莫有受教育，莫有靈感，莫有才情，不自知爲英雄，不自知爲豪傑。最重要的是，不自知爲聖賢，且亦莫有使命感，而只自知爲一乞丐，在一切人之下之乞丐，以懇求人受教育，而完成他自己。這是上帝之最偉大的一表現，人類宗教精神之一種最高的表現。他是爲了完成世間人之所要求，而崇拜文化教育之本身。而武訓之這種精神，則是從孔子之聖賢教化、對人類教育文化之絕對尊重之教來的。

聖賢之人格之精神之所以偉大，主要見于其絕對忘我，而體現一無限之精神。故一切聖賢，皆注定爲一切有向上精神之人所崇拜。謨罕默德、耶穌、釋迦、甘地、武訓，都是人們了解其人格中有絕對忘我之無限精神時，不能不崇拜者，聖賢不須有人們之所長。然人們之有所長者，在其面前皆自感渺小。耶穌莫有知識，但有知識的保羅必得崇拜耶穌。釋迦並不多聞，但其弟子多聞的阿難，最後得道。世間一切有抱負、有靈感、有氣魄、有才情、有擔當之事業家、天才、英雄、豪傑之人們，在聖賢之前，亦總要自覺渺小，低頭禮拜。人們未嘗不自知其長處，可以震蕩一世，聖賢們或根本莫有。如武訓之爲乞丐，更是什麼亦莫有。但是我們人們所有的一切，對他們都用不上。耶穌、釋迦、武訓對于我們人們所要求所有之一切，他們都可不要。于是我們在他們之前，便覺我們之一切所有，由富貴功名、妻室兒女，到我們之一切抱負、靈感、氣魄、擔當，皆成爲「莫有」。我們忘不了我們之「自我」，而他們超越了他們之自我，忘掉他們之自我，而入山，而上十字架，而行乞興學。我們便自知，我們不如他們。他們超越過我們，在精神上涵蓋在我們之上。我們在他們之前，我們便不能不自感渺小，自覺自己失去一切家當，成空無所有。而他們則反成爲絕對之偉大與充實。這一種偉大充實之感覺，便使一切人們，都得在聖賢們之前低頭。你若低頭，表示你接觸了他們之偉大充實，你自己亦分享了他們之偉大充實，而使你進于偉大充實。你不低頭，而自滿於你世俗之所有，如富貴功名，如你之抱負、靈感、氣魄、才情，與擔當，你反眞成了自安於渺小。這亦就是崇拜聖賢之人格之精神，是人不能不有的道理。你不崇拜上帝尙可以，然而你不崇拜那眞能忘我，而體現絕對無限，而同一于上帝之精神的聖賢人格，却絕對不可以。崇拜人格，亦是一宗教精神。這種宗教精神，可以比只崇拜上帝、只崇拜耶穌一人更偉大之一種宗教精神。此卽中國儒家之宗教精神之一端，當然除此以外，儒家之宗教精神，亦包含崇敬天與祖先及歷史文化。

九（已）圓滿的聖賢型——孔子

我們依崇拜聖賢人格之精神，而崇拜耶穌、釋迦、甘地等表現忘我之絕對無限之精神之聖賢人格。自他們之絕對忘我處說，他們不與一切人相敵對，亦不與世間一切人格相對較。他們都是絕對性的人格。但是他們自身雖不與一切人相敵對，不與一切人格相對較；然而他們所表現之「不與一切敵對之絕對精神」之本身，人們却視之爲高高在上。又他們恒只依上帝之啟示立教，而又說，上帝在他們與一切人們之上。于是人們覺上帝爲絕對之超越境，而他們是救主，是先知，而不是與人們一樣的人。實際上，他們既已能絕對忘我，體現絕對無限之精神，則他們不僅見上帝，上帝即當體呈露于他們。上帝能當體呈露于他們，亦能當體呈露于一切人。而此一眞理，必須眞自覺的加以承認，自覺承認上帝在人之中，天在人之中。上帝是什麼？是一絕對忘我絕對無限之精神。絕對忘我絕對無限之精神之積極一面，耶穌名之愛，釋迦名之慈悲。而自覺一無限之愛與慈悲，即原在人之中，人之心之中，則愛與慈悲不只是情，而是性。此性即名之爲仁。愛與慈悲，只是顯于外者。仁則徹費隱，通內外。說無限之愛與慈悲，不能說人人都有。說人有顯爲無限之愛與慈悲之仁性，具仁性之心，則對人人都可說。知人人有仁性，乃眞知上帝之精神非超越而高高在上，而即在人人現成之心中。「仁遠乎哉，我欲仁，斯仁至矣。」這即是孔子之極高明而道中庸之智慧的無盡藏的核心。有此仁是仁，知此仁便是智。知此仁而自覺此仁之爲我之性，則無論上帝之精神是否先爲我所已體現，皆一念返求而可得。「道也者，不可須臾離也；可離，非道也。」上帝超越而不內在，天德與性德爲二，則天人裂而離矣。

以上只是順着上文，轉到孔子處說。如直接從孔子學問本身講，則說愛與慈悲，只是從仁之見乎情而及乎物上說。說仁是能愛與能慈悲之性，常是依情說性，未眞能直接明示仁之全貌。說此是上帝，亦引起外在的聯想。眞正說仁，還是王陽明依中庸孟子而言，所謂眞誠惻怛，最爲直接。誠之所注，即是自己而超越自己，忘掉自己。至誠即絕對之超越精神。然此至誠之精神，只是眞成就自己，使自己之精神與他人與世界直接貫通，而與以一肯定，一承認，一涵蓋而持載之精神，故爲超現實而成就現實之精神。惻怛即此誠之狀態，而包含愛與慈悲。至誠惻怛，即是性，即是情。即是天，即是人。即是內，即是外。即是乾知，即是坤能。最易知易行。所謂「夫婦之愚，可以與知。」然「及其至也，雖聖人亦有所不知焉。」包涵無窮的深遠、廣大與高明。

耶穌、釋迦、謨罕默德超越了世間一切學問家、事業家、天才、英雄、豪傑之境界。於是此一切人生之文化事業，在他們心目中，到他們之前，皆如浮雲過太虛，如「大江東去，浪淘盡千古風流人物」。在銷盡世間之精彩，以歸向無限精神之聖者之前，誰能留得下一點精彩？然而這些聖者之銷盡世間精彩，把這些聖者之超越神聖烘託出來，此超越神聖本身，對人們又是在顯精彩。孔子則連這些精彩，都加以銷掉，而一切歸於順適平常。由孔子之聖賢境界，一方可超越一切學問家、事業家、天才、英雄、豪傑之境界；一方亦知一切事業家、學問家、天才、英雄、豪傑之努力，與才情、志願，無不賴一番眞誠在其中，直接間接皆依于性情。于是，對一切人生文化事業，皆加以承認見，一一皆實，而無一是虛；對一切庸人、學問家、事業家、天才、英雄、豪傑，聖者之精神，凡眞有價值而不相礙者，皆加以尊重讚許。所謂「萬物並育而不相害，道並行而不相悖。小德川流，大德敦化，此天地之所以爲大也」。一切宗教的上帝，只創造自然之萬物。而中國聖人之道，則以贊天地化育之心，兼持載人文世界、人格世界之一切人生。故曰：「大哉聖人之道，洋洋乎發育萬物，峻極于天。優優大哉，禮儀三百，威儀三千，待其人而後行。」因中國聖人之精神，不僅是超越的涵蓋宇宙人生人格與文化，而且是以贊天地化育之心，對此一切加以持載。故不僅有高明一面，且有博厚一面。「高明配天，博厚配地」。「崇效天，卑法地」。高明配天，崇效天者，仁智之無所不覆也。博厚配地，卑法地者，禮義自守而尊人，無所不載也。卄地之精神，如由天之貫到地，但中間似缺了個對人文歷史之崇敬。武訓之精神，卑法地之極致，唯未必能自覺其仁。其對人文教育之崇敬，似缺自覺，便無智。無高明之智慧，則仁亦無收攝處，並展不開。若在孔子，則兼博厚與高明，至卑至謙，而高明亦不可及也。

孔子之眞誠惻怛，一面是如天之高明而涵蓋一切之超越精神，一面是如地之博厚而承認一切之持載精神。「毋意，毋必，毋固，毋我」，「空空如也」，一切超越忘我之精神，豈能外於是？「默而識之」。「天何言哉！四時行焉，百物生焉，天何言哉」！一切超絕言思，與天合德之精神，豈能外是？「老者安之，朋友信之，少者懷之」。「鳥獸不可與同羣，吾非斯人之徒與而誰與」？一切大慈大悲之精神，豈能外是？「三軍可奪帥也，匹夫不可奪志也」，「知其不可而爲之」，一切豪傑之精神，豈能外是？「桓公九合諸侯，不以兵車，管仲之力也。……民到於今受其賜。微管仲，吾其被髮左衽矣」。孔子明說管仲之器小，然而此處如此佩服其保存中夏之功業。推崇英雄之精神，又豈非涵於孔子內？「生而知之者，上也。」「我非生而知之者也。」肯定天資天才之精神，豈非涵於孔子內？「三人行，必有我師焉，擇其善者而從之。」「問禮於老子，問官於郯子，問樂於萇弘，學琴於師襄。」鄭子產死，孔子聞之而潸焉出涕，曰：「古之遺愛也。」尊重學者事業家之精神，豈非涵於孔子內？「文王既沒，文不在茲乎！天之將喪斯文也，後死者不得與於斯文也。天之未喪斯文也，匡人其如予何？」孔子這一種對歷史文化之責任感，一切宗教人格之使命感，何以過之？「道不行，乘桴浮于海。」孔子即包含屈原。夾谷之會，齊國欺了魯國，孔子提劍歷階而上，孔子即是荆軻。「席不暇暖」，「再逐於魯，削迹於衛，伐樹於宋，窮於商周，圍於陳蔡」，孔子即是墨翟之枯槁不舍。則孔子即是豪傑。孔子圍于陳蔡時，數日不火食。子路亦生氣。孔子忽自反問：「吾道非與？」要弟子說說理由。最後顏回說：「夫子之道大，天下莫能容。」孔子笑笑相許。孔子想治天下「吾其爲東周乎」。乃以聖賢懷抱而作英雄事業。周游列國失敗了，卽退而與弟子刪詩書，訂禮樂。「用之則行，舍之則藏」。非一般英雄之能進而不能退矣。「子在齊聞韶，三月不知肉味」。天才對音樂之沉醉，又豈能上之？曾點之志在「暮春者，春服既成，冠者五六人，童子六七人，浴乎沂，風乎舞雩，詠而歸。」而孔子卽說「吾與點也」。此見孔子之胸懷灑落，卽最高之詩人境界。「學而不厭，信而好古。」「吾嘗終日不食，終夜不寢，以思。」蘇格拉底之逢人問學，一日夜不移一步之苦思，亦不過如此。他責子路說：「暴虎憑河，死而無悔者，吾不與也。必也臨事而懼，好謀而成者也。」此卽事業家安排計劃之精神也。然而孔子之了解一切人格，而具備一切人格形態之精神，使孔子精神內容，呈無盡豐富，具備多方面之才能。而在孔子之精神中，又將此一切一齊超化，而歸于至簡。所以太宰恠孔子之多能。子貢當時說了一句：「固天縱之將聖，又多能也。」然而孔子却說：「太宰知我乎？吾少也賤，故多能鄙事。君子多乎哉，不多也。」孔子在他處又說：「汝以我爲多學而識之者與？……非也，予一以貫之。」孔子只是一個眞誠惻怛。眞誠惻怛，便能忘我而涵蓋一切，謙厚的在下了解一切他人之精神，攝備各種人格之精神，而又超越的渾融之一貫之，遂總是「空空如也」。在人之前，只是「庸德之行，庸言之謹」，或似不能言者。只是一個平常，不見任何顏色，任何精彩。然而其弟子中，則大皆有志聖賢，拔乎流俗之豪傑之士，非狂卽狷。所謂「吾黨之小子狂簡」。狂者上友千古，狷者於當世有所不爲，便是豪傑精神。曾子所謂「士不可以不弘毅，任重而道遠。仁以爲己任，不亦重乎？死而後已，不亦遠乎？」「自反而不縮，雖褐寬博，吾不惴焉；自反而縮，雖千萬人，吾往矣」。這是何等豪傑氣概？子路之豪傑氣概，尤處處見於其言行。堂堂乎的子張，「尊賢而容衆，嘉善而矜不能」。此卽肝膽照人，推心置腹之英雄襟度。子貢才情顯露，近乎天才。文學科之子游子夏，與政事科之冉求，則近乎學者與長于計劃之事業家。顏淵嘿然渾化，坐忘喪我，「一簞食，一瓢飲，在陋巷」，與現實世界若無交涉；對聖人之學，只有「仰之彌高，鑽之彌堅，瞻之在前，忽焉在後」之嘆，此則特富宗教性偏至聖賢之超越精神。然而他們都涵育在孔子聖賢教化之內，未嘗以天才、英雄、豪傑、宗教性之人格顯。

孔子之大，大在高明與博厚。釋迦耶穌之教，總只向高明處去，故人只覺其神聖尊嚴。孔子之大，則大在極高明而歸博厚，以持載一切，肯定一切，承認一切。所以孔子教化各類型的人，亦佩服尊崇各類型之人格。他不僅佩服與他相近的人，而且佩服與他似精神相反的人。孔子祖先是殷人，而佩服文武周公與周之文化。伯夷則以武王爲以暴易暴，義不食周粟，餓死首陽之山，眞豪傑也。而孔子又許之以求仁得仁。楚狂接輿、長沮、桀溺、荷篠丈人，則皆超越現實之隱者，嘗諷示孔子，孔子皆心許之，而「欲與之言」，「使子路往見之」，此是何等氣度？孔子特佩服堯舜，則正在堯舜之超越的涵蓋持載精神。「大哉堯之爲君。惟天爲大。唯堯則之。……君哉舜也。巍巍乎有天下而不與焉」。「無爲而治者，其舜也與」？推尊堯，以其高明如天，推尊舜之「不與」與無爲，乃指其博厚如地，而能選賢與能，承認一切人，持載一切人。夫能教來學，開後代學術，必資乎高明之智慧。能繼古人之學術，承往世之文化，必資乎博厚之德量。言高明之教，於釋迦、耶穌之超越精神，吾無間然。然他們以高明自許，言「上天下地，唯我獨尊」，「我就是道路」，「誰不能離開他之父母妻子，便不能跟我走」，便顯出他們在印度，在猶太，是先知先覺，前少所繼承，便似差博厚之德量。孔子對後代是先知先覺，故曰至聖先師。而他自覺一生，只是一個好古敏求，只是一個好學。他無長處，一切長處，都是古人與他的，而讓德于古人，自居于一後知後覺。「畏天命，畏大人，畏聖人之言」。「三人行，必有我師焉」，對子貢說到顏淵，曰：「不如也，吾與汝不如也。」同是一以禮下人之卑法地之精神。所以如果我們說，一切聖賢，都是上帝之化身，則上帝化身為耶穌、謨罕默德等，只顯一天德，而其化身為孔子，則由天德中開出地德。天德只成始，地德乃成終。終始條理，金聲玉振，而後大成。「天之高也、星辰之遠也」。人皆知其尊矣。人孰知地之厚德載物，似至卑而實至尊，即天德之最高表現者乎？孰知孔子之至平常而不見顏色，不見精彩，乃上帝之精光畢露之所在乎？

嗟乎，人類之文化歷史，亦已久矣；垂法後世之人物，亦已衆矣。或以學術名世，或以功業自顯。天才運神思，而鋒發韻流；英雄露肝胆，而風雲際會。豪傑之士，出乎其類，拔乎其萃，障百川而東之，醒當世之懵懵。皆見人性之莊嚴，昭生命之壯采。其在世間，喻若雲霞之燦爛，亦宇宙之奇觀。彼雲霞之變幻，如峯巒之在天而挺秀，如龍馬之凌虛以飛馳，亦美之至也。然對彼長空萬里，茫茫太虛，行雲畢竟何依？「生年不滿百，常懷千歲憂」。「夕陽無限好，只是近黃昏」。時移運轉，皆烟落光沉，徒增永嘆。乃有偏至之聖賢，念天地之悠悠，哀人生之長勤，直下破盡我執，承擔無限，體上帝之永恒，證虛空之不壞。於是，大地平沉，山河粉碎，天國現前，靈光迴露。此宗教精神之所以爲偉大。然智者皆叩帝閽而趣涅槃，伊人長往而不返，誰復厚德載物，支持世界？古人云：「天不生仲尼，萬古如長夜，」旨哉斯言。蓋彼孔子之德慧，正在知彼雲霞之七色，皆日光之分散。彼奇采之所自，乃無色之大明。唯此大明終始而日新，生命壯采表現於人格文化之世界者，乃有所依恃，不息于生生。此終始之大明，即超越的涵蓋持載宇宙人生、人格世界、人文世界之仁體德慧也。於是孔子之精神，乃御六龍而迴駕，返落日於中天。融生命之壯采，咸依恃於仁體。任雲興而霞蔚，樂並育於太和。唯此德慧，上友千古，下畏後生。則哲人往而長在，逝者去而實留。德慧具而永恒在斯，大明出而虛空充實。斯悠久以無疆，即至誠而如神。大地不必平沉，山河何須粉碎？皆永恒之大明之所周佈矣。現實世界，由此得被肯定有所依，而參贊化育曲成人文，利用厚生之事，皆得而言。此即孔子大明終始，雲行雨施，厚德載物，含弘光大之精神，所以爲圓滿。猗歟，盛德之至也。此即吾人本文所言，孔子弟子對孔子之精神心悅誠服，而中國後代之無數天才、英雄、豪傑之士，皆不得不推尊孔子之故。夫孔子之精神，即超越的涵蓋持載精神，亦即一絕對之眞誠惻怛。誠之所至，即涵蓋持載之所至，亦即超越有限之自我，以體現無限之精神之所至。而眞有孔子之精神，正須隨時隨地開展心量，致其誠敬，以學他人之長。此即中國文化之宗孔子，而過去未嘗排斥外來文化，今亦不能故步自封之故。吾人今之推尊孔子，亦非欲人之自限於孔子之遺教中所已言者甚明。然吾人之不自封自限，正是學孔子之人格精神。孔子之人格精神之偉大，誠不可不學也。唯本文因痛今人對孔子之不敬，故行文或有不免露精彩處，便不能與孔子之精神相應。然亦未敢對孔子之精神有所增益而妄說。我們只要眞平心把世界其他人物之偉大處，細心識取。再三復程明道所謂「泰山爲高矣，然泰山頂上已不屬泰山」之言，以觀其限制，再推進一層，以見孔子精神所包涵。便知孔子之精神，眞天地也。但此決非要你只佩服崇拜孔子一人。這又不僅因孔子之教，即要你去佩服一切有價值的人。在一階段你佩服他人過于孔子，亦孔子之所許；而同時因你未佩服過比孔子爲低之其他人，使你向上之精神提升，亦不能眞佩服崇拜超一切層級之孔子。今再以孟子與中庸之言，說明本文之所以作，並總結全文之精神，以致對孔子之敬誠。

孟子引子貢曰：「見其禮而知其政，聞其樂而知其德。由百世之後，等（即認識其差等）百世之王，莫之能違也。自生民以來，未有夫子也。」

中庸曰「仲尼祖述堯舜，憲章文武，上律天時，下襲水土。譬如天地之無不持載，無不覆幬。辟如四時之錯行，如日月之代明。萬物並育而不相害，道並行而不相悖。小德川流，大德敦化。此天地之所以爲大也。唯天下至聖，爲能聰明睿知，足以有臨也。寬裕溫柔，足以有容也。發強剛毅，足以有執也。齊莊中正，足以有敬也。文理密察，足以有別也。溥博淵泉，而時出之，溥博如天，淵泉如淵。見而民莫不敬，言而民莫不信，行而民莫不說。是以聲名洋溢乎中國，施及蠻貊。舟車所至，人力所通，天之所覆，地之所載，日月所照，霜露所隊。凡有血氣者，莫不尊親。故曰配天。」

讀者如能將孟子中庸之此二段，以誠敬心，反復誦讀，則愚之此文，皆貧兒說富，唯堪覆瓿，而本文之精神皆在其中矣。

（三十九年九月·「民主評論」第二卷第五期）

中國先哲之人生思想之寬平面

一　前言

中國先哲之人生思想——亦即其文化精神，有其高明精微一面，有其廣大博厚一面，有其寬平舒展一面。欲論其高明精微一面，須從中國之性與天道之哲學透入。欲論其廣大博厚一面，須從中國之人格世界，及社會政治文化上去了解。欲論其寬平舒展一面，則可從中國從前人之自然世界觀、人生觀，道德觀，去體會。本文畧論其寬平舒展一面。

二　儒道二家之寬平舒展的世界觀

以中國文化精神與西方近代文化精神相較，我們可說西方近代文化精神之見于其宗教、文學、藝術、哲學、科學，及政治經濟之事業中者，均多極表現一偉大高卓，深厚或細密之精神。其長處，人皆知之。中國未來文化中亦當攝受之。但是我總覺，西方近代學術文化之精神，只是高卓而未必高明，偉大而未必廣大，深厚而未必博厚，細密而未必精微，根本之病則在過于精神緊張，顯力氣，或理智過於鋒利，缺寬平舒展的精神。這樣下去，則西方近代文化所領導之世界，可永在向前奮進中，然決不能使天下太平，使人生眞得安頓。布朗寧（Browning）說「不滿足卽神聖」。勒星 Lessing 說：「如上帝一手持絕對眞理，一手持永遠追求，要我選擇，我將毫不遲疑選擇永遠追求。」這是代表西方近代所謂浮士德之永遠向前奮進的精神的話。比茵Bury一名著，進步之觀念 Idea of Progress，說此三百年西方人之一貫信仰，卽求「不斷的進步」。西方近代人亦最能認識宇宙萬物之在變化進化中。但是一切變化與進化進步，皆在「宇宙」中變化進化進步。只有「宇宙」，可以容納得了一切變化與進化進步。只有我們之心量與宇宙一切變化之流，進化進步之流，共舒展，才不覺變化進化進步之事象只是一擾動，一刺激，一追求的對象。實際上，人生與世界，皆不能在「永遠追求」、「永遠不滿足」中安頓。永遠追求，卽永遠的空虛；永遠不滿足，卽永遠的地獄。人生必須先在一寬平舒展的心境中，安頓他自己，才能安頓他人。人必須有滿足處，才能不斷有所追求。一切宇宙人生社會之變化進化進步，不能只當作一無盡向前伸張之直線看。尤不能把它當作一「現在否定過去，將來否定現在」的歷程看。這樣看，則人生無可以立足處。西方古典的文化思想中栢拉圖亞里士多德，能觀照永恆的形式，基督教能相信永恆的上帝與天國。近代理性主義理想主義者，亦多重永恆之實體與道德律。然此外之一切自然主義者唯物主義者生命主義者現實主義者皆重觀變化。此重變化之思想遙承希臘之赫雷克利塔斯（Heraclitus）。赫氏對於每一變化，便均指爲一鬥爭矛盾。黑格爾在近代之理想主義者中，是最重變之概念的。他是重變又知宇宙之變根于不變，並相信超越鬥爭矛盾之形上實在的。然而對於具體的事象之變，他仍要說其是一矛盾的歷程。馬克斯列寧更專從具體的事象上說，一切皆在自己矛盾相互鬥爭中。於是人生社會，亦當只是一永遠的革命歷程。實則永恒的革命，卽永恒的人生社會之否定。此外不喜講鬥爭矛盾的西方人，亦知重宇宙事物的並存。但常以「並存」表示漠不相關的獨立。（此可看懷特海對近代思想的批評）。他們想宇宙有無數個體事物，在空間上並存，便視如許多分立之物。以分的眼光去看自然，分成許多類的動物、植物、礦物。一類物再分爲多種。一種再分爲無數之個體物。一個體物又再分成爲許多的分子、原子、電子之組合。羅素之流的邏輯分析，再把任一物分析成依一群感相或事件而成之邏輯構造。西方之人類世界，從中世紀以後，便分成許多國家。近代早期之國家思想，均相信每一國家有其至高無上的主權。黑格爾亦以國家爲一絕對自足之客觀精神。進而國家分成階級。柏拉圖亞里士多德與尼采，都肯定階級之必然存在。馬克斯再以階級鬥爭概括人類社會中眞正的鬥爭。階級又分成各個體人。霍布士邊沁洛克等，均以個人爲一絕對單位。休謨羅素再將個人分成一堆觀念，一群習慣或中立原素。只以分的眼光看世界，便難免拘執于個體，而心地仍不得舒展寬平。西方思想中，只有宗教家與理想主義哲學家，由柏拉圖亞里士多德至康德黑格爾，直到今日懷特海之傳統，較能在哲學上建立：「變有所不變，爭有所不爭，分有所不分。」然如亞里士多德黑格爾之人生社會政治思想中，仍缺乏眞正和天下、一天下之理論（詳見本書第四部）

。

我們在此必須回頭來看中國傳統思想之大慧，卽徹始徹終認定世界一切，皆變有所不變，爭有所不爭，分有所不分。老莊知一切變化，皆在天地中變。一切變化皆出乎無有，而入乎無有。人能致虛守靜，而萬變不擾其心。儒家知天不變，太極不變，仁心不變。二家同不以變爲鬥爭矛盾之表現。老莊視變只是虛而不屈，動而愈出，新新而運無所積。儒家以宇宙間每一變化，皆是原于物與物之感通。每一感通皆如男女之相感通而相親。人與人之相感通而相親是仁。萬物之相感通而相親以生物，依易經及宋明理學之宇宙論，亦可說之爲仁。至于一切事物之並存，在儒道二家，均不視之爲獨立之證。道家于事物之並存上，見萬物之相容與相忘。儒家易經及宋明理學之宇宙論，于一切事物之並存處，皆視之如互爲主賓，如有相敬之禮意存焉。中庸說「小德川流，大德敦化，此天地之所以爲大也。」一切並存，都是「小德川流」，一切感通而生變化，都是「大德敦化」。此方見寬平舒展的坦蕩乾坤。此中，儒家思想尤可爲中國傳統思想之代表。儒家精神，原是對人對物處處有情而能敬天地萬物的。由此觀自然，則視物之相與亦有情，並視萬物之間，亦宛然互爲主賓而有禮。故儒家總愛說「鳶飛戾天，魚躍於淵」，「花放草長，山峙川流」，都足見「天地之生意」與「萬物之自得意」。由此而有中國式之自然文學與藝術。西方達爾文的生物學，却特善于發見萬物之爲生存而鬥爭，自然之淘汰不適者一面。達爾文曾特別本其科學之發見，提醒人看自然時，要知道「草上林間，處處都在鬥爭，自然實遍地血腥，千萬不要以爲鳥在唱獸在舞。他們實只在緊張地爭生存」云云。但是依中國儒家對宇宙之情調，便根本不能產生這種不免煞自然風景之達爾文式思想。中國儒家總喜從萬物之互相感通，生生不息，並存不悖處，去看自然。此與西方近代哲學科學思想，總喜從萬物之獨立自存、或利害不同、矛盾鬥爭處，去看自然，實大不同。一對自然喜觀其「全」與「和」，一喜觀其「分」與「爭」。實際上在自然世界並存之萬物，固不必處處皆相感通而相親和。鳶飛魚躍，固不必眞是彼此相忘而相依，悠然而自得。但亦不必時時都在爲生存而掙扎、奮鬥，互相衝突的鬥爭。至于如黑格爾、馬克斯，從每一自然事物之運動變化，皆是由「如此」而「不如此或如彼」，便謂此是矛盾，尤不妥當。眞正講，一切自然事物之由如此而如彼，只是一「新新」，一「生生」或一「生化」之歷程。生化之歷程本身，並無矛盾。此時如此，彼時如彼，依此生彼，並無矛盾。只是你先執定如此者不能如彼，才見爲矛盾。依易經道理說，自然中之一切事物之生化，卽是完成它自己實現它自己，卽一元亨利貞之歷程。萬物之間，誠然時常不免衝突鬥爭，但是爭必有所不爭，依于不爭而後能爭。國與國爭，國內人心必和，方能與他國爭，階級與階級爭，階級內部必統一，方能與他階級爭。個人與個人爭，個人必須先不與自己爭。若自己肝胆起風波，而自己與自己交戰，則自己亦不能與他人爭。至少一個人一念之成，此念不能與其自己爭。如自己一念亦自相矛盾，自己相爭，則此念等于一虛無。能毀必依于先有所成，爭必依于有所不爭，外在之鬥爭者，依于內在之和諧。無論天下如何大亂，此理仍不會變，但一切須透到底層看。只看世界表面，誠然處處只見矛盾鬥爭，一片波濤洶湧。眞自底層上看，則一切事物與整個世界，總有一內在之安定與和平，爲一切鬬爭與動亂所依之根據。撥亂反治，只是洞見爭亂中之不爭不亂處，而加以自覺，使之由底層翻到上層，而充拓出來而已。這是一點。還有一點是，凡有矛盾鬥爭處，皆人之心見之而不安不忍處。此不安不忍之心，即人類求超化矛盾鬥爭，使之歸於和諧並存之仁心。此心之性，即我們所謂之仁性。我們見有矛盾鬥爭處，即我之此心此性所欲將加以超化處，我們之道德責任之所在處。我見家庭中人之矛盾鬥爭而不忍，我之此心即涵蓋家庭，而爲成就「家庭之和諧」之仁心。我見國家中之鬥爭殘殺而不忍，我之此心即涵蓋國家，而爲成就「國家之和諧」之仁心。我見國與國之相戰而不忍，我之此心即爲「成就國與國之和諧使天下太平」之仁心。我見衆生之相殘而不忍，我之此心，即爲「參贊天地之化育仁心，而同于神之普愛萬物」之仁心。我們之仁心，其流行而及于人物，不能無次序，便不能無親疏遠近厚薄之差。然而却又無一定之限制。它恆隨所感通範圍之開闢擴大，而與之俱開闢擴大。充極其量，必及于家國天下，天地萬物，與古往今來一切人而後已。故此仁心之表現於外，雖有親疏遠近厚薄之差，然實無私。正如日光之隨遠近而強度不同，非由於日光之有私。由是而透過吾人之此心，以觀他人，即知他人之亦有此心。再進一層，則可知此心非我所得而私，爲一普遍心、或天心之直接呈現。由此天心仁心之以成就「一切人物之和諧」，而解除其苦難爲事，即見此心之性，與事物之鬥爭時各所依以存在之「內在的和諧」，爲同一之理。由此我們遂絕對不能說，世界以矛盾鬥爭相殺爲其根本原理。只當說和諧並存與相愛、相仁爲其根本原理。矛盾鬥爭，至多只爲次一級之原理。矛盾鬥爭，爲我心之仁所欲加以化除者，亦即爲天心之仁所欲化除者，因而非「最後之眞實」。循此仁心，以放眼觀天地萬物，則當於一切事物之感通而和諧處，感一仁心之滿足，而於其中見仁之實現。於一切事物之並存，而互爲主賓處，「連而不相及也，動而不相害也」處，感我對於物分別之敬意之滿足，而於其中見禮之實現。感通而有相親相知，即是智。並存而各得其所，即是義。我之仁義禮智之心，誠能充塞於宇宙，即見仁義禮智之充塞於萬物之感通並存之處。由是而吾人凡觀物之自在自得而不相礙不相害處，亦將視爲宇宙太和之表現，而不只視爲分立之物各成一獨立個體之證明。夫乃可於天地萬物，視如統體一太極，一物一太極矣。

三　儒家之個體與全體相涵之人生觀

我們了解中國傳統儒家思想之世界觀，要在一切物之感通中看出仁，一切物之並存中看出互爲賓主之禮。便當知中國之傳統思想之人生觀，不同于西方之個體主義集體主義、然而却正是最尊重個人的道德責任及生活情趣的。以下當即分別加以論列。

中國儒家思想所以尊重個人之故，是由於認定人之仁心原都是能涵蓋世界，與天地萬物、人類社會之一切人或群體組織，在精神上相流通，與之爲一體的。此義卽孟子所謂「萬物皆備於我矣」，「其爲氣也……，以直養而無害，則塞於天地之間」，及宋明儒者所常言之「仁者與天地萬物爲一體」。一個人如何能與天地萬物爲一體，與天地萬物或全人類精神上流通？此問題曾使我生極大的困惑。此問題不能只在形上學上，用理論證明宇宙之一元，一切人物同自一上帝或道體而生，便圓滿的解決。此一體觀念，應有經驗上之實證。從經驗上說，凡非與我相接而發生關係之人，如遠處所未思及之人，街上的路過者，我何嘗與之一體來？故此一體之證實，只能在與所接（包括所遇與所思）之人物發生直接關係時，或對一特定人物之有所事上說。當我對一特定人物有所事，與之發生直接關係時，我與他之間，卽有一生命活動之相了解，精神上之相感通。只要此相了解感通，是眞誠的，無私意間隔的，則我當下便與所接之人物爲一體。我之仁心卽昭露於相對並存的我與人物之關係中。由是而我們只要隨時隨地，以眞誠之心，以敬意與所接之人物相遇，我卽隨時隨地與之爲一體。天地萬物無窮，與我發生之感應關係無窮，我之眞誠，皆可一一充滿於此一切感應關係中。卽見我之眞誠無窮，我之仁心之本無窮，而其表現昭露亦無窮。如要說在形而上之境界，我與天地萬物原是一體，我之仁心卽天心，我們亦只有從此逐漸契入。

我們與當前之人物所發生之直接的感應關係，都是一特殊的關係。特殊似非普遍，非全體。故人要追求普遍全體者，恒要在特殊之上或特殊之外去求。然在儒家之道德生活中說，此乃出位之思。我們在實際生活中，確是永只能接觸特殊，或部分，不能接觸普遍或全體。但是，我們在生活中，對每一特殊人物之接觸，都是彼來感而我往應，以成一感應關係。一感一應，卽一陽一陰，互相照映，成一全體。對一特殊之所感，付以一特殊之應，卽是一空前絕後、當下渾成而獨立之全體。一一特殊之應與一一特殊之感相爭，而一一以我之眞誠仁心充滿之；則吾人之每一感應與另一感應，皆各爲一合理的渾成的全體。如在同一特殊之「感」下，我卽可再以同一特殊之「應」遇之。此卽見我之特殊之「應」中，所涵之普遍性。由此而我們卽可于部分而見全體，於特殊而見普遍。

以上的話，說得稍爲抽象，其實並不難懂。譬如方才遇見父母，我卽應之以孝。出門遇見朋友，我再應之以禮。回來看了小孩，我再待之以慈。伏案作文，我便老老實實表達我所信之眞理，以使他人能了解。回頭想到國家，我便想我應對之忠誠。爲國家而到了疆場，我便由忠而生勇。再一念想到人類在戰爭中所受之災難，我便想人類應當和平。我之從事戰爭，亦只能是出自伸正義以達和平之動機。如此我們便對於所見所思之人物，與群體社會、國家、人類，都一一應之以不同之態度情感，而對之作不同之事。我們處處都是隨對象之特殊性，而特殊化我們自己之反應。然而在每一反應中，都有我之整個之眞誠或仁心在。亦都是我之眞誠或仁心之表現或昭露。而人之盡其道德責任之反應，都是可以爲自己或他之人法則，而有普遍性的。

四　儒家道德生活中之平等慧與差別慧

我們如果眞了解上之所說，則知中國儒家之道德生活之理想，包含人類最高的平等慧與差別慧。此二慧，又實只是一慧。依中國儒家之道德生活之理想，凡我與一對象有一關係處，我卽當使我之眞誠仁心充滿實現於其中。關係不同，則我之眞誠仁心之充滿表現於其中之方式亦不同。然而却無一種關係，在原則上爲我們所當否認。因一切關係，在原則上皆各爲一特殊，而不可相代替。不可相代替，則皆爲一絕對，而無一能在原則上被否認。要說人生的責任，在原則上必須說是無窮盡的。對一切與我發生之人物、或群體社會，我都有責任。一切責任在原則上都是平等。一切責任，皆是各爲一特殊責任，而無一能壓倒其他。我們只要否定了某一特殊責任，或否定了與某一對象之關係之存在，我卽否定了我們之眞誠的仁心實現之一情境。我們之眞誠仁心，便在此否定之念中，生了一缺漏。我們之眞誠的仁心，就其本身說只是一個。依儒家的道德生活之理想，乃以個人之眞誠的仁心爲一中心，而輻射其光輝於一切不同人物之感應關係，以成各種倫理關係。一切倫理關係，都是互相差別，而必須平等的被肯定。對父母要孝。對子女要慈。對兄要恭。對弟要友。對夫要順。對婦要和。對友人要忠信。對鄰里要和穆。對師與前輩要敬。對弟子與後生要愛護。而知後生之可畏。對人類所成之群體，對於家，要求齊之，對於國家，要求治之。對於天下，要求其太平。對自然物，要惜。對死者，要祭祀懷慕。對古人，要有思古之幽情。對人類過去之歷史文化學術，要承繼之光大之，以守先而待後。對於整個宇宙天地，要有畏天命、體天心之宗教情調。人之倫理關係，包含個人對個人之關係、個人對群體之家國天下之關係、今人對古人與來者之關係、人對宇宙之關係。而在此一切關係中，都要遍致我之眞誠仁心於其中，使之合理而眞，圓滿充實而美，成己成物而至善，以顯為學術、文學、藝術、政治、經濟、禮教之人文世界。這是一人類道德理想之中之眞正的圓滿教。這使個人在天地間，負了無盡重大的責任，無一息之可懈弛。所以曾子說：「仁以為己任，不亦重乎。死而後已，不亦遠乎？」陸象山說：「道遍滿天下，無些小空闕，」「宇宙內事，即己分內事，己分內事即宇宙內事。」然而亦正由此，乃見個人人格之無盡的崇高與無盡的尊嚴。

關於儒家這種道德生活之理想，我們必須扣緊個人人格為中心，或個人之眞誠仁心為中心之意來說。通常人說，儒家是以家庭為中心，這是錯的。因為儒家只說孝弟是仁之本，並不說孝弟是仁之全。孝弟為仁之本，只是說人之仁心之表現，首先只能向與我生命最接近之生命，如父母與兄弟上表現。而非要人之仁心限於此。儒家之理想，亦非以國家為中心，或世界人類為中心。如實言之，我與父母是一關係，我與朋友是一關係，我與家是一關係，我與國是一關係，我與世界人類是一關係。各種關係，自其各為一種特殊關係，不可相代替而言，其重要性與價值，在原則上是平等的。在實踐上，則看我當前所處之地位或位分，正在那一關係中，便以那一種關係之責任為我現在所當先盡。通常人總有一錯覺。恒自外面去比較說：國比個人大，比家大，人應爲國而打破家庭或犧牲個人一切。希特勒之徒，卽爲此理想所鼓舞，引起熱狂而挑起戰爭。於是人又想：世界人類比國大，人應爲世界人類而犧牲家庭國家。許多共產黨之所以能心安理得，亦卽在他想着他是爲整個世界人類的未來幸福。但是自外比較大小的態度，其實並不能貫徹下去。如要貫徹下去，我們應說全宇宙之生物比人類大，爲什麼我們不應爲全世界的生物而犧牲人類？全宇宙的物質比生物大，爲什麼我們不爲全宇宙的物質而犧牲一切的生命？可見如此從外面去比較家國天下的大小，而主張爲了國家，便當否定家庭，爲了世界人類便當打破國家，實不合理。說任何人在任何情境下，皆當念念只在世界人類或國家，當爲之而犧牲家庭與個人之一切，亦非仁者之言。只有儒家，在此能同時肯定家庭、國家、天下與個人之關係，不自外看家國天下之大小，而自其皆只各爲個人對群體之一關係看，而視之爲在原則上平等，不以任一關係凌駕其他，抹殺其他。所以世界人類大，而中國亦不小。中國大，一人之家庭亦不小。墨子當時主張節葬，而孟子却說君子不爲天下儉其親。後來王船山亦說「乾坤大而父母不小」。這些話我們不能隨便看過，或說之爲陷溺於家庭觀念。這只要徹底打破自外比較大小，而定各種倫理關係之價值的話，這種自外比較大小，而定各種倫理關係之價值之話，必須打破。打破之才能眞顯出個人人格，爲各種倫理關係的中心，而見個人人格之眞正的尊嚴與崇高。個人人格之尊嚴與崇高，在他能視其個人之一切當作的事，在原則上，都是平等的重要，其對家庭，與對國家、對天下之感情，是平等的重要。至於人在實際上或道德實踐上，應負何種責任，則視人當下所居之位分而定。人在原則上，應肯定人有無盡的責任，視宇宙內事如己分內事。使一切人皆得其所，恒以和天下，平天下，天下一家之實現爲念。這是人的存心，人的立志上當如此。但非謂人須把宇宙一切事，實際上由自己去作完。若如此，正是大私心。亦勢不可能。人在實際上，只能依其所在之位分，而作其所當作而能作者。人眞是能立志，而以宇宙內事卽己分內事，則其在實際上，依其所居之位分，所作之事雖至小，而其價値則與負天下國家重責者一樣大。人如無機會參加政治，只在一家中當一孝子賢妻，其人格價値，亦可同於堯舜。故孟子以禹稷顏子平等看。人如不知孝子賢妻之人格價値與堯舜平等，人便免不了過於崇拜一國家之領袖，而促進極權思想。誠然，個人所居之位分，可以多方面說。人一方在家庭中是子女，一方在國家中卽一公民，在世界人類中卽一個人。人在原則上，須求盡其各種位分上之責任。此中恒免不了衝突。如國家所需要於我們者，與家庭或朋友所需要於我們者，或我個人在學術文化上之興趣與責任感，常有各式各樣的衝突。此卽人類道德生活中，各種矛盾衝突的問題所自生。不過就在此情形，依儒家的道理，亦不能主張人必然的當爲世界而犧牲國家，如共黨之所想。又不能主張人必然當爲國家而犧牲家庭及個人對學術文化之興趣與責任感。只當看個人原先所處之位分，或他選擇什麼位分自居，及一種責任之有無他人代負來定。這中間的道理，眞是極平實合人情，而又極高明。所以孟子中載弟子問：皐陶爲士，舜之父殺人，如何辦？此是一難題。舜如要爲天子，則其父殺人，應當親手懲辦，淸算父母。但依孟子說，舜可以不當天子，而只盡其孝子之責。舜有此個人選擇其所居之位分，與當盡之責的自由。舜之選擇爲孝子之責，放棄爲天子之責，是可以的。因爲爲天子與爲孝子之價値，對他是平等。而從社會方面說，則他人可代其爲天子，不能代其爲孝子。他當孝子，亦不能否認國家的法律。所以皐陶可以執其父。舜之竊負而逃，與皐陶之執法以繩，二者在孟子同加以肯定。舜個人處此衝突之塲，可以轉移其位分使衝突解消。此卽中國後來司法中廻避制度所由成立之根據。眞是在個人無法轉移其位分，二種責任同非盡不可時，個人可以自殺。讓二種責任，互相抵消，而使衝突不復存在。而二種責任，亦皆盡了。所以依儒家的道理，亦決不如西方國家主義者之謂個人當無條件爲國家而死。人爲負守土之責或政治上之責，人不能臨難苟免。因你旣負此責，則國士卽你自己。若未負此責，則亦說不上殺身成仁。所以孟子又特將子思曾子相比來說。子思負了公家職務，則當效死而勿去。然而曾子爲師，則寇至可以先逃。這亦是依位分以定責任之意思。人對家庭，對學術文化與對國家之責任，同被肯定，而只須依位分以定我們當盡之責。各種責任本身，並無一在原則上低於其他。所以我們亦不能說，我們對世界人類之責，必然的高於我們對國家家庭之責。更不能主張爲了世界人類之前途，便當打破自己的國家。如共黨之以國家之利益必然的應服從世界無產階級的利益，便不對。世界人類當然是全體，國家是部分。但是全體只能包含部分，而成就部分。除部分自願爲全體而犧牲，則吾人無理由，藉爲世界人類之全體之名，而要國家民族爲之而犧牲，而否定國家民族之當存在。同理，肯定國家，亦不能否定家庭與個人。除非依於人民所立之法，或出自人民之自願，國家亦不能叫人民犧牲其對家庭與個人之責，以為國家。猶如家庭之不能強迫、命令子女為家庭犧牲。然而個人却當以其眞誠的仁心，充滿於其父母兄弟，於其國，於世界。他應當使他對家庭所作之事，與國家民族之存在，國家之法律不相衝突，而俱成。亦應當使其對家庭國家所作之事，都成為與世界人類之和平、世界人類之學術文化的提高、一切人之人格道德的提高相應合，相和諧。在天下中肯定國家，在國中肯定家庭與個人；又在個人之仁心中，肯定家國天下。這才是儒家之兼成天下國家家庭個人的理想。

我們了解儒家思想中，此種對我們之各種倫理關係，在原則上平等加以肯定；在實際上，則視吾人當前所居之位分，以定吾人所當負之責任之精神，則知儒家之道德生活的理想，乃一方要人在存心上立志上，精神無所不涵蓋，而在實際行為上，則重在自覺其位分，自定其位分，而切切實實的為其所當為。自此中精神之涵蓋性言，乃「極高明」而純表現一超越的精神，同時人之責任是無比的重。而自切實的行為上言，則是「道中庸。」人有當下之一事，即以此當下之一事為我之眞誠的仁心表現呈露之所，而純是一內在的精神。我們眞能以「願負無比的重之責任心」，去作當下之所當為之一事，則當下之事，即成至輕。學儒家的聖賢，固然必須恒有「為天地立心，為生民立命，為往聖繼絕學，為萬世開太平」的心願，存於其無事時。然而在當其作事，而與人物相接時，則在父前只是一孝，賓客前只是一禮，辦公務只是一忠。而孝之事，應對賓客之事，在每一時，只是至簡至易之事。以至爲帝爲王，而日理萬幾，在一時一地，仍只是一至簡至易之言動。人正因其所負者至重，然後能覺當下當爲之事，輕而易舉，而行之若無所事，有大力而若未嘗用力也。

我們了解儒家道德生活理想中，包含至重復至輕之責任，便知儒家的聖賢氣度，根本上是寬平而舒展的。他視一切人倫關係，爲平等的重要。他即能對一切人倫關係中之人物，與之一安頓。他知他的位分，在一時一地，只是一特殊的位分，在此位分有所當作之特殊的事，則知在不同位分之他人，另有其當作之他事。並知自己在改變其位分，或易地以處於他人之位分時，亦將有當作之他事。於是他遂由其仁心之能肯定一切人之所當作，而顯一寬平舒展之局度與器量。人之所以爲人，至尊貴者乃其德性。德性同依於仁心，而其表現，則隨人之氣質之剛柔，人所居之位，所當之時，而萬殊。由是而依儒家之思想，人在實際上，無論作什麼事，在社會從事何職業，參與何部門之文化活動，爲農、工、商、學者、文學家、藝術家、科學家、哲學家、政治家或宗教家、都是可以的。然而其德性其人格之價值，則只繫於其所以作此事之心。只有德性之心，見人之尊貴。所以一切職業，一切文化活動本身，並無絕對之高低。西方希臘人以文藝哲學爲較高，中世紀人，以僧侶爲最高。近代人，以科學家實業家爲最高。共產主義者，則以政治當控制一切，以無產階級共產黨人爲最高。這都是自外表上強生分別。儒家則一律平等而觀之。此外，因人之氣質剛柔等之不同，所居之位，所當之時之不同；

人之德性之表現，恒異其方式。所以對於不同之氣質的人之德性表現，亦不求其強同。而在不同之位，不同之時之人，其出處進退取與行藏，雖截然相反，儒家均可肯定其價值。所以如伯夷之淸可，伊尹之任可，柳下惠之和亦可。如周武王之伐紂可，如伯夷叔齊能義不食周粟亦可。儒者之知人論世，重其心不重其迹。「君子亦仁而已矣，何必同」，「君子和而不同」，「子絕四：毋意，毋必，毋固，毋我」，「君子之於天下也，無適也，無莫也，義之與比」，這類的話，似乎通脫無界限，而實在正表示儒家之最廣大寬平而舒展的器量與局度。總括而言之，則儒家之道德生活理想，可以「依於仁游於藝」概括之。仁是心，仁心之隨所感之人物之不同，而不同其表現——如對父表現爲孝，對子表現爲慈——可稱爲人義。故禮記（禮運）謂「父慈，子孝，兄友，弟恭……是謂人義」。義又爲事之宜，卽吾人應「所感者」之正當態度，或應所感者之事之正當者。一切我們所作之對人對物之事，或對人對物之文化活動，又都可以說是藝。不只文學藝術是藝。禮樂射御書數稱六藝。易詩書禮樂春秋，復稱六藝。故凡爲我們之一番眞誠的仁心所貫注與所游者，皆是藝。農工商是對物之藝。醫射御是對人身之藝。政治、經濟、治國平天下，是對社會之藝。書與春秋，卽是此種藝。詩樂是表情的文學藝術之藝。數學、科學、哲學、宗教與禮，是表現人之理智智慧信仰於人間於宇宙之藝。這卽禮易之內容。人之一切事，皆可說是一種人文之活動，一切人文活動皆是藝。人必依仁而游藝，卽人之道德性必表現於爲人文，且由文化以陶養。然而却非只是以一人之精神貢獻於外在之社會客觀文化，爲外在之社會客觀文化進步而奮鬥而犧牲之說。人能以德性涵蓋人文，人文陶養德性，依仁而游藝，則內心之仁與外表之藝，交相護持，而人之精神亦寬平舒展矣。

（四十年十一、十二月。「人生」第二卷總第二十、二十一、二十二期）

中國今日之亂之文化背景

一　前言

數十年來，人們對於中國傳統文化，常有一同一之感觸：卽此傳統文化已經衰微，我亦常如此想。但是一個更深的反省，却啟示我以一更深的問題。卽所謂中國文化已衰微，不足應付時代，是什麼一種意義。是否中國文化精神，在現在全不存在了？這似乎很容易作肯定的答案。我們試看，不要說在物質文明方面，中國文化之色彩，在由消褪而進向虛無。在學術上，科學幾全是西方來的。哲學，則數十年來之中國傳統哲學，與西方哲學在現在中國之地位相較，至多只到平分秋色。在宗教上，基督教的社會勢力，已遠盛於原有的佛教道教。在文學藝術上，中國之最特殊，而為過去社會普遍宗尚之一種藝術——書法，首被忽視。音樂中之七絃琴，連買亦無處買。元明的水墨山水畫，試問幾多人能欣賞？建築中最代表中國精神之迴廊、飛簷、牌坊、亭子、重門深院，與園林，試問幾多人能感其意味無窮？中國式的學者、政治家，「夙夜強學以待問，懷忠信以待舉」，「隱居以求其志，行義以達其道」者，誰還能與以尊重？幽嫻貞淑的女性，慈祥愷悌的老人，垂拱而立的童子，再也不易看見。至於我們再想想中國古代有名之聖賢、英雄、豪傑、俠義之士、高僧、帝王之氣象丰度，與現代中國有名人物之氣象丰度一比，更顯爲兩種截然不同之人物世界。從此等等處看，我們如何能不說，中國文化是衰微到沒有了？而人們不於此致嘆，即證明中國民族之文化精神，在現在亦喪失無餘，對外來之一切，招架不及，只好全部屈服認輸了。但是如果中國民族之文化精神，竟已完全喪失，則所謂文化之復興，即無從下手。而中國人既如此無能，而全不能保存其原有之有價值之東西，則我們亦可以懷疑他有能力以接受外來的有價值之東西。所以我在此文中，將不主張中國文化精神眞已喪失之說，而主張中國文化之「精神」，乃一眞實不虛之存在，乃貫注於中國過去歷史中，表現於中國過去文化，亦貫注於中國當前之現實之歷史中，而必再表現於中國未來文化之形成之一大力。此「精神」從未衰微，亦永不會衰微。其流行與運動，可以有曲折，有波瀾，而表現爲好好壞壞的形態。然而在本質上，則只是在求充實自己，而完成自己。所謂數十年來中國文化衰微到莫有，與政治混亂本身，亦即爲此「精神」之求充實自己與完成自己時，一種宜有的一階段之表現。此精神在外表看來，似已無力，而實潛在一大力，冥權密運，以主宰中國之前途。如浩浩長江水，任上面船舶往來，風吹雨打，而其本身，仍無聲息的流。其對世界之一切反應，皆根於其自身之要求。而其流行的方向，亦可說客觀地規定在那裏。而中國當前問題的解決，亦即至少有一部賴於對此潛在之精神之大力或要求方向，能深度而兼廣度的加以認識或自覺，并對之生一信心。人如於此不認識，不自覺，或認識自覺之深度廣度不足，而走入歧途，或逆水行舟，人總是由心勞日拙，而被波濤所覆沒。只有順水行舟者，可東流到海。這不僅是理想，是義；亦是勢，是利害所在。不僅是當然，亦是實然。我平日寫文章，都注重理想，注重當然。但此文則是順利害與勢看，從實然看。只從當然看，理想看，似乎各有各的理想與當然，說來易起爭論。不如姑從實然講，勢與利害上講，或更可使人迷途知返。

二　中國數十年未能建立富強國家之文化背景

一些中國近代史家說：近代中國之不幸，乃在其自明以來即開始之與西洋文化交流，因宗教之隔閡，至康熙而中斷。這話是不錯的。因在三百年前的西方文化，正是文藝復興啟蒙運動的理性主義的時期。這時如有中西文化之大量交流，可比較更有出自雙方之理性的同情的了解之相互的帮助。但是百年前的西方，却正是以其帝國主義資本主義爭霸天下的時期。這時中國之與西方相遇，是在一弱肉強食之世界中相遇，是在侵畧者與被侵畧者之關係中相遇。中國人在百年來所特別感受深切的事，是鴉片戰爭，與以後帝國主義之不斷的侵畧，及五口通商後之資本主義的侵畧。這二個問題，一直逼迫中國人去解決。共產黨因爲相信，資本主義必然發展爲帝國主義，資本主義爲帝國主義的靈魂，所以乞助於反抗歐美之資本主義之馬列主義與俄國。而反共的觀點，則認爲歐美資本主義，已在變質中，歐美之資本主義，尙可以扶助中國產業之近代化，俄國才是最可怕的帝國主義。然而這兩種現在中國之共黨與非共黨之政治思潮，最初都是原於忍不住鴉片戰爭以來，民族所受之侵略而生。鴉片戰爭後，中國人自問，何以會招受外來之侵略，便想到中國文化不好。洪秀全代表的太平天國運動，首先要想捨棄中國文化，而依天父天兄之意，以建立一天國。然天國畢竟只在天上，不能在人間。此運動失敗於求保存中國文化傳統的曾左李胡之手中。但是曾左李胡，亦同時承認中國之不求富強，是一缺點。中國人從要學西洋之富強一念下來，而求變法，而辛亥革命，而學西方之民主政治，而新文化運動，而國民革命，而抗日，而共產黨征服大陸，依唯物論與土地革命維持政權。他們不看天，不看人，而只看物，只看地，以建立地國。而中國人民所求之富強，仍不可得，反日陷於貧困，並受脅持於蘇俄之帝國主義下。七八十歲之老人，望清末之社會，反如在天上。中國百年來，由天國至地國，而未有眞正之人國。這卽是中國百年來之一直混亂，而只演一大悲劇之始終。

我們從上述觀點，去論中國數十年來之悲劇或混亂之病源，我們一方面可覺一切皆原於外感與外慕。一方面又可覺由於中國文化精神，並不能抵抗外感，而眞自己站立起來，以堂堂正正的建立國家。這樣我們便不能再相信，中國文化精神眞有力量，能主宰開闢中國之前途。但是我們從另一更深的眼光去看，我們便知中國民族數十年來，所遭遇之一切苦難，與由外感與外慕，而吃了站立不起之虧，均由中國文化精神之一特別偉大之一好處來。中國民族是主要由其文化精神之一特別偉大之好處，而遭遇、忍受長期混亂之悲劇，這不只是悲劇，同時是悲壯。

中國文化精神之一特別偉大之好處，我們可以藉水滸中一人之外號「沒遮攔」名之。中國人之受苦與吃虧，都是由於此沒遮攔之精神。此亦可稱爲世界主義之精神。這一個精神，由中國所謂「仁者與物無對」之精神來，但仁者無對的意思更深遠。中國人素來不與世界其他國之人敵對。中國自秦漢以後，天下之觀念，即掩蓋了國家觀念。歷代雖有邊防，而國土的邊界，中國人常是糊塗的。尼布楚條約，即由此而生。漢唐以來，中國一直有大陸與海上的世界性之商路。鴉片戰爭起，西方的史家，說這是因中國的頑固自封。其實關鍵只在鴉片。爲營利而販賣任何物品，在西方的純商業的自由貿易之精神下，是許可的。而在中國人的道德，則是不許的。鴉片戰爭，表示中國人對於西方的純商業精神的義憤之開始。鴉片戰爭以後，門戶洞開，中國要發憤圖強，義和團亦曾殺洋人。但此一切，最初皆由義憤而引起，而非由國家觀念、生物的種族觀念、對待的民族觀念而引起。中國人發憤圖強之缺乏力量，一方面亦可說正由於此。中國文化，實早超越過生物的種族觀念、對待的民族觀念、西方近代的狹隘的國家觀念。春秋戰國時的思想，即是「天下爲一家，中國爲一人」之儒家思想。兼愛異國之墨家思想，「天地與我並生，萬物與我爲一」之道家思想。以後又傳來以大慈大悲爲教之佛家思想。漢唐之盛，亦曾重來朝，萬國衣冠拜冕旒。但是他國之納貢，只以成禮。如西洋羅馬之以剝削外邦之財富爲事，中國從來未有。中國文化精神，不主在人間造成壁壘，乃早超過了種族、民族與狹隘的國家觀念。所以在滿清之末，儘管大家均覺要發憤圖強，但最初康梁之變法，並不要打倒滿清。後來辛亥革命，立刻五族共和。揚州屠城十日記，並未使漢人對滿人有絲毫報復。中國清末之受外來的經濟政治力量之壓迫與侵略，理應產生國家主義之思想，如德國十八九世紀之產生菲希特、黑格爾、李斯特、俾斯麥之思想，日本明治維新時之產生日本軍國主義之思想。然而清末倡維新或革命之思想家，無論康有為、梁啟超、孫中山、章太炎諸先生之思想，均是從世界着眼。康有為保皇而念念不忘大同，梁啟超較重國家，孫中山先生重民族，皆無自己之國家民族至上之思想。而太炎先生講種族，却又倡無部落無國家之五無論。我嘗對他們在當時之世界主義色彩過濃，致其不滿。（見清以來學術文化精神之省察）然而天下觀念與世界觀念涵蓋國家觀念，原是中國文化精神之一端。這精神，在本原上仍是偉大的。即由中國文化精神之有此偉大之處，所以中國在感受外來之壓迫時，一方覺要建立富強的國家，而同時又不能眞懸自己國家之富強為最高之理想，而常存世界主義超富強主義之理想。這才是中國之建國問題之最深刻的內在矛盾。所以民國初年的軍國民教育宗旨，不久亦即取消。中國人之精神，總想着天下世界，而不能築成一民族國家之壁壘，流弊乃至處處表現對于外來一切之沒遮攔，而任人侵畧。如果中國原有強烈的國家主義、民族至上種族至上之思想，而一心一意從受外來侵畧之日起，只求國家富強，中國人之智慧能力，難道一定不及日本，而不能使國家富強？竟然不能者，正因中國人總是想着天下世界。留學生到那國，便學那國，仰慕那國，又總是喜歡講一切世界性的主義，如無政府主義、社會主義、共產主義。整個新文化運動的精神，即一文化學術上之沒遮攔精神之表現。這一種對于外來文化學術之一廂情願，傾心相許，而不惜貶斥自己之文化歷史之新文化運動精神，亦正是使中國人之精神不能凝聚集中，以建立統一堅固之國家之因素，這亦是我素所不以爲然的。然而這種現象，若作爲中國人固有之「與世界不相敵對，忘我而無私吝之文化精神」之表現，亦正有一可貴處。中國共產黨忘了蘇俄在東北之一切劫掠物資的罪行，而發明一「兄弟般的友誼」之名詞以自慰。無數的青年，亦卽依于此觀念，以相信天下一家的世界將由此途徑以實現，遂甘爲其所驅使，以造成赤流泛濫于中國。所以中國數十年來之不能堂堂正正的建立獨立的國家，這癥結決不能如許多人所說這是因爲中國之社會尙停在近代國家出現以前之一階段——卽封建社會之階段之故。因中國封建社會早完了。中國之政治思想中，亦只有先秦之法家與西方國家主義相當。中國當前之所以在世界上吃虧，正因中國文化早超過法家思想。中國數千年，爲儒道二家之天下一家、萬物一體之思想所支配，儒家之讓國與道家之讓天下之精神之潛在人心，遂使中國數十年來成一沒遮攔的國家。蘇俄在精神上以至在外交內政上，能控制中共之最深潛的理由，亦蓋在于此。

三　中國科學不發達之文化背景

誠然，中國數十年之混亂，尙有其他理由，如人人能說的中國科學之不發達，工業建設之落後，民主政制之未能建立。然而中國科學，何以提倡了數十年仍然不發達，民主政治亦講了數十年，仍然只落得個共產黨之極權專政？如果追源究本，這正由中國文化之精神，在無形中成了個限制與桎梏。在中國過去文化中，是藝術精神直接掩蓋了科學精神。（參考中西文化之比較一文）今姑不說它。

中國人此數十年，迫切感科學之需要。中國人學科學的智慧，並非不如人。有西洋心理學家測驗個人的智慧，說猶太人第一，中國人第二。此固不必然。但西洋留學生，在學校時成績，都並不在他國人之下。然而數十年來，在外國學科學的回國以後，常只去作宣傳科學的哲學講演，再轉幾轉，便轉到政治上去。至少亦要轉到學校行政上去。于民國十一、二年，曾有一次所謂科學玄學之論戰，當時代表重科學之一面的，是丁文江。然而他之地質學造詣，一般人皆不知道。他只以宣傳科學，而走上政治舞臺。丁文江的道路，幾乎象徵中國一切成名的科學家的道路。我們試想，我們能知道幾個從未走上政治，亦未負責過學校行政之科學家之名？科學家從政，是中國科學家精力之一最大的浪費。這個問題，不能只是歸因于政治不上軌道。實際上科學家從政，總免不了以其「所治的科學之觀點，去看社會文化之一切」的偏見與習氣，並不算很好。中國政治雖不上軌道，數十年來，任何一個有名大學或科學研究機關，從軍閥時代到現在共產黨之政府，總是加以保護的。一科學家要埋首數十年，亦是可以的。儀器設備不够，亦不阻碍研究的進行。在牛頓達爾文時代，亦是儀器設備不够的。假定自清末到現在，中國學科學者，均能埋首數十年，中國科學何至如此落後？但這個問題，亦不能只責備科學家本人，這是整個中國文化之問題。中國讀書人，數千年來都是要過問政治的。學而優則仕，低者以此爲職業，高者以此匡濟人民。中國近數十年社會之大進步，即是容許讀書人不從政、莫有田產亦能在社會生存。然而社會的一般意識，仍是太重視政治上之人物。科學家之常不免從政，亦無形中由傳統的讀書人，對政治社會之責任感，仍去不掉；此社會之一般意識，亦鼓勵引誘其放下純粹研究的工作之故。現在共產黨，以政治統制一切學術文化，要一切科學家學者，天天作政治學習，而關心政治，重視政治。這更是走中國傳統士人精神之老路，而將逼迫中國科學家更重視政治之價值，使科學家中聰明才智之士，更免不了努力設法獲得政治之名位。西洋近代科學之進步，由于其科學家之純粹求眞理的精神。西方科學家可對自己說，任你政治社會天翻地覆，我只看我的顯微鏡下一細胞所展現之無窮複雜之世界，與望遠鏡中之無窮大的世界。西方科學家，因爲相信學術可超政治，可以對政治社會之問題，視而無睹，冷漠無情。他們反可以其研究成績，貢獻人類而福利社會。這是西方科學家精神的偉大處。然而中國傳統文化精神，却常要人關切社會政治，作官遂成各讀書人之出路。舊社會之尊敬作官者，誠然流弊不可勝言。但是在原始一點，只是從讀書人應以天下爲己任之思想來。一個中國傳統之士人能以天下爲己任，在道德上人格上說，無論如何，又似比一專門科學家只知其顯微鏡望遠鏡中之世界，胸襟度量更大。其精神，正是一方可說是比西方科學家之純粹求眞理之精神，是一更高之一精神。而此精神却絆住了科學之前進。五四時代的人說，阻碍中國科學之發達者，是科學階段以前之宗教迷信，神學玄學之獨斷。這是全不了解中國文化之話。其實中國人之精神，只是因太重藝術精神，太關切人群社會，乃一向未能將其智慧，分別的在一部門之宇宙現象中，一往專注的應用，而發展出分門別類，精益求精之科學世界。決不是因其安于神學玄學之獨斷，與宗教迷信。中國文化之精神之發展，不是因不及科學精神之階段，而不能發揚科學。如說不及，亦是另有超過而不及。中國士人要眞有科學精神，不是難在進一步，而是難在轉一步。唯其是因有所超過而難轉，這才造成中國科學不發達之悲劇。然而此非原則上之不可轉。當俟後論。

四　中國民主政治失敗之文化背景

其次我們當說明中國民主政治，何以講了數十年，仍只落得共產黨專政之中國文化精神之根據。我們如果回想回想清末之人，講西方民主政治之長處之理由，與今日時論中所提之理由一比，亦並莫有甚麼遜色。。然而滿清推倒了，袁世凱便要稱帝，不久張勳又復辟，吳佩孚要武力統一，國會議員賄選曹錕，這結束了中國民主代議制度之第一次嘗試。國民革命成功，由軍政進入訓政，歷時廿年，抗戰完結，乃還政于民，有新憲法之產生，國民代表之選舉，立法院委員之選舉，開了國民大會，選了總統。然而共產黨旋即進了濟南。一年之後，併吞大陸，收了「用民主自由之要求，推翻國民政府」之果實；依然厲行專政。中國政治沒有西方之民主政制，似是中國一切問題永要靠武力解決之大悲劇所由生。現在我只問，何以中國數十年來，學西方民主政制總未學好？通常說，因爲中國之政治，數千年來都是君主專制，所以到民國進到民主，又要退下。但是我們亦可說，如果中國政治以前只是君主壓制人民的專制，中國政治之病根只在君主專制，則君主去了，人民亦就當起來。而中國數十年的政治混亂之原，乃在君主去了，人民仍不能起來，唯因人民不起來，人民無力量，然後籌安會的人，要勸袁世凱爲帝，張勳要復辟，軍閥能專橫，國民黨訓政歷二十年，共產黨出而有暴烈之極權專政。因人民不起來，故四十年來中國之從事政治活動者，參加議會者，便只是純粹之知識分子與書生。西方的代議政治，每一議員必有所代表。或代表一階級，或代表一職業，或代表一宗教。因其社會原有不同之階級之對峙，社會團體之相抗，宗教教會之並立。他們各有所代表，則各有在背後支持之亦限制之社會力量限制之者。他們之言論行爲，亦必須有一定之矩度。他們合在一政黨中議會中，便能互相制衡，建立法度，監督行政。而由多數黨以組織政府，與數年之一選舉，即可見其代議政治，確頗能代表人民要求。他們之知識分子，亦原是初由教會來，繼由貴族地主來，最近則爲從小資產階級中來。然在中國，則唐宋以來知識分子，都是直接經過科舉。所謂白屋出公卿，將相本無種。秦後無原始之封建貴族。隋唐以後，而門第閥閱衰微。遺產均分之制度，土地自由買賣之制度，千年田地八百主，使地主不能形成一確定的階級。中國漢以後之政治，恆重農抑商，商業只以通有無爲主，而禁止壟斷。西方近代英之產業革命，初原于商業資本之累積。此累積，初是由于海上掠奪，與國外貿易。中國古代大商業，則均以國內貿易爲主，資本之累積不大，而遺產均分制度，亦行于商人之家，遂使中國過去，亦不能有西方之資本主義與資本家階級。中國有行會，行會遍于境內，而無西方之基爾特之自成單位，故職業分立，而無社會團體之對立相抗。中國僧侶，又自來不管政治，根本無教會之組織，更無如西方之僧侶之爲第一階級、爲社會政治之一决定力量之情形。且依中國傳統之道理，農工商同不得直接從政。從政只歸從政的專家，即士人負責。士人又非眞能自成一階級。唐宋以後，士人卽從四民之子弟來。由是民國以來，從政者仍只有知識分子。此知識分子，因不分別代表社會不同之對峙之階級、相抗之社團、並立之教會；于是在所組織之議會中，西方近代議會政治之制衡作用無由顯，議會亦無監督政府之力量。知識分子從政時，後面亦無限制之社會勢力，使其言論與行爲遵一定之矩度。在中國傳統教育之精神，知識分子亦本不應只限于代表一階級、一社會團體、一教會，而只應以整個天下國家之休戚爲己任。代卽代聖人立言，代天下萬世之公是公非，與社會之道義，而不代任何個人或團體之權利要求。他們如要盡其對天下國家之責任，亦有科舉制度、吏治制度以保障其循一定之途徑以從政。現在中國傳統學術教育精神，以西方文化之衝擊而衰替。知識分子頂天立地之精神提不起，天下國家之責任感又不够，遂落得個四面不着邊，而轉成只代表其個人之思想、見解，或利害者。以前知識分子雖不代表社會之那一階級一團體，然頂天立地而代表道義，仍有氣概，有力量。現代知識分子，落到只代表自己之個人主義，則什麼都不如，亦再不能有氣概有力量。野心家亦隨時可藐視之，誘惑之，收買之。而對天下國家眞有責任感的人，因無一定進身之階，反默默無聞。今人要取得當議員、當國民代表、立法委員、行政官吏之資格，常必先奔走運動，鼓吹自己。依中國傳統士人之精神，便做不來。西方人與中國人比，總較天眞熱情，喜歡自我表現，如愛作自傳，作文說話，總說我如何，我如何。西方學者，喜一個人標一主義，以自成一家。故在政治上運動選舉，宣傳自己，亦不覺討厭。但中國人之風氣，作自傳亦改一別號而客觀化之，如陶淵明之五柳先生傳。作文說話，能省我字卽省去。在學術上來說，章實齋文史通義曾謂周代前之人皆重「言公」。後來中國大學者常只為古人作註疏以尊大古人。中國傳統文化之作人精神，總是推賢讓能，以炫而自媒為恥。毛遂自薦，李白自薦，傳為佳話，喜其天眞而不以為訓，故自覺的表現自己、宣傳自己，與中國傳統文化精神實相悖。在政治上勉強去奔走活動，拉選票，請提名，終總覺心有所不安。瞞昧此不安，志氣一衰，便鑽營奔競，無所不為，醜態百出。於是潔身自愛者，遂離政治愈遠。這才是學了西方民主政治數十年，始終未學好，而引起野心家去企慕專制獨裁的眞原因所在。

上文說中國數十年來學西方民主政治而失敗之關鍵，在從政之知識分子不代表社會本身之力量。依我們的見解，如果中國有教會，或有貴族，門第閥閱，或地主能結成一階級，或產業已近代化，有資本家工人之種種組織；而知識分子從上三者中出來，咸願每人分別代表一方面，為爭取其權利而奮鬬；或一切好的知識分子，能到處自我宣傳，以舍我其誰之氣概，挺身而爭政權，中國之學西方民主政治之道路，決不如此艱難。然而中國之僧侶之不過問政治，卻正是中國僧侶之所以成其爲高僧。大地主門閥在唐宋以後之崩潰，科舉制之使白屋出公卿，亦不能不說是更合平等之精神。中國之遺產均分制，政治對商業之限制本身，又出於更高之道德觀念文化觀念。知識分子之不習於奔走運動，則以中國傳統文化精神，本以謙謙君子爲貴，崇尚禮讓爲國之故。由是而中國數十年未能學上西方之民主代議政治，而至有今日中共之專政，從一方面說，亦依於中國文化精神之好處而來。（雖然只有此種不爭權利之好處，仍太嫌消極，而且由于不了解爭權利亦可出于一實現人文價值之神聖動機。此可看第四部諸文說中國如何備足民主政治之條件之道。）共產黨以打倒官僚資本階級、地主階級作號召，而不知官僚資本家，只是貪汚腐化之政治中產物，本身並無社會文化之基礎。馬克斯亦未嘗以之爲一階級。中國地主，因無長子繼承制，無共同之階級意識，不爲其共同之利益而結合以干政，亦不合階級之本義。如果中國之地主，眞成一階級，則中國共產黨，那能不遇地主之聯合之抵抗而迅速成功？中國二三十年來之參加或附和共產黨之知識分子，正是共產黨所謂地主或資產階級之子弟。他們如眞有階級意識，則共產黨本身，即不能成立。共產黨之成立，正因爲中國文化精神，早已打破階級意識。地主資產階級的子弟，當了知識分子，即不爲地主資本家之利益着想，然後會群起而參加或附和共黨，則共黨正由中國文化精神之超階級之思想或意識所支持。

五　中共在大陸勝利之文化背景

以上我們只是普泛的討論，中國數十年之受侵凌，學西方科學民主未學好，均由中國文化精神之牽掛。而此文化精神，在本原上均是好的、偉大的，而且亦可說是在一方面超過西方式之國家主義精神、純粹科學家精神、代議制之民主所根據之精神的。中國人學此等等之未學上，是因為有所超過而後不及，此其所以成悲劇。現在我專就中共在大陸上之勝利，來論其所依之中國文化精神之根據。

關于共黨之如何在大陸一時之成功之積極原因，通常只歸于八年抗戰，國家元氣之虧傷，俄國之在東三省之遲撤兵，與蘇俄之以武器援助中共，對中共之策畧的指示；聯合抗日又使共黨坐大等。再次則歸于共黨組織的嚴密，軍隊之受黨的支配與主義的訓練，與其機動滲透的戰術，及馬列主義本身即是最富戰鬭性之一套思想武器等。這是共黨自己與非共黨人，共同所認為中共能席捲大陸之理由。但是這只是從外面去看，所發現之一部分之理由。我們沒有追問到共產主義本身何以會在中國土壤生長的理由。無論如何，中共之組織，最初只是幾個書生，如陳獨秀李大釗等，為嚮往共產主義之理想而發起的。接上第三國際，是後來的事。眞正依馬克斯恩格斯的說法，共產主義只能在產業革命後，有廣大的工人階級中才能生長。列寧的帝國主義論，謂後期資本主義，即以帝國主義形態而出現，則被帝國主義壓迫之民族，實整個是一無產階級，而只能有民族自決民族建國運動。(二)後來陳獨秀退出共黨而提倡資本主義，以爲將來之共產主義之實現準備客觀條件。都是依于同一之眼光。所以中共在江西之能經五次圍剿而不消滅，能經二萬五千里流竄到陝北，終于在中國大陸之有今日之勝利，中國土壤本身之力量，決不可忽視。而此力量，本原上正是一文化精神之力量，這我們必須先承認。關于這個問題，我們不能窒碍的看，要超越的看。超越的看，才看出什麼一種中國文化精神，支持了它之所以產生，何以有萬萬千千的青年，不知不覺地爲之犧牲。我們須承認其組織之嚴密、政治策略，與軍事戰術之運用，仍依一段共同的精神。此精神，主要即我們前說之中國人之世界主義天下一家之精神，中國人固有之超階級之精神。中國青年之嚮往共產主義，實以此二種精神意識爲主因。卅多年前，我個人即以此二點而嚮往之，並曾在北平中俄大學讀書。只是因一念自反，覺此精神本身，不能以唯物論說明，我信不過唯物論，所以一直不曾參加其運動。但是一般青年，不必有如我之一念之反省。他只是爲中國文化所陶養之天下一家人人平等之精神所潛驅暗率，便自然免不了視俄國爲天堂，馬列主義爲聖經。這一種青年之附和或參加共產主義運動之動機，我們必須眞切的同情，而加以了解。十餘年來，我在學校中教書，我更常常親切的覺到，左傾的青年，反是誠實的，比較有人道觀念，正義觀念。社會上亦不少比較天眞的人，反而同情寬容共產黨。我們說這是受了欺騙，是對的。但受欺者，則不僅可憐、且可敬。我常對人說，一切從唯物論、唯物史觀講下來，便使一切好最後都會成壞。但是人們可以根本不從哲學上去反省。我無法用事實證明，非共黨之政治勢力、社會勢力所含之精神上道德上之價值，較青年之一念之誠爲高，我卽無法說服靑年信我的哲學，而我亦不能不承認靑年之精神本身，有一可愛處。而且撇開學術上內容不談，專就共產黨所標出之唯物論、辨證法、勞動創造世界之觀念，與其表面重視農民，及學農民之樸厚氣鄉士氣言，亦都可說爲中國文化精神所支持，而使之能有現在一段成功者。唯物論我是反對的。但是我亦深知唯物論之一名詞，在中國絕不會遭遇在西洋學術界西洋社會中之反感。唯物論在西洋之遭受反感，主要卽由唯物論之否定上帝。上帝是西方正統文化之靈魂。此卽使唯物論無法在西歐及美國得勢，只能在西方正統文化支配力弱之俄國得勢。然而中國缺乏固有之宗教。中國現代思想中，亦缺與之針鋒相對之唯心論，及他派之反唯物論哲學，以阻擋其蔓延。唯物論之主張，如果止于說有客觀之物質存在，或有客觀存在之世界，說未有人之先，先有自然，而不排斥其他，似看不出毛病。中國此時，正需要提倡科學。而科學似以物質科學爲重要。中國所最需要者，似只爲物質科學。唯物論之名辭，似卽表示其是科學的。我們上文曾說到，中國科學家恒關切政治。現代中國最感迫切之問題，正在科學與政治。馬列主義之唯物論，似正是科學的又是政治的。民國以來，人要求的是民主的政治。而馬列主義虛構無階級的社會中之民主政治，依字義看，似是最民主的。人們遂忘了俄國的政治是一黨專政。于是五四以來，擁護賽先生與德先生之精神之意識，卽被唯物論之馬列主義利用，而成支持共產黨之力量。辨證法之方法論，亦似有優于五四時代如胡適之所提倡之實驗主義之方法論之處。實驗主義之方法論之精髓，在能先凌虛構造假設，再求實證。此是科學發明之方法，亦可是考證歷史之方法。但辨證法似可以更是觀察歷史之演變，從正面、反面、多方面看問題與事物之方法。這正是多少有似于中國先哲之思想態度的。其次是馬列之辨證法，注重矛盾鬥爭，亦可配合中國現在人處處感到的衝突、不安、矛盾、鬥爭之情調。似乎中國近代人此種情調，皆在此名詞下被表現，而得一發抒。尤其重要的是：新文化運動時代所提倡之實驗主義方法，並未對科學發明，有所促進，而只用于對國故之批判懷疑，流弊又至於濫作對中國歷史文化學術之假設。零零碎碎之考證，無古人之謹嚴，亦不關中國當前人所最迫切之實際問題。中國傳統儒家學術文化精神，是要講知行合一。如「子路有聞，未之能行，唯恐有聞」。知要求整個的知，則行要求整個人生的行。新文化運動時代打倒了儒家思想，而儒家之此種精神無所寄托。講儒家思想的人，只在講壇中講。如負盛名之馮友蘭講理學，即落到新實在論之邏輯分析的窠臼。馬列主義却似一有哲學與科學面貌之大系統，頗易迎合人對宇宙人生社會之一種全面的知之渴求，並是要人即知即行，理論與實踐合一的。于是馬列主義即佔領了新文化運動以來儒家思想破壞後所留下的一空闕。中國古代天子要親耕，后養蠶，中國神話有盤古以斧頭開天闢地之說。伏羲氏神農大禹都是勞動者。詩經中充滿人勞動之餘的詩歌，漢唐以後，讚美採茶、採桑、浣衣、縫衣，及田園生活之詩，比西方不知多多少。此中處處表現我們所說之中國人之在自然中日常生活中之情趣。中國民族，本來即是一重勞動之民族。讀書人總是耕讀傳家，作了大官回來，仍與田夫野老共處，並遵守鄉里之禮。只有民國以來之知識分子，自外洋留學，或都市讀書回來後，因其所學均是外國的，兩眼乃只向外看。他們廢祭祀而以為迷信，薄孝弟而以為封建，以農村文化為頑固蔽塞而看不起，亦失去在自然中生活與日常生活之情趣。他們之精神意識，先游離農村而去，亦輕視農民。或再來辦平民教育，即先對中國農民加以四字判語：貧、弱、愚、私。這種自上至下的評判態度，先自不好。中國農民又何嘗即是愚私？共產黨作農民運動，亦是非眞重視農民。因馬列主義在理論上亦是以農民為最保守頑固的。但是他們却知利用農民力量，遂與農民穿一樣之衣，食一樣之食，與他們一道耕田，這就使中國農民，覺得宛若他們漂洋過海之子弟回家來了。所以共產黨之能認識農民之力量而滲入農民中去，至少在表面上，仍是中國之耕讀傳家士農合一精神之復蘇，而比一些只是國際游魂之知識分子，進了一步。

六　中國文化精神之不容否定

但是我們在上文說，中國數十年之混亂，及中共之一時在中國之成功，都涵容有中國文化精神在內，只證明中國文化精神之未嘗眞喪失，而仍有大力在主宰中國之道路。但我們却不能將中國數十年之混亂，歸罪于中國文化精神，而欲徹底加以改造及否定，亦不能誤認中共實現了中國文化之精神，眞能在中國成功。我們之所以不能將中國文化精神徹底加以改造及否定者，第一是在勢上不能。中國如一年一段，則五千年之中國即五千個中國。五千個中國之文化精神，不是再有數十年即可以加以徹底改造否定的。過去數十年之提倡富國強兵之說者，提倡科學提倡民主者，均欲以富國強兵爲至上，科學爲至上，民主爲至上，以徹底改造中國文化精神之他方面，造一絕對的新中國。然而都一一失敗了。這失敗，是由于中國文化之精神，乃直接貫注于想否定中國文化精神者之生命心靈與意識之底。你要徹底否定之，只是你的意識、你的觀念。然而你的存在之自身，却自你要否定它的意識之底，逐漸透露出來，以使你終于不能否定它。這是勢上之不能否定之證明。第二是理上不能。所謂理上不能，是你用以否定中國文化精神之觀念理想，縱然最初是由外來，然而此觀念理想要有力量，首必須經你之意識之認可，而成爲你自己的。且須與你之生命心靈及整個人格之存在之一切情調氣味相合。然後此觀念理想，對你個人乃有眞力量。又必需社會意識之認可，與整個民族之生命、心靈、情調氣味相合，乃有對社會對整個民族之力量。由是而一民族社會，要在意識上或情調氣味上承認一新觀念、新理想，並使之有力量，必需合于整個民族社會歷史之文化精神之眞正要求。而以一新觀念理想，改造或否定中國文化精神云者，只能是：以此觀念理想喚醒而顯發中國文化精神之潛在的眞正要求，以完成其自身發展之謂。因而你亦必須自覺此新觀念理想，在中國文化精神中有其根，並視此觀念理想，爲自中國文化精神自身之要求所湧出，且係屬于中國文化精神之自身者，而後可。第三是義上不當。因中國數十年之混亂，只由于世界文化與中國文化之相衝擊，如瀑布之落于大江之中，而水花四濺，江水之流行，因以錯亂。這責任是雙方的。中國數十年之混亂，依上文之分析，均由中國文化精神自有其好的方面。此好的方面，原則上是應當保存的。其悲劇所以產生，乃由于一種好與另一種好之相矛盾衝突，而未配合得好。其矛盾衝突，乃其要求更高的配合和諧之證明。矛盾的力量存在，即實現更高的配合和諧之要求之力量存在。而由矛盾衝突至配合和諧，即將使此力量化爲更向前發展進步之力。如瀑布落到江中使水花四濺之力，即轉瞬變爲更迅速的、和協的順流而下之力。而其順流而下，仍依着江水自身之方向。以上是說，我們不能將中國文化精神加以否定之理由。

至于我們之所以不能說中共將在中國成功者，則理由是我們上述之中國文化精神，雖實際上幇助了中共之勝利，中共並不肯自覺的承認，且起畏怖，而加以摧毀。中共之意識形態，正是數十年來之外來思潮中，最欲徹底否定中國文化之精神者。他們現正將其一切功績，歸之于馬列主義之思想、蘇俄斯大林之領導，與共黨的組織之嚴密，及武力之強大；而且正欲以馬列主義改造中國之一切學術文化。以一面倒之政策，歸向蘇俄，以其武力與組織嚴密的黨之精神，嚴密的控制中國社會。他們意識中所作的事，正與原來支持其在大陸勝利之民心與中國文化精神，極端矛盾。他們貪天之功以爲己力，對中國文化精神，忘恩負義，則中國文化精神便不能容忍他們了。他們不知馬列主義與中國文化精神在根本上絕不相同。中國文化精神之所以不能抵抗中共之暫時的利用，亦並非眞以馬列主義與其自身相同。中國文化精神在與世界文化相衝擊以後，是先本其沒遮攔之精神、世界主義之精神以向外望，于是首要學日本之富國強兵，次要學英美之科學與民主。但因學時全忘了自己，對自己精神之他方面，未與以一安頓，遂自己與自己所要學的相衝突，無眞成就。于是乃敞開了蘇俄侵入之門路。然而中共則弄假成眞，認賊作父，竟欲以馬列主義化中國，則它失去了它之所以有一時勝利之根據。中共愈要拿馬列主義直接的控制中國，則中國文化精神將愈認識馬列主義之不是它自己，而愈不能容忍馬列主義，更不能容忍以馬列主義爲聖經，以馬恩列斯爲聖人之中共。所以我在本書，隨處說明中國文化精神之決不同于馬列主義之精神，使非共黨的人、共黨的人都要知道，中國文化精神決不容忍馬列主義。同時我們將說明，中國數十年之混亂所表現之一切文化意識上之矛盾，皆可由中國文化精神之自覺的充量發展，而加以化除，由此而同時通接于世界文化精神之有價值的方面，如科學精神、民主精神之類。但關於這些，本文暫不多論。

（三十九年九月）

第四部　中西社會人文精神之融通（上）

論接受西方文化思想之態度

——中國知識分子自作主宰的精神氣概之建立

一　今日中國知識份子之責任與悲痛

中共之所以席捲大陸，而導五千年之神明華胄一面倒於蘇聯，其直接的原因，當然是國民政府之政治軍事的失敗。政治上軍事上之人物，固然祇有力求將功贖罪，以減輕千秋萬世的譴責。但是其遠源，則是中國百年來之文化思想與教育上之失敗。因爲政治上軍事上之人物，亦是由教育家教出，社會文化思想之風習下陶養出的。所以一民族之興亡與盛衰之責任，最後必需歸到從事教育與提倡文化思想之知識分子身上。而在中國傳統精神中，對於知識分子之責備，亦特別苛。王船山先生痛心於明之亡，而竟責備到良知之學的王陽明先生。范寧以五胡亂華之罪魁禍首，歸之於倡清談之王弼何晏，謂其罪浮於桀紂。這都祇因爲中國傳統精神對於知識分子期之殷，待之重，而後責之深。唯知識分子可責備知識分子，亦唯知識分子配受責備。至於貪官、污吏、昏君、悍將，則根本不配責人，亦不足爲人責。所以我個人與一些朋友們，年來皆不免時對百年來之學術思想界之前輩先生有微詞。我常想今日之知識分子，必須求挽救一些百年來文化思想與教育上的錯誤。否則，後之視今，亦猶今之視昔。當此天旋地轉的時代，我們如果不能使中國文化思想與教育，走上一更正大光明的道路，我們上無以對祖宗，下無以對子孫，我們亦將不能逃千秋萬世的責備。

我不否認，現在中國知識分子所處時代之艱難困苦，亦可說爲中國曠古所未有。在中國之過去，一向尊士。無論天下如何大亂，總可容少數知識分子，藏身於鄉村，隱遁於山林，或化身爲僧道，以保存學術文化之命脈，而待世運之推移，以效身於治平教化之事業。故前朝之處士，往往卽新朝開國之名儒賢相。然而中國百年來之知識分子之社會地位，則每下愈況，愈來愈不受社會上之尊敬。士不如農，農不如工，工不如商。現在大陸之知識分子，更根本無鄉村可居，無山林可隱；化身爲僧道，亦不能逃避清算之命運。本來中國固有學術文化之精神，經百年來西方文化思想之激蕩，已飄搖欲墜。再經共黨之連根拔起，人卽欲在學術上抱殘守缺，亦無殘可抱，無缺可守。至於現在在台灣與海外之知識分子，其逃出，事先既非出於政府之計劃，多皆隻身離家，倉皇奔走。至今，或者父母妻子皆在大陸，坐待宰割；或者其平生師友、族人親戚，噩耗頻傳。而流亡之際，日常生活，多復在朝不保夕之中。加以黨派成見，人相疑忌，咸不免憂讒畏譏，抑鬱不平。再瞻望國家前途：本來中共如痛哭前非，原是國家民族莫大之福。此而不可能，則戰爭決無可免。將來戰爭中，同胞死於疆場者，不知若干萬？戰後之瘡痍滿目，如何平復？皆無從想起。故中國今日眞有良知之知識分子，無論自顧己身，遙念家國，皆可使之愴懷感慨，欲哭無淚。說此爲五千年來中國知識分子所遭遇之未有之慘境，亦不爲過。而處此慘境之知識分子，却須負挽救五千年所未經之災難之重任，以免於千秋萬歲之責備，此將如何而可能？

記得去年除夕，在鄰家爆竹聲中，中宵獨坐。念上列種種，竟不勝悱惻之情。我素來不在波譎雲詭之國際局勢上，寄託幻想與希望。我再環顧社會風習，人心趨向，與一般知識分子，表現於行動言語文章中之氣度，我總覺不見眞正的去暴戾而致太平之幾，頓覺前路茫茫，天昏地暗。然在悲觀之極，靈光不昧，忽然念及猶太教基督教中，上帝在無中創造世界一語，覺其中實有無盡智慧。此語之宗教與哲學的解釋，今固不能說。但是從歷史觀點去看，此種思想之起原，我想當是孕育於猶太人被逐出埃及以後。當他們結隊而行，流離轉徙於沙漠風塵之中時，在天蒼蒼，野茫茫之下，當然不勝黍離故國之思。他們想着現實世界不屬於他們，想着他們在現實世界，無可依恃，無可攀緣，無可假借。於是從一片飄零愴恨之感，不忍宗社之亡之心，便顯出一內在的深情。由此深情中，卽見一內在的無上主宰或上帝，而相信他將自無中創造世界。世界之開始，亦是他自絕對虛無中創造出的。猶太人亦終於本此信念，而自無中創造出了基督教之世界。我再一自反當時之一念悱惻，我亦卽相信人人之內心深處，皆有一純潔眞實之不忍之心。此不忍之心，「有家而不忍家之毁，有國而不欲國之亡，有天下而不欲天下之失黎民，有黎民而恐或亂之，有子孫而恐莫保之。」（船山先生語）此便是人生之眞實不容已之內在的無上主宰，我們內心的上帝。他便有從此生天生地，生人生物，自無中創造世界之大力。這個不忍之心，恆是不到悲觀之極，不至山窮水盡之境，不能眞正顯出。於是我反而想到，正因中國知識分子所處者，乃五千年來的所未遇之慘境，經歷了無數的理想希望之幻滅，然後他才眞配挽救中國五千年來所未經之災難，而重新創造中國民族、中國文化之更遠大的前途。

我說到此，我不能不對一切自顧己身、遙念家國，皆不免感慨萬端之中國今日之知識分子，尤其是青年知識分子，作一竭誠的懇求，並加以鼓舞。卽我們，必須互相勉勵，以激發其志氣，爲中國民族、中國文化求開啟一新的生機。現在的時代，的確是一大時代。大時代中的一切災難，皆所以促成大時代中的我們最偉大的創造。此創造之可能的條件，則係於我們之是否能有通古今之變，於解決百年來中西文化之衝擊中，所產生之一切的矛盾衝突之深情大願。人作基督教徒，必須先歸信天主。人作佛教徒，必須先發菩提心。儒家之第一義，是要人立志。所謂深情大願，與發心、立志之名詞之涵義，似乎是空洞而不可把捉的。因此類名詞祇指示一種態度，一種胸襟，一種超越的嚮往。然而這却較一切特殊具體之知識技能，尤重要。中國近年來之知識分子，在知識技能方面，無不超過以前的老輩。然而就以我個人很狹小的接觸而論，我就深切的感到，在我心目中，所能囘憶七八十歲以上之老輩之氣象、風度、胸襟，與志願，都不是我自己與我同年代者，及一般青年之所能及。我常覺我自己之所以尙未如何墮落，亦祇因尙有幾個所佩服之老輩，常在心目。此種士風之轉變，另有其客觀的原因。亦不能祗怪我們此一代的人不行。人性與人之向上心，原是一樣的。但是我們此一代的教育，不先從教學子發心立志，而培養其深情大願下手，亦是一重要的原因。中國從前儒家佛家之要人發心立志，成佛，成聖，或普渡衆生，「爲天地立心，爲生民立命，爲往聖繼絕學，爲萬世開太平」。現在已不好講。現在我只好講，我們要如何發心立志，去通中國之民族與其文化之古今之變，而解決百年來中西文化之矛盾衝突，以創造中國民族文化之前途。在此文我所講的，則更暫時局限在：如果我們如此發心立志後，我們應當有如何去接受西方文化思想之態度。這個態度是百年來之知識分子，尤其是新文化運動以來之知識分子，常常苦於不能眞正樹立起來的。而中國問題之旋乾轉坤的樞扭，正在此似乎空洞不切實際之態度之樹立上。所以我不能不試一垂涕而道之，以自勉而勉人。

二　中國知識分子如何而有氣概

中國百年來的災難，由於外感與內傷。人們類能道之。其結果，是造成整個民族之精神上的虛怯。平心論，百年來之中國知識分子，實亦未嘗不努力。就是共產黨，亦有一番蠻勁。我不相信中國民族與一般民衆之自然生命力之衰弱。一切的毛病，還是出在百年來中國知識分子之在精神上、意識上、心靈之所嚮往者上，不能頂天立地而站住。因此而不能通古今之變以安其常。恒不免在中西文化相衝擊之下，偏偏倒倒，以至隨波逐浪，沒頂漂流。共產黨之一面倒，並不是自共黨開始。當胡林翼看見長江中的外國兵艦時，便嘔血病倒了。此一故事所象徵之意義，卽中國近百年來之與西方文化接觸，是從一恐怖與怯弱之感開始。連帶而生之情調，是對西方文化之羨慕與卑屈之感，與自己之發憤圖強，迎頭趕上之善意，互相夾雜。百年來，由淸末與民國初年之學日本之富國強兵，再變爲新文化運動時之批判傳統文化，提倡英美之自由主義，講科學與民主。三變爲九一八以後，一部分人之提倡德意思想，此思想直到抗戰中之戰國策派。四變爲共黨之一面倒於蘇俄。而現在一般知識分子，賴以反俄之思想憑藉，仍主要爲五四時代新文化運動之科學民主之口號。亦尙有人不免有德意法西斯思想之遺留。而貫徹於百年來之知識分子之心底之感情，則始終不免是一恐怖、怯弱、羨慕、卑屈之感；與慚愧、虛心、好人之善之心相夾雜。這兩種動機，後者是自動的，向上的，前者是被動的，向下的。今日中國之知識份子，對西方文化之學習，二種動機都有，不過各人分量不同。然而我們却必須嚴格的劃開此兩種動機，只有後一種動機是要得的。前一種動機，則必須斬絕淨盡。這是中國今日知識份子眞要接受西方文化思想，必須徹底覺悟，自己懺悔，而正心誠意的工夫之第一步。

人總是人，人都有其原始性的缺點。人對於強有力的東西，不能不恐怖。對於財富與榮耀、精明的技術，與豐富的知識，不能不羨慕。人有所求於人，便難免卑屈之感。以超越的眼光看，毛澤東之求於斯太林，與自由世界之中國人之不能不有求於美國人，同樣是中華民族自己不爭氣的恥辱。雖然世界一家，人類平等，別人在內心眞都尊重我們，如尊重其自己嗎？我們在求於人時，我們眞無一點卑屈之感嗎？這些地方，只能說，這是無可奈何。然忍辱負重的中華民族，仍不當有一卑屈之感，亦不當以怯弱羨慕的心情去學習西方文化。中國今日之知識分子之修養身心，一定首先要堂堂正正的站起來下手。不錯，我們國家是窮，是弱，亦是需要人幫助。世界上亦莫有一國家，不曾受其他國家之幫助。但是國家民族，亦如個人。中國從前知識分子之修養個人自己之第一步，即「衣敝縕袍，與衣狐貉者立而不恥」（孔子）。「說大人，則藐之，勿視其巍巍然」（孟子）。「志意修則驕富貴，道義重則輕王公」（荀子）。「麻鞋見天子，衣袖露兩肘」（杜甫）。個人不必以窮與弱而衰志氣，國家民族亦然。國家民族之氣概，即係於其中之知識分子之氣概。難道中國知識分子，處此積弱貧困之中國，即不能有堂堂正正、頂天立地之氣概所自生之另外的泉源？

說到中國知識分子之氣概的泉源，讀者或以爲我要提出我們對中國歷史文化之自信心，由此自信心，便可培養我們的氣概，我們之接受西方文化，便不致出自怯弱、羨慕、卑屈之態度了。不錯，這是我願永遠重複說的。但是此尙是第二義以下。我是中國人，我當然有對中國歷史文化之自信心。但是我們只須直接自覺我是人，人人便都可有一頂天立地之氣概。一個人亦並非必須想着他所在之民族有光明燦爛之歷史文化，才可有氣概。此氣概不須任何外在之假借，任何外在之憑藉。陸象山先生說「我雖不識一字，亦須還我堂堂的做個人。」又說「附物原非自立」。人有錢；莫有錢怎麼樣？有名、有位、有權；莫有名，權，位怎麼樣？有知識學問；莫有知識學問怎麼樣？我屬於一堅強的政黨；

我的政黨毀滅了怎麼樣？我生在一強盛的國家，我不生在此強盛的國家，怎麼樣？我是有悠久歷史文化之中國人；中國莫有悠久歷史文化，或中國過去歷史文化都滅絕不存，又怎麼樣？我們一步一步的自己口問心，心問口。我們卽一步一步發現，我們通常之氣概，會一步一步的消滅。剝筍到底，究竟你還有莫有氣概？這個考驗，少有人眞經得起。經不起，你便只是附物，你尙未能自立。人必須在假定，什麼外在之假借憑藉，都莫有了時，只有赤裸裸的個人，依然覺得上是天，下是地，我立於宇宙間，而其精神足以涵天蓋地，通貫古今，才是眞正的自立，才見眞正的氣概。這個氣概，上不自天來，下不自地來，中不自他人來，而只由自己對自己之內在的人格尊嚴，與無盡的不忍之心之自覺來。亦卽由人之自覺其是人來。這個自覺，與緣之而生之氣概，只要我是人，不管我是否中國人，都是當有能有的。而啟示人之自覺，激發人之此氣概；此氣概又絕不顯為對他人之凌駕與驕傲，亦卽原是中國儒家精神之神髓。

依上所說，人只要眞求成為人，人便須有堂堂正正，頂天立地，而涵天蓋地通貫古今的氣概。而我們之所以要發心立志，去通中國民族文化之古今之變，銷除中國百年來中西文化之矛盾衝突，以創造中國民族之前途，文化之前途，亦卽依於此氣概才能講。我們之所以要保存中國歷史文化之有價值的方面，要對中國之歷史文化有自信心，及要綜合中西文化，都是依於此氣概原是通古今涵中外而說。故陸象山先生一方提出自立與先立乎其大者之教，一方卽說「千百世之上，與千百世之下，東海、南海、西海、北海之聖人，此心同此理同。」這不是什麼神秘主義，亦不是什麼狂熱之情。我們每一人，只要把所附著假借的東西，一念放下，我們每一人都可有此一氣概。這個氣概，祇是一態度，亦根本不須一一充實以具體的內容。具體的內容是在進程中不斷充實，而無停止之一日的。然而此一氣概、一態度，則當下即現成具足。人人都可以馬上停止於此一氣概或態度中，此之謂止於至善。在至善之前，怕的祇是拿不穩而走作離開了。

三 中國百年來知識分子缺乏氣概之事實與其原因之進一步的說明

我說百年來中國知識分子，缺乏堂堂正正的站立起來之氣概；我是希望中國今日之知識分子，不與所謂在位當權的人計較，而以擔負人類罪惡之耶穌自比，承認一切罪過，皆在自己身上。並承認一些缺乏氣概之事實。而且最好承認百年來中國知識分子之氣概，是每下愈況，一代不如一代，以便改過。我們看，清末固然有許多頑固的守舊者，他們是缺了一涵蓋當今時代之氣概。但是當時亦少有一守舊者頑固到不主張學西方的科學，不求中國之工業化。推倒君主，建立民國，除少數遺老外，亦無人有異議。然而清末至民國之主張革新者，反而一直喜發偏激之言論。我以前曾指出從清末章太炎先生之以佛老非儒，康梁譚之革新思想，到陳獨秀胡適之先生等所領導之新文化運動，都不免許多激於意氣，矯枉過正，而太偏重懷疑與破壞之精神之提起的地方。無論如何，以打倒中國文化之傳統，作爲接受西方文化之代價，便是缺乏一涵蓋自己文化歷史之氣概。誠然，淸末諸鼓吹革新者與新文化運動時之中國之知識分子，亦有一番朝氣。其對中國思想界，亦不無功績。但是其價值，决不能過分誇大。其缺點，亦無庸諱言。這些人都以青年而享盛名。青年說說過激話，亦可以原諒。說錯了，另外說過就是。若再爲之掩飾，便無必要。太炎先生與任公先生，後來卽悔其早年偏激之論。陳獨秀晚年亦向歐陽竟無先生領教。適之先生在今日，亦未必再忍心罵中國之聖人爲懶惰的聖人（見其所著我們對西洋文明之態度），再去介紹一隻手打孔家店之老英雄了（見吳虞文錄序）。然而此種偏激的鄙薄中國文化之態度，在五四運動時，自當時居文化中心地位之北京，向四處流佈，於是力量特大。流風及於今日，依然有不少人認爲談中國文化與儒家，便是反民主，反科學，反現代。其實現代與古代之二名，並無價值上之涵義。人祇要稍爲有通古今之變的氣概，便知學術文化上之古今新舊之辨別的重要，遠次於其有價值無價值，眞與不眞，善不善，美不美，適宜與否，利與不利等之辨別之重要。而我們眞要求中西文化之融通，則科學與民主當然要提倡，然而科學與民主以外，亦尙有其他的文化概念與文化精神，對中國未來之文化創造，有同等的重要性。縱然中國過去文化中，比較缺乏科學精神民主精神，然而亦儘有其他的文化精神如道德精神、藝術精神、歷史精神、人文精神值得保存於現代者。這些固有文化精神，平心說，現在一般知識分子，了解得並不够。實不宜自以爲我生在二十世紀，便天然的勝過古人。科學民主，亦並非唯一的價值標準。譬如以前一些時，國府考試院長，要提倡讀經。本來學術文化風氣之轉移，宜由社會自發。依歷史事實看，凡學術欲由政府提倡，皆易成利祿之途。政府對學術文化之最大責任，祇能尊重而扶助之，獎勵之。然而，中國知識分子，如眞要有通古今之變的氣概，對於民族文化之泉源之經與子史，當然都該讀。人之所以異於禽獸，卽在其有自覺的回憶，而不斷融所回憶者於當前之經驗，以增生命之厚度；於變知常，在時間之流中，站立起來。人要爲仁人，必先爲孝子。不愛自己父母祖宗而愛他人者，未之有也。無承擔自己祖宗所遺之文化精神，而能吸收他人之文化精神者，亦未之有也。此理本來十分明白。而時論中竟一聞讀經二字，卽視爲大逆不道。好像經不可讀，本身先成天經地義。主張讀經，成了離經叛道。不讀祖宗的書，有如家醜不可外揚。其卑屈之感爲何如？人又常想着歷代帝王，及民國軍閥，及無數達官貴人之提倡讀經者，皆別具懷抱，或想利用經義，以束縛人心，自固名位，於是反對讀經。其實盜跖穿衣，堯舜亦穿衣。穿衣畢竟無人反對。如果堯舜不穿衣，當然盜跖更要大穿衣。知識分子以讀祖宗之書爲可耻，不肯提倡，而我與中國老百姓之接觸，却知中國一般老百姓，大皆知敬其祖宗，與歷代聖賢。當然亦會有人要以利用之心來提倡。而且，莫有好的東西能在原則上免於人的利用。有時好的東西，亦就利用他人對它的利用，來實現它自己。然眞是眞，假是假，決不能掩盡天下人耳目。又何必因怕人利用，便顧忌而不敢講？如祇在顧忌之下過生活，我們自作主宰的氣概那裏去了？

至於中國文化精神之價值，我不擬在此多說。千言萬語，都可歸結到中國今後之知識分子必須先要自立，眞正自覺其是人，是中國人。食古不化，固然不好，凡今卽是，其弊惟均。人必須先能去古今之蔽，而有一通今古之氣概，同時亦才能眞有放開胸懷，以涵蓋今日之西方文化思想中一切有價値者，而加以綜攝之氣概。而百年來之中國知識分子，實亦缺乏如此之一氣概。

我說百年來中國知識分子，缺乏對西方文化思想之綜攝的氣概，亦有事實可證。此事實，可直自其原因說來。此原因，卽我上所提到中國百年來之知識分子，接受西方文化思想，常夾雜怯弱羨慕卑屈之情與俱。這我可將本文第二節第一段之意，再稍詳一說，以使我們更能自見己過。我們都知道，中國在過去，亦曾受印度文化之衝擊。當時西行求法者之歷盡艱難，以遠學異域之精神，實十分可佩。而玄奘諸人，所表現之氣概，亦極偉大。玄奘一面在印度，學空有二宗，一面卽著了融貫空有二宗之會宗論。佛學到中國不久，中國人亦能紛紛自創宗派，如與玄奘意見不合而出譯場之法藏，他亦未嘗留學印度，卽自去宏揚一華嚴宗；後在中國之勢，反過於玄奘自印介來之法相宗。至於初不識一字之慧能，創一禪宗，尤爲了不起。中國僧人之氣概所自生之原因，照我看，主要卽在他們之求法，眞是出自自動，並不夾雜其他動機，故終能自作主宰。而中國百年來之留學運動，最初卽是出於恐怖瓜分，此卽以胡林翼嘔血爲象徵，而不能不去學他人之長。近代中國國運之衰微，始見於與英之鴉片戰爭，與其後之中日戰爭。而中國最早之留學生，則以日本與英國爲多。被人打敗再去留學拜師，這個心境，卽夾雜了原始的怯弱感與卑屈感。而此怯弱感與卑屈感，亦極易轉爲一羨慕之情，與對自己國家及其文化之怨憤。所以儘管中國人近百年來接受西方文化思想者，亦多有各種向上的動機，如慚愧虛心等。然而畢竟缺乏一對西方文化思想加以涵蓋綜攝的氣概。本來學術文化之綜攝的工作，從實際上看是無窮盡的。然而此氣概，則亦是要有就有的。而其所以竟難有者，其故正在上述之留學生之內心之情緒。而人一少了此氣概，便不免精神偏促於所從之師，與其一國之學術傳統，而難言大胆的綜合。而今日中國之學者，凡有志於此者，人皆以爲狂妄，而決不能受社會之鼓勵。如果我們再來看數十年來，西方思想在中國之盛衰之勢，更見我們之不免缺乏自主的選擇。許多新思潮之盛行，亦可謂純屬偶然。我們試想如果不是中國首敗於英之海軍，嚴幾道先生亦許即不到英國去學海軍，或不致歸國即專門從事英人斯賓塞、赫胥黎、穆勒之書之翻譯。而晚清思想界所受歐洲思想之影響，即可能以另一種爲主。中國又若不繼敗於日本，中國人到日本去學陸軍及法政，以求富國強兵者，亦許亦不如此多。則留日之陳獨秀之辦新青年，初亦許亦不專以提倡富強爲主。新文化運動之介紹外國思想，以美爲主，亦多少由第一次大戰後美國之國際地位大增，且與中國外交關係良好，而引動了中國人對美之感謝欣羨之情。俄國革命到了民十二三年，其內部乃逐漸穩定，開始建設。於是國民黨中，聯俄容共之思想即產生，而社會上之馬列主義，到民十四五年亦日益流行了。到了希特勒登臺，德國再見興旺，而國民黨中，又有學德意之藍衣社運動了。第二次大戰，德成敵國終被戰敗，德式思想乃衰微。而今之自由中國，反共抗俄，不免求援於英美，於是英美式之民主自由思想，又要求居文化思想中之領導地位了。從這點看，中國數十年中，各種文化思想之失勢與得勢，幾皆以他國在國際上強弱衰興之勢為轉移，實說不上自作主宰之選擇與綜攝，不免透露百年來知識分子唯強國之馬首是瞻之勢利眼，與羨慕卑屈之情。不脫此眼此情，以領導文化思想，何能有眞實力量與効果？自身立不起，而隨風勢歪倒之結果，乃終歸於毛澤東死心塌地一面倒，又何足怪？觀乎百年來中國之接受西方文化思想之隨風勢歪倒之不能立國，吾而後知超越的涵蓋西方文化思想之精神，誠不可少也。

我們眞了解對西方文化思想之自作主宰的選擇與綜攝之精神之足貴，便知吾人今日接受西方文化思想，必需高瞻遠矚，實不能祇從目前一段時間之需要上着眼。現在中國大陸人民之為斯大林所奴役，是百年來之中國知識分子大家一齊失敗的證明。中國的固有文化思想，與學日本的富國強兵的思想，主要學英美之新文化運動時之思想，學德意的法西斯的思想，同樣是失敗了。罪過與責任，亦是百年來之知識分子，同樣要分擔的。此失敗，一方固然證明中國固有文化思想有所不足，同時亦證明，片面的強調西方思想之某一型者，同樣不能建立國家。中國未來立國之文化思想，必須有待於吾人一面在縱的方面承先啟後，一面在橫的方面，作廣度的吸收西方思想，以為綜攝的創造。此創造並不能期必某一個人或某一時期完成，但是祇要大家先能提起精神，擴大胸量，去掉一切虛怯、卑屈、羨慕的情緒，而有一頂天立地的氣概，便能逐漸完成。如果中國知識分子，眞要有此氣概，而又能眞鑑於百年來之中國頑固學究，與一切以片面的西方文化思想領導中國文化思想者之事實上的失敗；則我們今日接受西方文化思想，我認爲在原則上，應擴大一般流俗的眼光者，重要者有二：一是英型美型之思想，與歐洲之德國型思想之並重。二是我們不能蔽於現代化之一名，而祇注意西方近代文化中之科學精神，工業精神等，而看輕西方文化中由中古傳來之宗教精神，及由希臘下來之審美精神與哲學精神。我們先有此一涵蓋西方文化思想之全局的風度，然後再去擇善而從，或從事細密處的了解，我們才能建立我們之自作主宰的精神氣概，茲試一畧論此二點於下。

四　論英型美型與德國型思想之並重

關於英美型之思想之所以宛成在中國流行之西方文化思想之主流，在我看來，主要由於一些實際的原因。如上述之中國之首敗於英，教育之定英文爲第一外國語，英美留學生之最多，第一二次大戰，皆與英美並肩作戰，今反共抗俄，又賴美國之援助，而英美思想中所重之民主自由，又爲直接反對極權，並易于引動情緒之名號等。然而人要講文化思想，不能順勢講，而要依理講。依理講，英美思想，有英美之長處，德國之思想，亦有德國之長處。他們的文化思想，互相影響之處，固極多。然兩方文化思想所偏重，確有不同，而各有價值。我們知道，一民族國家之文化思想，常凝聚成一些主要概念，或環繞於一些常用名詞。英國文化思想三百年之傳統，由培根、洛克至邊沁、穆勒來者，大體說，即環繞於「個人」、「福利」、「效用」、「安全」、「自由」、「常識」、「經驗」、「民主」、「寬容」、「公道」、「法律意義上之人格」等。美國思想則除此外，又比較重「社會」、「平等」、「人道」、「博愛」之概念。這是美國革命之初從法國思想來的。美之重效率efficiency、成功success概念，又過於英之重效用utility之概念。而德之思想，自來布尼茲、赫德、勒新、康德、歌德，菲希特、黑格爾下來者，則重「人類」、「國家」之概念，過於個人與社會之概念，重公道過於重平等。重道德意義之人格，過於法律意義之人格。講自由亦重精神上之Freedom過於政治意義上之liberty。德國文化哲學思想，復主要環繞於「理性」、「理想」、「規律」、「法律」、「自我」、「精神」、「生命」、「存在」、「歷史」、「文化」、「全體」之概念。英與德及法，明是不同之文化系統。美近於英，而比較多有所取於德法。美在政治思想方面，受洛克、孟德斯鳩影響最大。在哲學上說，美國之哲學直接自康德、黑格爾理想主義之研究開始。（參考Wierkmester：History of American Philosophy前五章）。此與近代意大利思想之以馬克維利為一開始者，英國之思想之以培根霍布士為一開始者，大不相同。以馬克維利開始，故終於產生慕沙里尼。以霍布士培根開始，便難跳出功利主義之窠臼。美國哲學之以康德、黑格爾開始，正是其今日在世界，比英國抱更多的理想主義的精神之一學術史上的理由。十九世紀後半期，德國唯心哲學，既主宰英國哲學界，亦主宰美國之哲學界。杜威、詹姆士雖然反唯心論，然杜威將社會之概念與個人並重，正是承繼德人重全體之精神，以補充英國霍布士、洛克以下經驗派之個人主義。詹姆士之純粹經驗論之哲學，與其心理學之重視「連續」之概念，正是所以修正休謨、穆勒之零碎經驗論，而包含德國思想中重「統攝原則」之精神。美國思想，初爲歐洲人所看不起，但其精神氣度，亦確有更寬容博大處。其今日國際上能執牛耳，除由其富力與主持國際公道外；亦兼由其文化思想，除了導源於英之淸教徒精神，並承英之經驗主義、功利主義外，復能兼容並包德法之思想之故。

不過，話再說囘頭。由兩次世界大戰之仇恨，與英美及德之民族傳統思想之不同，英美思想家對德國思想家之批判，總欠公平。現在對一般文化思想最有影響之英國代表思想家，是羅素。羅素對邏輯學，及一些科學概念之分析之貢献，人皆承認。其對現代文化政治社會之批評，亦多能與人以啓發。其近著西洋哲學史一書，一方法重西方哲學之文化背景，一方則以其哲學觀點，對西方正統思想作翻案的批評。總算自成一家之言。但他以前曾譏笑柏格孫之哲學是騙巴黎的婦人。而在此書與他書，皆謂菲希特是鄰於瘋狂之人，而於黑格爾，亦論之以輕薄之態度。羅素在此書，與其「不通俗的文集」，皆以洛克爲近代西方思想之第一人。而以法之盧梭，爲近代極權思想狂熱主義之作俑者。其哲學方法，則主要爲承繼休謨。羅素雖倡自由思想，然實處處要承繼洛克、休謨之傳統。對凡在此傳統以外者，只對來布尼茲甚好。至於對由柏拉圖、亞里士多德至杜威，以及受德國思想影響之英國之新唯心論者，皆意存貶抑其哲學史之地位。然早年與羅素合著數學原理之懷特海，及美之杜威，對西方傳統哲學及康德、柏格孫等之價值，便都認識較多，亦可謂皆較羅素之純爲英國型之思想家，氣度爲較濶大。羅素以英人而發揚其思想傳統，並不爲大過。然而我們在中國人之地位，則雖可欣賞其哲學，却不須採取其對德法思想與希臘大哲所施之評判。此外美國思想家，如培黎R. B. Perry在其「現代思潮衝突」一書中，以康、菲、黑之思想爲德之帝國主義之本源。桑他耶那評德國思想爲唯我主義，照我看來，皆亦是亦非。其實康、菲、黑思想，本身並不負威廉第二與希特勒之帝國主義之責。黑氏以後之種族主義，與尼采之權力意志論，及斯丁納之唯我主義，當負之責較多（不幸中國自民二十年以後所介紹德意志之流行于社會者，竟不脫希特勒尼采之遺）。種族主義與尼采、斯丁納之思想，皆是自然主義；而離開了康氏以下之理想主義之立場。此我在本書第二部「西洋文化精神之一省察」中，曾畧加說明。我們須知，近代歐洲諸國互爭雄長，在文化思想中，亦各有其偏見。恒自道所其長則是，評人之所短則非。我們儘可擇善而從，至多以其所是爲是，而不能以其所非者爲非，方是一超越之而涵蓋之的氣度。

平心而論，近代西方文化思想，說精神深度，氣魄雄大，畢竟以德人爲第一。德人是音樂的天才，亦是哲學與文化思想天才。天才的命運，常是悲劇。庸俗的世界，常不値天才居住。人與天才作朋友，易感其壓廹。貝多芬的音樂，與康德黑格爾之哲學，同使人苦不易透氣，而覺疲倦。于是使人想，不如把他打倒了吧。然而天才畢竟是人類的瑰寶。德國精神，實最能使人心靈上升。你對於天才的朋友，必需了解他，稱讚他。了解與稱讚，卽可銷融其高傲之氣，而使之歸於平易近人。否則天才眞會轉成瘋狂，蕩決一切藩籬，以自毀而毀人。個人如此，民族亦然。德國已獨立，這個民族可敬而可怕。世界人類，亦有對之多加了解讚美的義務。如此，他才可被安頓於世界。這些話，說得稍遠。我根本的意思，是我們決不能跟着英美思想家，罵德國之文化思想。由康德至黑格爾，對於理性、理想、自我、精神、文化、歷史諸概念之說明，與中國傳統思想，正多相通。德國思想之更重國家，重法律，與英美之更重個人，重自由民主，正可互相補足。中國對此二型之社會政治思想，我看只有平等接受，方合中國之需要。從哲學理念上說，也儘有融通之可能。中國思想中素富於天下世界之觀念，看重家庭倫理，二者皆西方之文化思想所不及。而所缺者正在國家觀念。中國法家之中心觀念是政府、而非國家。中國將來的問題，仍有一建國問題。中國需要一好的國家哲學以使人愛國。這正可從德國思想得啟發。今人一想到德國之國家哲學，便想到侵略主義與政府集權。於是只講個人，講社團，講社會，而怕講國家。但我讀批評德式國家哲學之英美學者如拉斯基，在國家的理論與實際，及政治典範等書所說，皆實不免混國家與政府，以爲一說尊重國家，便是只增大政府之權力。其實國家之義明與政府有別。政府不一定能代表國家。國家概念高於政府之概念，高於政黨之概念（當然高於政黨領袖）。人必須眞知國家高於政黨，才知不能一黨專政，亦不能以政府集權，更不能有個人之極權；民主政治才眞可能。黑格爾的國家哲學，在原則上對於國家與政府，政府人物之分，實很清楚。故依黑氏之教，在立憲國家，人民以法律限制政府與其人之權力，然不能不尊重國家。他說國家乃一精神理念，精神實體，並不錯。問題只在依黑氏之國家哲學，不能講一超越國家的世界組織，與和平的國際關係。依黑氏歷史哲學，又以世界精神，在一時代只能容許一民族國家來代表。而決定世界精神之表現於何國，最後又恒不免訴諸於戰爭。這都是黑氏理論之毛病。但是這二者，我認為都可由眞了解黑格爾而再透過之，而納之於中國文化精神之下，便可加以修正，而成一高一級之國家哲學。我在一未發表之一書（文化之道德理性基礎）對此點曾有一詳細疏導，我自以為頗具匠心。我於政治科學是外行，未必能說得完滿。然而德國之國家哲學之不容忽視，中國之文化思想不能只繞民主自由之概念名詞而旋轉，亦須兼繞德人所重之國家、法律、理想、理性、精神、文化、歷史諸概念而旋轉，則是不成問題的。

此外在經濟思想方面，我亦同樣是外行。然而德國之經濟思想，如歷史學派之李士特（F. List），桑伯特（W. Sombart）之理解經濟學，與斯盤（O. Spann）之全體主義經濟學，同有一自整個歷史文化看人類經濟生活的精神。馬克斯以經濟解釋整個文化之思想，出於德國。此諸人自整個文化眼光看經濟，正與之針鋒相對。英美派經濟學，恒先假定孤立的經濟人，而多以人之主觀心理與慾望，解釋經濟現象，此在經濟學本身之理論價值如何，我不能評判。然而從文化哲學觀點說，則自整個歷史文化眼光看經濟，明是更能確定經濟在文化中之地位，與其限制所在，而免于唯物史觀之經濟至上謬說者。德國這種經濟學理論，我們更可稱之爲人文主義之經濟學。中國傳統之經濟思想，注重經濟與人生之關係，注重經濟理想與政治道德理想及其他文化理想之配合，亦從不以經濟壟斷文化之全面，正與此派思想之精神相近。除此以外，德國文化思想，值得國人了解攝取加以融通者，當然甚多。但是卽就此幾點，已足說明我們莫有在文化思想中重英美而薄德國之理由。至于德國以外之其他歐洲思想，如法、意、西班牙，以至俄國之思想，只要好，廣度地說，我們當然皆可攝取。但是因英美德之思想，恒被人視爲不易相容，故我特提出一說。此外可不必說了。

五　西方古典精神之不容忽視，及西方現代哲學文化思想中對中古希臘精神之回顧

其次，是我們吸收西方文化思想，我認爲我們之目光，尙必須兼注射到近代西方文化以前之中古與希臘之文化精神。這亦是從精神態度與精神氣概上說。我們眞要解決現代人類文化中好些問題，我們正必須有一未來世界的遠景之一些圖像，此圖像之構成，正須憑藉於一近代西洋文化精神與近代以前之古典精神之綜合。此個意思，我以前屢文提到。許多朋友都不以爲然。說希臘之審美精神、哲學智慧，和諧的人生理想，人尙易承認其價值。說中古之文化，人便想到黑暗時代，蠻人南下，神學獨斷，異端裁判所，教皇專制，宗教與科學之不相容，啟示與自由思想之不相容，人匍匐於上帝之前與

人格尊嚴之不相容，節欲主義與物質文明生活享受之衝突。人由神造，及其他宗教的宇宙觀與科學的宇宙觀不一致。羅素西方哲學史，在說及奧古斯丁處，特找出共產黨精神與猶太教基督教之類似，說前者以辯證法唯物論代後者之上帝，以馬克思代耶穌，以無產階級代選民，以共產黨代教會，以革命代耶穌重來，以資本家之懲罰代地獄，以共產天國代一千福年等。這都可使人懷疑中古之宗教文化精神的價值。這些話不能說是全不對。但只是一面。而中國數十年來一般知識分子，却只偏自中古文化缺點一面去看。由此而生之偏見，更產生一些不良後果。即使國人凡談到接受西方文化思想，不是想到反中古精神的文藝復興，便是想到反中古精神的啟蒙運動。因而想在中國亦來一個文藝復興或啟蒙運動。人們再根據清代社會的一些墮落情形，遂假定中國二千年之文化，相當於未有文藝復興啟蒙運動以前之西方中古。由是而中國過去社會為「封建社會」，「過去政治只是一君主專制的政治」，「儒家思想為獨斷教義」，「中國過去文化必須打倒」之一切論斷，皆相沿而生。而馬克思派則說，文藝復興與啟蒙運動，皆是十七八世紀以前之文化運動，這不算新；十九世紀之馬列主義運動更要新。於是欲直接以馬列主義化中國。然此一串思想，却一直是隨人脚跟，學人言語，將中西文化如此瞎亂比附，對中西文化精神之不同，歷史發展之不同，閉眼不看；而只以西方近代文化思想之發展史作標準，以定中國為落後地區，居於落後之時代，現在才當開始一文藝復興啟蒙運動，在心底上正不免一卑屈之情。而以中國過去相當於中世，故我們必須以文藝復興、啟蒙運動時反抗宗教，批評獨斷教義之精神，來打倒孔家店，革除封建，推翻社會之一切，更是比擬不倫。而信之者不疑，持之者甚堅，極於共產黨，而中國文化摧殘已盡，中國之人心與社會，荼毒已極。淳薄之見，迷而不悟，則終至誤盡天下蒼生。此王船山先生之所以痛言「害莫大於膚淺」也。

故吾今爲正本清源之論，必須旣反對妄將中國以前文化與西方中古文化相當之論（本書最後章人類精神之行程將細論中西學術文化史之階段問題），亦不主張中國今日新文化運動當只爲一文藝復興啟蒙運動之說。而且我們亦不能隨便去接受文藝復興啟蒙運動以來之人對於西方中古文化之批評。中古之文化精神，固然有許多毛病、許多缺點，然而此許多毛病與缺點，在西方已經近代文化思想之洗滌。現在之西方基督教徒，已不再虐待異端，更不反對科學與物質文明，亦允許人自由思想。則中古文化之病，大體已革除。而近代西方文化之病徵，反日益彰著。則我們正當認取近代文化以前之古典的希臘，與中古文化精神之眞實價值，以爲構成世界人類之未來文化之圖像之憑藉。我相信，我們只有眞擴大我們之眼界，以平觀西方近代文化思想與古典思想之價值，而不只以近代思想之標準爲標準，我們亦才眞具備一涵蓋西方文化精神的氣概，而更能充量接收西方文化之長。

關於西方近代精神與古典精神之異同，或近代文化精神之缺點在何處，中古精神之長處在何處，或我們何以當平觀近代精神與中古精神之理由，本來一言難盡。不過現在人類，汲汲皇皇，不可終日，是事實。現代世界處處是問題。問題都不出自自然的天災，亦不出神意的安排，而出在人類之自身。當然這些問題，人們都在努力求解決。但是究竟如何眞正得解決，究竟是只順近代文化之精神中之對於自由、民主、進步、科學、工業、征服自然等一切之相信，便能解決問題呢？或者還須包含一「超近代或先近代的希臘中世精神」之復活，才能解決問題呢？這本身是一大問題。而此一大問題，實際上已爲西方二十世紀不少的深思遠慮的思想家所觸及。二十世紀的人，若再如十八九世紀學者，如法之康多塞（Condorcet），及百科全書派之相信人類文化之直線進步，相信現代一定勝於過去，將來一定勝於現在，這本身已成了迷信。（索羅鏗在危機時代之社會哲學中，于討論九類型現代社會思想之後，謂現代各家之社會哲學，皆反對直綫進化之論）因爲接二連三的世界大戰，就是一最好的諷刺。物質文明，增加了對自然的征服，而物質的爭奪，物質的享受，同時增加人無盡的貪嗔癡慢。交通縮短了地球的空間，而政治上的壁壘，同時分裂了世界。共黨的政治，遂能將一切國家、家庭，一齊分裂爲兩半。以至使個人自己淸算鬥爭自己，而分裂每一個人的人格。事實勝於雄辯，現在不比過去進步。由今之道，無變今之俗，未來亦決不會好於現在。時間的流行，只是滾滾滔滔的向前，亦本來不含價値的意義。所以在二十世紀深思遠慮的思想家，有不少的復古以知新或開新的論調。中國知識分子如果仍是以趕上最新的西方思想爲貴，我亦可以說，二十世紀西方文化思想，從大體上說，正是在力求如何重新着重希臘中世的精神理想，以看人類文化之過去，構想人類的將來。第一次之戰後之斯賓格勒（O. Spengler）之悲觀主義的歷史哲學，是希臘人之「命運主宰人生之觀念之再現」。他之歷史哲學，是要表明一切文化都有生長老死。近代之大都市與工商文化，並莫有什麼新鮮。古代亦曾有過。而一切民族文化，都要經過此一步，以歸向死亡。近代浮士德文化精神在現在所可能有之最高表現，只在英勇的接受其必然的死亡。桑他耶那（Santayana）哲學精神，全部不外要恢復希臘人之對自然的虔敬與理型的觀照，而反對近代人之一往求征服自然，與一切所謂浮士德精神，及人類自我之誇大狂。斯蒲朗格（Spranger）之文化哲學，嚮往的是希臘人的和諧。倭鏗（Eucken）反對近代文化之四分五裂的局面，亦嚮慕中世精神的統一。德虎塞耳（Husserl）之現象學派哲學，歸到講超越自覺中之純粹現象處，與海德格（Heidegger）之存在哲學，講人生存在時，其思路亦都要返於中世與希臘。而天主教之新多瑪主義，亦成了二十世紀哲學之一大潮流。柏格孫早年以創造進化論馳名世界，而晚年著道德與宗教之兩原，復回到古典式的神秘主義。凱薩林（Keyserling）則不僅十分欣賞天主教，而且十分能同情的了解中國印度之精神與原始人之心靈。以歷史之研究一書轟動一時之英歷史家湯恩比，亦知道單純的時間機器不足救世，復古主義與未來主義同是幻想。其文化主張亦歸到基督教之退却的再來。作東西文化之會合之諾斯諾圃（Northrop）之文化思想，則歸結於：科學知識哲學理論愈新愈好，而人生情調、藝術意境，則愈古愈好。薛維徹（Schweitzer）著文明之復興與再建及文明與倫理，亦痛論近代西方文化使人精神日趨外在化之弊，與西方倫理學對自然生命缺乏尊重之缺點，而求東西傳統宗教精神融合與再生。旅美之俄社會學家索羅鏗（Sorokin）著社會文化動力學與人性之再建，更明白的以近代文化與中古文化對比，而稱讚中古之重靈性的、宗教的文化形態，其社會文化動力學四册，自藝術、哲學、宗教科學思想，等方面論西方社會文化中感性文化靈性文化之起伏。此書第三册及第四册之最後章，皆謂整個近代西方之感性文化，今已如夕陽無限好只是近黃昏，而預言新靈性文化之到來。俄哲貝得葉夫（Berdyaev）著人類之命運（Destiny of Man）則歸到原始之耶穌精神之再生。彼對爲羅馬法律精神所貫注之中古教會精神，與一切只重規範之道德哲學皆所不滿。其書充滿悱惻之智慧，尤爲難得 。我最近看到與海德格講存在哲學齊名之耶士培（Jaspers）之一通俗小書「到智慧之路」。他不滿於黑格爾所謂基督教以前文化思想，都集中於耶穌，而以後人類文化思想，皆由耶穌基督而散開之說。他以此種以耶穌基督爲人類文化思想軸心之說，嫌太以西方爲主。他主張以孔子、釋迦、蘇格拉底、柏拉圖、猶太先知等出現之數百年，爲人類文化之軸心，以爲世界人類精神之共同嚮往，亦是要兼復東方與西方之古以開新之論。這些著作都值得盲目崇拜西方近代文化精神者一讀，而作一深一層的反省。縱然你說這些思想家都是瘋子，然而竟有這一鮮瘋子之出現，仍證明西方現代文化本身有毛病。素羅鏗近著危機時代之社會哲學Social Philosophies of An Age Crisis 更舉出十九世紀至廿世紀之新社會哲學、文化哲學、歷史哲學，大皆懷疑近代之文化，以證明今日西方思想之動搖。

在現代思想家中，只有杜威算是徹底的近代主義者。他不如其老朋友詹姆士常常要講宗教心理，他決定反對中古之宗教精神。一切知識理論之價值，他認爲都要在未來之實際經驗證實才行。其淑世主義精神，注重理論之結果與效用的態度，可以使科學哲學與現實人生，打成一片，亦可鼓勵人人都成一社會化的個人，或從事各種改造現實社會的事業家。他在我正寫此文章之時逝世了，我亦爲之擲筆而嘆。他亦算是現代之一大哲。但大哲人當時不一定成大名。他之成大名，我想至少有一部分由於美國百十年之社會本身，原是在蒸蒸日上的進步。許多事業，正在開發。社會亦容許人作各種大胆嘗試與設計。但是在飽經災禍的歐洲社會及身受近代西方文化中之資本主義、帝國主義之侵畧的亞洲國家，對此哲學，便終不能過癮。所以歐洲人總說杜威之哲學，是市儈哲學，這當然太刻薄。但這亦是在因杜威哲學中，莫有人類文化的遠景，莫有過去文化中有價值者之追憶與留戀，莫有形而上的人生歸宿之故。我亦致憾於他太理智。他亦不肯冒險去嘗試東西文化的會通；嘗試古典精神與近代精神的會通，以繪成世界人類遠景之圖案。他是一忠實的近代主義者。他生在人們有無數的幸福的機會之美國，是更易使人奉行其哲學。然而現在除了美國人，世界上人皆缺乏幸福之機會。莫有人對現代之分崩離析、充滿災害與戰爭之世界，感到滿意。所以我上列所舉之世界其他哲人，都是不能像他這樣的成爲徹底的近代主義者。然而我却可以說，不甘於只是一徹底之近代主義者，而要回念希臘與中古，正成了二十世紀之人生文化哲學之主潮。

至於另一當世名哲羅素，他亦是一不信宗教，對傳統哲學除英國一支外，幾少好感者。他只是一無神的個人自由主義者。他亦是近代主義者。但是他近寫西方哲學史，特加上西方二字，並說明西方哲學非哲學之全。以前西方哲學家寫西方哲學史，大都名哲學史。西方人之高自位置感，與不了解東方，恆不承認東方之中國印度亦有哲學。如黑格爾亦持此見。羅素則可算能承認西方哲學以外尙有其他哲學之一人。他亦曾說，人類如果眞要得和平與幸福，現在這個世界，須要有如奧古斯丁所謂上帝之城來到世間，這要依於一世界的新哲學之出現。他所謂再來的上帝之城，當然不必是奧氏之意義。但是他之如此說，與其只是定名其哲學史爲西洋哲學史，便已意涵人類未來之文化，應是集合東西古今之智慧，來建立的，而將有一類似奧古斯丁所謂上帝之城者在世間出現。我們儘管對於上帝之城一名，不必有共同的意義，然而環繞於上帝之城之一名詞之思想與情調，便是中古的。羅素所反感的只是德法之思想。他如眞相信人類未來可以有新的世界哲學之出現，他不應當反對二十世紀其他的哲人之懷慕希臘與中古的精神之長，以爲創造未來新哲學之憑藉，而且必當贊成我們之站在東方人之立塲，以平觀西方近世思想與希臘中古思想之得失。

我們以前說一民族一時代之文化思想，常是環繞一些概念名詞而轉。我們現在，雖不能講中古的精神，然而我們亦可舉些凝結中古之思想之名詞，如上述之上帝之城與救主、天國，都是。此外還有信仰、祈望、愛、謙卑、原恕、懺悔、重生、永生，一套宗教道德性名詞。實體、本質性、偶有性、永恆、全知、全能、全在、神聖，一套神學哲學之名詞。這些名詞，在當時是人之生命與心血之所注。現代人則對之比較疏遠，只有一些朦朧的聯想。然而縱然我們只有一些朦朧聯想，我們仍對之可多少引起一些情緒，此情緒可吸引我們到另一文化精神，而知所謂近代精神不過人類文化精神之一種。我們之把握不住它們，亦許是我們自己太局限於近代精神中之過失。所以我現在用不着討論中古精神之內容，討論上帝是否存在，靈魂是否不朽，一切屬於超世間的或神學哲學的問題。我們亦可自近代精神之束縛中解放超拔出來，而知近代精神不必全是，中世精神不必全非。這已就可以使我們眼界放寬，胸襟擴大，以平觀中古精神、近代精神之得失，而養成對整個西方文化之一涵蓋的態度了。

六　中古精神之價值之認識與人類文化之遠景

我們既然未具體的講中古精神是什麼，我們當然亦不能講，如將中古精神、希臘精神眞重新提出，以改造或融入西方近代文化精神以後，所產生之西洋未來文化精神，或將東西文化精神融合後之世界人類文化精神，大概是怎樣。這些問題，各人都可去試想，而一時亦不必能有確定的答案。然而有人卻可能以爲我們根本不須在此上去用心；而主張東方文化根本是落後的，中古文化根本是反科學的，獨斷的。其一個宗教，一個教堂，一個救主，一個神聖羅馬帝國，根本上與近代文化根本精神之尊重個人，尊重差異，尊重自由民主，是不能相容。那正是希特勒、慕沙里尼、斯太林之徒的「一個領袖」，一本「我的奮鬥」，或一部「馬列主義」之極權主義的根原。如果人類再有中古精神的復興，即必然再導致一更大的極權主義，使三百年來歐美人所發揮之自由民主精神，皆化爲烏有。世界當前的艱難，即由中古主義之化身爲希特勒與斯太林。故我們現在正須徹底根絕中古主義。這似可說是對一切嚮往中古精神，想復興基督教之西方哲學家宗敎家的一最大的反駁，而亦是對於我們的觀點，提出一嚴重的問題。然而這問題，實是容易解答的。

這個問題之所以容易解答，由於莫有一個嚮往希臘中古精神之哲學家，會愚蠢到抹殺近代文化精神的長處，而眞會主張歷史的倒退。而實際上，一切被認爲復古主義者的人，常正是最富於開新的創造精神之理想主義者。一切被認爲復古主義的人，都是因感於當前現實的社會文化之種種弊端，而此一弊端，在其另一文化精神之前一時代，則不存在。反之，救治此一時代之弊端之文化精神，恒恰巧在前一時代；於是便重加以提出，以爲改造現代的文化之缺點，而推進時代向更合理之路上走的借鑑。所以眞正被認爲復古者守舊者的，實際上總是最富於開新創造的精神之理想主義者。反之，口口聲聲趕上時代，以今爲是，以古爲非的人，常正是只順着潮流，牢執現實時代之一切，而不肯加以改造，亦莫有未來文化之遠景嚮往的現實主義者；或只是以打倒歷史文化一切有價值者之破壞性的懷疑主義者。這話非故爲異論。因歷史的事實，十分淸楚。在中國政治家中，不要說孔墨俱道堯舜，即王莽與王安石，都是要復古的。而他們都正是最要改造時代的。法家李斯韓非與漢代王充，都反對以古爲法，而他們思想之價值，卻都只在破壞與懷疑方面。在中國文學方面，倡古文古詩者，都是開創一代之大文豪。而凡只講時文者，卻是輕薄之輩。西方文藝復興是要復希臘羅馬之古。啟蒙運動時之政治法律思想，是復斯多噶派之自然法自然理性之觀念之古。德國的浪漫主義之文學運動，要一直復到原始的神話歌謠之古中去。誠然在純學術中，以考證家、記誦家或抱殘守缺者之態度來復古者，未必能開新。然在文化思想中，除了科學思想以外，無論哲學、宗教、文學、藝術、政治、社會之思想中，不能復古者，決不能開新。這中間決無例外。這理由，讀者可自去參悟。我們只要知道眞復古者之動機，只在去當今之弊，其精神在底子上正是開新的創造的，便知在今日提倡回到希臘中古精神者，決不致有那一個人會否認近代精神之長而重蹈希臘中古精神之短。謂中古精神之復興，必然再導致一更大之極權主義之語，其實並無是處。

實際上西方文化自文藝復興以來，一方表現進步之勢，一方亦表現一退步之勢。說其表現一進步之勢，是言自文藝復興後，人類之各種文化，如科學、哲學、藝術、政治、經濟，均從中古宗教中解放出來，而各成一獨立之領域，容許各種不同性格之人，在不同文化領域中，自由創造，各得其所。然而從另一觀點看，我們亦當說由中世到近代文化精神之發展，表現一退步之勢。所謂退步之勢，即向上凝合的精神之爲向外分散的精神所代替，而致超越現實時空求神化之精神之逐漸轉爲沉陷現實時空而物化之精神。中世紀文化中有種種社會階級。教會之組織，有不同之層次，亦宛若一階級。經院哲學神學之宇宙觀，劃分宇宙爲各種不同種類性質之存在層次。其社會觀，亦承認不同之社會階層，是世俗地當有的。但丁神曲，則是表現中古之將人生境界劃分爲不同之上升下降之層次之一最好象徵。人常從此等處，責難中世紀之有階級或階層之社會之組織下，人之不平等個人無自由之各種罪惡。而馬克斯主義者，則輕易的以一奴隸社會封建社會之名目，把中古社會與文化貶斥到人類社會之末大進化的階段。他們全忽略中古之表現在宗教哲學文學社會上之階層觀念，乃由承認各種存在有價值之層次上之不同，有性質高下之不同來。這一種思想，遠源希臘之亞里士多德，可上溯至柏拉圖。這一種思想之是非，我們可暫不論。但這一種思想，另有一積極的文化效用。卽使人了解人必須經過價值較低的存在層次，到價值較高的存在層次。人必須逐漸超越他自己以上升，最後上升至直接與天通。人不是存在於平面的世界，而是存在於立體的世界。宇宙與社會不是一圖畫，而是一種積疊而上，上摩霄漢的建築。人在升降機上，可以不斷上升，一層樓有一層樓的不同境界，到了最高一層，卽脫離塵世，與天神合一。這一種存在之價值性質之層次觀念，使人不安於下墮，而要人上升；使人不安於沉陷現實，而求有超越精神；使人不安於物化而求神化。此亦可補近代文化精神偏重平面的發展，重一切存在數量之增多，重一存在外在之效用，而忽各種存在性質價值之高下之別的缺點。關於西方近代文化之重量而忽質，幾成有識者所公認。（懷特海在「科學與近代世界」曾論近代此種之科學觀念如何形成。此外則我曾見 Bogososky: The Technigue of Controyersy 第三章徵引近代科學觀念之重動重量，忽視靜與質之思想史上的材料，亦頗簡要。㈢中古宗教道德觀念下，新舊約神話中，自然之災害，亦視爲由人之罪惡所致，亦由神之罰。現代人只知其是迷信。迷信也許是迷信，但你只以爲此是迷信，却不能了解其精神之價値。須知說自然之災害，是由人之罪惡，即認定人之德行，須對宇宙負責。認定精神在外受了阻礙，便當向內用，以反省自己之罪，去除自己之罪。說自然之災害是人之罪惡，乃出自一最嚴肅之道德責任感的話。這個意思，近代人不了解。近代人著重征服自然，改造世界。在根柢上，亦多少原自不肯直下承認自己有罪，不願眞承擔苦痛，乃把一切苦痛罪惡之原，都推出到外面去。科學的進步，工業農業的進步，果然使自然逐漸征服，世界逐漸被改造。有許多人類社會之罪惡，亦由此自然減少了。但是由這種成功，遂以征服自然即人生之最高境界，再轉至以向外求征服之精神，即人生之最高精神。把人自身之一切罪過苦痛，都歸到自然環境，與社會環境，及遺傳來負責。而只以追求自己與社會之他人在現實時空之幸福功利，爲人生之最高目的，却比中古之精神，正更是一偏而不全之一近代精神。

至於說到西方中古思想之可導致極權，則我的見解亦正相反。照我的意思解釋，西方現代之希特勒斯太林等極權主義之所以不斷更迭而出，我將說其故正在中古精神之喪失。原來中古精神與近代精神之不同，我們如要以兩個抽象概念去代表，我可以姑且從中古之歸到只有一個上帝，一個教會，一部新舊聖經，一個統一的帝國；而說中古之精神即求「一」的精神。而近代歐洲國家之自神聖羅馬帝國之解體而出，而有多個國家，國家有多個政黨，多個教會，多個社會團體，多個各式各樣的主義，無數的個人又各自人格獨立，各有其意志自由、言論自由、出版自由，則是代表一求「多」的精神。至於慕沙里尼、希特勒、斯太林之「一個領袖、一部經典、一個組織」，要征服世界，統於其鐵腕之下，亦是求「一」的精神。慕沙里尼之心目中的世界是羅馬。希特勒心目中的世界是查里曼帝國。斯太林心目中的世界是拜占庭的東羅馬。這都是根柢於中古之「一」的精神。亦卽根柢於基督教文化之「一」的精神，故說他們之根柢是中古主義，亦並不錯。但是我們要知一與多之本身，亦無一定之價值涵義。有壞的一的精神，亦有好的一的精神；有好的多的精神，亦有壞的多的精神。人類的精神要求好的一，亦要求好的多。遇着壞的一，便求好的多。遇着壞的多，便求好的一。但莫有好的一，便會去求壞的一。這點我希望大家注意。

近代精神之始源，是要打破中古時期之壞的一。殘害異端，教皇控制政治，經院哲學桎梏科學，教會束縛個人，宗教精神凌虐肉體，是壞的一。近代民族國家之初建，宗教互相寬容，人有個性自覺人性各方面與各種文化並行發展，不同政黨之互相尊重，是好的多。然而列強敵對，動輒拔刀相向，階級對峙，我壓迫你，你打倒我。政黨之互相軋轢，資本家個人之拚命營利，累積無數財產，不顧他人死活。個人自由主義，至於父子分居，夫婦別財，一人可以動輒多次離婚，多次結婚（如倡自由主義之羅素卽已離婚三次），一切衣食住行，淫技奇巧，日新月異，五光十色，使人精神搖盪，則是壞的多。人遇壞的多，便求好的一。壞的多歸于凌亂，歸于喧囂，歸於駁雜，歸於離散，歸於矛盾，歸於衝突，而極于戰爭與人類之相殘。好的一，歸于秩序，歸于寧靜，歸于純一，歸于會通，歸于和融，歸于信天心與上帝，信普遍的人性，人道，極于天下太平萬邦咸寧，與人類歷史之悠久無疆。近代西方文化之價值如何評判？，我們可一語道破，即他有好的多，亦有壞的多，但尚無好的一。因爲他無好的一，所以人類求一的精神，便無所寄託。慕沙里尼、希特勒、斯太林之統一世界之夢，便應運而生。尤其是斯太林領導之共黨，所標示的，即是一個莫有國家之界限、莫有階級、莫有個人的私產之混然齊一，人人可有無數的物質享受的共產天國。這個「一」雖亦不是好的一，但是他亦莫有近代西方文化中之壞的多。因而厭棄近代西方文化中之壞的多的人，便更會去夢想這個一。爲了實現這個一，人亦可犧牲個人自由，犧牲一切好的多。于是他們才可以形成一鐵的組織，而奉一個領袖，一本馬列主義，去征服世界，以至視死如歸而無怨。他們這種變態的宗教精神，習于近代文化思想的人，常以爲只是發揮近代文化之重個人自由、重開明理性的精神，便可加以打倒。但是我不把這個問題看得如此簡單。因爲好的多，雖然可以戰勝壞的一。但夾雜了壞的多，卻未必能戰勝壞的一。縱然戰勝了，亦不能永保勝利的果實。因爲壞的多，自身要蔓延下去，而使好的多之精神趨於崩潰。人類之嚮往一的宗教精神，原可以超個人利害及自由與否之打算，亦可超一般理智的。其人性的根原，遠較流俗之見爲深遠。這我將另文專論。從西方文化之歷史說，則自神聖羅馬帝國崩潰，西方人在天上漸失去上帝之「一」，在地上失去一天下統一之「一」，西方人求「一」之精神，便失了寄託。這種「一」的懷慕，表現於慕沙里尼、希特勒者，尙偏重在一地上的帝國之建立，而表現於共黨者，則更富一變態的宗教精神。這就形成其魔力之泉源。現在厭惡共黨的人，恆同時因而亦厭惡其宗教精神。然而他不知只有好的宗教精神，可以代替壞的宗教精神。人類之宗教精神，莫有合理的好的出路，必然尋求壞的出路。所以許多富於宗教精神的人，可以相信共黨，而從共黨退出的人之自白書，亦常說除了信宗教，便無法安頓其精神。這些地方都値得單純的迷信近代西方文化的精神之人細想。

我們如果眞了解西方近代文化的「多」的精神本身有毛病，並相信共黨之嚮往「一」的宗教精神，在人性的根原，與在西方歷史文化的根原之深遠，便知對西方未來之文化之前途而言，必須有中古宗教精神之眞正的復興，方可以救西方近代文化之弊，而代替共黨之宗教精神。共黨有宗教精神，而無眞實的宗教之對象。其共產天國只是一理想境，而非實際存在。而其唯物的宇宙觀，亦根本否認了宗教的對象。依其唯物的宇宙觀，亦根本不能發現眞實的宇宙之統一性。物質之原則，在本質上卽是：分散、並立、運動，與雜多。直接成爲感覺對象的物質世界中，實際上，只表現多。只有在心靈之領域精神之世界，才能發現眞實的「一」之原理。因心靈與精神之本性，卽是統一，貫通，或綜攝。故追求宇宙之一貫原理者，最後必歸到重心。而宗教之對象，或全宇宙之主宰，最後尤必然是一個大心靈，爲精神實體之上帝。關于心靈與精神之原理是一，與物質世界之原理是多，現在不能多講。最淺近的例證，是一眼所見物體之顏色有許多，我之視覺是一。耳所聽物體之聲音有許多，我聽覺是一。眼耳鼻舌有許多，手足有四個，而我之心靈是一。我與人之身體是多，而仁愛之情，把我與人結爲一。我與人思想志願各不相同，固亦是多。但我們尙有相互之了解，以連之爲一。現代人與死了的古人是多，而我之思古之幽情，又連之爲一。國有許多，而天下一家之懷抱，又連之爲一。我們須知心到那裏，卽我到那裏。我心到那裏，我卽與之聯繫通貫爲一。我心中可想整個宇宙，我卽與整個宇宙爲一。「多」之原則，宜應用到物質世界。而求一之原理，則宜求之于精神。宇宙如果眞是一統一的宇宙，則宇宙亦必有精神性的統一。這宇宙中精神性的統一原理之所寄托，基督教徒名之爲上帝，回教徒名之爲阿拉，中國先哲名之爲天心，亦卽人之本心。印度教徒名之爲梵天，而佛教之佛心，亦是遍滿十方世界的。這類東西，究竟有或莫有，當然可以討論。但是有一件事是確定的，卽此種求一之精神，本身是可貴的。人去求一，不一定馬上能求得，亦不能用武力來定一個「一」，強人接受。但是我們一定要鼓勵人之求一之精神，不能以求一之精神本身爲不當。實際上，我們亦正須相信宇宙，是有精神性的統一宇宙，才能使身體在不同空間之人，在精神上，情愛上，更能連結爲一。我們縱然不信上帝，亦至少有種種理由可證明，人類之精神實有不少相通或共同之處。至少自此相通共同之處言，則人與人是多，而亦可說是一。人與人若無此相通共同之處，或有之而不自覺，必然歸於相殺相殘。一切寬大、容忍，與對對方自由之尊重之所以可能，不只根據於我們承認人之差別相異，而是根據於我們知道：人與人雖有差別相異，而仍有所同，或能互相了解其差別相異，而使之相通。或由於我們之有一超越人與我之公心，能對一切差異，並加以涵蓋。由此便可推證、指點宇宙之精神性的統一。此中義理無窮，不及細說。所以人必須於認取「異」、「多」以外，認取異之同，異之同所根據之「一」。求一與求多，求異與求同，求別與求通，都是人的天性。世界需要個人自由，亦需要四海清平，天下大同。故中古精神之注重求一共認的眞理，求一上帝，求一個統一而和平的世界之精神本身，絕對不是罪過。他原是代表一求好的一之精神的。

求好的一之精神，不僅西洋中古有，印度有，中國亦有。中國文化之價值，亦卽在更能求好的一，求人心之所同然，而念念不忘人類和平，天下一統，而不犧牲好的多。因為他承認每一人都是至尊無上而有內在的天德流行。每一事，每一物，都有一太極。現在人類在分崩離析中，壞的多已逐漸勝於好的多。世界人類，必須發憤求好的一，而不失好的多。所以我上述，並世西方諸哲嚮往中古之「一」，正是代表人類精神一最向上的趨向，亦代表一創造未來更高的文化之最偉大的願望。這個願望，是不當阻止的，不能阻止的。人類現在的物質文明與交通，正將人類連成一起。與之配合者，正當是人類文化之大交流，大和融，以歸向於一。歸向於一，從西方說，卽是中古神聖羅馬帝國之「一」之後，再來一個「一」。而中古之神聖之羅馬帝國帝國之基礎，在基督教之精神。故基督教之精神，必然隨世界之歸向於一，而多少有一再度復興。從中國說，則世界之再歸向於一，是天下大勢之分久必合，傳統之天下一統之原則之擴大的實現。中國過去之所以能天下一統之根據，在儒家之教義。故儒家之精神，亦必隨世界之歸向於一，而再度復興。而印度與回教文化，亦各有爲其求一之精神所寄託之宗教。將來世界文化的大問題，是西方之基督教、中國儒家、印度與回教中之一的精神，如何互相了解，知其所同然者何在，而互相滙通，以見人類文化之太一。

不過我們已說過一不離多。世界要和平，不能有多無一，但是亦不能以一泯多，或以多中之一，將其他之多，消滅斬伐。所以懷慕西方中古基督教精神之人，若以爲將來世界，即只有一基督教主宰世間，只有耶穌再來，則仍是未見大道。我們如眞以廣大心說，我們當說，世界人類將來之理想文化，乃基督教、儒教、回教、印度教、及一切人類文化精神中有價値者之互相承認，互相了解，互相貫通，以見宇宙人性之所一。而此宇宙與人性之所一之逐漸被自覺，才是人類和平天下一統之眞實基礎。而各文化系統之所異，則是各發展其所長，使世界文化有好的一，又有好的多之基礎。現在世界之所以大亂，一方在近代西方文化，表現之壞的多太多，一方如斯太林等又專求壞的一。其追求好的一者，又只承認一中古的宗教精神。基督教徒、天主教徒與其哲學家，只知想耶穌再來，而莫有想着釋迦再來，孔子、蘇格拉底之精神亦要再來；或只夢想一個基督教會；或一個基督教皇。如果世界只有西方一個文化體系，這我亦贊成。但是世界現在至少另外有同樣或更久歷史之三個文化體系，一爲中國的，一爲印度的，一爲回教的，則我們便不宜如此想。從宗教立塲說，回教佛教婆羅門教之精神，亦有比基督教更廣大宏遠之處。如果有上帝與神，上帝一定要求啟示他自己於一切民族一切人，這才見他的仁愛。故上帝亦決不會只啟示他自己於耶穌一人。任何人亦不能私佔上帝，而說上帝只啟示於他自己之教主與先知。而今之基督教徒中，復多有憑近代西方文化所供給之物質力量與武力以傳教者，這更爲要不得。現代史家魯濱孫在其「心靈在形成中」一書中，論西方中古教會之不寬容，在其「排他的救渡說」（The Theory of Exclusive Salvation），這在現在應當取消了。故只以基督教主宰世界，這亦不是最高的求一之精神。這只有增東西之民族與文化間的嫌隙，而仍保留世界的亂源。所以我們必須一方承認基督教徒之求中古之一精神之可貴，然而同時我們亦不能自限於一基督教徒之求一精神。我們必須超越之而涵蓋之，以其他精神補充之。中國的基督教徒天主教徒之學者，近年來不少人頗注意到儒家精神與耶穌之教義之同異與相補足處，但是他們仍要以基督教精神爲最高。這些地方，我不能贊成。這中間有詳細討論之餘地。不過他們向此用心，卻是可貴的。我相信只要人眞如此用心，最後人會發現儒家精神，不在基督教精神之下。這些話亦說來太長，今不及論。

七　中國知識分子自作主宰之精神氣概之建立

我以上說明我們對西方文化思想之吸收，在氣概上，第一，要不爲英美文化思想之系統所限，而同時求了解與英美最相異之德國一路之文化思想。第二點是我們不能爲西方近代之文化思想之精神所限，而同時要肯定中古精神之價值。我們要平觀英美式與德式文化思想，而不能只隨英美人之後，罵德式思想，我們亦不能隨近代西方思想家之後，隨便罵中古精神與基督教。我不是說，英美以外，只有德國文化思想才有價值。我亦不是要教人都去信基督教，或專門研究中古的文化。我亦主張現代中國知識分子應用更多的精力，去研究近代與現代之西方科學，與工業技術，及一般文化思想。我只是說，我們之精神氣概，要不為英美或近代精神所限。我的意思，重在要建立一超越的涵蓋西方文化思想之全局的氣概。依此氣概，我們可以逐漸對英德美思想與中古精神及近代精神，施行一理念上的綜合，而融攝之於中國文化精神中，而產生一眞實的創造。我前已說，文化思想上的綜合，不是一個人能完成，只有大家向一方向去用心才可逐漸完成。因任何個人對文化史文化思想之知識，都是有限的。落到最後的論斷上，亦都不能絕對免於錯誤，或偏蔽，或空疏，而待自己與他人不斷的修改、補充。但是在態度上、氣概上，求堂堂正正、不偏不倚，使精神超越的涵蓋於所接受之一切西方思想之上，不以己自蔽，不以人蔽己；不將自己之文化與西方之某一階段隨便比附，而自視為尙在落後的階段；這些卻都是人人當下一念自反，便都可以作到的。自形上學講，一切人性在本原上，固可說為同一，以至說全無差異。然而此形上的人性必有多方面。在一個人一民族之一時代，儘可各偏重表現人性之某一方面，於是個人有不同性格與事業，民族有不同之文化與歷史。中國文化思想，此文我們雖然不能講，然而它主要亦是環繞一些概念名詞而旋轉。如人文、人倫、人道、人性、胸襟、氣象、度量、志願、性情、德量、德慧、悠久、高明、博厚、自得、仁義禮智、中和、禮樂、太平、太和等。這些概念，西方思想中固未嘗莫有相近者。可由此以觀其大同。然而其間亦有大異。知同知異、再通其異，方是學問。籠統同之，無異可通，成何學問？我們知中西思想，與中西文化歷史，皆斷然有大同，亦有大異。西方文化發展史之階段之分，本無一定分法。我們不宜以一種西方文化發展史之階段爲標準，而隨便的自定于所謂落後的階段。說淸代是中國文化之衰落的時代，此可直對中國之宋明以前來說，非必須對西方文化發展史之階段來說。中國數十年文化思想上一不正確之觀念，卽胡適之先生等所謂文化賽跑，中國跑在後面之說。這種說法用以激勵國人努力，其心不可厚非。然只知自後追趕，而不知綜合貫通，便不能眞激發知識分子之創造精神。因對近代西方文化之工業科學民主自由之精神說，中國跑在後面固可。如孫中山先生之自王道精神說，梁漱瞑先生之要自人生態度說，中國跑在前面亦可。而魯迅之徒，則對凡說中國有什麼人生智慧、精神文化者，則謚以阿Q之美號，謂之爲殭屍復活，發掘古墓，自卑情緒之化身，或酸葡萄之思想。說此類話者，我亦願說其初意亦在激勵國人。然其流毒之所至，則徒使中國人自視爲無文化，而自卑情緒反成不可救藥，非至一面倒而化于俄者不止。我希望大家懲前毖後，自認是綠野神州之神明華胄，再去學西方之長。依中國文化精神，原來相信天地之大，道並行而不悖，萬物並育而不相害。東海、南海、北海、西海之聖人，此心同，此理同。中國人之不故步自封，亦卽發揮中國文化之此精神。求諸人卽是求諸己，通外卽是明內。知走遍天涯，不離足下，則知學盡東西之學問，還是在我固有之此文化精神之內，何必東倒西歪乎？

而且，我前面已說，只要是一個人，便當有一氣概。縱然中國根本毫無文化，或我對于西方文化與中國文化一點不懂，我若不識一字，我還是一堂堂正正的中國人。故象山先生又說：「學者須是打疊田地淨潔，……，田地不淨潔，亦讀書不得，若讀書，則是假寇兵，資盜糧。」知識本無窮盡。人之立志，首先一步只是使心地淨潔，空闊無邊。去掉習見與勢利心，自然不至只以西方文化之某一國某一時代之標準爲標準，而能自作主宰，自定標準。定的錯了，改了就是。學問知識技能不如人，努力就是。我們有種種理由，相信中國民族之精神生命與文化思想在強度，密度，及某一方面的深度，都儘可不如西方人，然在高度、寬度、厚度方面，決不在任何民族任何文化系統之下。我常說，中國當前的災難，不全是中國文化不好，亦不是西方文化不好，而是二種不同的文化精神之互相衝擊，如兩股水之相衝擊，把中國人之精神生命力衝散了，士氣衝弱了，一切自信心與氣概，都消失了。中國現在大陸平沉，我們的父母、兄弟、親戚、朋友，都在啼飢號寒，恐怖戰慄之中。黃帝與孔子之陵墓，無人祭掃。無數的知識分子，被逼在斯太林之像前扭秧歌。我寫到此二句，我不禁流淚，不能自止。我們的國魂那裏去了？我們現在流亡海外的知識分子，還不能眞有一悔悟而發大心大願，以提起我們之自信心與氣概嗎？上帝在無中創造世界，我們就不能在此艱難困苦的時代，重造我們的文化嗎？我相信一定能够。五千年的文化精神的光輝，就在一切神明華胄的內心深處，它一定要昭顯出來，去照耀祖國，照耀世界，使世界成爲一各種民族文化不相凌駕，一方各自獨立生長，一方互相融攝，而具體的實現太平、太和、大同之理想的世界。至于於無數的具體的問題，由經濟、政治、社會、日常生活，至倫理、宗教、文藝、哲學等各方面之具體的問題，與相關聯之具體的事業，則待我們從各方面去用心，去從事。我這篇文章的旨趣，不過只是特別提一眞正的精神上的自作主宰而涵蓋萬方的氣概之重要。此氣概本身是空的，必須逐漸加以內容上之充實。然而人若無此氣概，則一切充實皆不可能。前文論對西方德英之思想與中古精神的話，亦不過作一例證，兼提示一些問題。如眞要細講，應說的當然還很多。實際上，我本文之意思，實簡單之至。我只是學孟子陸象山之要人先立乎其大者。旁人有批評象山先生之學術者，說他「除了先立乎其大者一句話，別無伎倆。」象山先生曰，「誠然誠然」。我在此文亦除此一句話，別無所說。讀者只眞要知此語之意，此全文亦可如禪宗所謂「一棒打與狗子吃」。重要的，是讀者能切身自己勘驗一番。我很慚愧，我之此文似乎責人與教人之意味嫌重。但是我亦同時是藉以自勉，而心有不容不說者在。我前已說明，我望中國知識分子以承擔罪過之耶穌自比，如果我有過責百年來之知識分子之處，我同時希望人了解我一番孟子所謂「齊人莫如我敬王」的意思。

（四十一年七月．「民主評論」第三卷第十五、十六期）

自由之種類與文化價值

——中西文化思想中自由觀念之會通（上）

一　敘言

自由一名在中國過去亦有，如「事到頭來不自由」之成語，然非專門之學術名詞。自由一名，乃數十年來，中國吸收西方思想後才流行者。自由一字，是西方Freedom或Liberty的譯語。Freedom之意義，通常是指解除一限制束縛，（Freedom From）去從事一自發自主之活動（Freedom Into）之義。Liberty則通常是指社會、政治、法律上所承認之自由權利。至於所謂自由教育Liberal Education，自由人的風度胸襟Liberal Minded中，Liberal一字義，又有不同。西方所謂自由教育，乃指不受獨斷教條所束縛之多方面的人文教育。而所謂Liberal Minded，則是指一種開明而寬容博大的風度。不過，這各種西方所謂自由之意義，亦原有相涵攝之處。中國人同譯以自由，亦未嘗不可。中文之自由一名，已流行數十年。此名之由「自」與「由」二字合成，依於人之自然聯想，與各種有意的解釋，亦使此名爲一群觀念所環繞，而使此名具有各方面各層次的意義，而可將西方所謂Freedom、Liberty、Liberal之義，均涵於其中。以至我們還可說中文之自由一詞，尙可能引伸出比西方所謂Freedom、

Liberty、Liberal更深厚廣遠的意義，此係於我們對「自」字一字之認識深廣之度而定。而中國人說自由一名時，亦勢不能隨處加一個附註，說此字是西方Freedom或Liberty或Liberal之譯名。所以我在此文分析自由之涵義，當就實際環繞中文此名之觀念，而成此名之流行的意義者，與此名可能引伸出，當引伸出之意義去分析。並指出此各種意義，排列成一不同深度之層次，此諸層次之意義，可以為衡量西方的自由理論之深淺之標準，而見最廣大悉備者，正當是孔子之為仁由己精神中所涵攝之自由精神。故以此文兼作今年孔子聖誕之紀念。

二　滿足慾望之自由義、立異之自由義與保持選擇可能之自由義

自由之第一層意義，亦是最淺而易於為人聯想到的意義，是以自由即慾望得其滿足，使慾望不受他人或環境之限制束縛之謂。我們不能說，自由一詞，不涵此義。因事實上，人在慾望不得滿足時，常會怨他人，怨環境使他不自由。而就中文文義上說，自由即由自己之謂。人在要滿足慾望時，他的自己即等於慾望。慾望因他人或環境限制而不能滿足，他即未能達一切由其自己之目的，而等於不自由。他要說他必需滿足他的慾望，他才算有自由。或以滿足慾望界定自由一詞，他亦是有此用字之自由的。而滿足慾望之自由，亦不能說定是壞，而是可好可壞的。但是人都知道，人如只以滿足慾望為

自由，只以滿足慾望爲事，則人必趨于儘量滿足慾望，成放縱慾望，而歸於壞。故人雖有如此界定自由一詞之自由，但我們不能說，人當有只求此種自由之自由。

自由之第二層的意義，或人所求之第二種的自由，我稱之爲立異的自由。我所謂立異的自由，乃指一種要求與他人有所不同之人心性向。我們如深觀人心性向，便知人常有一種不出自滿足慾望、而要與他人不同爲動機及與傳統或社會風習不同之好奇立異之動機。此動機可以成爲一創造性的動機，亦可以成爲破壞性的。當其成爲破壞性的時，卽不管他人或傳統社會風習之是非善惡，我總要與之不同，另換一花樣。此動機之所由生，蓋是如果我一切都與人都一樣，我卽不能顯出我之爲一特殊的個體，顯出我之「自己」。我隨衆順俗，是從人。從人卽由人，而不是由我自己。只有我與人不同，立出我之異，才見此是由我自己，而見我之自由。交際塲中的女性的裝束，常要奇裝異服，與學術中的一些新奇怪異的學說，及一些個人之出類拔萃的事業，其產生之最早的一點動機，都常是自此立異以標別自己之一動機。故尅就此動機而言，乃可好可壞者。但是人如果一直爲此動機所主宰，處處要想與他人或傳統不同，而只據此動機從事其人生活動，却必至抹殺一切是非善惡，成一肆無忌憚之小人，以至成一朝三暮四而自相矛盾之妄人而後已。因而好奇立異，雖不必壞，然只以好奇立異求自由，只以好奇立異爲事，却是壞的。

第三層自由之意義，或人所求之第三種自由，我稱之爲求保持選擇可能的自由。我所謂選擇可能的自由，乃指人人常直覺具有一種「旣可能如彼，又可能如此」之自由。如人在散步時，恒直覺其可到山邊，亦可到水涯。人早晨起來，恒直覺其可以作此事，亦可作彼事。實際上人只能在一時實現諸可能者中之一，然而人却常希望各種可能皆擺在面前，不被限制，而由我任意選擇。所以人在散步時，如山邊規定了不能去。他雖本可不去，亦覺少了自由。又如每日的工作，時時刻刻均先被規定，人亦覺少了此種自由。人依於希望此種自由，故人恆會覺有愈多的可能，擺在我面前，供我任意選擇，則我愈覺自由。不少人以爲生物之所以進化至人，自由人之高於奴隸，卽在其保持有更多之選擇可能的自由。因而人會以「求備足愈多的可能，以供我的選擇」之本身爲樂。最淺的例，如人走路，二足所步不盈尺，然而人總喜在寬大路上走。因寬大的路，使各種走法皆可能。人之所以愛存錢，過於愛存等值之貨物，其理由亦卽在：錢買了貨物，貨物只是一種特定之物；而錢可買任何等值之物。錢使我有自由，去買任何等值之物的可能。錢比貨物使我保持有更多的選擇可能的自由。有的人永遠戀愛，但不願結婚。因爲永遠戀愛而不結婚，卽永有與任何異性結婚之可能，而永覺有選擇任何可能的伴侶之自由。又有的人買很多書，他明知不能皆一一看，但他不願借與他人。因他雖不看，他可能隨時要看。如一書借與他人，他雖實際上不看此書，但借與他人，他卽失去隨時要看卽看之可能。這一種要求保存選擇可能的自由本身，亦無善惡，而可好可壞。恆依以後實際所選擇者，及其所以要保持選擇可能之自由底動機與目的而定。然人如只以保存選擇可能的自由爲目標，力求備足各種的可能，却不肯在實際上，眞去求一好的可能而實現之，這種人却會發展出一無限的貪欲與權力欲，或成爲精神上的游蕩者，與圓滑之徒。譬如，守財奴之積財千萬，與古代帝王之佳麗三千，都是明知錢用不完，佳麗亦不能一一享受，但是他却永遠要保持「要用卽可用，要享受卽享受」之可能。好權者希望人都供他驅使，實際上他未必對人人都會加以驅使，但他亦要保持此驅使之可能。遂不願其手下的人，有被他人驅使之可能，而不許人自由。又有的人貪欲並不多，看來亦似不壞。他不參加任何政黨，不信任何宗教，不與任何人深交，不崇信任何主義，不嚮往任何一定的眞善美。但是對任何政黨、宗教、主義、眞善美之價值，都似有興趣。任何人他都樂與敷衍。他實際上只是一精神上的游蕩無歸者，然而他却可覺他是一義上的自由人。此種自由人，卽所謂圓滑或油滑之徒。他在各種可能是好的東西面前移滑，他覺他若皆有實現之獲得之自由。然而他實際上，却並不曾眞去選擇一好的可能而實現之。他對人對己，皆無精神上任何的負担。此之謂圓滑或油滑。此乃一似不壞之大壞。孔子所謂鄉愿之本質，我想亦當由此去領取。

三　自由權利之自由

第四種自由，我稱之爲自由權利或人權的自由。上述之三種自由，是純屬個人主觀的，且兼是消極的。人之求其欲望之滿足不受他人與環境之限制，固是個人主觀的兼消極的願望。人之求立異而不同於衆，與求選擇可能的自由，如只就上文所界定之意義言，亦是個人主觀的兼消極的。人如只求此數種自由，人並不能對社會文化有眞實的貢獻。亦莫有一學術上之自由主義者，會專以提倡此三種自由爲事。學術上的自由主義者所提倡之自由，常是所謂自由權利或人權的自由。所謂自由權，諸家說法不同。總括而言，不外所謂生存的自由權，遷徙的自由權，財產增殖與支配的自由權，名譽之自由權，與人訂立契約之自由權，戀愛或家庭生活之自由權，思想信仰創作製造之自由權，言論出版之自由權，結會結社之自由權，以及羅斯福所特提出之免於匱乏與恐懼之自由權等。凡學術上提倡個人自由權之尊重者，決少主張：個人應只滿足其慾望，或個人應處處與他人立異，並只永保一選擇可能之自由者。凡學術上提倡個人自由權利者，皆意在使人實際發展其個性之所長。此所謂個人，亦大皆指任一個人或一切個人。說任一個人或一切個人皆有其自由權利，即涵蘊：任一個人之運用其自由權利，不得傷害妨碍到他人之自由權利。而人之所以要提倡個人權利，亦正由於有鑒於社會上之有特權的個人之侵犯其他個人之權利，或由於有鑒於一社會之特殊組織之力量，或社會之傳統的迷信的或不合時代的風俗、習慣、信仰、傳說，桎梏了個人權利之使用。所以提倡個人權利者，雖恆名爲個人主義者，而實則其所求者，乃在建立社會中各個人之自由，使一切個人，不分種族、膚色、性別、語言、與宗教信仰，都同享有其自由之權利。個人之自由權利之範圍，恆須受他人自由權利之限制。而個人之要得眞享有其自由權利，亦須得他人之承認或默許，以至爲一社會之輿論法律所保障。由是而此種自由，即有一客觀的意義，有一超個人主觀的社會意義。同時此種自由權利之所以要保障，乃所以使人之各種積極的活動成爲可能。所以此種自由，與上述三者迥然不同。

所謂自由權利之保障，乃所以使人之積極活動成爲可能，此積極的活動之內涵，主要的實只是：人之各種社會性文化性活動。人所以要求自由權利之保障，實主要在促進各個人之社會文化生活。人們爲什麼要主張思想言論的自由？這只爲要促進人之學術研究或知識之追求。人們爲什麼要主張信仰之自由？這主要爲促進個人之自動去選擇宗教信仰。此外，人提倡財產契約之自由權者，常是爲促進經濟上之生產與交換之活動；以及提倡創作製造之自由權者，是爲促進藝術與技術之成就；提倡人人有參加政治之自由權者，是爲使立法行政公正有效率；提倡結會結社之自由者，是爲使人之群體生活能多方面的擴大。就是提倡所謂名譽，與戀愛、或家庭生活之自由權，免於匱乏或恐懼之自由權，與生存遷徙之自由權者，亦未必只從滿足人之好名心，滿足其食色運動恐懼之本能慾望上着眼，而常是兼着眼於人之精神生活、文化活動之完成或可能的條件：在於不受毀謗、無所恐懼、不感物質之匱乏，與行動無故不被拘束，家庭生活之不受干擾等。故離開促進社會文化的動機，離開個人求實際參加多方面社會文化活動，以實現其可能的文化生活的動機；或離開個人要求表現其學術、藝術、宗教、道德、政治、經濟等文化活動於社會中的動機，則學術上很可能無各種自由權利之理論，而人亦可無爭取自由權利，或求以輿論法律來保障社會中各個人之自由權利，而訂爲法案或憲章之必要。（近見

Northrop科學與人文之理則，論聯合國人權法案，謂眞正之人權法案 Bill of Rights，不應只由政治自由以說，而應由多端之文化價值Plurality of Cultural Values以說，正與本文宗旨相同。）

我們如果眞了解了個人自由權利之所以必要，乃所以促進個人之社會性文化性之活動；其次便須了解，個人之自由權利，在此意義上，並不全是屬於個人本身的。而且縱然社會中的個人，皆有各種的自由權利，亦並不等於此社會已達理想的境地，更不等於個人都獲得其全部的自由。因爲所謂個人在社會中，有某種自由權利，如有言論出版之自由權云者，其涵義只是：人如果言論出版，將不受非理或非法的干涉，且將受輿論法律之保護。亦卽等於說：人實有其在社會中或他人之前自由發表言論文字之可能。所謂人有某一種自由權利，人並非卽有一實在的東西，而只是實有「對他人或在社會中作某一種活動的可能」之謂。而此可能，則是由他人默許，或社會承認，法律輿論之保護而後有的。所謂天賦人權，個人本身具有某種自由權利，實際上常是指人在社會中或對他人作某一種活動之權利。如人有一自由權利，社會或他人絕對不加以默許或承認，法律輿論絕對不加以保護，則此人之此自由權利，卽不能對他人或在社會中運用，而實際上等於莫有。同時，縱然個人之自由權利，與作某一活動的可能，都經他人或社會默許承認，有法律輿論保護；如果人在實際上並不去作某一活動，（如人有言論出版之自由而不去言論出版）則他雖有此自由權利，亦無眞實的意義與價值之可言。我們如眞知所謂個人之自由權利之概念，兼須通過他人或社會之概念來理解，便知個人之自由權利，亦都可說由他人或社會所賦給的。如果我們又知此所賦給的，只是作某一活動之「可能」，即知除個人自由權利之自由以外，必當有所謂社會群體的自由，與個人從事文化活動之本身的自由，或去實現精神理想文化價值之內在的自由。

四　社會群體的自由

我所謂社會羣體的自由，即包含通常所謂民族國家之自由於其中。此可謂人所求之第五種自由。有不少人只承認有所謂個人的自由，而否認有所謂群體的自由，或民族國家的自由。因爲只有個人，才能感受自由的價值。所謂群體、民族、國家，只是個人之和。故所謂求民族國家的自由，只是求此民族國家中之諸個人之自由，於是群體之自由，或民族國家之自由，不能成爲人所求之自由之一種。但是我認爲此論並不妥。因個人與群體之二概念，明明不同。求個人之自由權利，與求群體之自由，或求民族國家之自由之概念，是可分別成立的。其可分別成立之根據，在我們本有二種不同之求自由之意識，而前者即可引申出後者。譬如我求言論自由，出版自由，我所求的，是他人或社會不干涉我之言論出版，我可向他人或社會，發表言論文字。此中即預設，能聽能讀我之言論文字之他人或社會之已存在。我在此所求的，是已存在之他人或社會不干涉我，兼能聽能讀我之言論文字。在此我們試想：如果他人或社會，只不干涉我之言論文字，但實際上，莫有人能聽懂，讀懂，願聽，願讀我之言論文字，則我等于向虛空說，我即必然不能滿足。而使我覺我發表之言論文字之目的，不能達到。如果我們進而假定，根本無可能讀、可能懂我言論文字之他人或社會存在，則此情形更糟。此即見由我之要去言論出版的動機，即必然引生出：一求能讀能懂我之言論出版物之他人或社會存在的動機。而如我要求他人或社會存在，我即必須求其亦不受某種的外來限制束縛，即求其亦有某一種的自由。此即謂求個人之自由權利，必須以「個人表現其自由權利之使用，或享有其自由權利」之「所對他人，或所在社會群體之存在而得自由」爲條件。此群體可概括一切臨時的，或相當永久的，同在一地的，或精神上相聯繫的，一切人與人之集合。由講演時的聽衆，至家庭、學校、社會團體、國家、民族或世界性的人類組織皆是。我們要任何東西存在，又恒即亦要求其能生長；而要求其生長，便要其不受不必要之限制束縛，而要求其自由。所以我們確確實實的有要求群體存在羣體自由之動機。此是求個人對他人或社會表現活動的自由者，亦必然免不掉的要求。然此種要求，與求個人自由之要求，雖相依而實屬於不同的層次。同時，更重要的是，人們中尙有不自上述的動機，而自一直接的對群體之感情或義務感出發，專以求群體之存在及其自由爲事，而不求個人之自由權利者。所以群體的自由，民族國家的自由，實是人所求之自由之一種。而求羣體之自由民族國家之自由之概念中，即須包含群體民族國家之內部之秩序組織之肯定。故我們說，有秩序組織之群體之存在與自由，爲個人自由之一基礎，這句話亦並不錯的。至於群體自身，是否可感受自由，是否與個人人格同樣的可稱爲一實體，如社會實體，或國家實體，在此俱不相干。群體之自由與個體之自由，如何可不礙而相融，亦另一問題。讀本文中下篇，可解答此問題。我們在上文，只重在分辨此二種層次之求自由的動機，以先分別成立此二不同之自由的概念。

五　實現人生文化價值之內在的自由

第六種人所要求的自由，即上所提到個人之從事文化活動本身的自由。此即個人實現其人生精神理想或文化價值之自由。此種自由，對前二種言，我們可說，前二種自由，都是外在的自由，或對外的自由。此種自由，則純為個人人格內部之內在的自由。所謂個人之自由權利，乃對他人或社會的，亦是實際上由他人或社會所默許或承認或賦給的。就是一羣體之自由，仍是對其他群體而言。任一特殊群體之獨立自由，亦是為其他特殊群體所默許或承認的。國家的存在與獨立自由，乃對其他國家而言。一國家之獨立自由，如果不經國際之法律上、或事實上之承認或默許，則此獨立自由，亦是成問題的，然而我所謂個人之實現其文化上精神上之價值理想的自由，則純為內在于個人人格內部，而由個人自己建立，自己賦給自己的。嚴格說，人類只有此種自由，是純屬於人之個人自己。此為眞正的天賦人權。此種自由之所以是純屬於人之個人自己，而在個人之人格內部；由於此種自由乃經個人之努力、自其內在的限制束縛之超拔而後見。通常人因缺乏眞正求實現文化上精神上之價值理想的志願，所以亦常不認識或忽畧人之內在的限制束縛，因而亦常不認識或忽畧此種自由之重要。

我們知道，人之一切文化活動，皆原於人之要實現一價值理想。學術是要求實現眞理之價值，達求眞之理想。文學藝術，是要實現美之價值，達求美之理想。宗教要接觸神聖之價值。經濟上之生產分配交換，是要增加財富，或使財富發生更多效用價值。道德要實現善。政治要求國泰民安。無一種人之文化活動，不實現一文化價值。亦無一人之文化活動，能不先懸一理想于前。就此價值理想爲我心之所嚮往而言，即對心爲客觀的。就此價值理想恒爲他人亦可實現者言則對心爲普遍的。就此價值理想未爲心所完全實現言，即對心爲超越的。故在人求實現一價值理想時，人恒覺若有一客觀普遍而超越之價值理想在前、在上，引導吾人之努力，以求其實現。然吾人之努力實現一價值理想，却常若有自內絆住吾人之努力者。此即吾人內在之限制與束縛。如我想專心致志，以研究學術眞理，而雜念縈擾，即使我不能接近眞理。我想凝神描摹落霞美景，而手有生理的墮性與機械性，恒不聽命，我即不能表現此美。我想成聖，成賢，皈依佛祖或上帝，而個人之私欲煩惱，莫能自拔，我即不能實現道德宗教上之善與神聖。以至我想作科學的實驗，開創一社會經濟之事業，獻身於政治上之革命，都可緣於我自己之懶惰，怕麻煩，與人相處之意氣，各種本不必要之顧慮、幻想、憂愁、恐怖等，而弄得一事無成。在此各種情形下，都是我的志願受一內在的東西牽掛。我們常明知我可不受其牽掛，我當不受其牽掛，明知我必須實現此價值理想，我才能成就我自己，否則我就完了。然而我們仍常免不了受其牽掛，此不是一內在的限制束縛，而使我不自由的東西嗎？我們要求自由，我們難道不當力求解除此內在的限制束縛嗎？解除此限制束縛，難道不是我們所求之一種自由嗎？此豈特是一種自由，而且是人所求自由之最可貴，最重要，最根本之一種。其所以為最可貴，因在眞重視求此種自由，以實現眞美善等價值者，常能不怕一切外力的壓迫，以至置死生於度外。因而莫有任何外面的東西，能阻止人求內在的自由之精神。由此而顯出人人格之無上尊嚴，與其絕對無待之求自由的精神。其所以為最重要最根本，因人如不多多少少有此一種自由，多多少少能自自己之雜念、生理的墮性、機械性等，解脫超拔；人將不能實現任何眞美善之價值，亦將不能嚮往任何客觀普遍超越的理想。亦將無任何有價值的個人或社會事業之成就。而人之雜念私欲等限制束縛少一分，則人與眞美善等，更能接近一分。對超越普遍客觀之理想之嚮往強一分，而有價值的事業之成就的可能，亦大一分，而我個人對文化之創造性的貢獻，亦多一分。因而為一社會群體中之各個人，其內部之此種牽掛限制束縛，能愈少，則此社會羣體之文化日進步。而個人之自由權利之保障，與群體之自由，亦唯在此社會群體中之諸個人，皆能實際的求對人類社會文化，求有眞實的創造性的貢獻時，乃能發生眞正兌現的實際價值。反之，如一社會群體中的個人，皆終日為其雜念私欲等限制束縛，亦不求自其中解除超拔，以實現眞美善等價值、理想，求對文化有眞實創造性的貢獻；則此中一切個人之自由權利，與此社會群體之自由、亦即皆成名義上的，無任何實際的文化價值之可言。此點讀者應予認清。

而且我們可以進一層說，人如果無上述的實現眞美善等價值理想之自由，以從事文化創造，人必然將只圖享受前人所創造之文化成果，或文明。人必然只將要求他人不侵犯其自由權利。然而他却會爲求文明之享受，不惜侵犯他人之自由權利。於是他所求的自由，逐漸淪爲一種只求滿足個人欲望或貪欲之自由。他所理解的自由權利，將只覺其爲個人之所有，而不眞覺其成立之根據在與論法律之保護，在他人或社會所允許承認。自由權利之意義與價值，在於使人之積極文化活動成可能之義，亦將爲其所忽視。於是所謂人佔有之自由權利之範圍，遂卽只等於：人所保持的「各種可能選擇來享受者」之範圍。他所理解的自由，亦至高只能到我們上所說之第三種。而他之表現自我的方式，既然不能見之於文化上之眞實創造，則恒不免出之以好奇立異的方式，而各種乖僻離奇，而實無價值之思想、行爲、言論與淫技奇巧，遂因之而出。而文明之腐爛，文化之墮落，亦由此開始。而當此種人於各種新奇變異之事，發生厭倦時，則人勢必成一精神上之游蕩無歸者，文化生活中的虛無主義者，墮至我們前所謂油滑的自由人。一個社會群體中之個人，到大多數只求滿足個人欲望之自由，不了解自由權利之本義，並當只以好奇立異表現個性之人及油滑之自由人不斷出現時，暴亂的力量亦將必然出現。此社會群體，亦非解體不可。此上所說，人所求之自由，不升進到內在的自由，便必然次第退墮到我們所提之前三種自由之壞的形態之理由。我不能一一細加解釋。好學深思之士，當自得之。

六　胸襟度量的自由

第七種人所要求之自由，我稱之爲胸襟度量之自由。這一種自由，亦可歸於第六種。因這亦是一種自內在之限制解脫而體現之自由。但是妨礙人之有胸襟度量自由者，除人之明知其爲不好，不必要之私欲、雜念、意氣、生理的墮性、機械性、憂愁、恐怖等外，常是人之對價值理想之自身之執着。人常能愛好傾慕一種價值理想，而忽視或抹殺其他不同種類而同是好之價值理想。人常因愈有見於一些價值理想之可愛，而愈使其對其他不同種類之價值理想蔽而不見，或竟反視之爲絕對之罪惡，欲加以毀滅。此在古今之偉大之人物之心境中，亦數見不鮮。而人類文化歷史之最大的悲劇，正常由於熱誠於某一類特定價值理想之實現者所形成。如中古基督教徒之虐待異端，便是一例。就是共產黨，其最初之創造者，亦是由熱誠於經濟方面之一些價值理想後，盲目反對其他一切文化價值理想而生的。這種人之目的，皆自以爲在實現一絕對價值，而以否定罪惡爲己任。然而人恒不知，其實現價值之一念之後，常潛一罪惡：即對於一類特定價值理想之執着。由是而人或恒執着：只有抱某一理想之一種群體，如一政黨、一家庭、一階級、一國家，才有當存在之價值。此執着，恒與人之實現價值理想之念俱生，而立於其後。此即耶穌所謂，在我們每念之後窺伺的撒旦。人恒只自覺是在向前向上嚮慕一價值理想，而不知撒旦之即隨人之只向前向上着，而自下自後追踪而至；乃使其以一價值理想障蔽其他一切價值理想。一指暝目，一塵蔽天，一善蔽衆善，而此價值理想，此善，亦即成吾人之限制與束縛。而自此限制束縛解脫之自由，即我所謂胸襟度量之自由。我們所謂胸襟開濶，度量宏遠，所謂海濶隨魚躍，天空任鳥飛之心境，都不只是指人之雜念私欲意氣甚少而已，而是指人能不以一善蔽衆善，不以一特定之價值理想，否認抹殺其他不同價值理想，而恒能虛懷加以體驗欣賞之謂。西方人所謂 Liberal Minded 之最高義，亦只能是指此對於各種異類之文化上之價值理想，皆能加以體驗欣賞之胸襟與度量。

今人之談西方之自由權利者，恒不知個人之自由權利與他種自由之相依。我們前說社會群體之存在與自由，為個人自由權利之基礎，又說實現文化上價值理想之內在的自由，使個人自由權利有眞實的意義與價值。現在我們當說，人之有胸襟度量上的自由乃各個人自由權利所以相互保證之根據。我們說，個人之自由權利，須由輿論與法律保護。人便恒以為只須有自由的輿論，民主的立法行政機關，即可保障個人自由權利。然而如果輿論不由我所謂能欣賞體驗各方面之人生文化之價值理想的人主持，從事立法行政的人民或官吏不能欣賞體驗各方面的人生文化之價值理想，則輿論法律之公正，仍根本是不可能的。輿論是人所論，法律是人所立，什麼人作什麼論，什麼人立什麼法。我以什麼為有價值，我即論他的好，為他立法。我如何能論我認為不好的為好，又如何能立法去保障我所反對的？如果他人依其自由權利所從事之文化活動之價值，我全然抹殺，我無胸襟度量願去欣賞體驗，只是從尊重他人，或尊重多數之一念去容忍，這如何能久？其不歸於相罵相嚷，而歸於相砍相殺者幾希矣。如實而言，人之所以能作公平之輿論，而共立公平之法律，只賴於人之能相互承認，欣賞，體驗對方之生命、思想、行爲、精神人格之價值，即賴於個人之胸襟度量之能涵蓋其他個人與社會。唯此各個人之胸襟度量，能相互涵蓋，交光相網，而互承認欣賞體驗其價值，而後有公平之法律輿論，以保護相互之自由權利。所以如果一社會群體中之個人，都是褊心狹衷，對多方面之人生文化之價值理想，無所認識了解，則其相互欣賞體驗價值之事，既無有，而公平之輿論立法行政，即亦不會有。所謂自由之輿論，民主之立法行政，亦將不免爲偏見之喧嚷、意氣、意見、私欲之爭而已。

七　涵蓋現實的可能的人生文化價值之仁心的自由

人類所求之自由之最高一種，即第八種。我稱之「爲能涵蓋一切現實的與可能的人生文化之價值，而加以肯定，讚嘆，生發，成就」之仁心呈露的自由。此與上所述之胸襟度量的自由，亦可是一種。但亦可說是另一種。因人有開濶宏遠之胸襟度量，以欣賞體驗不同之人生文化價值者，常只顯一心之無所執着障蔽；其欣賞體驗不同之人生文化價值，固可使他人之自由文化之活動，自由權利之使用，爲其胸襟度量所涵蓋，而不受其摧殘；然此欣賞體驗之態度，仍可說只是一消極的接受他人之人生文化價值的態度，而恒非對他人所可能實現之人生文化價值，加以積極的肯定讚嘆，並求生發之成就之之態度。然人必須對他人所可能實現之人生文化價值，加以生發成就，然後我們對人之善意，乃至乎其極，而見我對人之仁心。人所謂「自己」之最高義，即是此「仁心」。人之呈露實現此仁心，此謂眞正的最高的由己，亦即眞正的最高的自由。人亦只有實現此仁心，人乃不特能欣賞，體驗，他人所已實現之價值；而且努力求去扶持，輔助，促進他人去創造，實現可能的價值，改善其偏與所過，以成其全與中。此之謂生發之成就之。唯如是，而後他人乃亦因我而益得其實現價值之自由。唯此仁心之成己成物，與一切人之仁心之互爲根據，以互相呈露顯發，而後人與我之自由，乃互爲根據，互相護持，人之自由權利，與群體之自由，及實現文化上之價值理想，乃皆得其最後之保證，亦即絕對之保證。

我以上分析八種人類所要求之自由之涵義，其最後一種，是指孔子所謂自由，已無意中暗示出來。孔子謂「爲仁由己」。由己即是由自。孔子首提由己之義。故孔子爲中國自由之父。而我們分析各種自由之義，我們亦已見其非歸宗於「爲仁由己」之自由爲人類最高之自由不可。我以下當再依上文對自由之種類之討論，去衡論古今中西重要之自由理論，亦以此諸自由理論，充實上文之原則性的討論，再論孔子爲仁由己之言之廣大，以見一切好的自由精神或可融於孔子精神中，或與之不相悖。同時即說明了要尊重孔子，亦當尊重一切好的自由精神。

西方之自由精神、自由觀念之類型

——中西文化思想中自由觀念之會通（中）

一　希臘哲人中之自由精神

關於自由之思想，如著重自由權利之舉出，與如何求加以具體的保障，此乃專門的政治學的研究。人在實際之政治運動或實際立法之事業所當著重者，亦在使人民之具體的自由權利之得保障。但本文重在自由觀念與整個人文思想之關係，故不及比較專門之問題。

我們說自由之名辭，由西方傳入中國。所以我們先論西方之自由理論。本來特重自由之理想，無論重 Freedom或Liberty，乃西方近代人的事。在中世基督教思想中，所謂自由意志，並不是眞値得讚美的。在希臘有所謂自由人與奴隸相對。雅典在哲人學派興起後，有自由教育Liberal Education之風。但哲學思想中，並無以自由爲中心概念，如近代之西哲者。不過，如舍中心概念而論其實，則希臘哲人亦各對於某一種之自由，有所倡導。如普洛太哥拉氏之主張個人爲事物之權衡，便是近代個人主義之自由理論之所肇始。蘇格拉底之人格與思想，都表現一極高的自由精神。依比芮 Bury 思想自由史所說，蘇格拉底可謂最早爲爭思想自由而死之一個人。柏拉圖要人企慕理型世界，而設喻：人在世間，如因在洞穴，不見眞理，必須使靈魂飛昇，在光天化日之下，直與眞理相遇。求超出洞穴，亦即求一種自由。以至伊辟鳩魯派、斯多噶派之哲人，皆力求恬淡寡欲，不以得失、毀譽、禍福動其心，亦爲求一自由。今試畧加以分論此種自由之性質。

上所提普氏之理論殊淺，不値多論。我們如說蘇柏師徒，亦表現一自由精神，此自由精神主要祇爲一種求精神之內在的自由。即求一種自情欲意見等內在的限制束縛解脫，以實現眞美善等價値理想之內在的自由，而決不是個人之自由權利之自由。後者乃西方近代所重的觀念。本來希臘雅典的政治，是西方最早的民主政治。自由的公民皆可過問政治，自由作政治演說，爭取政權。普洛太哥拉氏之個人爲事物之權衡之說，正可爲各個人之自由任意的言論主張作護辭。但蘇柏二氏却都不滿意當時之民主政治。一人統治、少數人統治，或多數人統治之政治，在他們看來，同是可好可壞的。同時他們都求超個人的普遍眞理。希臘當時從事政治活動者，又常有以不得意於本邦，而勾結外力，以取政權者。蘇柏二氏却都比較尊重國家。他們之所以不依隨當時之風習轉，乃由於他們都看淸楚，當時從事政治活動的人，都意在滿足其個人之慾望。如果說這些人求自由，那祇是求我們上述之第一種滿足慾望的自由。同時蘇柏二氏亦都看淸楚，如果一社會中，祇是各個人有各個人的意見，而自執其意見爲眞理，則公共普遍的眞理不能有，而社會國家秩序之建立亦不可能。當時的辯者與作政治演說者，能把是的說成非，非的說成是。然並非嚴肅的說，眞誠的說，而是要新奇動聽。他們實又求一我們前所謂立異的自由。蘇柏二氏之反對當時之個人主義者，我想卽由於要反對此二種自由。祗求此二種自由，亦本來是當反對的。蘇柏二氏之一定要求公共普遍的眞知識，以代替個人主觀的意見，是對的。我們不能說，各個人不同的意見，各對各個人爲眞理，而都是眞理。因如都是眞理，則當其說出來時，卽相抵相消，而都不是眞理。卽無眞理，無眞知識可得，而一切學術文化亦不可能。要建立學術文化，便須求眞知識。而要求眞知識，必須自個人之主觀的意見成見中超拔，而在與他人不斷的討論問答中，求大家共許的眞理，眞知識，這正是蘇柏二氏之治學精神，對西方之文化之永恒的貢獻。而此貢獻，則是由他們重視自我們所謂內在的意見成見之限制束縛解除之自由來的。

說蘇柏二氏所重的乃自個人內在的意見情欲等束縛限制得解除的自由，是我們所加上的名詞。實際上他們所求的，都是理性上的必然，而非自由。一切眞知識，都有必然性。如勾方加股方等於弦方。此中無不等於弦方之可能。人莫有可信可不信之自由。人在路上走，可以東走，可以不東走，亦可不走。此中有選擇各種可能之自由。但是在眞知識之前，你雖可由不同前件以證明一後件；然你承認了前件，你必須跟從理性以承認後件。你莫有選擇他種可能結論之自由。所以蘇柏二氏之論眞知識之必然性，亦卽在眞知識之前否定了我們前說之第三種自由。但是我們只有承認眞知識之必然性，我們才有自內在的束縛限制之解除，而有實現眞理之價值的自由。

實現眞理之價值，係於個人之自超出其成見意見之束縛。蘇柏二氏不以滿足慾望之快樂卽善德。

他們皆以善德雖可引生快樂，然善德必由眞知識，與慾望之節制而來。蘇柏二氏都要人不要當情欲的奴隸。當情慾的奴隸，乃人生最大的不自由。蘇氏常飮宴而衆醉獨醒，從軍而獨後人歸，臨死而從容論學，飮酖以逝。都表示一自一般人之生理的自然慾望如好生惡死等解脫之崇高的人格。而柏拉圖之理想國，所以要主張共產、公夫婦與各種嚴格的訓練教育，及分等級的國家組織，其根本動機，皆在節制人之私欲，使人皆受哲學家的領導，以求其靈魂之上升。於是使其國家哲學，頗有極權主義的嫌疑。（如羅素卽作此論。見其西洋哲學史。）然而我們如了解蘇柏二氏所重者，皆在人之自私欲解除之內在的精神自由，則我們亦當加以讚美。

希臘哲人除蘇柏二氏外，在亞里士多德、斯多噶派與伊辟鳩魯派思想中，同缺乏近代西方個人之自由權利之概念。亞里士多德與柏氏固提及政治意義之自由。然柏拉圖共和國中所謂職能的自由，乃盡職之自由。亞里士多德政治學中謂自由是民主基礎，其言所謂自由，實重在自治。二氏皆重守法律爲公民之責任。亞氏之以一切政治之目的在實現公道，在輔助道德，而道德依於理性之主宰情欲，人生之最高之境界在心靈之超升，求對永恆之理性形式，加以觀照，皆與柏氏亦無大殊異。至於斯多噶派之哲學，原是重以理性主宰自然情欲者。伊辟鳩魯之人生思想，則重認識自然界之物質原子之行動之超乎人之主觀欲望之支配，由此以使心靈自不必要的幻想、希望、情欲等中解脫，因而獲得一內心之寧靜、愉快。故斯多噶派與伊辟鳩魯派，皆重求一種內在的自由。他們都不似柏亞二氏之重視國家政治。在伊辟鳩魯派，以爲智者之理想生活，只須有少數朋友。在斯多噶派之人，則雖多有一普遍的人道意識，然而他們之所重視者，亦恆只限於個人內心的克己自律的生活。

二　基督教之自由意志之概念

在西方思想中，正式提出解脫或忘我，以上歸於神之宗教思想者，始於新柏拉圖派。眞重視自由意志之概念，則在基督教興起以後。基督教之以人之靈性，或人之有自由意志，爲人之異於其他存在之特徵。人之自由意志，使人有發生世俗的各種善善惡惡之思想行爲之可能。然就此自由意志本身言，在基督教正宗教義，初並不以爲是如何好的東西。人之墮落，亦即原自亞當不服從上帝之命令，不運用其自由意志以服從上帝，而用之以受蛇的誘惑。基督教正宗教義中所謂人之自由意志，依我看實只是一「可有此動機可有彼動機」之可能。亦即「可爲善可爲惡」之可能。但人只具此可爲善可爲惡之可能，即人罪惡之根之所在。人只具此中性之可能，則人生之實際，如不皈依於上帝而向善，便必會受誘惑而向惡。人如只信賴其自由意志，人永不能保證其非向惡。因而除非人皈依於一至善之上帝，人不能有精神上眞正得救之可能。若照奧古斯丁之說，則自亞當犯罪後，人即只有邪惡之自由意志。因而人之眞向善與得救，皆有待於上帝之賜恩。上帝如不選上我而賜恩於我，使我得救，我並不能由我之自力使我得救。縱然我誠求上帝之救我，亦不能在我自身得此被救之保證。如果照我們前所說，人之宗教生活中之求神聖，亦是一種求實現價值的自由；則依奧古斯丁來看，便當說：我們縱可求此自由；我們自己亦無得此自由之自由。得與不得，只在上帝之選擇。只有上帝有選我或不選我之絕對的自由。而此上帝之自由，即使我之命運繫於上帝，而不繫於我，我成一絕對依賴於上帝，而無自由者。這個理論，使人必須依賴上帝，亦必須依賴上帝之子之耶穌，以至當依賴教會教皇，而形成爲一中古之宗教性的文化，宗教性的社會政治組織一核心理論。依賴與組織，不同義於自由。然此所謂「依賴與組織」之概念，則正依賴於人之自由意志，與上帝之絕對的自由意志之概念。究竟人之得救，是否係于人之自由意志或只賴上帝之賜恩，與古斯丁與斐納甲 Pelagius 之見便相反。後者即肯定人之自由意志的。後來耶穌會士對 Jensenists ，近代路德對卡爾文派、亦各執一端，而相爭至烈。這中間引起極複雜糾纏形上學與宗教哲學的問題，現在不去管他。我此文只重在約指出自由意志之概念，乃由基督教與而後被重視，而自由意志之概念之重視，竟可歸於重依賴與組織之一奇妙的聯繫。

三　近代文化中之自由精神與科學

西方近代之自由之觀念，乃遙本於基督教之自由意志之觀念。近代西方人之自由精神之表現，乃一方表現爲宗教革命之反對中世教會組織，而重個人之良心；一方表現爲文藝復興之崇尚宗教以外之古典的人文，與對自然及個性之尊重。由文藝復興而啟蒙運動，而益尊人類自具之理性。本理性以研究自然社會，乃發展出近代科學。然近代科學之初起，都是要認識自然之不變的秩序，而以數理為了解此秩序之鑰匙。數理之公式，皆為必然的。故近代科學之初起，皆信自然有一必然之秩序。中古相信上帝本其自由意志，創造世界與其秩序，上帝隨時亦有製造不遵一般自然秩序之奇蹟事件（Miracle）之可能。而近代科學之求自然之必然秩序，則是一步一步要否定奇蹟之可能，此或如理神論 Deism 之以上帝創造世界與其秩序後，即不再干涉之；或如泛神論之以神即自然；自然主義者之以自然為自有，因而自然自有其必然之秩序。這皆無異以必然之概念，消滅中世所重上帝之自由。而科學之應用於改造自然，又增加了人對自然之自由。如此一增一減，而人之自由被重視，人之良心判斷之自由，理性活動之自由益被尊重。然而人之實現其理性活動之自由，首表現於科學者，仍是認識必然之自然，或機械的自然，故泛神論者之斯賓諾薩，尤為近代哲學家中最早以必然之自然即神，並重視對必然的自然之認識、而以此為達精神之「自由」之路道的大哲。這又見一自由與其反對的概念之相依賴之例證。而近代科學家之認識必然的自然，其根本精神，初乃依柏拉圖亞里士多德斯多噶派一貫下來。不同者，乃在一些數理觀念方面。而有自由思想的科學家、其所求之自由的思想，初亦只為自一些意見成見迷信解放，以實現眞理之價值，使可能的知識成為現實的知識。其與柏亞二氏無根本精神之不同。而同是求我們上所謂內在的自由，而初非為求自由權利。至於應用科學以改造自然，求人之改造自然的自由，則是後來的事。

四　近代西方——英國型之自由理論

近代西方歷史之發展，首先是民族國家之求獨立自主，亦卽求民族國家之自由。十七八世紀以後，乃逐漸有各種政治上、經濟上爭個人自由權利之運動。而自由權利之各種名號思想，在此時期以後乃大盛。爭自由權利之運動、名號、思想，所以由英法傳到全世界，乃兼由於各種對人有現實利害關係之各國的歷史事實、社會情狀所逼成。這些我們不去管它。我現在只就近代西方之幾種形態自由之理論，加以畧述。以見其當歸屬於我們所謂八種自由中之那幾種，與其缺點之所在。

在近代西方思想中之自由理論，通常推尊洛克爲首。洛克之論容忍異己，與他之政治理論，其基礎乃在其經驗主義的知識論，與其哲學之以各個人之自我各爲一獨立的實體；及其倫理學之以凡增加快樂者爲善，增加苦痛者爲惡。因其知識論以一切知識原於接受外面的經驗，故依我們自己的經驗，以判斷外面的世界，常不能得必然、定然，而只能得概然。由是而我們便不當輕易以自己之判斷爲絕對無誤，而當容忍不同的意見。其哲學以各個人各爲一實體，故一切人人格平等，當各有其私有財產與由法律保障之自然權利。其倫理學以苦樂爲善惡之標準，而苦樂決定於各個人經驗。苦樂由經驗以考核，而善惡之標準亦然。廢先驗之善惡標準，以判斷一切，人自然更能容忍異己，且更當重視爲人之苦樂之所繫之自然權利。故立法而要合公道，便當由能代表人民之苦樂利害所在、或自然權利所在之代議士，共同議定。同時立法權與行政權當分開，而其重要亦過於行政。這個思想，邊沁穆勒加以承繼，而成爲邊沁之求最大多數最大幸福之道德論法律論，成穆勒之功利主義。穆勒自由論一書，首謂自由有心理上之意義與社會政治之意義，前者與必然相對，後者與強制相對。而彼此書所欲論爲後者，乃歸于論「個人之自由，只須以他人之自由爲限」。美國革命初期之思想，亦即不外洛克孟德斯鳩與盧梭之思想。而近代資本主義之自由經濟之理論基礎，亦由英之亞丹斯密穆勒等所奠定。此皆人所共知，不須詳述。

但是我們如稍加考核，便知此派思想之自由理論，並不完善。這派思想知人之自由權利之重要，然而並不眞知自由權利之人文的意義與價值，亦不眞知保障各個人之自由權利之可能的條件，與道德法律之眞根據所在。

我所謂此派思想不眞知自由權利之人文的意義與價值，即指此派思想之只知快樂之價值爲最後的價值。人之所以應有其自由權利，依此派思想，最後是爲的個人之快樂。社會中各個人之自由權利之價值之總和，即各個人現實的可能的快樂加起來之總和。邊沁穆勒即以促進此總和之增加，爲一切法律道德之最後目的。但是此中，有快樂本身是否有質的高下，或是否有文化價值之問題。洛克邊沁忽此問題。穆勒知此問題，而承認「作一快樂的猪，不如作一不快樂的人。作一快樂的人，不如作一不快樂的蘇格拉底。」但是穆勒不知其說此話，即須破壞快樂論之原則，不能停留在功利主義，而須升進到人文主義，而穆勒則有志于此而未眞作到。

我所謂此派思想不知保障各個人之自由權利之可能的條件，不知道德法律眞根據，卽指此派思想之恒以法律爲對人之自由之限制，以致以政治法律爲一種必要的惡而說。此卽未知法律根于道德，道德根于內在的理性之所要求。此派思想重大多數人之快樂，然不知一個人如何能眞尊重他人之快樂，尊重他人之自由權利之精神條件。一切快樂皆是人經驗的，人所求的。但他人的快樂，却非我所經驗。我的經驗，只告訴我，我之快樂値得我求。然未告訴我，他人之快樂亦値得我去求。如果我說，我是人，他人亦是人，故我求我之快樂，亦當求人之快樂。此是依於理性原則，而非只依於經驗原則。而且人如果只是一求快樂的動物，任何人亦値不得我們眞正的尊敬。他人之快樂，只可使我羡慕，或嫉妬，或愛護，他人之苦痛，只可使我同情，憐憫，自慶得免，或幸災樂禍。他人之苦樂，皆同不會動我對他人之眞正的尊敬。我們尊敬他人，必待他人之有某一道德的品性。而人之道德品性，則恆見於其不求其個人之快樂處，不怕任何苦痛處。此便非在快樂之價値以外承認一超快樂之其他人格價値不可。穆勒說一人之自由，應以他人之自由爲限，是對的。但是他實並不能依經驗論之原則，而說我們當限定我之自由，而尊重他人之自由。因他人之自由，對我而言，亦是超我之經驗的。我何以當以超我經驗之他人之自由，限制我自己之自由呢？這些問題，一步一步加以思索，便知洛克邊沁穆勒之自由論，必須爲康德、菲希特、黑格爾之理想主義之自由論之所代替補充之故。此理想主義之思想到英國，成爲格林 Green 鮑桑奎 Bosanquet 勃拉得來 Bradley 之哲學。他們都在倫理哲學政治哲學中嚴格的批判洛克到穆勒之英國傳統思想。格林爲英國自由黨人，曾建議各種保護自由的立法，而其自由之理論，則主要依德式之理想主義而建立，尤爲值得注意。

五　康德黑格爾之自由論及理性論與其人文精神

洛克邊沁穆勒之自由之理論，不如由康德以下之理想主義之處，卽在他們只知自由權利之重要，而不知自由權利之價值，除了使人增加快樂外，尤重要者，在使人之各種文化的創造活動成爲可能。人之文化的創造活動所實現之價值，直接是眞美善等，快樂只是附從的後果。他們又不眞知：人如果莫有一超越個人自己之理性，以涵蓋他人之快樂、他人之自由，而加以肯定，並對他人之道德品性或人格，有一眞正的尊敬，則莫有人會去求他人的快樂，會去尊重他人的自由。他們不知此二者，而強調自由權利之爭取，便必然歸於使人只求個人的或階級的私利，不求廣大的人群之公益，而資本主義之弊害，必然隨自由經濟之理論而生。然康德以下之理想主義者，則眞知自由權利之意義與價值，繫於人文之促進，人文所實現之價值，直接在眞美善等。同時眞知：個人自心卽有一超個人之普遍理性，以涵蓋他人而平等的待他人，人以此而有眞正之可尊敬處。人以此才能依理性而自尊其人格，並尊重他人之人格。由人與人的人格之相尊重，人與人之普遍理性互相交光互映，然後個人之自由權利之保障，乃有其眞實可能的精神條件。這亦就是說：洛克邊沁穆勒等，不眞了解我們上所說之自由之第六七種，而康德以下之理想主義者則能了解。

康德以來之理想主義者，如菲希特，黑格爾等，不特能認識我們上所述之第六七種之自由，亦能認識我們上所提之第五種自由中之民族國家之自由之重要。

許多人說洛克以下思想重自由，爲個體主義，德國由康德以下，至菲希特黑格爾之思想，爲抹殺個體自由之全體主義。此說並不對。眞正抹殺個體自由之思想，當是如中古十二世紀John of Salisbury之以人之身體比喻國家，以教士爲靈魂，君主爲頭腦，元老院爲心，官吏爲耳目，軍隊爲臂手，財政機關爲腸胃，農工爲足之論，及近代如霍布士之以巨靈 Leviathan 比喻國家，及以後若干以生物學上之機體，比喩人類社會之機體主義。依此機體主義，把個體視爲社會機體之細胞，各種社會組織如機體之各種組織；政府遂如機體之神經系統。如是，政府領袖勢必成大腦，這才使爲細胞之其他個人，成爲被動，而無眞自由。還有一種抹殺個人自由者，則是只推尊特殊的少數個人之尼采式之超人主義。意慕沙里尼之法西斯，乃遙承馬克維利之霸術主義。慕沙里尼與希特勒，皆旣自居超人，又視其黨如一國之神經中樞，人民只爲細胞，又只知其自己種族爲至上。此乃機體主義，超人主義，種族主義之混合物。而此三者皆自然主義，非人文主義。希氏之冒菲黑二氏之名是假的。菲黑二氏之思想，雖亦有其毛病，才會被假冒，然其根本精神則是承康德人文主義精神，亦承康德之在個體中，認識一涵蓋全體之理性的精神的。這路思想，實正是在極端個體主義與抹殺個體之機體主義種族主義之間的中道。我們須知機體主義種族主義之忽個體，固然不好。然如洛克之個體主義，以一一個人之心爲一自己獨立之孤立實體之說，亦是講不通的。洛克之哲學理論之發展，經巴克來至休謨，個體即解散爲一群片斷經驗之連續。個體主義之哲學，從根上發生問題。康德與菲黑諸氏之於個體中，識取一涵蓋全體之理性，是重全體，亦所以救往了由英之洛克巴克來至休謨之哲學中之個體觀念之必然的破滅。並將經休謨等之手已破滅爲片斷經驗之個人之個體，從新整合起來。這路思想，不是只推尊少數個人，而是要推尊一切個人的。因爲一切個人中，均同有一涵蓋全體之理性。這路思想，亦可說承來布尼茲下來。來布尼茲與洛克辯論，其不同，在洛克以知識乃始于外面經驗，以各個人各爲一實體而相分立。而來氏則重視自動之理性。來氏又以每一個體，皆反映全宇宙之一切個體，於是人類社會乃成爲諸個人交光互映之集合體。到康德，而由理性之自動性之認識，知個人之有其涵蓋萬物與他人之超越自我，並進而分辨純粹理性與實踐理性。由純粹理性以認識必然，由實踐理性以認識自由，乃開啟英國系統以外之另一崇高之自由理論。

近代英國式之自由理論，是更重自由權利 Liberty 之理論，德國由康德以下理想主義之自由理論則是更重 Freedem 之理論。自由權利之理論，重在將各種具體的自由權利，一一在法律中規定下來，而成爲人所實際的享有。此在政治範圍說，已足够。但對整個人生文化言，則只說自由權利，而不自隸屬於文化價值說，則不能在觀念上分辨滿足慾望的自由與實現文化價值的自由之別。而康德之自由理論，根本上是實現道德藝術等文化價值之自由理論，故首將滿足慾望的自由分開去。康德以一切服從慾望之行爲，皆非自由而是被動。此乃遙承蘇柏亞以來正統思想。康氏謂只有遵從有普遍性必然性之當然而定然的道德規律，乃有人內在之精神的自由。只有在無實際利害慾望夾雜之美的欣賞與創造中，乃有自由之表現於外之感覺界。前者爲道德性的自由，後者爲藝術性的自由。（後來德之席勒、哥德即承康德此點，特重藝術性自由者）。只有依道德理性以立法，人乃有政治性的自由權利之保障，與永遠和平之可能。整個康德之自由理論，皆與慾望的自由離開，而只與實現客觀超越之眞美善等文化價值相連。然而求達此眞美善文化價值之實現之目標，英國式之自由權利之自由，即亦必當被肯定。

康德以後，菲希特黑格爾，皆明顯以自由爲其哲學中心觀念。而所講者皆是個人去實現客觀之文化價值之自由。他們皆重國家之建制立法，而有民族國家之自由之發揮。通常人覺他們之過於推尊國家，即抹殺個人。其實不然。其毛病另有所在。他們實並不抹殺個人。他們都只以國家爲個人之道德理性之實現之成果，以個人之道德理性爲能涵蓋國家者。黑格爾之歷史哲學與權利哲學 Philosophy of Rights 之歸於論立憲國家，是人人自由。其意即謂，立憲國家使國家政治之受制於憲法，而憲法則依於公民之理性。憲法綱維國家，公民通過憲法，而其理性之運用，亦即綱維國家，其精神亦彌綸於國家，國家不外在於個人能涵蓋國家之理性與精神，乃為人人自由。故黑氏之推尊國家，實即推尊個人之理性與精神。尊國家與尊個人至少在其理論上，是視如一事之二面。而黑氏之尊個人之最明顯之證，則在其以國家只爲客觀精神之表現。客觀精神以上，尚有絕對精神。絕對精神表現於哲學、宗教、藝術之文化中。哲學宗教藝術之文化活動，皆爲個人超於國家之上，面對宇宙人生而獨立蒼茫之精神活動。黑氏對歷史上政治上野心的英雄，只視爲歷史推進之工具。（人本不當作工具看。但野心的英雄之野心，則只可作爲工具看，因其無內在之價值也。）而對詩人哲學家宗教家之精神，則視爲上帝直接顯示之地。其尊個人精神爲何如？唯其所尊之個人，乃能眞實現眞美與神聖之文化價值，而即宇宙精神之表現之個人精神耳。

但黑氏之思想，亦有缺點。其缺點一在對群體社會之概念，彼只知家庭與市民團體及國家三者。國家以上之世界組織之概念，在其系統中並未包含，故陷入國家至上主義；以至以德意志爲世界精神今日所在，而德應統制世界之結論，將不免沿之而生。二在其以哲學精神爲最高之文化精神，而不知道德精神爲最高。此乃以智駕於仁上，而不知仁實當在智上。三在其太重自由與必然之合一。因而太重組織與法律之概念。其以法律爲強迫人自由，頗搴人之詬病。其言歷史時所用之自由之名號，亦若被必然之理性發展之名號所掩。黑氏重觀歷史精神中之普遍原則之實現，而不重觀歷史事件之偶然性。黑氏重觀歷史中一集體社會與一整個民族之命運，而不重觀個人在群體社會中，所處之特殊情境，與個人之如何在特殊情境與對個人爲偶然之事件上，實現特殊之價值。黑氏有一歷史哲學、文化哲學，而缺一個人與社會之關係之社會哲學與人生哲學。因此，他未能重視個人在社會之特殊情境下，如何選擇可能之文化價值而實現之自由亦未嘗希望有一寬平舒展的社會組織，使人得此自由。對此種自由之認識，我在現代西方諸哲中，不能不推重英美之詹姆士、杜威與羅素。

六　杜威羅素之自由精神

詹姆士杜威之實用主義，承英國之經驗主義而發展，既異於德式思想之重普遍必然之理性規律，然亦不如舊經驗主義，重零碎片斷之經驗，而重具體特殊之經驗的情境，並重在此情境下，如何實現社會文化之價值。此種思想，包含較多人文主義之精神，與重視人自動自發之適應創造之精神。他們知道，尅就具體個人在其所處自然社會之具體特殊情境言，其遭遇之如此如此情境，只自經驗立場而觀之，乃並無必然性者。此只爲一吾人賴之以實現人生文化價值之外緣。而吾之情境與他人異，吾各時之情境又復相異，則吾人欲其中實現價值，必賴吾之隨時應用吾之創造的智慧，而不能只襲取傳統風俗，與過去之機械習慣，以爲應付。而創造的智慧之運用，必待作各種試探性的嘗試，或自覺的提出各種可能之應付方式，以爲假設，再對其可能發生之結果或效用價值，作種種之考慮，然後依之實行，以爲驗證。情境對吾人時在變化中，吾非必然遭遇某情境，則吾對情境，有加以改易之可能。此即有一自由之可能。而吾人之選擇可能之應付方式，以實現價值，則吾人復可自證有各種實現價值之自由。吾人用一方式應付而敗，此敗之經驗，又使我求其他方式以實現價值，吾人只須能不斷用創造的智慧，則吾人即永無絕路。而吾知吾之情境，不同於他人，亦不同於吾之未來，則吾亦將永不執着一所實現之特定價值，或實現價值之特定方式，以強他人以必從，以限制自己之未來以必遵；而將只求個人經驗，與他人經驗之交相融攝而社會化，個人前後經驗之互相貫通而擴大化。此義，杜威言之最精。此說之特殊的重要價值。一方是建立一種科學方法論，一方即在養成人對己對人各種文化活動之一寬容而通達的風度。而此正是一種不執特定價值，而自特定價值觀念解放的自由，而屬於我們上述之第七類之自由精神，亦足爲尊重他人之自由權利之精神根據者。不過，彼等之以此而否定一切普遍之理性原則，否定形而上之絕對實在，否定有涵蓋一切可能情境之超越自我。則爲彼等之偏見。因此否定本身，亦無絕對之根據。蓋我們可說，若人無普遍之理性，則彼等之學說，亦無被人人承認爲眞理之可能。又若無涵蓋一切可能情境之超越自我，則一切可能情境，便非屬于一我之情境，而我對之不能眞有一一貫之態度，則一貫奉行詹姆士杜威之人生態度，亦將不可能矣。

羅素亦爲今日西方自由主義代表人物。其自由思想，人多知之。他早年提倡之懷疑主義，乃一批判傳統與一般社會流行之文化價值之懷疑主義。他最好論「好人所作的壞處」（此其懷疑論文集中一文之名），此亦正是論我們前所說之執着一種文化價值之壞處。可見其所求之自由，亦屬於我們所謂開濶胸襟度量之自由。他與詹姆士杜威之不同，在他似不重個人在特殊環境中如何選擇可能的文化價值而實現之。他早年的哲學，是要使人觀照一切可能的世界。他不似他們之帶人本主義之色彩，而要人把他自己放在宇宙間去看，而自知其渺小，自知其存在於此自然世界，亦可說是偶然，即隨時可能消滅的。由此而去掉人類之自矜與狂妄，以寧靜的接受其任何最後之可能的命運。此是其自由人的崇拜一文之核心。他一直重自由，而又一直重邏輯的必然。因了解邏輯的必然，即所以使心智淸明。邏輯的必然，純屬於思想與言說。故我們不能自邏輯的必然，以推論實際世界之形上結構，而對外面世界的經驗知識，則恆只有概然（此蓋其晚期思想所尤重視者）。由此以去掉許多傳統的形上學的推理，與一般人對外面世界之輕率的判斷，以保持自由人的風度。我嘗以為懷疑主義、人類存在之「偶然」、邏輯的「必然」，與經驗知識的「概然」四者，乃羅素之自由理論之基礎。此中第一只是一批判態度，其用此批判態度，重在知好人所作之壞處，而不在使人眞讚美欣賞好人之好處，以多肯定歷史文化之價值。第二乃西方傳統之理性主義精神，然彼將理性局促於主觀思想與言說，而反西方傳統哲學之著重探客觀宇宙之內在的理性，我未見其可。第三由洛克休謨來，以此建立人對經驗事物之判斷當去武斷，極是。此三者皆有所承，非所特長。第四由近代自然科學來。然羅素與桑他耶那，則用之以培養一自由人之超越的風姿，則是他們之最可愛處。

七　畧說莊子與佛家之自由精神

但是眞要講求胸襟局度之開闊的自由，杜威羅素之境界，皆遠不如莊子，及佛家之空宗、禪宗與華嚴。莊子之消遙游、齊物論，乃眞表現最開濶之胸襟，而自一切偏執的價值觀念解脫之自由者。莊子所謂至人無己，神人無功，聖人無名，所謂喪我、以明、兩行、葆光、物化、同生死、齊是非，超善惡之境界，都只是說的一件事，卽要人自所執着之一面的價値觀念解脫，而歸於使個人與天下相忘。個人與天下相忘，而個人之心靈乃能涵容天下，而任天下萬物之自適其性，自得其得，使萬物自由。同時乃能游心萬化，未始有極，喪我而以神遇萬物，乃無適非我。此我之消遙游，卽我之最大之自由。

莊子之自由精神，所以較西哲中如羅素杜威之境界高者，其關鍵乃在後者皆只有關於「可能」的智慧，而無「虛」的智慧，與「無」的智慧。羅素知人在自然世界之偶然，能觀自然世界之大，而超乎杜威等之人本主義矣，能以其可能世界之觀念，超乎此特定現實世界矣。然彼不知心靈不能大虛大無，則不能兼懷自然世界與一切可能之世界，而胸襟度量仍不能開濶至極。西方人皆太質實，罕有能知虛之智慧與無之智慧者。今世唯海得格（ Heideigger ）等庶幾有之，而未達空明之境。此卽西方哲人之人格精神，恆只能文理密察，而不能意趣宏遠之故。虛之智慧，與無之智慧，乃東方人之所獨長。中國道家而外，卽爲佛家。佛家之一切法畢竟空之教，深矣，遠矣。人欲求胸襟度量之眞開濶，不讀佛書難矣。而佛家之教，又非徒求一通常之胸襟度量之開濶。彼將求人生大淨化，煩惱之大解脫，一切我法二執之破除，而成正等正覺，得妙樂莊嚴之佛果。乃兼求自內在一切限制束縛，以實現最高精神價值之自由者也。此自由，佛家名之爲大自在。然此皆非本文所及論者矣。（糜文開先生于民主評論四卷十四期尼赫魯論印度聖經一文，謂在印度奧義書中有一問題：「這宇宙是什麼？它從何而來？它的去，沒入于什麼之中？」同答是「它來自自由中，它息于自由中，它沒入于自由而融化掉。」唯我又見一講太戈耳之書，似譯此段中之自由二字爲歡喜。或歡喜與自由二字，在印文爲同義耶？此可見佛家之自在自由之觀念，深植根于印度固有文化中。）

孔子精神與各類之自由

——中西文化思想與自由觀念之會通（下）

一　孔子精神之涵容的度量

關于東方與中國之自由精神，除上述之佛家與莊子以外，我再舉孔子之思想代表中國儒家。以指出其中所涵蘊之自由精神。雖然孔子與中國儒家之思想，至少在表面上看，不是如西方思想那樣明顯的著重自由之觀念。但是我們若透入一層看，則將見孔子之自由精神，實在原則上，足以涵攝一切人類可貴之自由精神。——由此而知，我們今日，可本于我們對孔子精神之自覺，而去接受西方與印度之自由精神。——顏淵於孔子曾說：「仰之彌高，鑽之彌堅，瞻之在前，忽焉在後。……旣竭吾才，如有所立，卓爾。雖欲從之，莫由也已。」此正指孔子精神之涵容的度量之大與高，孔子之「空空如也」、「毋意、毋必、毋固、毋我」，亦正是一廓然虛曠的心靈境界，此正同於佛家與莊子之空的智慧與無的智慧。「我則異於是，無可無不可。」「君子之於天下也，無適也，無莫也，義之與比。」此即不執着任何特定價值觀念之謂。孔子之所以爲聖之時，正在其能于各種特殊情境下，求實現各種相應的價值。則詹姆士杜威之自由精神之核心，即涵於孔子之內。至於莊子與羅素之徒，仰觀天地之大，游心萬化，寄意於可能世界，以自拔于人類中心之我執，自與孔子精神之重人不同。由是而他們都時有「人在自然宇宙之最後命運，畢竟不能自主」之嘆。此嘆亦頗可貴。然吾人復須知，孔子重人之思想，亦不同西方基督教之以自然萬物皆上帝爲人而造之論。此論蓋終有增大人類之誇大狂之流弊。孔子唯視人爲天地之心，天地之性人爲貴，而不言萬物皆爲人而造也。夫自自然宇宙以觀人，則天地不與聖人同憂，人在世界之命運，亦實有不能期必處。孔子亦未嘗不嘆「道之將行也歟，命也。道之將廢也歟，命也」。「道不行，乘桴浮於海」。海天空濶，渺然一身，念天地之悠悠，而生四顧蒼茫之感。此人所當有之情。亦非此情不足見此心悲願之無盡，是誠可貴。故基督教徒佛教徒，觀人生之憂患與罪孽，而求升天國得究竟涅槃，亦爲一偉大之精神。但是孔子終不由於見天地之「不與聖人同憂」，而視世界爲苦海，以此生爲升天國之過渡。佛家言普渡衆生，耶穌言在地如天，與孔子同。然此乃對彼等之宗教精神，再下一轉語。而孔子之安住世間，則不須有此一轉語。此中孔與佛及耶穌異同之關鍵，則在孔子之眞識人之超越而內在之仁心。

畢竟孔子所謂仁是什麼？求仁是什麼？這是最不好講的。但在本文系統中，我可會通孔子之言以新名詞界定孔子所謂仁：卽「對於宇宙人生之現實的或可能的全幅價值之肯定與讚嘆，而求使之充量的被保存，或被實現而生發成就之精神。」知孔子之重爲仁由己之自由，則知上述孔子之廓然虛曠的心靈境界，復爲一肫肫之仁所充實。此亦卽孔子之所以不先求超越的空慧或無慧，亦不先以天國爲人生究竟之皈依，而直下承担此世間，而願安住其中之根據也。

二　孔子對於自然宇宙自然生命之肯定與欲望自由、立異自由及選擇可能之自由

孔子依仁心以肯定一切價值，首卽肯定此自然宇宙之價值。孔子說：「天何言哉，四時行焉，百物生焉，天何言哉。」太虛寂寥，默然無語，此豈非卽至空至無之境界？然四時運行不息，而秩然不亂，萬物化育於其中，以並行不悖。此卽寂天寞地中，日日如此驚天動地的大事因緣。孔子卽於此見生生而有條理之天德，視爲天不言之教，故曰：「天有四時，春秋冬夏，風霆流形，庶物露生，無非教也。」孔子之自然宇宙，既非苦海，亦非專爲人而設。又非如近代西洋科學家，或斯賓諾薩，或其他唯物論者之說爲一必然的機械。而是具內在之天德，以垂教於人的。這卽是依於仁心而肯定自然宇宙之價值。

孔子不特依於仁心，以肯定自然宇宙之價值，亦依於仁心，以肯定我們之自然的生命活動之價值。「子之燕居，申申如也，夭夭如也。」「曲肱而枕之，樂亦在其中矣。」燕居與曲肱而枕，只是人之純粹的自然生命活動。然其中亦有仁者生趣，洋溢於其中。「暮春者，春服既成，冠者五六人，童子六七人，……詠而歸。」此只是述人在自然游息之生命活動。然孔子亦依仁心加以讚嘆。孔子不鄙

視人之衣食住行之日常生活，他只要使之合乎禮。從前我深厭論語之鄉黨一篇，所記孔子之日常生活，竟與一般人，並無不同。後乃知孔子之偉大，正在其能使一切最平凡的日常生活，同可表現德性，表現價值。孔子不鄙視肉體。「視思明，聽思聰，色思溫，貌思恭。」則整個耳目五官與身體，亦皆表現德性表現價值。孟子承孔子而說「仁義禮智根於心，睟於面，盎於背。」「形色天性也，唯聖人可以踐形。」踐形者，形亦能充滿德性價值之流露，而形亦精神化之謂也。所以孔子雖不尙滿足欲望之自由，常說：「君子謀道不謀食，憂道不憂貧。」「士而懷居，不可以爲士矣。」然依仁心，而吾人不能不念貧者之「無衣無食，何以卒歲？」依仁心而吾人不忍孝子之對其親「養生送死」而有憾。依仁心而吾人不能不哀鰥寡孤獨之無告。依仁心，而吾人不願見天下有怨女曠夫。吾乃依仁心而望人之足食，望天下有情人皆成眷屬。於是他人之飲食男女之大欲，由吾人之仁心之加被與護持，而皆被肯定爲有價値者矣。

孔子未嘗只崇尙滿足欲望的自由，而依仁心以肯定人之滿足其欲望的價値。孔子亦未嘗只崇尙個人之好奇立異之自由。然而人與人之異，孔子亦依仁心而加以尊重涵容。孔子並不求人與人之強同，「君子群而不黨。」「君子和而不同，小人同而不和。」「君子周而不比，小人比而不周。」不黨而後「王道蕩蕩」，「王道平平」，容異而後和，周普乎衆異，而後爲大人，以遠於「硜硜然之小人」。故後來孟子亦說「君子亦仁而已矣，何必同」？黨同伐異，遂爲後儒之大戒。但孔子教人涵容衆異，並非教人不辨是非善惡。孔子亦決不崇尚純粹的保存「選擇可能」之自由。孔子更着重的是教人隨處對可能實現的價值，作實際選擇。擇之概念，由孔子初提出。孔子說「多聞，擇其善者而從之。」又說：「三人行，必有我師焉，擇其善者而從之，其不善者而改之。」中庸所謂「擇善而固執」，「擇乎中庸」，皆依此而來。而對人處世，孔子尤重擇。故孔子說「里仁爲美，擇不處仁，焉得智」。後儒論智，見於擇交、擇友、擇君、擇臣、擇賢、擇愛、擇言、擇術。鄉愿之爲鄉愿，即在其於世無所擇，而貌似無所不容。故「擇」非只保存一選擇可能之自由之謂。乃先承認此廣泛之自由，而對之再作一規定，以求實際的實現價值之自由。擇之義深矣。唯實有所擇，然後見人之眞自由。然「惟仁者，能好人，能惡人，」能「好而知其惡，惡而知其美者」，而後能擇人。唯仁者能知言而能擇言。亦唯仁者能「不以言舉人，不以人廢言」，而擇人與言。蓋以唯仁者，乃能分別發現人人格之價值，言之價值，而其心好之，而惡其無價值反乎價值者，是擇之自由，亦依仁心而有也。

擇卽是用智的自由。孔子之重智，卽是重擇。智包含對有價值者、無價值者與反價值者之辨，包含各方面之不同價值之辨，亦包含對於價值之程度，卽善之程度與其反面者之程度之辨。依智而擇，則有價值者得實現。故哲學地說，擇或用智之自由，爲有價值者得實現之實現原則。承認擇與智之價值，卽承認個人之良知、個人理性之價值。在人不自信其智，能辨別有價值與否時，則淪入懷疑論。懷疑論者在實際生活上不信自己，則必然只信外在的權威，而淪入獨斷論。而求精神向上的人，到覺其用智永遠不可靠，永遠是可眞可妄可善可惡時，亦會覺人之自由意志，根本不可信託，而要求信一超越的上帝，或神聖的指導，以歸入宗教。此時人之智與自由意志，便不復能成「實現的原則」，而只成一「可能的原則」。此卽我們上述奧古斯丁之理論所自出。西方基督教，當然表現一向上的精神。但是如奧古斯丁之自由意志論，畢竟有一大毛病。他不承認人之擇善與用智的自由爲一實現善之原則，便逼使人類除信上帝以外，莫有任何精神的出路，而人文世界之多方面的開展，便不可能了。

三　孔子思想與個人自由

以上我們說，孔子雖不崇尚我們前所說之第一第二第三種自由，然孔子之仁教中卽涵攝了前三種自由之好的方面。我們其次當說，孔子精神與西方近代自由權利之觀念是否相容之問題。我們承認，孔子思想中並無西方近代之自由權利之觀念。中國過去歷史文化中，亦缺一君民共認的憲法，以規定君主與政府之權限，兼保障人權。因缺此，故人民雖實際上甚自由，然其自由亦可隨時能被執政者所侵犯。如被侵犯，人民畢竟不能本人權尊嚴之自覺，以加以反抗。我們必須肯定西方之人權觀念之價值。我們須承認，在一定範圍內有目標的集體的爭人權，實是表現正義之一道。尙禮雖比尙法更高，然中國過去只有祖訓與六經之教、官職之法與刑律，莫有共認爲超臨於君主與政府上之國家大法，以確定的保障人權，畢竟有所不足。但是其所以致此，另有歷史的原因，亦非中國先哲有意忽視人權之故。在西方，因原有種種社會組織對個人之束縛，國家政令對人民之束縛，所以爭人權特顯意義。因中世有宗教之束縛，乃有近代之爭宗教信仰自由。因封建制度、基爾特之種種限制，乃爭契約自由、企業自由。因有異端審判所等，乃爭言論出版自由。因中古有德意俄之組織至上，故爭個人權利之言，今日仍有意義。在中國過去歷史中，則中國佛道之宗教，素不尙組織。政治壓迫宗教時亦甚少。實際上中國人亦最有宗教信仰的自由。孔子作春秋，以匹夫而爲天子之事，以褒貶善惡，即表現言論自由。以後中國言論出版自由之限制並不多。焚書坑儒，文字獄，只少數朝代有之。封建制度毀於秦，經濟上之契約自由，便成實際上後來人民大都有的。故中國文化中之缺爭取自由權利之運動，學術思想中之缺自由權利之理論，乃由於歷史的原因，而非中國先哲之智慧之定不能及此。至於因此而謂中國先哲之學術思想，有意抹殺個人權利，或謂儒家主君權至上，主張個人約束於封建關係中，以至謂儒家思想乃反個人自由之思想，類似極權主義者，則眞理全在反面。孔子思想決無與個人自由不相容之處。而從另一方面看，孔子與後儒之思想，皆可是西方個人權利之理論之最後的保證。不過，孔子與後儒，以禮教爲主，所以忽畧了保障人權之法律而已。今再分說於下。

我們須知：西方中世封建社會有二特徵：一是臣民隸屬並被保護於領主；一是農民束縛於土地。中國周初，其封建殖民，蓋亦有相類似情形。近代極權主義有二特徵：一是個人絕對服從組織，一是組織中領袖莫有錯誤而至上。故法西斯信條中有一句：莫沙里尼永是對的（Mussollini is alwaysright）。納粹與共黨，亦以希特勒、斯太林爲無錯誤而至上。中國春秋時，封建社會漸解體，當時之士，本在貴族平民之間，而居於一可進、可退、可出、可處之自由的地位。而孔子之教，即主要爲此士之自由人而說。他要士以仁爲己任，而未嘗主張士之隸屬於士大夫與國君。（而且孔子亦與各國之士大夫皆不合）孔子教士之事君，只主張君臣間當有道義上的對等關係。如「君使臣以禮，臣事君以忠」。其教爲政者之對民，則不僅要愛民，且要「出門如見大賓，使民如承大祭」。（答仲弓問仁）此即是要以一虔誠之宗教性的事天事祖對外賓之禮敬精神使民。孔子之視君、臣、民爲平等的有其人格尊嚴，毫無疑義。

論語言及「禹稷躬稼而有天下」，後來孟子亦說舜發於畎畝之中。孔子自己嘗爲乘田，則決不會抹殺從事稼穡的農民之人格。而他主張「遠人不服則修文德以來之」，則不會主張農民應束縛於土地。要人安土敦仁，乃另一意義。孔子當然重視君臣之倫。但是孔子亦明主張，君臣關係爲可離可合。所謂「進以禮，退以義」。「用之則行，舍之則藏」。孔子週遊列國，只是擇君。孔子又說「危邦不入，亂邦不居」，「賢者避世，其次避地」，「天下有道則見，無道則隱」。故孔子稱美伯夷叔齊與隱者逸民。「微子去之，箕子爲之奴，比干諫而死，」子曰：「殷有三仁焉。」孔子明以離無道之君與留諫、同是仁。後來孟子說「君有過則諫，反覆之而不聽則易位」。又論不召之臣，其講各種出處，進退、辭受、取與之道，亦都是由先肯定君臣關係是一可離可合之自由的關係，並肯定個人參加邦國之政治組織與否亦是自由的而說。這與封建社會之臣民隸屬於領主極權政黨之個人，絕對服從組織，以領袖爲至上決不會錯者，明顯爲截然不同之另一精神。故自中國歷史上看，孔子所教之士，成促進中國古代封建社會之解體的動力。而今日之孔子信徒，仍必反對一切組織至上領袖至上之極權主義。

我們以上舉出孔子之「有道則見，無道則隱」一類之話，與孔子之稱美隱逸，一方表示孔子之尊重個人在政治組織，君臣關係中，進退出處之自由，一方卽證明道家之薄天子而不爲，西方伊辟鳩魯派、斯多噶派人之輕政治者，耶穌之「凱撒的事凱管撒，上帝的事上帝管」，分開政治與個人精神生活之態度，孔子亦可相對的加以贊成。唯孔子以個人畢竟有其對國家政治之責任。人可隱退，但不當開始點卽以離群索居爲人生最高理想。人當「隱居以求其志」，又當「行義以達其道」。此又孔子與一般隱者及道家人物不同處。故孔子旣知隱逸之士之人格之價値，他自己亦常存乘桴浮海之心；而于天下之亂又不忍其終古。故對荷蓧丈人之評語，只能出之以嘆惋曰：「長幼之節，不可廢也。君臣之義，如之何其廢之？……君子之仕也，行其義也。道之不行，已知之矣！」在此嘆惋中，才表現孔子之旣尊重個人之自潔其身之道家式精神，而又要爲社會人群天下國家之治亂負責之精神的偉大。

四　西方自由權利之理論上的最後的保證

其次我們當說，孔子之精神不特不與個人自由之概念不相容，而且可為今所謂自由權利之理論上的最後保證，因為依前文的分析，西方之自由權利之理論，最後必須歸於以自由權利之意義，在於促進人之經濟學術宗教等文化活動，而使人得實現各種眞美善之文化價值。個人之自由權利之保證，初看在法律與論；而進一步看，則在他人或社會對於個人之自由權利之承認尊重。因而亦卽在社會中之各個人，均有一超越其個人自己之客觀的理性，以涵蓋其他個人，構成一精神的交光網。這一個道理，在西方之自由權利之理論中，直到康德、黑格爾之理想主義思潮出現，乃在原則上完成。此前已說。杜威、詹姆士、羅素之自由理論，從西方學術大流上看，不過在對於另一方面之自由精神有所認識，對康黑等之理想主義，略能補偏救弊而已。我們所以推尊此等理想主義之理由，今依前文所說，可總括為三：一是他們能承西方希臘羅馬中世之各方面之人文精神，而肯定各方面人文，由宗教、藝術、道德、至政治經濟之價值。二是他們能承受西方希臘蘇格拉底、柏拉圖、亞里士多德之先重在個人人格內部實現價值，求得自個人之情慾、私欲、意見、習氣等解脫之內在的自由。並知此內在的自由之實現，依於內在的理性之運用。三是他們眞知個人之內在的理性之具有超個人的普遍性，能一方接觸、實現普遍必然的眞美善之價值，一方亦卽能涵蓋其他個人與國家社會人群，而尊重他人之人文活動，他人之自由權利；以立普遍的法律，樹公平的輿論，成就人之愛護國家民族之義務感，而求國家民族之獨立自由。我們曾本此三點，以指出西方人之自由權利之理論上的最後之保證，即此理想主義精神。然而孔子之精神，即兼具對於各方面之人文價值之肯定，重視個人之內在的實現價值之自由，並亦在個人中，認識一具普遍性而超越的涵蓋其他個人與國家社會人群之心性。康德黑格爾之理想主義精神，既為西方自由權利之理論之最後保證，則孔子之教，亦即中國人一切要講自由權利者之理論上的最後保證。

關於孔子肯定各方面之人生價值人文價值之證，本書第二部之諸文中，已多所涉及。達巷黨人在當時已說：「大哉孔子，博學而無所成名。」「博學于文」，「夫子焉不學」，原是孔子精神。整個孔子之人文教育，即為一道德上重善精神所貫注。孔子欣賞音樂，謂武盡美矣，謂韶盡美，盡善。六經無眞字。然直字，信字，誠字，即同于眞字。則西方眞、美、善等文化價值，孔子無一不重視。孔子比較忽西方式之純粹求客觀之智之精神，未如何提倡科學與實用技術，亦莫有一套系統嚴整的思辨哲學。但是孔子亦說，讀詩經可多識於鳥獸草木之名，後人傳其讀易，韋編三絕。孔子又稱美冉求子貢辦事理財之技術。便見其非在原則上抹殺科學，與哲學思辨及實用技術之價值。孔子又似缺耶穌釋迦之宗教精神，不重祀神與求靈魂不朽。但孔子亦未嘗否定天神與靈魂之不朽。孔子之禮教，即重事天祭祖之禮。孔子講祭神如神在。「如在」即內心中的眞在。本來任何宗教講鬼神之在，亦不同於現實事物之在，而只是一超越的「在」，內心的在，如在的眞在。孔子不偏重說鬼神之有知同於生人之有知，因恐人忘了事人的價值，而忘生者以養死者。孔子不否定鬼神而以人死卽爲無知，因孔子不願人之慢死者之無知，孔子尊重孝子慈孫之孝思，不忍使孝子慈孫之心靈，失所憑依。孔子似不重對天的祈禱，因孔子重教人自己實現善德。但孔子不否定天而畏天命，因孔子本有一宗教道德合一感情，天人合一，聖與神合一之價值體驗。總之，人類之文化價值，孔子是全幅加以肯定，此毫無疑義。

孔子重個人之內心的實現價值之自由，更用不着多說。孔子之重改過，重「自見其過而內自訟者」，卽是要去掉人之內心中，一切不好的私欲意氣習慣，以具備有價值的美的善的德行。古無自由之名，然孔子以下儒家，所謂自成、自明、自慊、自盡、自求、自立，都是求人格的完滿，求人之能具備有價值之美德善德。有美德善德而「不怨天，不尤人」。「不忮不求，何用不臧」。「內省不疚，何憂何懼」。而有自足自得之樂，遂能剛健而確乎其不可拔。此謂自由。然一切德亦都包含於爲仁由己之自由之範圍內，因仁卽包含對於一切有價值者之愛好。

至於在個人中，認識一能超個人而具普遍性的仁心，更是孔子與以後儒家之一貫精神。唯如此，中國學術中，乃無個人與社會之概念之對待，而社會文化中，莫有西方之個人自由與社會集團組織之衝突的問題。仁心卽爲個人內在所具之一有普遍性而超越的涵蓋其他個人，與家國天下，並情通萬物的心。人人可在有一念之仁時，反躬體驗，當下實證。此處不須任何哲學思辨。一悟卽悟，一了百了。見得透闢，便知此仁心，既屬於我，亦即屬客觀之宇宙。因其原是涵天蓋地，自我之軀殼而顯發，而不屬於我之軀殼。對此仁心，我只能恭敬奉持，私佔不得。卽可視如客觀之天心之顯示。孔子只言「知我者其天乎」，默契此中天心人心之合一。董仲舒指出天心一名，宋明儒者以此而言天理良知本心。此皆是既超越而內在，既屬個人，而又屬于客觀宇宙之實在。其中精微廣大之義，屬專門之哲學，非今之所及。西方所謂上帝，如不自如此之仁心透入，亦畢竟掛空無實。而有此仁心以通天人與人我，涵蓋自然與他人及社會，則社會中各個人之自然權利，亦得依各個人相互之仁心之護持，而有最後保證矣。

由此三者，故知西方康德黑格爾以下之理想主義之精神，孔子皆原則上具備，故同可爲人之自由權利之理論上的最後保證。然孔子精神尚有進於康黑等近代理想主義之精神者，此處暫指出三點。

五　孔子思想進於西方近代理想主義者之處：求仁好學、禮意與家國天下之並重

孔子精神之進於西方近代理想主義者之第一點是：他們所謂有普遍性之實踐理性，恒只是一能涵蓋他人與社會，而爲一道德規律上之一普遍立法者。他們只着重：依理性，必須將人與我之幸福權利，在原則上平等觀。依理性，必須將人與我之人格平等觀。依理性，人必須一方自尊，一方尊人。但

是此皆只是指自覺的理性之運用。此種理性之運用，與孔子所謂推度之恕道畧同。然人尙有超自覺之理性，表現於直接之好善惡惡者。此乃不待思維，不經推度，而直接呈現。此處乃卽性卽情，卽理卽事。此點，他們非全不知。但在此處如只名爲理性，不如名之爲良知爲仁心。而人之認識價値，體驗價値，首先一步，皆是不待思維推度。學聖賢之道之最後境界，亦爲不勉而中，不思而得。此點卽恆爲他們所忽。說仁心或說求仁，卽等於說，見任何好者，你皆當以愛好之情，直接加以肯定。則凡目之所見，耳之所聞，身之所觸，口之所誦，家家戶戶，時時處處具體情境中，都可見有物之美可愛，人之善可法，人文之遺產，足資陶養吾身，亦卽時時處處，皆有價値可體驗。此之謂好學。「敏而好學，不耻下問」謂之文。好學卽涵蓋一切人生人文之價値矣。而我們一方見善而好，一方亦卽能見不善而惡，此卽前文所引之仁者能好人能惡人。惡己之不善而改己過，此是學，亦是自己教自己。惡人之不善，亦非惡之欲其死，而只是望人之改過，而求成人之美，此之謂教人。學不厭而教不倦，皆依於仁心之流行。而現實的善，可能的善，皆被肯定被促進。則其義，較只尊理性，爲尤廣遠。

孔子之以求仁好學爲宗，另一引申之義，卽在：如人好學，則首先所發現之價値，皆爲客觀之價値。人必先發現外物、他人或社會歷史人文之客觀價値或善美，然後能創發新價値以教人。人如生而卽發現整個世界之人物，皆只有醜惡，則此人絕難創發新價値。而兒童之初生，其精神亦實首向客觀之美善之物凝注。因而人最早之道德意識，亦爲尊敬他人，如尊敬父母、師長、古人。此非自尊而爲自謙。兹就此道德意識言，乃視人高於己。然亦唯此卑己尊人，尊一切客觀的自然世界人倫關係中他人、社會歷史人文世界之善美而學之之態度，爲人矯正其自然的傲慢，而使其精神向上之必由之路。由是而孔子兼重教人以禮敬之精神，使人之仁心上達。禮之精神者，卑己尊人，尊自然之天地，尊社會之歷史人文，尊已成之人倫關係中一切人，與先人祖宗，以承認客觀價值之精神也。

禮之精神，包含先承認他人之價值；先承認他人之價值，即先承認他人之權利。故禮與讓連。辭讓之心，人皆有之。人如果不對於一些權利，至少本一消極的辭讓之心，而不加爭奪，則人與人互爭互奪之結果，即無一人之權利可保持。而保障人我權利平等之法律，亦無據而立。縱有法律，亦將日日時時，有人犯法，而監獄必有人滿之患。而孔子之重禮，則是要特別發展人之積極的辭讓之心，故教人尊人卑己，先人後己。此即可培養一種對他人之權利，自動先加以承認尊重之態度。此比起立法以消極的保障他人與我之權利之平等，使不相害，正是一更高的精神，此乃人之所以積極的互相讓持其權利之一道也。

禮之辭讓，首爲讓權利。而最高者爲讓德。讓德者，將己之功德，讓與我自己以外之他人。「天子有善，讓德於天，諸侯有善，歸諸天子，卿大夫有善，薦於諸侯。士庶人有善，本諸父母」。由此而自己有善，歸諸朋友。弟子有善，歸諸先生。今人有善，歸諸古人。此之謂由價值之實現至價值之賦與。此之謂「不私據其德，而客觀化其德於人倫關係中與社會中，而升舉他人之人格之價值」之大德。此爲對人之最高辭讓與敬意，孔子禮教之一最深義，而亦人之仁心之最高表現也。

西方之理想主義哲人，恆只知對於人與我之人格尊嚴，同加肯定之謂道德，並恆以爲有法律保障個人之權利，卽可使人人有從事文化活動，實現文化價值之自由。但是他們恆不知，先尊人而卑己之禮讓之德，乃與人類原始向上心情最相應之德。唯有禮讓之精神，可升舉他人之人格之價值。人互尊互讓，以互升舉其人格之價值，而後人文社會，乃日進於高明。此孔子禮教之精義。康德黑格爾之徒，言國家社會之組織，仍止於公平之立法，而不知重中國之禮教。則其所以促進人文社會之進步，與護持人之自由權利之道，尙有一間未達也。

中國孔子與儒家之精神，又一高處，爲兼肯定家國天下之重要。西方柏拉圖，亞里士多德之理想國，皆爲小國寡民。菲希特，黑格爾之人類社會最高組織，亦只爲國家。耶穌、斯多噶皆有一切人類平等之觀念，而又皆忽家庭與國家。而孔子則能兼肯定家國天下之重要。孔子去魯，遲遲其行，又稱十二歲童子汪琦「能執干戈以衞社稷可以無殤矣」，是愛國家。其在夾谷之會中，折衝樽俎，是求國家之自由。其尊王攘夷，而深許管仲之功曰：「微管仲，吾其被髮左衽矣，」則是求中原民族與其文化發展之自由。孔子思想歸於「大道之行天下爲公」，嘗欲居九夷，則是兼肯定天下一家。公羊家三世之說，謂孔子之理想，在太平世中之夷狄中國一體，實亦孔子之仁教所當涵。此皆見孔子心量，實遠較柏亞菲黑諸氏爲濶大。中國秦漢以後之大一統，皆可謂孔子之念念在天下一家之精神之所貫注。

而此精神，亦終將實現於今日之世界。當今之世，爲此精神最好象徵人物，又舍孔子其誰與歸？耶穌釋迦雖偉大，而畢竟只爲宗教性之偉大，而不能如孔子之自始能肯定自然世界與全幅人文世界之價值，與全幅之人倫人群之世界之價值也。

六　餘論——明本文宗旨

世之言自由者，恆以之與必然相對。言個人者，恆與群體相對。由我們本文之分析，則自由之概念必須與人文、價値、理性、仁心之觀念相結合，乃有意義與價值。否則只爲滿足生理欲望之自由，與立異之自由，及保持選擇可能之自由。此三者孤立而觀，不必有價値。人唯此是求，乃必然入於罪惡者。而其他一切有價値之自由，則恒與理性上之「必然」、「定然」、「當然」之概念相結合，有時亦與經驗事實之「概然」、「偶然」之概念相結合。此讀者再覽前文自明。故自由，非必與「必然」結合者，亦非與「必然」必相對者。卽我們可說，人有將自由與必然二概念結合，或加以分離之自由。故以自由與必然相對，亦爲錯誤者。而在求眞理時，自由乃與必然之概念結合爲原則。實現善時，則自由當與當然結合。此處服從理性之必然、當然，卽是自由。惟如此，而後眞實之科學及哲學及道德乃可能。

人之以個人與群體組織相對者，大皆由於不知個人之心中，卽有一涵蓋、成就超個人之群體組織之原則。凡哲人中之未見此義者，如不歸於個人離群索居之自由主義，卽變成欲操縱群體組織之個人權力主義者。實則，群體組織本身非壞，唯操縱群體組織之權力主義者之個人，與喪失人格以膜拜有權力者之個人，合以成群體組織；或一群體組織中之諸個人，皆只執着一狹隘之價值觀念，而對其他價值盲目，乃有群體組織束縛其他個人之事。故一切壞，皆原自個人之不能自內在的私欲意見等解脫，以實現眞美善，與個人之不能有廣大的胸襟度量，以體驗、欣賞、創發多方面之文化價值。群體組織之所以能成立與須成立，亦由於個人之有實現其普遍性之理性或仁心。一切群體組織，皆人之理性仁心之客觀化之產物，亦其客觀化之憑藉，亦爲之而有。故群體組織、由家庭、社團，至國家與世界組織，乃無一可廢，皆當依人之理性仁心而組織，亦當爲助個人之實現文化價值，精神價值，實現理性仁心而存在。此乃中西之最高之哲學智慧所同達之結論。如不如此說，而說群體組織爲達諸個人欲望之工具，或說個人乃屬於群體組織，爲群體達其目的之工具，皆全然錯誤。個人與群體組織此二者，實乃內在的相涵而俱尊者。故西方最尊個人之理性之康德、菲希特、黑格爾等，同尊群體組織；中國之儒家，尊個人之人格，亦重家庭，宗法，國家之組織。他們亦皆同承認：一社會組織之是否能使其中之個人實現文化價值、精神理想，實現人之理性或仁心，爲一社會組織良劣之標準。然中國儒家，尤重社會組織勿太緊密，以培養人之寬平舒展之精神。原極權組織之所以當反對，因其在人文世界，祇承認政治之一種，乃以之宰制人文之全。政治中又祇承一政黨，政黨中只有一領袖，而個人復無脫離組織之自由。此與寬平舒展之儒家精神，尤特別相反。我以前說儒家之精神，爲德性之一元，此卽一本之仁心；而在社會文化上則主多元。故有宗法統系、教化統系、政治統系之別，君親師並尊，道統政統分立之論。此較非希特黑格爾在社會客觀精神中之特重國家之統系，實更少流弊。故今依儒家精神，以言理想之社會組織，實應依人文之類別，人群之大小，而開爲多類，如學術的、宗教的、藝術的、政治的、經濟的，不宜以政治爲至上。當依人群之大小，而分爲家庭的、宗族的、地方的、國家的、世界的，使其不相凌駕，互相諧和。而個人則可自然的或自由的參與各種組織，而有各種之位，以發生各種之人倫關係，處於各種之人倫之秩序中，與組織之秩序中；而於其中，有其實現各種程度之文化價值、精神理想之權利；使其人格之發展，亦依一秩序而前進，以成賢成聖，而兼可得其他人之欣賞承認。夫然，而人間社會、下有法律輿論之保障，上有相互之禮讓尊重，以促成增進諸價值理想之實現，與人格之上升。這種理想社會之組織，當然非爲極權的，亦非祇是法治的，而仍兼是人治的，禮治的。不過關於實際社會組織的問題，常有些隨時變的實際因素。但是原則上，祇有向此方向去想去作，而後自由、人文、個人、社會、理性、仁心、價值、禮、法、權利等概念，才能眞實的貫通統一起來，則是我可以斷定的。而孔子之精神，所以能涵蓋這許多概念，亦無他，亦卽因仁心原是成就各方面，要使各種現實的可能的人生價值文化價值，都充量實現的。既要如此，便會有大智慧，以想方法，祛除其間之一切矛盾衝突。我愈比較中西思想，而愈發現孔子智慧之高。何以二千五百年前之古人，即已如此？但是當我頓悟到仁心之涵蓋性貫通性時，便知人生文化之大道理，在原則上，正可是一悟百悟的。千百世之上，千百世之下，東西南北海，人同此心，心同此理。而屬於知識與思辨系統方面者，則又人各不同，代有進步。由此又知我們之不可故步自封，而對西方之自由理論，我們亦有加以了解融攝之必要，此融攝亦正所以承繼孔子精神。因今日正爲孔子二千五百零二年紀念日，乃遙念孔子曰：

孔子一生之學問：「十有五而志於學，三十而立，四十而不惑，五十而知天命，六十而耳順，七十而從心所欲，不踰矩。」其人格層層上達，日進無疆。孔子一生之政治事業，「再逐於魯，伐樹於宋，窮於商周，圍於陳蔡，受屈於季氏，見辱於陽虎」。鳳鳥不至，河不出圖。夫子之道大，足以容天下，而天下莫能容。乃晚而與弟子刪詩書，訂禮樂，作春秋，以垂教來者。學以承先而自覺，教以啟後而覺人。爲政者當時不得已之事，依仁心之充拓，其精神既周運於古往與今來，發憤忘食，樂以忘憂，不知老之將至。此之謂即當身而證永恒與悠久。然七十三年，血肉之軀，終不能不與衆生同命。孔子知其將死，而夢坐於兩楹之間。其死異於蘇氏之飲酖，死時猶暢論靈魂之不滅。亦異於佛祖之言，「我四十年說法未曾說一字」。亦異於耶穌上十字架，而再復活，以召衆徒，而付其使命。孔子知其將死，唯嘆：「泰山其頹乎？梁木其壞乎？哲人其萎乎？」蓋孔子之精神，既超越其主觀之自我，以客觀化於歷史人文之世界，亦客觀化其自身之人格於人倫之世界。孔子此時已不知其爲孔子，而唯知世間之一哲人將永逝於人間。彼乃爲世間而嘆此哲人之逝。此至仁之嘆也。至其扶杖消搖，詠歌而卒，消搖者大自由之謂，詠歌者聖德之洋溢而無盡，化爲天音，以爲萬世之木鐸也。以是紀念孔子二千五百零二年聖誕。

（四十一年十月・「民主評論」第三卷第二十、二十一期）

人文與民主之基本認識

一　前言

民主之一名，引申之義甚多。如杜威之以民主爲一生活方式。但民主之本義，是一種政治制度或政治精神。我認爲一切政治中的思想概念，都應放在人文的思想概念之下。民主的思想概念，在我心目中，亦是一引申的第二義以下的思想概念。我認爲中國之人文世界，如不能開展，中國政治民主之前途亦復無望、同時我認爲中國眞要有政治上的民主，必須大家在意識中，對于政治本身在人類文化中的地位，先加以規定限制，對民主的概念，亦透過人文之概念去理解。人們須自覺的以促成中國人文世界之全幅展開爲目標，並使在政治以外之人文領域中之人物，其社會地位，可與政治上之人物並駕齊驅。然後中國政治民主之實現，才有其實效的條件。而共黨之最大的錯誤，亦不只在其一黨專政，不容異黨，而更在其把政治在人類文化中之地位，放在一至高無上的地位，以之宰制全面的人文世界。這樣即決不能有民主。本文以民主與人文爲題，就是要從根本上，把此意一加說明，使流行的文化領導政治，政治之基礎在文化，不復只成一空話，而有其切實之涵義。

二　政治不直接實現人生人文之價值

說政治在人文中只居一限定的地位，本來淺近易曉。人文包括人類文化中之全體，如生產技術、經濟、科學、藝術、文學、哲學、宗教、道德。政治不過全部人類文化領域中之一部。我們要限定政治在人文中特殊地位與特殊涵義，可有各種說法。我現在所要說的是，政治家政治活動不直接創發實現一人生文化價值。而社會其他之人文活動，皆能直接創發實現一人生文化價值。此理亦非常簡單。但人必需親切的反復的加以認識。所以我姑把此自明之理多說幾句。我們試反省，在我們每日之日常生活，衣是裁縫作，食是厨師作，路與房屋是工人築，貨物是商人販運。社會上之從事一切經濟上之生產交換者，皆能直接創發實現一經濟上之效用價值。此外藝術家、文學家之一曲音樂、一張圖畫、一首詩，皆直接創發實現一美的價值。科學家、哲學家之一學說、一理論、一數學物理之公式，直接表達一眞理之價值。宗教使人直接在信仰祈禱中，得無盡的安慰，與神聖莊嚴之感。個人之道德實踐，使人直接心安理得，而問心無愧，直感一內心之充實，人格之逐漸完成，而實現善之價值。教育直接輔助他人完成其人格，使一代一代之人才，相繼出現於社會，而保持、傳播、擴充已有之眞美善等人生文化價值於社會。然而，政治則不直接實現任何的人生文化價值。人人都可反省其生活中所體驗之人生價值，所受用之文化價值，而去問那一種是直接由政治或政治家創發實現，而貢献於我的？莫有，一點亦莫有。政治與政治家在此，直是百無一用的廢物。所以凡有良心的政治上人物，在想着其一切生活所需，皆他人所供給時，皆可生愧怍。西方之無政府主義者與中國之道家，都以不見政治力量存在之社會爲人類社會之最高理想。而眞看重直接的人生價值文化價值的人，或專志於一特殊人生價值文化價值之創發實現的人，亦常有某種厭惡或看輕政治的趨向。而此卽證明政治在人類文化中之地位，有一在概念上之確定的限制。這是我們對政治應有之第一認識。

三　政治之消極功能與積極功能

我們上文所說，當然不能眞意涵政治家絕無其對社會文化之價值。如實說，政治與政治家，只是不能創發實現直接的人生文化價值。我們說政治維持國家存在，政府執行法律，以強制力維持社會秩序。莫有社會秩序，則個人無論要創發實現任何人生文化之價值，皆不可能。譬如警察局派了一人，在戲院門口站崗，維持秩序，不許閒人闖入。他明明不曾創發實現戲劇的美。但他保障了一一觀衆之能清靜的欣賞此美。他之站崗不直接爲此所欣賞的美之人生文化價值之存在的條件，但他却使妨礙此人生文化價值之實現的干擾成不可能。哲學的說，卽他否定使此實現不可能之干擾，他否定「否定此人生文化價值之實現」之條件，而間接實現此人生文化價值。一切政治的職能，由懲治盜匪，到抵禦外侮，抵抗天災與疾病，與一切屬於保障國家社會之存在之軍事外交之事，都是以消極的否定「否定人生文化價值之實現之阻碍或反對物」爲其任務，而間接實現人生文化價值。

政治除了此消極的任務外，尙有其積極的任務，如促進交通，與修水利，開闢礦山，移民殖邊，與辦學校、公共圖書館、博物館、醫院，卹貧養老，救災保險，提倡科學，獎勵各種人才等，這可牽涉到社會文化之各方面。然而政府發動、號召、提倡，或組織人民去作這許多事，它並不直接作這許多事。政府之提倡、號召、發動、組織的工作，亦不過把本來原有的民智民德，使之復蘇，喚醒本來原有的社會力量知識文化力量，加以聯絡，配合而導向各方面去用而已。而人民之願意作此許多事，則由於其要直接實現創發一些尙未有之人生文化價值。而此價值，最後亦只保存於整個社會，而不能保存於政府。於是政府之積極的任務，仍一半是消極的；政治之價值，仍只在間接的創發實現人生文化價值，而不在其他。此是我們對於政治應有之第二認識。

四　政治意識與道德意識

我們對於政治之應有的第三認識是，政治與國家組織之成立，其最原始的亦應當有的心理動機，是涵蓋社會各個人之人生文化價值，而使之俱成不悖的道德動機。此即人之仁義之心。關於這一層，我以前在「文化之道德理性基礎」一書中，曾有數萬字的分析評論。但是我現在看來，此直爲自明的眞理。因爲政治既然不直接實現任何特定的人生文化價值，而又以保障促進整個社會文化之發展爲其任務；則政治意識的本源，只能是對於社會中各種人生文化價值，俱加以肯定之一涵蓋的意識。此意識本身，是空的，無內容的。其內容只是我們上說快樂、功利、眞美、神聖等其他人生文化價值。或其內容只是一對一切人生文化價值之仁愛，而不忍其由相衝突而被毀滅，因而力求其俱成之正義感。這不只是理想，這亦是最原始的心理事實。在最早之氏族之政治中，族長之調解族人的衝突，卽依於一對族人之兩方面所求之人生價值俱加以肯定之心。而今人所謂忠於國家之政治意識，或國家意識，如加以分析，亦依於一望社會之經濟、學術、宗教各方面之文化，都並行不悖的發展，以使人人能實現豐富高尙的人生文化價值而有。西方有些人說國家是一工具，國家是武力造成，或契約造成。此皆由把握不住國家之理念之內容之故。國家之理念，確實似莫有內容。因爲國家不同於任何特定的社會團體之實現一社會中之特定的人生文化價值。（如經濟團體之人，共實現功利之價值；學術團體之人，共實現眞理之價值）說國家之爲一切社會團體之集合成的一團體的理念，確是不易把握的。要把握國家之理念，只有透過依於我們自己之道德意識之政治意識去理解。原來，只因我們之道德意識不僅要肯定個人所實現之某一類的人生文化價值，因而不只肯定一特定的社會團體之存在與發展之重要；而要使各個人與各種社會團體之活動並存不悖，互相協調，不互相衝突，以使各個人之人生文化價值，能多方面的充量實現，而後有政治意識與政治活動。由衆人之政治活動之配合組織，而後有政府與政治團體。由個人、社會團體、政府、政治團體之有機的關聯，而有所謂國家之團體。故國家之理念，乃是涵蓋此中個人與社會團體，與政府、政治團體之一純精神的理念。故人之忠於國家，又即忠於人自心之此純精神的理念，而依此理念，以求社會之各個人與其所組成之各種社會政治之團體，分別實現、創發各種豐富之人生文化價值，並存不悖，互相協調。所以忠於國家，實只依於人之忠於對全面人生文化價值的愛與望其俱成之正義感，亦即忠於我們自己高度的仁義之心。這不同於只忠於政府，尤不同於忠於政府中之個人。反之，任何政府中的人，從事政治活動的人，要表現其對國家之忠誠，要作眞正政治性的活動，而不是作某一特殊之社會文化的活動，便必須先有一涵蓋社會中之各個人或各種團體，而望其協調的度量；有對一切可能的現實的各種人生文化價值，俱加以肯定、尊重的胸襟與德量。簡言之，即須先有對全面人文皆望其俱成之道德性的仁義之心。無此仁義之心，便不配作政治活動。不過人都多多少少有此仁義之心，其證在人人都未嘗不望社會文化之能多方面的發展。所以人亦皆多多少少配作政治活動。而最配作政治活動的，則理當是對於一切人生文化價值，都願加以欣賞體驗，而不自限於任一特殊人生文化價值，亦不特偏袒任一特殊團體或個人者，當然更不能有任何個人的私欲的人。此蓋即柏拉圖心目中之哲學家、中國儒家所謂聖王之理想所自生。這個理想，乃依於政治意識之當根於道德的仁義之心，而必然成立的。在實際上，對不直接從事政治活動，而從事其他特殊社會文化活動的人言，他不能直接賴從政以實現「其望社會文化多方發展之道德仁義的心」，即必然寄望於政治上人物之代其實現，因而自然湧出一尊敬、擁戴政治上人物之意識。此意識即無形的或有形的付託政治上人物以一權力。此一切人之此意識之集合，遂將所寄望之政治之人物，若凸舉於社會之上，而在社會上居一特殊重要之地位。此一切人之共同理想的政治職務之大小，理想的政治人物之德量之等差，亦卽界劃出各種政治地位之高低。而居政治上之最高位者，亦卽宜當爲一無偏無黨，而忠於整個國家、全面的人生文化價值，願對之盡其保障促進之職責的人，如聖王般的人。

五　民主政治之消極的保證人文世界存在之價值

我們對於政治應有之第四點認識，是從政治活動當根原於一涵蓋全面人文的仁義之心來說，可以確立政治活動之依賴道德意識，可以確立政治上之人物，必須能體驗、欣賞、愛護各方面之人生文化價值，而應有道德上人文上廣博的修養。又可確立政治上之地位，不是政治家自身所佔有，而是人民本於道德仁義之心而發之政治意識所共同賦給的。但是如我們只重視人之道德意識，却並不能直接確立政治之當民主。因爲一般人既然皆可以只從事一特殊的社會文化活動，則儘可以自願將政治之事，交給付託少數人或一人。只要此一人或少數人能作得好，實無浪費一般人精力之必要。因我們可說，只有人皆能發現特殊人生文化價值，使此價值之實現，而日益豐富且相和諧配合是重要的。一人或少數人、多數人參政之數量差別，亦可無足重輕。因而我們不能推出民主政治之必然高於君主專制。民主政治之所以必須，實在人除了直接出自道德意識之政治意識外，尙有出自權力動機之政治意識。由此而使聖王與柏拉圖之哲學家的政府，在現實上幾不可能出現。出現一個，亦不能客觀的保證其能繼續出現。於是政治上人物，恒可利用其政治地位，利用人民對政治人物之期望心、尊崇心，利用人無形或有形的所付託之仲裁民間衝突之權力，提倡促進社會文化之權力，以滿足其私欲，或權力意志。客觀的說，莫有一政治上人物，其自身眞能具有或佔有權力。因其所有之權力，都只是依于各種社會文化之力量，他憑其特殊之地位，或偶然的機會，加以利用的。然而主觀的說，則人不僅可利用客觀的社會文化力量，以滿足其一般私欲，而且人可有一純粹的權力意志。所謂純粹的權力意志，即自覺的要對他人操生殺予奪賞罰的意志。此意志之涵義，是求能自由的「使他人之生存與其實現獲得一人生文化價值之事，爲可能或不可能」之意志。我要使之可能，他即可能。我要使之不可能，他即不可能。此之謂能生，能殺，能予，能奪，能賞，能罰之大權。人之要此權，乃人之最深的私欲。而與人之出自道德意識之政治意識，成一對反。道德意識要求肯定一切人生文化價值，而使之俱成。而此權力意志，則要求凡呈現於我之前者，皆可存在，可不存在。使一切存在是上帝之德。故道德意識通於上帝。使一切毀滅，是撒旦之德。人之權力意志，使一切可存而可毀，此即人心通于撒旦處。撒旦可以覺其比上帝偉大。因上帝能造世界，而他愛世界，即不能隨時毀滅世界。人有權力意志而自覺有權力者，亦可以自覺比聖人偉大。因聖人只能肯定人生文化價值，而他能不肯定。撒旦看不起上帝，而人之權力意志，亦使人看不起聖人。人之有此種可以毀滅爲事之權力意志，可自人之莫名其妙的嫉妬、瞋恨、好勇鬥狠之心，隨處得證明。然此心平時不易滿足。只當人居政治上一高位時，因有各種社會文化之力量，可供其利用，於是得以發揮放縱。這就造成人類政治社會中無窮的罪惡。人從權力意志所發生之罪惡，非聖賢教化所必然能轉移。因其可根本看不起聖賢教化。而古今之聖賢，亦罕能眞切認識看重此人心中之撒旦之存在。因其存心忠厚，而且他又可以洞見此權力意志，在形上之境界中仍是無根的，遂加以忽畧。然而在當前的現實人心中，現實政治中，却隨處可見此物在發生作用。有此物發生作用，卽使柏拉圖之理想的哲學家，與儒家之聖王，縱然出現一個，亦不能保證第二個之必然出現，更不能保證其左右者皆是聖賢。一般人民之善良的道德性的政治意識，在此恒不能有眞實的制裁力量，而反只成爲野心家保存其權力之客觀憑藉。由是，我們便看出政治不能只是人直接的道德意識的延展。人之直接的道德意識，可以實現政治上之善，而不能根絕政治上之惡。可以逐漸根絕政治上之惡的政治，不能只是聖王之治與哲學家之治，而祇能是民主政治。因民主政治可以立各種人權保障之法律，來限制政權之使用。同時以普遍的選舉權，來決定政治上人物之進退。而此種立法與選舉之所以可能，除依於人各欲實現其人生文化價值之動機外，亦兼依於用人民的權力意志，來限制政治上人物的權力意志。人與人之權力意志，互相限制互相否定的結果，亦可使人之放縱其權力意志之事，漸成不可能。由此而使欲憑其生殺予奪之權，以毀滅他人之人生文化價值之事，漸成客觀地不可能，而消極的保證社會人文世界之存在。

六　民主政治之積極的道德價值

我們對於政治之第六點認識，是憑上所說，民主政治乃包含以權力意志限制權力意志一點。則民主政治，在本源上並不一定全是神聖的。羅素在其快樂之征服一書，亦承認民主政治之本源是嫉妬。俄哲貝得葉夫Berdyaev反共而又不滿今日之民主政治，亦從此立論。他與桑他耶那皆主張融智識的貴族主義精神於民主政治中。從一方面看，爭政治民主的人，在民主政治下競選的人，其底子之動機，亦可同樣是出自權力意志。所以當其在位時，亦可轉化為貪權者。但是只要民主制度建立，個人之主觀權力的意志，又可以是不重要的。因為單純的權力意志，人人都有，總是相抵相消。人之主觀的權力意志，並不能保證其在客觀上之能實際獲得權力與保存權力。而只有個人之道德、辦事能力、知識等等——即個人實現人生文化價值之能力——之有客觀的意義者，能使其在政治上被人推選，而逐漸獲得政治上之地位。個人要求滿足其權力意志，亦只有逐漸去創發、實現此有客觀意義之人生文化價值，開展其個人之精神，以客觀化其個人之精神。而在如是開展與客觀化其個人精神之歷程中，即勢須逐漸超化其權力意志，以隸屬其精神於客觀的社會人文之下。此即提高了其個人之道德人格。而在一民主的政治制度下，眞正配當居政治最高位者，同樣在理想上亦當為一能肯定全面之人生文化價值的人。不過同時加了一條件，卽他不僅在主觀上自覺能够如此；而在客觀上，他人亦承認其能够而選舉他。在此民主之選舉中，人民乃不止於向外期望一理想的政治人物或聖王，而且實去選擇接近此理想之人，以致之於此位，而直接作了一實現其政治理想之事，創發了一政治價值，人民乃眞成一政治上的主體，而其政治地位，可在原則上與執政者平等。因對執政者，人民可使之存在於此位，而亦可使之不存在於此位。而人民之成爲此一政治主體，卽使人民實際上得盡其忠於國家的責任，以使相續的被選出之居政治上之位之人，皆漸成爲眞能作肯定全面人生文化價値之事之人，以積極的保證社會人文世界之發展，同時亦實現了人民之道德上的仁義之心，提高了其人格。

我們承認了人之恆出自權力意志之動機以從政，與民主政治之能提高從事政治者與人民之道德人格之後，我們尙可以依道德理性上人人平等之義，而以二個兩難推理，來證明民主政治之必然。因爲人旣然有出自權力意志以從政之動機，則如果求政治權力是好，則依理性，一切人應同分享，而一切政治權力之運用，應有一限度。如果只求政治權力是壞，則無一人應具備無限的壞。如居政治上之最高位之聖王、總統是好，應一切人都可求有資格去當。人人都當求爲聖，亦可求爲王爲總統。如果政治上居最高位，是一痲煩的事，則人人都應有休息的時候。而無一人應注定終身負此繁劇。依道德理性來思索，只有承認：一切人同可居最高政治地位，亦同可選擇他人去居此位之政治權利與政治責任是當然的；因而保障人民之權利、規定政府之權力之限制、政府中人物之如何進退更迭之立憲的民主政治，亦是依理性而必然當有的。由此而我們遂再與民主政治以一道德理性、道德意識中的保證。

七　實現民主政治與保障人權賴多種社會文化團體之存在

我們對於政治之第六點應有之認識是，民主政治之本質，雖由一般人權之法律保障、政治上權利與責任之平等以爲界定。然而我們却不能說，個人眞能主觀的據有人權或政治權利之一物。我們既不能說個人眞可憑其個人之權力意志，以獲得政治上之權力。亦不能說，個人只本於天賦人權之自覺，即能爭得人權，實現民主政治之理想。關於個人之權力意志之不能獲得政治上之權力，上已說。除了個人之權力意志外，個人所有者，便只是其所已經、或可能實現創發之人生文化價值，與個人之關心全面人文發展或國家社會之道德意識。而此後二者中，前者雖個人所有，而亦爲他人所分享欣賞的，故得爲他人所承認，他人才可因之而稱讚我選我。故嚴格說，此即爲一社會性的人生文化價值。而後者則恒發爲對國家社會的責任感，本不是爲個人，而是爲社會的，因而更是社會性的。至於不由我創造而由我所享受所欣賞之人生文化價值，則都是他人或社會供給的。他人依于其道德意識，對我表示關切，而施與我或貢獻我的。故知西方人所謂天賦人權，尚有字面含混不清處。如剛才之分析，則我所創發實現之人生文化價值，發自我，而用在他人。我們享受欣賞之人生文化價值，發自他人或社會，而用在我。都不是孤立的一個人所獨具的。則上述之人權可說是天賦於我，亦是他人或社會所賦於我，我所賦於他人的。

我們如果眞了解：個人之主觀權力意志，並不能即使其獲得客觀的政治權力；所謂天賦人權，亦非只屬于個人，而兼由他人或社會所賦，便知人無論眞要求滿足其權力意志，而獨佔權力，與人之要推倒社會上少數人或一人似已獨佔之權力，以建立民主社會，專從激發自己或他人之個人人權之自覺，實際上是不能眞達目的的。因爲個人只能憑藉其所表現之有客觀意義之人格價值，或假借社會之文化力量，去運用兼爲他人或社會所承認賦給之人權，以滿足其權力欲。一切社會上之特權階級，其最初之興起，亦皆或由武力，或由財力，或由智力，或由團體組織力。這些都是原有客觀意義之社會文化力量。他們有此力則有權。無此力則無權。因而人如要打倒某特權階級，亦恆繫於其他亦有客觀意義之社會文化力量之運用。任何個人，除了其主觀的道德上之自我尊嚴感，與其自己所具之實現文化價值之力量外；其在客觀社會之地位，亦依於其所連繫代表之社會文化力量。這常是寄託於個人所附屬之社會團體。個人恆須通過社會團體，而後能有實效地與特權階級相抗，以推進社會之日進於民主。而在一較近理想的民主社會中，個人之地位之所以提高，其有實效的原則，亦在個人之能自由的隸屬於各種社會文化團體。各種社會文化團體之力量，復互相限制，互相規定。個人在社會之地位，遂由其可自由參與四方八面之社會團體，而如被撐拱起來而提高。唯由此提高，而一些個人可冒出於平面社會之上，爲全社會所仰望，而後有被推選以居政治上之高位之可能。亦唯各個人皆有其所連繫代表之社會文化團體，而後個人之言論行動，爲政治上之當權者所更不能不注意考慮，而民意乃更能影響政治之改善。由此而我們可知：只有在客觀社會有多方面的文化精神存在，多方面的文化領域之分途發展，而有各種不同之社會文化社團時，個人之地位與尊嚴，乃不只是有主觀道德的意義，而有客觀的政治意義。民主的社會之建立，乃具備一實效的原則，或社會文化的基礎。

由上面之討論之最後一節，使我們知道，民主與個人自由之實效條件，實在社會文化力量，社會人文組織之存在；便知我們如要在今後中國實現眞正的民主，首待於我們對中國過去與西方社會之歷史文化，先加以考察，看其所具備之人文精神、政治以外之各社會文化力量如何，社會文化組織之分別發展之情形是如何，其合乎民主之理想與所具備之實現此理想之實效條件何在。由此即見中國數十年來，只因對這些條件，都不具備或喪失，所以才最後落到共黨之極權。由此亦知關心中國今日之政治民主的，都應先放大眼光，從廣大的中國社會人文上着眼，從承繼發揚中西的社會人文精神上着眼，以求自盡其責之地，才能建立中國以後民主之基礎。此當在下一文論之。

(四十一年十二月．「民主評論」第三卷第二十四期)

中西社會人文與民主精神

一　前言

中國當前的文化與政治的問題，有人特別着重現實的反共問題，有人特別重反共的理由，與中國未來的理想民主政治問題。人如果不先抱一積極的理想，則無論反什麼，都無意義。所以後一問題，在理論上是更根本的問題。我想民主政治，在原則上無人能反對。因政治是大家的事，政治上不應有依血統、種族、性別、經濟地位、一黨、一派而成之特權階級；政治權力，應有一客觀限制；人民基本人權應有一客觀保障，都是可直接依人之道德理性而建立的命題。但是人們常由政治民主是依於承認一切個人在政治機會應當平等，與使政治權力受一客觀的限制，並要保障人權等，因而以爲個人自由、人權之保障及議會與政府反對黨之存在，是政治民主之必須且充足之條件；並以中國過去學術文化中未重視此等觀念，爲中國無民主精神之證。我們之立論，重道德與人文，亦成迂濶而與民主無關之論。但是現在同時亦有不少人，以中國現實政治問題，在合力以反共，因而只有國家觀念、政治性的集團組織之觀念是重要的；個人自由與人權觀念之提倡，亦非今之所急。我在這篇文章中，則將說明個人自由、人權，與國家、政治組織等觀念，在今日雖皆當重視，但在理論的層次上說，這些觀念與「政治」之觀念本身，都應成爲第二義以下的觀念。理論上在先亦最根本而最應重視之觀念，乃是社會人文之觀念。政治只是社會人文之一部。社會人文包括不直接屬於政治範疇之各種經濟、宗教、學術、教育、文學、藝術、科學等人文領域。這些人文領域，都直接實現各種人生文化價值，如眞、美、善、利、幸福、神聖等。而政治之最大作用，不過協調、促進此各種人生文化價值之實現。而且只有各種本非政治性之社會文化力量之存在，各種社會人文之團體組織之並行發展，可以爲國家政治組織之基礎，亦爲個人自由權利得保障，政治民主之實效的條件。我在此文姑畧去純理論的分析（此在民主與人文之基本認識中已畧具），而將先自西方文化之發展中指出，只有個人之求實現創發各種人生文化價值，爲西方人追求自由的動力。唯以西方社會之各種文化力量間，各種社會人文組織間，多敵對衝突，故特能逼出個人求自由之努力，並逼出政治上之民主制度，逐漸使人民獲得其基本人權之法律保障。故要說西方之民主精神之本源，當溯之於西方社會之多端並行而敵對之人文精神。亦唯此是西方民主精神之本源所在。而在中國過去文化中所有之文化精神，則非多端並行敵對，而爲儒家之充實圓滿的人文精神。此中亦蘊藏一民主精神，而未表顯爲西方式民主政治制度，在吾人今日，如要取西方民主政治制度之長，則須學西方社會文化之多端並行發展，而去其敵對衝突。此亦即同於承繼中國固有之圓滿充實之人文精神，再使之分途開展，建樹各種不直接隸屬於政治範疇之社會文化力量與組織，以爲中國實現民主政治之理想之實效條件。民國四十年來大家嚮往民主，而始終只在民國初年，出現袁世凱作皇帝，張勳復辟，曹錕賄選；國民黨訓政二十年，方還政於民，今又走到共黨之極權專政。其故皆在此實效條件之不備。由今之道，無變今之俗，中國將永不會有民主。懲前毖後，此時仍有待於一切具聰明才智而有心之士，一方關心政治，一方對實際政治放開一步，而多着眼多用力在全面之人文社會之分途開展。亦唯此似迂濶之道路，可以建立國家，開出中國理想的民主政治之前途，以使個人之自由得客觀的保障。這即是我本文之從事遠於現實的歷史追溯之現實的意義。

二　西方民主政治之社會文化背景

大約在中國數十年來，凡提倡民主者，所以以個人自由與人權爲最根本之槪念，皆由於見西方之法國革命美國革命，皆以自由平等、天賦人權等觀念爲名號。然而人恒忽畧，此等名號所以在近代西方之民主運動中有鉅大的力量，乃由此等名號喚起西方人民各種「觀念結」與「情結」（Complex）。而此等觀念結與情結，則有數千年之社會文化之背景。照我的意思，西方近代人之特別覺個人自由之重要性，並特尊個人權利之故，全在西方社會之早有一社會文化之多端發展。且其各種社會文化團體組織之力量，恒並峙而相衝突。由是乃逼出個體之重要性之自覺。個人之感其內在的人格尊嚴，固可不待外緣。然個人之表現其尊嚴，自覺其個體之客觀重要性，則或由於個人之代表一社會文化勢力，而後面有支持之者。或由社會集團之壓迫個人，而使其更強烈的追求其所嚮往之人生文化價值。或則由於客觀社會之多種之文化勢力之衝突，交會於個人之身，而需要其作一裁决。或由個人同時隸屬於不同之社會文化社團，而任何特殊組織，遂均不能束縛個人。個人之重要性，除由此四者，即不能有任何客觀社會的表現。而個人之客觀社會的重要性，不能表現，則個人之求自由之理想，亦不能成爲公認的理想；個人所爭之自由權利，亦不能有公認的法律保障。而民主政治之理想，亦即無客觀的實效性。所以我論西方民主政治制度所以會較東方完備，我並不只追溯至西方人之個人自由、天賦人權之觀念本身，以爲西方人之政治智慧能早見及此，故有其民主制度；東方人不能見及此，故其政治智慧尙低一級。我以爲眞要論西方民主政治制度之根源，尙不能以個人自由與天賦人權爲第一概念，而當以西方社會人文之多端發展而富人文衝突爲第一概念。

關於西方文化之爲多端發展而富衝突，這在希臘即如此。希臘文化乃承愛琴文化、巴比倫文化、埃及文化而有。此即一多端的文化來源。希臘之城市國家，互相獨立，又在海外四處殖民。雅典城中有原來之貴族力量，由海外伸進之商人力量，有固有之宗教力量。有由殖民地與其他地傳入之各種新學術思想。有流浪的詩人，有游動的劇團。由此社會、政治、經濟、文化多元分立，乃有政治上之民主競爭，與希臘式之直接民權。乃引起哲人學派之販賣知識，教人辯論。乃有蘇格拉底、柏拉圖進一步反省人生社會宇宙之普遍的綜貫原理。他們之對話，亦可謂以一民主的反覆問答方式，以逼出此普遍的綜貫原理。蘇柏亞相承，而同求有必然性之知識。故師徒三代能互相補充修正，而建立一希臘之學統。由蘇氏之街頭講學、柏亞二氏之辦學園與來西昂學校，及伊辟鳩魯之組織友誼團體、斯多噶學派之廊前講學，流風直到羅馬，西方乃有生根於社會之學術教育之力量。

羅馬人在政治上雖然統治了希臘，但在學術文化中，除自負其十二銅表法以外，便只有對政治衰亡以後之希臘尙流傳於社會之學術文化，低首降心。羅馬的公共演講廳內，希臘學者仍是主要的演講人。雅典大學直到紀元後五二九年，才被信基督教之羅馬皇帝封閉。在羅馬，由希臘傳下來的學派，是斯多噶派。斯多噶派之人，恬淡寡欲，初不與羅馬人爭政權。他們所要實現的人生道德價值，本身是超現實政治的。他們亦終形成一社會文化力量。當時一個被販賣的奴隸埃皮克特塔斯Epictetus，亦是斯多噶派的哲學家。他尤深刻相信：人只要了解了人生道德的眞諦，任何政治的暴力都可不怕。他明說：「最大的暴君之最大的力量，不過使我死；但我知道人是要死的。」然而這個哲學家的思想，最後終於影響了羅馬皇帝馬卡奧理畧Marcus Aurelius。他知道了皇帝的價値趕不上一奴隸的哲學家，於是他後來亦學成了斯多噶派的有名的哲學家，並成了羅馬皇帝中唯一最爲後世所稱的一人。至於斯多噶之思想，如何影響羅馬之政治法律，大家都知道，我不多說。但是我們必須更注意其所以致此，乃由於他們之學術力量原來在社會生根。他們自身有一學統由希臘來。以前尙有蘇柏亞之學統。此學統之時間，與分佈之地域，皆超出於現實政治力量之外。所以他能影響政治。羅馬的法律，由市民法，而萬民法，皆相當平等。羅馬的政治，在一時亦可說有民主的表現。這原因，亦正可溯原於羅馬城原是五方雜處。羅馬原以武力造成帝國，用奴隸以生產。羅馬城與四方，上層階級與下層階級之力學的平衡，隨時可以衝破；而使君主貴族平民之政治形態，更迭而生。羅馬政治上一時之民主的表現，不過是君主貴族，統治不了社會多方面力量之表現。

在羅馬後期，耶穌之基督教起來。這是原自希伯來文明。這是另一支的超政治的文化力量。斯多噶派之文化力量，是道德的，尙未離現實人生。耶穌的力量，是宗教的，超現實人生的。希臘原有之新柏拉圖派的哲學，成了初期耶穌教義之接引者，說明者。耶穌說，凱撒的事歸凱撒，上帝的事歸上帝。他並不爲猶太人復地上的國家，只說我們的國家在天上。耶穌以違背猶太人的願望，而被釘在十字架。羅馬的政治統治者，儘可以對此宣稱不在地上建國的耶穌信徒們放心。然而羅馬人後來竟不放心。欲用各種政治的力量，加以迫害。於是把基督教徒逼入下層，逼到墓穴郊野去聚會。基督教在下層社會的蔓延，終於透到中層與上層。上帝畢竟比凱撒偉大。耶穌未爲猶太建國，但其教義主宰了一更大的神聖羅馬帝國。教皇只須一個加冕權，一切皇帝便只合低頭禮拜。何以故？社會人心信賴基督教之宗教文化力量故也。後來，教皇因嘗得政治權力滋味而世俗化。於是西方傳統的宗教精神，又表現爲宗教的改革。此宗教精神，不隸屬於統一的教會，而隸屬於分散的教會，與各個人的良心。意大利的商業都市，再營養了希臘羅馬的文藝之復興。近代民族國家的分別建立，與宗教改革文藝復興之結合。結束了西方的中世紀，而開啟了近代的西方社會。

在近代的西方社會，其開始時，便有各種社會力量文化力量，分別並存。此中，一是寄託於新舊教會之宗教力量；二是由希臘羅馬之學術精神的復興，與形成於中世而發達於近代之大學力量。現在歐洲之巴黎牛津劍橋諸大學都有近七八百年的歷史。而中世之大學始於九世紀，乃遙接希臘羅馬之學統，與雅典大學之精神，並由與亞剌伯文化接觸，而後興盛的。亦是生根於社會，而不生根於政治的。現在歐洲大學之神學院，是希伯來精神。法學院是羅馬精神。哲學院、理學院是希臘精神。西方文化多元之歷史，反映於其大學。而大學歷史之長遠，與其生根於社會，亦即使之為一獨立的社會文化力量。三是近代國家之形成，一方有君主之力量，一方有由中世來之封建貴族的力量。四是由海外通商殖民，與科學技術之發達，工業革命而生之商人冒險家之社會經濟力量。此各種力量，在社會都形成各種的組織。教會、學校及貴族主持的上議院，與工商業組織，都可影響政治。于是遂使近代各民族國家之君主，在打倒教皇，自神聖羅馬帝國脫離而建國時，似有力量；而在獨裁統治上便無力量。於是西方之政治社會，其勢非一步一步走向民主不可。

至於在近代英美之民主政治，所以更具規模者，則由英之立憲政治，乃逐漸形成。選舉權乃一步一步擴充。先由貴族領導向君主爭權，次由資產階級領導，向貴族爭權。而資產階級之有力，則由產業革命之早，海外業商殖民之早。馬克斯謂英國之自由民主，是資產階級之自由民主。就歷史與理論說，並不算錯。洛克與穆勒等，都以不納稅之人無私有財產者，不當或不宜有選舉被選舉權。法國一七八九年人權宣言對人民參政權亦有財產資格限制，羅素于其「不通俗論文集」政治中之自由理論一文，並詳論西方人自由之要求，在根本上原於商業。懷特海於理念之探險Adventure of Ideas一書，亦同此見。美國人之民主制度較好，則由美人原是一些清教徒、探險家、開墾者、流放者、淘金者。簡言之，卽他們原是不得意於國家之政治，其興趣在獲得政治以外之人生價值，如精神自由、財富與冒險之興趣的人。其向英國革命，乃由不耐英人之重稅，此乃一經濟動機。美國聯邦政府，最初只有極少的人。地方力量遠甚中央。亦卽社會力量遠甚政府。美國人至今最羨慕者，仍是煤油大王、汽車大王。而美國之清教徒之尙勤敏之德，卽促進其工業之發達者。此亦有Max Weber之清教徒之倫理與資本主義之精神一專書討論。經濟宗教力量再培養教育。美之大學，主要者皆私立，次州立，卽使社會有獨立之教育學術力量。這都證明社會文化之多端獨立發展，是西方民主政治理想之實現條件。

三　西方個人自由精神之遠原

由上我們便知個人自由平等、天賦人權，雖是西方近代民主政治理想之口號或理想，但我們千萬不要離開文化歷史之背景，去理解西方近代之自由平等天賦人權之口號理想所以有實效之故。亦不要離開人之實現創發人生文化價值之具體要求，去理解個人之自由平等的內涵。所謂人生而自由，人生而平等，個人是一獨立的實體，或每一人有其人格尊嚴，仍只是此抽象的話。實際上之人求自由，只有求種種實現創發各種生存的、戀愛的、家庭的、經濟的、學術的、藝術的、宗教的、道德的……之人生文化價值之自由，是具體的事，有實效的。抽象的求自由，只代表一反抗意志。如果此反抗意志之後，無一特定之人生文化價值之嚮往，便只是一自然生命的權力意志而已。純粹的權力意志，可以有破壞力，而不能創造任何有價值的東西。近代西方之人求自由，我不如斯賓格勒說之爲：底子上，只是一無限的權力意志。這乃兼依於其對神聖的人生文化價值之嚮往。然西方人之依於此後者而求自由，最初亦不是求政治權利。其歸到求政治權利是結論，不是前提；是結果，不是原因。如實言之，從西方文化歷史看，西方人所求之自由，初只是一超政治以實現人生文化價值之自由。我們上文所說斯多噶派埃皮克特搭之思想與基督教之初起，都自覺的要超政治。因爲他們要超政治，只企慕自然理性與上帝，所以他們能建樹其生根於社會之學術宗教力量。黑格爾在其精神現象學及歷史哲學中說，希臘人所求之個人自由，終只限於現實之政治社會。其個人精神，不曾與現實社會政治隔離生疏。所以其個人之精神主體，終不能昭顯。斯多噶精神之厭棄現實政治，乃表示個人精神主體與現實政治之隔離生疏。再進到基督教，而個人之精神主體上達於神，視現實政治與自然世界若無物。由是個人之精神主體，遂由與現實世界之絕對的對反隔離而彰顯（大意如此）。黑氏此言，言西方之個人自由之精神，由斯多噶、基督教之追求超政治之人生價值宗教價值，以奠基。可謂深入骨髓之論。而近代西方人，所以能向君主與獨裁者爭自由與民主，亦可謂在根本上全由其宗教信仰，令人相信有獨立於政治外之宗教價值。上帝原高於君主。人一手上攀上帝，一手下禮君王，個人之尊嚴與地位，即可超政治而樹立。西方之個體主義思想，亦原由中世紀宗教思想中來。個體之所以有尊嚴，乃由個體靈魂直接由上帝創生也。西方近代講人生而平等，生而自由之思想者，多祖述斯多噶，或祖述基督教之原人之靈魂是平等爲上帝造，人原有自由意志之義。蓋唯此二者，爲其自由平等之思想之根株。此二者，初皆爲超政治的精神。故近代西方重自由平等思想者，亦或從事於經濟，亦或從事於學術，或脫離現實政治環境，向海外冒險、淘金、闢荒、殖民。近代西方人實際上所求之自由，仍是初表現爲實現政治以外之人生文化價值，以形成近代社會文化之力量多端發展。唯社會文化力量之多端發展，乃能轉而求爭取選舉被選舉之政治權利，建立各種民主立法，保障人權，而有政治上個人自由之理想之逐漸實現。西方近代之民主政治，乃由人民之不斷爭取而得，乃一事實。西方民主表決制之舉手，原所以表示力量之大小。甄克斯社會通詮謂，舉手原是預備打架。不打架而表決，見力量相懸不能打也。然舉手表示之力量，即其後所代表社會力量，如經濟宗教等文化社團之力量。英國一九〇〇年以後，乃有普選。然及今猶有王室貴族。美國之革命理論與法大體相同，而法國大革命後終恢復帝制，美則成眞正民主國家者，正在美之先有地方自治。美國今日上議院之選舉，仍以州爲單位。皆未達以個人爲絕對單位之民主理想。因其民主制度，原是初以社會之集團力量、地方力量爲基礎，而逐漸建立。我們視「個人爲一絕對單位」之平等自由論，爲口號與理想，或一種哲學理論皆可。然以之爲西方民主制度之建立之實效條件，並以爲只此思想與口號之提倡，即可促進中國之民主，則非也。實際上唯西方之社會文化之多端發展，社會文化力量之多元，而時不免相衝突，爲西方之神聖羅馬帝國，不能不崩潰，君主專制不能不蛻變爲民主政治之故。唯有西方自斯多噶基督教所培養之超政治與政治隔離之精神，能樹立西方人之精神主體之自由。唯近代人之追求各種政治以外之人生文化價值之精神，能建樹近代西方社會文化之多元的力量，以使議員或人民代表，能代表社會文化組織地方團體，而眞有其政治上的重要地位。唯此社會團體組織之配合，乃成爲近代之國家。唯社會之各個人，能同時分屬於各種社會團體，乃凸顯出個人之尊嚴，而後使個人自由平等天賦人權之口號思想，儼若兼爲西方民主政治制度所以建立之實效條件，或必須而充足之理由。然探本溯源而言，只一語可表示西方民主政治之實效條件與充足理由所在，即超政治本身的多方面的人生文化價值之追求。唯人能依各方面之人生文化價值之追求，以建樹社會文化力量，乃能轉而逼使現實政治不得不遷就此超政治之社會文化力量，逼使現實政治不停滯於君主專制，而成民主的近代國家，以使個人在此國家中成爲政治上之主體也。

四　中國文化之寬容性

我們現在再來回頭一看中國政治文化之情形。一般人都感到中國過去政治中，莫有西方民主制度，現在中國之從政者，亦缺現代西方人之民主精神。這話對不對？我說對的。但西方式民主制度與民主精神應分別，過去的中國，與接受西方文化之百年來的中國，亦應分別。過去的中國，雖無西方式民主制度，然此不必涵蘊過去中國文化之價值不如西方，亦不必涵蘊其中無中國式之民主精神。因此精神即在中國之人文精神中。

要說中國文化之價值，不是此處所能詳。但是將西洋文化與中國文化比較，我們首先可看出中國文化大體爲一元，不如西洋文化來源爲多元。因而數千年之中國文化，大體有一貫之精神，而不似西方文化中各種文化勢力之多端並行，時或互相衝突（此乃一明顯之事實，西方人亦承認，可閱諾斯羅圃東方與西方之會合一書，我曾在台北所出新思潮第八期介紹其書大旨）。中國人亦不似西方人之權力意志之強而好鬥爭，此亦世界人所共認。西方世界由文化勢力間之衝突，與權力意志間之鬥爭，而逼出重個人自由人權平等之民主政治。而從其根柢來看，則是文化之衝突，人與人爭權而相鬥爭之血淚構成。這有一悲壯光明的歷史，亦有一罪惡的歷史。蘇格拉底、耶穌之死，近代科學家之受教會迫害，是悲壯，而其反面的勢力，則是罪惡。除了一般的文化勢力衝突外，基督教教會內部，亦是不斷的互相對峙、鬥爭、排斥。其向外傳教之勢之盛，亦間接由其內部之互相排斥。如四世紀之亞利烏派Arius乃被斥爲異端，而首向北方蠻人傳教。唐之景教，明之耶穌會士，都是在西方傳教不得意，才遠涉萬里傳教東方。近代之爭自由的大事件法國革命，其中亦夾雜由革命者之相互不寬容而生之殘暴之罪惡。美國革命之光明理想，亦不能滌除其最初對紅人對黑奴之罪惡。因其悲壯光明之爭自由民主之理想之後，初仍不免有一權力意志在支持。羅素於讚問一書中論西方文化一章，謂西方文化一貫缺乏寬容精神，從歷史事實上看，實不錯。中國文化之發展，不似西方文化富於戲劇性的波瀾，而是詩的與散文的，便顯得平凡。然中國文化之平凡中的偉大，在歷史中則莫有如羅馬之以教徒飼獅的事，亦莫有宗教戰爭與焚燒異教徒之事，佛教亦僅受三武之厄而止。孔子與孟子未遭受蘇格拉底、耶穌的命運，亦莫有對殖民地人民之掠奪與暴虐，莫有像法國革命、俄國革命藉那樣光明燦爛之自由博愛平等建立無階級的社會之理想，而作出那種革命中之殘忍相殺的行爲。中國文化之發展，除了改朝易姓之際的混亂，大體一貫相仍，如長江大河，一瀉千里。確不如西方文化之波濤起伏，翻天覆地。在中國的人文精神中，以道德精神、藝術精神爲主，而宗教、政治之精神皆融於其中，而環繞於其人性即天道之哲學理念。中國文化之歷史，大體上可說是一和融貫通、充實圓滿的人文精神之慢步前進。故中國雖因少了文化多元而生之衝突，以致少了如西方人文世界之多端並行的發展，社會各種社團之對峙，因而未能逼出如西方式之對個人自由之需要之迫切，而不能有西方式之民主政治；然而中國之和融貫通、充實圓滿的人文精神之慢步前進，確較富於一寬平舒展潤大厚重之氣象。歷代的中國人，尤其在漢、唐、宋之盛世，仍可比西方人享受更多的和平，亦實現更整全更豐富的人生文化價值。中國缺乏西方式之民主制度，卽由中國文化之缺乏西方人文世界之分崩離析與好鬥爭之短處。這從整個人生文化的眼光來看，並不是中國文化低於西方的證明。只人文精神不同而已。（關於此上之一段意思，可以看拙著中國文化之精神價值一書。）

五　中國人文精神中之民主精神

我們先承認了中國缺乏西方近代之民主政治制度，及中國文化之不因此而遜於西方；可再來看中國人文精神中之民主精神。如人要問西方民主精神所依之西方式之人權觀念、個人自由之觀念，中國有莫有？我們可說莫有。一般人便由此推論中國是君權至上，中國無個人自由，中國無民主精神。但是由我上文之分析，我已說明從歷史方面去看西方民主精神之本原，卽知個人自由與人權之概念，並非第一義之概念。西方民主精神之本源，乃一分途去實現超政治之人生文化價值之精神。我們把民主精神，尋根到社會人文之概念去理解，則中國莫有西方式之人權觀念、個人自由之觀念，亦無礙中國過去人民之有自由，無碍於民主精神之存於中國之人文精神中。中國人自有不必同於近代之個人自由人權之概念，而反極權專制之政治的其他人文概念，以維護人民之自由，以表現中國之民主精神。

所謂中國人文精神中之民主精神之根是什麽？卽尊重整全之人格，視人格爲宇宙間之至尊至貴而與天合德之儒家精神。中國古代文化之來源，大體說，爲一元而非多元，故古代之文化精神中，內在之矛盾衝突較少。儒家孔孟，卽以承古代文化精神之整體爲己任。由此而儒家所理想之聖人，卽爲一以仁義爲本，而兼肯定一切人生文化之可能的現實的價値之人。儒家所識之人性，卽一能欣賞創發一切人生文化之可能的現實的價値的人性。此卽爲儒家歷代相傳之性善論。此性卽一人人皆可爲聖人之性，亦卽一涵蓋人文世界之全體之性。而此性又分別內在於任何個人之心，此卽儒家精神中之大平等精神。踐形盡性以顯此心之仁，卽爲仁由己之自由精神。現在西方言民主精神之最後根據，不外人格尊嚴，人格之平等。則儒家之此精神，不是民主精神又是什麽？

而且我們有種種理由說，儒家之自由平等精神，較西方文化中所孕育出之自由平等精神，有其一偉大之處（對自由一點，已在自由人文與孔子精神中論了，此下只論平等）。卽儒家所言之人性，自其最深之根言，乃與天合德，純善而無惡。不似西方之言人性，自希臘希伯來以來，卽有原始罪惡之說。因而在其宗教精神中，人接觸上帝，雖可使人精神超升於世間，而人對神終不能無渺小之感。由人之過於謙卑，而自視其自身全是罪，人卽不能眞頂天立地而立起；而間接使人處處若需要一外在的制裁；才能爲善。因而人亦可由此以肯定政治上專制之必須。如馬克維利、霍布士，便都是由人性之卑賤與自私，而主君主之運用權術與專制者。而西方近代之極權主義之根，卽馬克維利之思想（去年讀德國新康德派名哲卡西納國家之神話 Myth of State，該書詳論馬克維利對於西方近代政治思想與政治家之影響之大。只英依利莎伯時代之戲劇中，論及馬氏者，即有三百九十五處。拿破崙亦謂所有政治學書，只有馬氏書可讀。此西方之韓非，流毒於西方近代者之深且鉅，使人驚心動魂。）馬克維利深知人性之卑賤，故要統治者學獅之猛與狐狸之狡，要為人民所恐懼。由馬克維利至慕沙里尼、希特勒、斯大林正是一貫相承。而儒家思想之引伸的涵義，則以人性原與天合德。一切政治教化，止於助人之顯發生長其本有之人性為止，再不能另有所為。因而在原則上，否定了一切專制之理論根據。

同時因儒家所識之人性，是以仁為本，而能欣賞創造一切人生文化價值的。所以任何個人，不管他是實現任何特殊之人生文化價值的，我們都可加尊重，而相信其本性中未嘗不兼涵攝其他人生文化價值之嚮往。任何個人，不管他在現實上如何犯罪，在其人性深處，均同可為聖人，因而無不可愛。而在西方，因其文化之多端發展，於是在一時，人恆可只求一方面的人生文化價值。人既不深信人性善而信原始罪惡，則在只追求一人生文化價值的人，便免不了視另去追求其他人生文化價值者根本不是人。所以在中世紀之基督教徒，視異教徒根本不是人，是惡魔。惡魔當然該死。不殺惡魔，反成了罪。我們只要看比芮Bury思想自由史，勒克 Lecky 西洋道德史所載基督教對所謂異端之裁判與殘害，眞處處使人驚心動魄。而其所以如此，正由其相信不殺惡魔即是罪。故羅素在其不通俗論文集曾舉出一歷史上有名的大主教，說他在臨死時，要向上帝懺悔，懺悔他殺的異教徒太少。這個懺悔，中國儒者聞之只有咋舌。到了共產黨，只承認無產階級的政權之價值，於是亦視天主教徒、資產階級與地主都不復是人。同樣，我們可以說，在西方歷史上一切革命中，對外戰爭中，對殖民地的征服虐待殘暴的事件中，都除西方人之權力意志之禍根外，還夾雜有「對方不能實現某一人生文化價值，即不是人，故該死」之意識。此意識是西方民主精神的反面，然而正是西方人文精神對於整個的人性之善，在開始點並不信仰而生的。西方民主精神，根源於其人文精神，故西方民主精神之本源，即有此不乾淨處。然而中國儒家，決不會如此。因爲他要以仁存心，而對一切不同的人生文化價值，由宗教以至經濟、藝術、政治、倫理、禮教、科學等價值，他皆加以肯定。他復相信一切人之人性中皆有仁，人性皆善。縱然在現實上他人未實現某一人生文化價值，他仍有此可能。在人性上一切人平等，人無有不善，是一超越的信仰。因其不能由直接經驗求得全部的證明，你要懷疑，我亦莫有辦法。但這信仰本身，是從一有仁心的人自其內心流出的。人在深知其自己之仁心而性善，便自然能頓然直悟：一切人之性無不善，無不有仁。因而他有對一切天之所覆、地之所載、日月所降、霜露所墜之一切人之尊重與愛。他可以眞相信人皆可以爲堯舜，一切人都可登天國，這是中國儒家之大平等精神。這是使受儒家教化下，中國內部民族不斷和融，對四夷不尙征服，並使中國社會階級很早即開始破除的精神動力。這是中國文化之無盡寬濶、偉大、莊嚴的泉源之一信仰。而亦正是一切民主精神之最後唯一根據。你如不能信及此，你最後一定不會眞相信民主的，而會有一天，不把他人當成與你平等的。你在有政權時，亦決不會讓與你人格不平等的人，與你平分政權的。這個信仰，在西方近代篤信民主的人，在實際上亦常有。依耶穌之教與西方近代理想主義之教，最後亦可會通於此。但是一般講民主自由之理論根據者，却未必能眞知其最後須建立此信仰，乃能到家。

六　中國儒家未建立民主政治制度之原因與中西政治之不同

我說儒家思想有最高的民主精神，因其在最高義上，信人人皆可爲聖，可與天合德。儒家自人性皆包含欣賞創發一切人生文化價值之可能上，講人之平等。那麽人人可以問：何以儒家不講西方式民主政治，讓人人都有居最高之政治地位，當皇帝總統的可能？既然不，儒家精神卽是不民主，不及民主的，或是甘心爲君主之奴隸，爲統治者服役的。我對此問題之答覆是：儒家本只以政治爲道德的直接延長，政治卽人之道德意識直接實現之一場合。純將政治視爲道德的延長，他所能說的，只須是王者必須聖，而聖者不必王。因視政治爲道德的延長，則人所望於政治者，只是政治好，人民養生送死無憾，皆得實現其禮樂等人生文化價值。只要社會教化流行，德澤大治，人人有士君子之行，完成其人格，儒家之理想卽達到。儒家只望政治好，能助人之人格之完成，原不以政治上之地位，定人格之品位。故人不能爲王，無碍於人人之得盡人之性而平等。孟子說「人皆可爲堯舜」，「禹稷顏子易地則皆然」。荀子說「塗之人可以爲禹」。卽已意涵人人可爲聖，聖同於王。漢儒言五德終始，有德者應繼無德者興，而爲天子，此亦卽涵具了民主之根本精神。

但是我們雖謂儒家涵具民主之根本精神，我們居今日而論古人，仍可謂此民主之根本精神，只潛伏於儒家之道德精神中，而未能充量的展發爲一政治精神。儒家終重在教人自覺其有爲聖之性而教人爲聖，而不重在指示人去自覺其皆有爲王之可能。中國過去之儒家，亦確未在建立政治制度之原則上，肯定人皆有對最高執政者之選舉權，與被選舉權，對國家法律之立法權，及對政府行政之監督權。中國過去人民，因未能自覺其有此種種政權，其精神在政治上，乃終不能極其上達之伸展，自覺其爲政治上之主體。順儒家之教義，旣謂人皆可爲聖，聖同於王；儒家旣要教人人皆爲聖，理當作此原則上之肯定。儒家旣教君主如父母之保民，亦理當再主張由人民之選舉以誕生君主等。儒家旣主張政府當領導社會，而帥人民以正；亦理當使社會有力以監督政治。乃眞見君民平等，社會與政府之互爲根據之義。而儒家之所以未能臻此者，其原因蓋正在中國之廣土衆民，非如希臘之城市國家，與近代之工業國家，易行選舉。中國社會，又不似西方社會之有各種社會文化組織，使個人得通過之，憑藉之，以便爭取政權，或監督政治。孟子曾說：「匹夫而有天下者，德必若舜禹，而又有天子薦之者，故仲尼不有天下。」無天子薦，則平民之聖者不得爲王。這是緣於中國過去先哲思想的限制，亦緣於社會條件上的限制。其他西方式之民主政治制度之未在中國建立，其故亦相同。

因爲中國過去之人文精神中有民主精神，而無西方式之民主政治制度；所以在中國過去，對於政治上人物濫用權力之防制，乃假之於政府內部之御史監察之制度、諫議制度，及君主個人道德上的正心誠意之工夫，下詔罪己之事。徵辟、薦舉、察舉、科舉、學校之制度，則爲政府向社會接納人才之媒。同時中國政治思想中，除法家喜講權勢外，其他各家都盡量求將其他政治道德觀念，放在權勢觀念之上，以免爲政者濫用權力。西方政治思想中所謂主權之觀念，亦是中國政治思想中所莫有的。故 sovereignty 一字，中國近人或只譯其音，爲薩威棱帖。西方近代所謂君主專制中之君權觀念，乃由神權觀念來。中世皇帝須經教皇加冕，因上帝有至高無上宇宙權力，君主乃由僧侶本神意，而賦以處理世俗事務之權。故英詹姆士第一，謂上帝有權創造，有權毀滅，國王對臣民亦有創造毀滅之權。（福利德爾近代文化史所引）近代宗教改革，個人直接上帝，於是主權亦移至人民。乃有抑君權之民主政治。故西方民權之論，唯所以抗君權而起，且同遠源於其宗教思想。然在中國古代之思想，則天人合德，帝王直承天命。然帝王亦不當僭天，以天自居。（公羊家發此義。友人牟宗三先生詳之於中國歷史精神之解析中。）中國早無僧侶，以爲神人之媒，得賦權於天子，故天子亦無「如有權焉由神授而來之感」。中國儒道墨之思想，亦皆無君有絕對主權之觀念。君主之道德上最重要的修養，當如堯舜之「有天下而不與焉」而無任何予智自雄之權力意識。既無君權之觀念，自可無民權之觀念。中國過去政治思想，只講或勞心，或勞力。講君道、臣道；講君位、臣位；講君職、臣職。各有所勞，各有其道，各有其位，各有其職，而不能逾越，即各有權限範圍之意。而中國古人之超政治的人格精神、則表現爲隱逸、爲仙道、爲佛徒、爲游俠。中國之隱逸仙道佛徒，都絕對求與現實政治隔離，不似西方中世之僧侶，終不免要求政治權力。中國古之游俠，只在下層活動。故皆未成與政治相對峙，直接限制政治之社會力量。至於儒家，則本其社會人文精神，視君臣只爲人之一倫。于君統以外，講家族統系，講道統，講尙友千古與天下士之友道。漢代公羊家講五不臣。都是限定政治在全面人文中之地位。中國帝王，儘可有如劉邦之視天下爲產業，如唐太宗視科舉爲使天下英雄入其彀中，或如明太祖之欲逐倡民貴君輕之孟子出聖廟者；然而中國儒者，仍照常的以天下爲己任，以宇宙內事即己分內事。孔子作春秋乃承古代史官之書法，以褒貶君卿大夫，後儒承孔子而更重史筆，教人君尊經訓遵祖訓，都是要以歷史文化、名教與道德觀念規範政治權力。漢儒以天變警人君，或要君主奉孔子如天神。是以宗教精神限定政治。宋明儒在山林辦書院，伊川在經筵講書，對人君坐講，明人要結盟結社，以淸議干朝政，都是一方使教育獨立於政治之外，一方要以教育言論指導政治。而歷代儒家，講明堂，講學校，都是要使士人議政，望以教攝政。講封建，則是一方爲固邊，一方爲分散君主之集權。講井田，講薄賦，則是要平等人民之經濟，與藏富於民。講郡縣，講鄉約，則恆歸於地方自治。這都是以其重社會人文之全面發展之精神，自各方面限制規範現實政治權力，而伸展社會力量之道。儒家之理想，是本於一和融貫通充實圓滿之社會人文精神，而將現實政治，加以涵濡、感化、促進。故儒家中之人文精神，既不同於「西方之超政治的社會人文精神」，之分顯爲與現實政治抗爭而自外制裁之之社會力量，以逼出西方式之民主政治者。然亦非主君主集權者。故將中西文化與政治制度加以比較，西方人不重君主個人之正心誠意工夫，不重直接感格君心之諫諍與奏議，不重政府內部之自己監察，初亦無中國之察舉科舉制度，以爲政府與社會人才升降之媒。然西方有伸民權以抗君權，及行政權立法權分立，或三權鼎立之說，以人民代表與獨立之司法力量，制裁政府權力之民主制度。中國缺西方式之民主制度，不以政府以外之力量制裁政府，而重政府內部之自己制裁，重政府之自動的向社會拔選人才，而以職責、名位之分，代權力之分。大智之士，合而觀之，則知中西已往政治面目之迥異，皆由文化歷史之不同，而二者之人文目標，亦正有相通之處，而正當綜合於未來之中國與世界。

七　中國未來民主之展望

我在以上論中西社會人文精神之不同，而同具有民主精神，與人文涵蓋政治之精神。唯以兩方人文精神之不同，文化歷史之不同，其所發展出之政治制度，遂一爲尙民權之民主制度，一爲非君權論亦非民權論之中國政制之故。我本擬進而討論中國近百年來，乃以中西文化精神之衝突，與其互相牽掛，及中國知識分子不認識中西文化之精神之異而相通，只重消極的懷疑批判，不重積極的創造的綜合，乃使中國失去固有之社會人文精神，亦未接上西方之社會人文精神。因而大家雖企慕民主，而終未在如何去求民主之實效的條件上，用心用力。我相信我們現在仍只有承繼中國固有之和融貫通而充實圓滿之人文精神，再開出分途發展之社會文化領域，使社會有各種不同之社會文化力量，各種社會團體組織之存在，而並存不悖，然後中國政治之民主，乃具備其實效的條件。中國未來之政治思想與政治之道路，則係於保存中國傳統政治之分位分職之政治思想，並以人各得實現人生文化價值之要求，為西方傳來權利觀念之內涵，以免人眞視政治只為爭權之事。中國古代自政治家之個人人格修養，政府內部之監察制度，限制政治權力之濫用之道，政府與社會人民互相尊重體諒之精神，及中國儒家生發伸展社會人文，以涵濡政治感化政治之精神，皆宜保存於今日。而兼採西方式之政府與議會及社會，互相制衡監督之制，以防極權之弊。中國此時之政治家，必須一方而本傳統儒者對政治負責之精神，求政府之有能；一方本儒家重視多方面的社會人文之發展之精神，自覺的去扶持客觀社會之各種人文的——卽經濟的、宗教的、學術的、教育的、輿論的力量之獨立生長。而在野之中國知識分子，則必須一方保存過去儒者由關心全面社會人文，乃不得已而關心政治，評論政治，並用力於創造社會清議，以轉移政風之精神；而同時學西方知識分子之在社會立根，先專其志力於一專門之社會事業，以自見於世。社會之輿論，亦須轉而特別尊崇各種社會性人物，視一實業家、學者、教育家、慈善家……各種社會事業之人物之地位，與政治上之人同樣的重要。並尊崇「把社會人文全面之發展，與社會各方面之自動自發的組織，看來比純粹政治上之系統更為重要」之政治家。今日西方的政治家之重外在的事業的成就與建樹，而表現精神之強度，與中國過去政治家之重內在的開拓胸襟，養成涵蓋包容之德量，以表現精神之廣度，未嘗不可兼備于中國未來之理想的政治家之一身。中國今日，以處于中西文化正交流而相衝突之際，此上各種精神，皆以似互相矛盾而互相抵銷，極難綜合。但是我們只要能直下承担中西之人文精神，便知其綜合。既在觀念上可能，在行爲上與制度上亦即可能。而且我相信，由其綜合，並實現於中國未來之社會文化與政治，則中國之未來文化與政治，不僅可超過過去之中國，亦可超過今日之西方。反之，如任其矛盾以相銷，則個人之自由，終不能有客觀之保障。而人民之選舉權、罷免權、創制權、複決權，亦終不能有效的行使；任何民主政黨，亦皆以無社會人文之基礎，而無法健全其自身。同時國家之眞正獨立，與政府自身組織之堅實化，與欲政府之有能，亦以無支持之社會人文組織基礎，與人民之缺乏由綜攝性人文精神而生之國家意識，而亦歸于不可能。民國四十年來中國政治之無出路，歸根到柢，其故在此。大家可以細想一想。

（四十二年二月・「民主評論」第四卷第四期）

第五部　中西社會人文精神之融通（下）

西方文化中之悠久與和平問題

一　西方文化之悠久問題及和平問題

現時代世界上一切人，都知道西方文化之種種長處而加以讚美。人們都知道讚美現代西方人在工業技術上、科學哲學上、文學藝術上、宗教上、政治經濟制度上的成就。而我個人尤讚美西方人之超越精神，客觀化其理性之精神，尊重個人自由之精神，及其文化多端發展之精神，認其爲東方人從來所不及。然而西方文化却至少遭遇二根本問題。此二根本問題，是西方哲人自來尚未認眞考慮的，亦不是只順現在上述西方文化精神去發展，所能解决的。此一爲如何保持西方文化之悠久存在之問題，一是如何眞獲致人類之和平相處之問題。這兩個問題，都不如人初看之簡單，而是非常的深遠。我們眞深入此二問題，便知西方文化如要有再向上一着之發展，當接受東方文化之智慧。此結論不是隨便得來的，必須從根上細說。

我們看西方文化發展的歷史，我們决不能忽視其創造文化之民族，迭代更新；一一民族，不斷升起於文化世界，而又一一倒下去，幾於不能復振之現象。巴比倫、埃及、愛琴海之文化衰亡，希臘與起。希臘衰亡，羅馬興起。羅馬崩潰，日耳曼世界升起。近三百年之歐洲史，文藝復興始於意大利。海上霸權初執於西班牙葡萄牙，再移於荷蘭與英。意大利西班牙葡萄牙文化與國力，今已再無二三百年前之光榮。英國初戰勝西班牙，成爲海上霸王，盡量向世界殖民。然法國繼起，而有拿破崙橫掃歐洲。拿破崙敗後，歷第一次大戰，法國又自今不振。普法之戰後，德國興起。威廉第二與希特勒，均曾震盪世界。經兩次戰敗後，德國現已分裂爲二。前途如何，尚不可知。第一次大戰，俄國失敗，而有內部革命。列寧斯大林，以共產主義號召世界，今成爲自由世界一最大威脅。英國經二次大戰，殖民地紛求獨立。今能與蘇俄抗衡者，只有美國。此二百年中，歐美諸國，只有美國，一直蒸蒸日上，今已成西方文化之重心所在。此種世運之移轉，西方文化民族此仆彼起，歷史上看十分淸楚。其所以如此之故，從一面看，是由於戰爭之勝敗，決定一民族文化之盛衰與亡。從另一面看，亦卽可說由一民族生命力，文化創造力之衰落，使其在新興民族前，居於戰爭中之劣勢，而不能不讓出其原在文化舞台的地位。後之視今，亦猶今之視昔。美蘇之在世界，能執牛耳多久，亦甚難說。斯賓格勒蓋因先看了西方自希臘以來之文化民族，由盛而衰不過千四百年左右，再看其他文化民族之盛衰；因而比喩一文化如一生物，必須經其一定生壯老死之歷程，乃預斷近代西方文化必將沒落。黑格爾之歷史哲學，則由此而一方對已存陳跡之希臘羅馬之文化，致其慨嘆，一方欣幸世界精神正降臨於當時之德國。同時他明白主張，人不當以文化之時期之長久與否，看文化之價值。黑格爾大約亦主要是看了西方之歷史，總永遠充滿了戰爭，恒由戰爭以定一時代之世界霸權之誰屬，世界精神之表現於何處，他才注重去發現戰爭之價值——去發現宇宙間一切鬥爭與矛盾之價值。他們二人都可說多少是從西方文化之不能悠久而多戰爭上，得其哲學之智慧。然如依他們之說，則我們所認爲是西方文化之問題者，皆可不成問題。因爲文化之衰亡是不要緊的，戰爭是可以有價值的。所以我們須先針對他們之說，以確立我們這些問題，然後才能講下去。

對於黑格爾之肯定戰爭之價值之理論，我們亦當承認其有眞知灼見。人類在某種情勢下，常是除了用戰爭，不能解決問題。至少當戰爭之雙方或一方之人，已失却理性時，便只有以戰爭打破雙方或一方之無理性的頑梗錮蔽；以使一方或雙方之人之精神生命，在其物質文化與自然生命之殘毀破壞前，再得昭蘇，重恢復其理性之光。黑格爾在其歷史哲學與人權哲學（Philosophy of Right）中說：長久的和平，使人精神安於目前所享受的安逸，而歸於墮落。戰爭之來臨，則使一切人知一切現實的享受的安逸之無常。人之精神，乃自和平的安逸享受中警醒而拔起。亦爲極深刻之論。依此以看戰爭之價值，而說戰爭是出自上帝之意旨，所以使人精神上升者；人類過去之戰爭，無一無價值，每一戰爭皆是人類當演之一悲劇。我認爲亦是可以說的。但是我們要認淸，戰爭在事後看來表現價值，戰爭在某一情形下不可免是一事。戰爭是否在原則上當廢除能廢除，又是一事。依黑格爾歷史哲學，彼對未來之歷史，未發一言，而又以矛盾鬥爭，爲現實世界一切事物發展進化之原理，則戰爭宜是實際上所不能廢除，原則上亦非必然當廢除者。然而照我們看來，戰爭乃原則上當廢除，亦能廢除者。我們之理由，尚不是只從戰爭之殘酷上，說其當廢除。我們更不能依於我們之好生惡死，或貪安逸之動機，——如快樂主義、功利主義者之論點——以說戰爭之當廢除。因爲我們很可以主張，戰死更比安逸的生存，爲有價值。安逸的生存使人精神墮落；殘酷的戰爭，乃爲要使人精神警醒拔起所不能不付的代價——我們之理由是，人可以不只求安逸的生存，不墮落於安逸的生存。在此情形下，則戰爭對於我們自己，便無黑格爾所說之價值。戰爭的任一方人民之精神，亦不應當頑梗錮蔽到「必須用戰爭來打破此頑梗錮蔽」之程度。戰爭之所以在某種情形下，爲必需且應當，即依黑氏說，亦只因人類已頑梗錮蔽至某一程度，或人類已墮落至只貪安逸的生存。然而人類實不應當頑梗錮蔽至此一程度，人類實不應當貪安逸的生存。則人類應當想如何根絕人類之頑梗錮蔽，根絕人類只貪安逸的生存的庸俗生活，以使戰爭成不必須。此亦即同於謂：人類應當想如何獲致永久的和平。我們之此說，不必涵蘊人類目下即絕不當從事戰爭，因爲亦許目下的人類之已習成的頑梗錮蔽，只有賴戰爭來打破。對已習於貪安逸之人類，或免不掉要賴戰爭來警醒振刷其精神。然而我們之此說，却至少涵蘊如何獲致永久的和平之爲一正當的問題。我們如此答覆了黑格爾之戰爭價值論，我們才可再據戰爭之殘酷，直接與我們之仁心之相違反，以更確立人類之永久和平應當存在的理由。

我們以上確立了人類應當和平之理由。其次我們當討論人類應否求其民族文化之悠久存在。對此問題，黑格爾、斯賓格勒之見，亦有其眞理在。因爲我們可說，人生在世所重要的事，只是創造文化，以表現出其精神生命之光輝。一個人能由文化創造，而表現出其精神生命之光輝，則其人格即有一成就，影響及於後代，而可雖死無恨。個人如此，民族何不可如此。一長久存至今而無文化創造之野蠻民族，其價值明不及今已消滅之埃及希臘之民族。我們如果能進而如黑格爾，承認一客觀存在的宇宙精神，不斷通過歷史而展現，則一切曾存在之文化精神，亦皆永恆的存於此宇宙精神之自身，本來無所謂消滅。宇宙精神，要有新的表現於歷史，亦當不沾戀於其過去的表現之陳跡。一民族在盡其創造特定文化之使命之後，亦即可無繼續存在之必要。如文學哲學藝術上之天才，既完成其著作創作之使命，即可以死，以求永恆的休息了。若然，則一定要求自己民族文化之能悠久存在，亦可只是一民族一主觀上的私欲，値不得如何討論的問題。一民族之問題所在，當只在此民族如何盡其創造文化之責，而顯其民族之精神生命之光輝於世界而已。轉瞬即逝之朝霞之美，勝於千年之頑石。婉轉唱歌而死之夜鶯，比老而不死之麻雀遠爲可愛。即見民族文化之悠久，並非文化價值高下之標準。

但是順上列之說去思想，雖然是十分悲壯，畢竟仍未達一間。我們固然不能說悠久存在的民族文化之價值，必然高於一度存在即歸於消滅而留下影響於後世之民族文化。我們亦未嘗不可承認：一切曾存在者，皆永存於宇宙精神之自身。但是人類却有使其文化悠久存在之義務。這是依于我們要使我們認爲有價值之文化，普遍地被認識，被欣賞，由後人之繼續的創造努力，以使之生長發展之理性要求來的。當然此理性要求，不必只寄望于自己之民族，而可寄望于任何民族，或任何能認識欣賞此文化之存在。（如未來再進化出之其他動物。）但是人必首先寄望之于自己民族之後代子孫，再及于全人類。因爲後代子孫之自然生命，是我們之自然生命之伸展與延長。文化之延續，是精神生命之伸展延長。精神生命乃自然生命之超昇。我們有直接的使我們之自然生命超升爲一精神生命之義務，我們卽有一直接使我們之子孫之自然生命超昇爲精神生命，使之能繼續我們的文化創造之義務。我們有此義務，不必能實現。但是我們當求其實現。于是人們便皆當思索如何使其民族文化能悠久存在于世界之問題。人們如果眞知如何使其民族文化悠久存在之道，且竟然使其民族文化悠久存在；此民族方實現了上述之理性要求。此民族之文化之悠久存在，亦卽一成了有客觀的精神價值的事。反之，如一民族，縱然在一時開了極燦爛的文化之花，而彼竟然未思及如何求其民族文化悠久存在之道，其民族文化，不久亦竟然烟落光沉；則此民族卽缺乏一當有的理性要求，或未能實現其當有理性要求。其文化之價值，卽不能算是圓滿而猶有所憾。由此我們遂可以說，西方思想中之不重視此問題，西方文化舞台上之各民族，不能與其文化俱得悠久存在，卽西方文化不圓滿之證。對此問題，我們如只信黑格爾之說，而加以忽畧，或如斯賓格勒之靜待今日西方文化之殁落的命運之來臨，都不是眞正合理的。人求其文化之悠久存在，思索如何得悠久存在之道，而努力以實現之，這是一絕對當然的義務。我們有此義務感，固仍未必能實現。悲壯的死亡與消滅確很可愛。然而我們必須先眞盡了此義務，然後內心無憾。盡此義務後，縱然最後所得仍是一悲壯的死亡與消滅。此死亡與消滅，亦才更加可愛，而可更光榮的存于宇宙精神中。這是我們何以要以文化之悠久存在之問題當一問題之理由，兼所以答覆黑格爾與斯賓格勒對此問題之觀點者。

二　如何獲致人類和平之各層次的見解

我們以上不憚辭費，答覆黑格爾與斯賓格勒對和平與文化悠久存在問題的觀點，是因爲我們必須先答覆他們的觀點，我們才能把此二問題眞當一問題，不然便可不成問題。我們眞把他們當問題，我們才可漸知此二問題之解答之困難，遠比一般人與一般學者所想到的，更爲深遠。人們于此二問題，常只是依主觀的願望去想。人之主觀的願望都怕戰爭，怕妻離子散，怕血與刀槍，怕淒涼慘淡的敗瓦頹垣，怕文化的毀壞，民族的衰亡。但是，人們依主觀的願望以思想，遂常迫切于求一答案，以安慰滿足其主觀的願望，常不知不覺間，停止于一膚淺的答案。黑格爾斯賓格勒的思想之深入，在其處處揭破我們主觀的願望之虛幻。主觀的願望對着此種大問題，常是一無用處的。試去看歷史上人類之希望和平，何曾制止了戰爭？多多少少的民族，被征服，被同化，被消滅了？所以黑格爾說，要看人類歷史文化之價值，只有自宇宙精神之本身之悠久上看。斯賓格勒要西方人以悲劇精神來承担即將來臨之西方文化之殞落。他們的眼光，確實比一般人與一般學者深遠得多。我雖不贊成他們之抹殺此二問題。然而我必須再提出他們之不從主觀的願望，去看此二問題之可貴。我們必須先打破我們之區區的主觀的願望，才知戰爭之避免與文化之悠久存在之不易致。一般人與學者，所想出的致此二者之方法，大都因爲主觀的願望的驅率，而陷于膚淺無效之議論。最後既避免不了戰爭，亦不能致其民族文化之悠久存在，仍只有陷于黑斯氏所言之不可免的命運。

何以一般人及學者，依主觀的願望以求避免戰爭求文化之悠久存在之道，恆陷膚淺無效之議論呢？此可說由于一般人與學者，恒不知人類在和平時之文化事業之本身，卽恒不免在導致戰爭。求文化之長久存在之努力本身，卽恆不免在導致毀滅。（此語要看後一文第四五二節乃淸楚）于是客觀文化歷史的發展，恰恰走到其主觀的願望之反對面。亦可說一般人與學者，其想如何避免戰爭與求文化之悠久存在，都是在末上用心，而未眞知在本上用心。末上用心，並非全不需要。人類有時亦只能在末上用心。但是眞正深思遠慮的人，必須在本上用心，才眞能爲人類之前途指出道路。譬如關于如何避免戰爭之問題，只在如何保持國際上之軍勢之平衡，卽爲純在戰爭的邊緣，臨戰爭之前，最末之末上用心。其次是在外交上努力獲致國與國之諒解，或從事國際裁軍之會議，此比較最末之末上用心，是更根本一點之弭戰之道。再根本一點，是建立一國際之組織，如聯合國或國際法庭；以爲調解國際的爭端，維護國際和平之機構。更根本一點，是促進國際文化之交流，增加各種國際性之文化組織、文化團體，如宗教、學術教育、經濟之團體之合作，以聯絡各國人民的感情，增加民族與民族，國家與國家的了解。或更具體的拿出一世界性的和平運動，或拿出國際的文化教育合作之方案，而加以宣傳之類。再根本一點，是提倡一可導致和平之政治經濟上之主義，如社會主義、共產主義、民主主義之類。

關于上面所說最後一層，我們可多解釋幾句。我認爲我們必須承認社會主義、共產主義者中皆有眞正企求人類和平者。他們的看法是，有經濟上的剝削，即有階級。資產階級統治階級，要向外爭奪市場，便會對外侵畧戰爭。故經濟上之階級不消滅，則不能消滅戰爭。而要消滅階級，共產主義者則主張先聯合今之被壓迫的無產階級，以隸屬于一國際的組織之下，共同從事于與資本階級之鬥爭。經此鬥爭以後，人類即永久和平。這種理論我們雖不贊成，然而人如出自企求和平之動機而信此理論者，我們仍須承認，他是比較更能從戰爭之文化根原上着想者。至于從企求和平之動機，而相信民主主義者，則可謂更能向深處想。因爲今日民主主義者知道：如照今之共產主義之方法，既不能消滅戰爭，亦不能消滅階級。因今之共產主義者。雖志在消滅經濟上之階級，然他們不相信眞正的政治民主，而採取一極權的政治制度。此制度使他們自己先成一政治上之特殊階級。政治上之特殊階級，無人民之有效的監督，必官僚化而再轉成經濟上之特殊階級。同時，有政治上之特殊階級之極權國家，既必對內兼施政治上、經濟上的壓迫，亦更要對外從事侵畧與戰爭，以維繫國內人心，由是而既不能消滅階級，亦不能消滅戰爭。故民主主義者恒認爲要根絕戰爭，必須先以民主主義，代替極權主義；使政治上不復有任何特殊之政黨，成爲命定的特殊統治的階級。民主制度使一切政治上之統治者之權力，在國內先受人民的限制，法律的限制，于是統治者之權力欲，在國內先被馴化，自然更不易發展出向外侵畧、征服、戰爭的意志。同時民主制度，使戰爭之事，必須人民的同意。戰爭之果實，亦不能由少數特殊階級享受。因而不易發動。故民主主義方是和平之眞正基礎。這當然是更從根本處着想之社會政治思想。

但是孤提民主主義，以爲獲致人類和平之道，仍是不够深入。因民主主義之社會政治思想本身，依于一更深之文化思想而建立，民主制度亦爲種種其他之文化精神，或文化風氣所支持，所陶養。因而其他文化精神，文化風氣，同樣可爲支持人類和平之要素。我們曾說政治民主之最主要條件，即社會文化之多端發展。（參考前中西社會人文與民主精神一文）政治爲文化之一領域，如果政治領域本身，不受其他文化領域之限制，則政治民主亦不可能。政治之所以能民主，由于社會上除政治勢力外，尙有各宗教勢力，學術教育之勢力，經濟之勢力之存在。如果社會上無任何文化勢力，則政府之勢力或執政黨之勢力，卽可控制一切。一般人民或反對黨，便無力量以選擇政府，或成爲執政黨。古代希臘，有海外的商業，有殖民地來的學者，流浪來往的藝術家，與各種獨立的城邦，人民可以往來諸城邦間，而不受執政者權力之絕對的控制。此是雅典政治具民主雛型的理由。近代國家之有古老的大學，中世傳下的教會，海外的商業，歐洲的封建領主貴族，皆是其政治民主化之實效的條件。由此我們遂了解西方之社會文化多端發展之精神，是支持西方之民主精神者。因而尊重人類各方面文化之西方人文主義，才是西方民主政治之更深的基礎。如民主爲和平之基礎，則人文主義即和平之更深的基礎。

西方人文主義之所以爲民主政治之基礎，因爲人文主義是尊重人之多方面的文化；同時即尊重人之各方面之創造文化精神、人之理性、人之人格的。西方之民主制度，所以保障個人之各種自由權利。民主制度之所以要使一切執政者，經由人民之選舉而出，有議會以立法，皆所以顯出人民爲政治上主體之自由。故民主之精神，根於重個人自由之精神，而重個人自由之精神，則本於尊重人之人格，信賴人之理性。由是而西方之哲學與人文科學社會科學中之理性主義（此名亦可概括洛克、穆勒等對經驗作理性的思索之一切經驗主義者）理想主義，即成西方文化思想的靈魂，亦是自由民主之理論基礎之所在。人眞要講人類當和平之理論，最後亦恒根據於人之理性，原是要人待人如己，原當對一切同有理性之人格，有同樣的尊重與愛。所以人亦當有超家族界限國家民族界限之人道主義思想，以求和平社會之實現。此亦即康德依其理性主義理想主義以主張永久和平，所以尤可貴也。

我們以前論西洋文化之精神，復特指西方人之超越精神。此超越精神，引導西方人之理性活動，在現實世界之上之外，肯定一理想世界、可能世界、價值理想自身。此超越精神，復使西方基督教徒，相信一自無中創造天地萬物之上帝，並信此上帝之道，爲一神聖的愛，爲一切人類之愛之泉源。基督教又教人在此至高至善之上帝前，自己謙卑，自認有罪，唯待皈依「表現上帝之愛于世間，爲世人之罪而上十字架之耶穌」，以得救度。此種種西方之超越精神，皆可使人超越現實世界而忘我，銷除個人之私欲。耶穌之教，着重使人精神向內照察己罪，而去其一切向外之權力欲征服意志。於是在西方文化中之超越精神，尤其是基督教之承認一超越的神聖愛，而求傳播之於世間之精神，更是西方之民主精神，人類和平論之最深的基礎。

我們從西方文化觀點，論人類和平之基礎，我們逐步深入至西方理性主義、理想主義、基督教義而至極。但是我們仍可以問，這一切的一切之全，就眞可足够建立人類之永久和平嗎？我們將說明，這仍是不够的，理由在下面二文再論。

三　如何獲致文化悠久存在諸可能的答案

其次，我們再說到如何使文化悠久存在的問題。我們通常的答案，亦有各種從淺到深入之層次。通常是說，要保存文化，須先保持民族國家。要保存民族國家，必須武力。武力長久，則民族國家長久。但是秦始皇之武力拓邊，築萬里長城，並不會保持其萬世一系的國運。武力之基礎，在政治與經濟。如無強固的政府，則不能支配武力，而武力亦可絕塵而去，以招致分裂。又如無經濟力，則不能養武力。政府之統治，賴法律之維持，賴經濟上生產之增加，賴社會之安定，與生產技術之發明。而人民之有守法之精神與社會之安定，生產技術之發明，則賴教化與科學。於是教育之普及，學術之提高，是國家民族強盛之本，亦是一民族文化得保存之條件。一切政治、軍事、經濟之事業，皆須人才。只有教育能培植人才，學術能啟迪人才。但是人才不僅由於後天之教育，亦且原於先天之禀賦。於是如何使人先天的禀賦能提高，亦成一問題。如果人先天的禀賦，在不斷的降落，則教育與學術之發達，並不能挽回民族文化日益就衰的命運。有人遂因而想着胎教，有人想着優生學，想着如何使社會上已有之人才，能多生子孫，以保持優良的品種。此種人主張民族文化之是否能長久存在，係於其原來之民族之品種，是否能保持與提高，因而或想到貴族制度，門第制度的價值，與婚配之指導等問題。這亦不能不說是更就問題深處着想之理論。而專就教育學術方面說，亦有人因此而特別注意天才之教育，以使每一天才，皆不被孤負，而能對社會文化，多有創造的表現。亦有人特別重視兒童教育，提倡超人主義，與進化思想，以保持人類不安於凡俗與現實，而向前看未來的人類，如此以先免於精神上的衰老，以促成實際的社會文化之進步，民族前途人類前途之蒸蒸日上。又有人再鑒於一民族自相婚配，易於衰老，於是提倡外婚制，以使異民族之血液，與自己民族血液混合，以便產生民族性之變異，而維持民族之文化上的創造力。此亦是依於一生物學優生學之理論。再或者相信一宗教上的預言與神話，相信自己民族是上帝的選民，因而當永久存在。或者又依種族的理論，相信自己之種族，是人類中最優秀者，因而必不致滅亡，其所創造之文化，只有日進無疆。然而人們依這些思想，以求自己文化之悠久存在之理論，加以施行與加以宣傳之結果，實際上亦無一眞能必然的使其文化眞得悠久存在。因爲他們都未曾眞正深察，一民族文化之要衰落滅亡之原因。他們都是只想以一般之人爲的努力奮鬥，以挽回天運，或過信一般教育文化之力量，與一般向外想辦法的理性的思維，所能觸及之答案。而不知此問題尙有較一般向外想辦法的理性的思維之所及，一般宗教教育文化力量之所及，更爲深遠者。

我以上說教育文化之力量，向外想辦法的理性思維，不能使一民族文化得悠久存在，又說西方式之和平理論，一直追溯到其理性主義理想主義、基督教精神，都不够建立人類的和平。我的意思不是說，西方人不當信其基督教之傳統，不當維持其理性主義理想主義之傳統，我們在本書之前面，已處處指出西方人與一切學西方的人，都必需盡量保持、了解此西方文化之核心精神所在之傳統，決不能讓他爲唯物主義自然主義功利主義所淹沒。我的意思，亦不是說，上述之依理性思維而想出之求和平與文化悠久存在之辦法，對此二目標之達到，無多多少少的效用。我只是說，如只有此一般的教育文化之辦法，只宣傳基督教與西方式之理想主義理性主義，並不能必然的獲致西方文化之悠久存在與人類之和平，而解決我們所要解決的問題。其所以如此，是基督教之宗教，仍有缺點。而西方之理性主義理想主義之哲學潮流，雖然極能說明人之理性之神聖的意義，確立人格之尊嚴，並建樹偉大之文化理想，使人精神向上。然仍有一最深的問題待解決，卽如何在實際上，使人得常顯露其清明無私的理性，去不息的創發無私的理想，開拓無私的理想，並依之以行爲，從根超化一切非理性反理性之獸性、私欲、權力意志，而令一切足以導致文化之衰落滅亡導致戰爭之原因，根本不復存在的問題。唯此問題之解決，乃能從根上眞建立人類之和平，而使西方文化能悠久存在。西方之基督教與理性主義理想主義者之向上精神，亦才能眞正落實。而此問題之解決，則除了西方人兼能眞正認識東方文化的智慧，或發展出相類的智慧，是不可能的。西方文化與西方文化控制的今日世界，其前途亦仍是渺茫的，西方文化與人類，亦都是隨時可能在戰爭之下毀滅，而讓上帝重新再選替其他生物代替人類的地位的。眞有那一日，實際亦與上帝無損，與天地之大道無損。自己走向毀滅的，即應當毀滅。但是在我們人分上，我們又不能不自求覺悟，自反省其文化思想之不足，其所以不能和平相處，而使文化悠久存在之故，在何處，而圖謀補救。由天地之大，觀地球之小。東西不同民族，同爲可憐的衆生。如各有一方面之長，正當互相融攝，以同舟共濟。我希望陷於西方文化傳統的人，要眞正放大眼光與胸襟，而知其待解決之問題，只順其傳統之基督教與理性主義理想主義，都是不能完全解決的。所以我下二文先指出此二者對我們所提出之問題之不能解決處，再來論依東方之智慧何以能解決此問題。

西方哲學精神與和平及悠久（上）

一　柏拉圖亞里士多德康德黑格爾之思想之代表性

我們上說西方文化所遭遇之根本問題，是如何求人文之悠久，與世界之和平。又說只依西方理性主義理想主義與基督教思想，皆不能眞解決此二問題。因此二問題之解決，不只係於吾人之能尊崇人之理性與理想，以至歸命上帝耶穌；而係於我們之如何使人實際的能常保其淸明無私的理性，去不息創發理想，而體現上帝於世間，以使文化衰亡與導致戰爭之根，不復存在。這個更深的問題之解決，必需我們之心靈的光輝，不只是向外運用理性，企慕理想，祈禱上帝，而且需我們之心靈的光輝，向內向下，體察到我們之自然生命中，一般習慣生活中，社會人文中之一切非理性反理性者，而謀從根超化之，轉爲致天下和平人文悠久之資。而西方傳統之理性主義者理想主義者，（此二名取廣義）由希臘之柏拉圖亞里士多德，到近代之康德黑格爾，在說明人之理性之神聖的意義，確立人格尊嚴，建樹文化理想，以使人精神向上處，雖皆極富光彩。然對我們之更深的問題，皆未能眞加以注意細想，因而亦均不能成爲致天下之太平成人文悠久之全部的思想基礎。我們今試先就他們對西方文化思想之代表性，一加說明。然後再分別討論他們之思想，不足致天下之和平成人文之悠久之理由何在。再進而畧論基督教精神，是否卽可足够爲致天下和平之成人文之悠久之精神基礎。而在本部最後二文，則畧示東方的智慧何以能幫助解決此問題之故。

柏拉圖式之理型世界，是被觀照企慕之超越境。這是西方自古及今，無數數學性靈魂、文學藝術性靈魂之所托命。十九世紀德與英之文學藝術上之浪漫主義者，今之新實在論者，以及羅素、懷特海、桑他耶那、虎塞耳之哲學，都可說在一方面，著重讚美、展露、探發此柏拉圖式之世界。亞里士多德承柏拉圖，而發展出分門別類，並重實地觀察之科學精神。其倫理學政治學，是一具體、實際地以思慮去計劃安排如何實踐善或幸福於個人與國家之術。亞氏意圖綜合西方古代之學術文化之各方面，凝之於一系統。近代之西方思想，則始於反亞氏之僵固系統，而再開展之爲分門別類之學術，而產生各種獨立之科學；並由重實體屬性之概念，進至重因果關係共變關係等概念；由重觀察分類之方法，進至重實驗構造理論假設之方法，以研究自然社會等。然自大處看，其精神仍與亞氏一貫相承。至於康德，則是經文藝復興宗教改革後，自我之自覺、個人良心之自覺、啟蒙運動中自然理性之自覺，與自然科學之向外研究自然之精神之流行後，再對自然科學所依之理性基礎，加以自覺；由是以規定純知理性之領域與限度；進而於人之實踐理性中，自覺人之自我之無上尊嚴崇高，與其眞正自由，而不朽通神明之所在的近代西方智慧最高峯。康德之批導工作，融解科學宗教道德之衝突，而求肯定西方近代之人文世界。西方近代求個人之自由平等求政治之民主運動，亦皆可在康德哲學之精神中，得其超越的根據與保證。康德以後一切重視價值觀念、人格尊嚴，與個人理性之自由運用之思潮，由新康德派以至詹姆士杜威之淑世主義、民主主義，亦實皆與康德一流相接。（關於詹姆士杜威思想，乃由康德重實踐理性之精神下來，並與黑格爾派理想主義之密切相關，他們本人及美人多自認，可參考R. B. Perry：Present Philosophical Tendencies，W. H. Werkmeister：Philosophical Ideas in America.），至於黑格爾，則是由康德歷菲希特等，進而說明精神性的理性理想（黑氏之理念乃即理性而即理想的）之實際的客觀化於自然世界、社會制度、歷史文化之世界的大哲。西方之理性主義理想主義，發展至黑格爾，而舉目四望，外而自然之雲行雨施，內而自心之知情意之活動，橫而家庭社會國家，縱而古今之歷史，上而神聖之上帝，下而人之野心私欲罪惡戰爭與死亡，他都看出其爲精神性的理性理想客觀化之所成。這是一個對於理性理想之主宰世界，加以一絕對肯定之哲學。黑格爾以後，凡對自然，對人生，對社會政治，對歷史文化，持積極肯定其價值的態度，樂觀的態度，承擔命運的態度，以至奮鬥的態度，革命的態度，皆可由黑格爾哲學得其啟示。這個哲學智慧之影響力，是康德後最大的。黑格爾死後，其學派在德國分裂。但十九世紀之末，無論在英國美國意大利之哲學界，皆幾爲其精神所主宰。法西斯主義共產主義，雖皆本與黑格爾根本精神不相干，然各得其一枝一節，亦足震盪世界。今之杜威羅素，亦皆早年爲其信徒。黑格爾在其寂寞的時候，曾與友人信說，他愈思索，愈相信思想的力量之大，莫有東西可以阻擋得住。這件事在他的思想之影響中，多少證實。廿世紀以來，康德黑格爾之一支之理想主義，是漸衰落了。但是尙無別支之思想，能有與此支思想同樣大之影響者，以代之而興。

我們以上不是意在只推尊幾個思想家個人。黑格爾曾自指其思想說，莫有人不是時代的兒子，莫有人能超出其時代。在此文，我當說莫有一思想家不是其社會歷史文化的兒子，與其代言人。我之舉此四人，乃以之代表西方文化中之理性主義理想主義精神。柏拉圖代表我們前所謂向上運用理性之超越精神，亞里士多德代表運用理性以使學術文化分門別類而分途發展之精神。康德代表運用理性以樹立人格尊嚴，個體自由，以肯定人文世界之精神。黑格爾代表充量客觀化人之理性理想，於自然社會歷史文化，而化整個宇宙爲一大理性大理想之精神——亦即把一切化爲精神之本身之精神，此四人之思想，乃我們前所說西方文化之四精神之最深厚最極至之表現。故我們卽可就他們之思想或精神之所不足處，不足解決成人文之悠久致天下之太平之問題處，以見西方之理性主義理想主義精神所不足。

二　柏拉圖式精神之不能成就生命之悠久與其缺乏和天下之理念

我們上述可分別代表西方文化精神之四人中，柏拉圖更是只偏重在運用理性．以向上向外企慕嚮往理想境的。他要人兩眼只看超感覺的理型世界；他說人於天文學之興趣，只當限於知其定律（卽理型），如興趣在具體之天文現象，則來生將投生爲鳥類。（羅素近著人類知識P.262引）但是他兩眼只向上看，同時卽是未能眞向內向下，以照察到人之非理性反理性之一切，而對之求從根上加以超化之道的。所以柏拉圖自己說他在發現其永恒堅貞普遍之理型世界時，他曾有極大的狂喜。但是在他想着許多卑汚齷齪的現實世界之事物，他亦同時亦曾幾乎瘋狂。一切後世眞正柏拉圖式的西方精神，都是一求超越現實人生的洞穴，以仰慕天光之精神。皆終不免一面有飛昇的愉悅，一面感被遺棄在下的現實陰影之慘淡。十九世紀英德之柏拉圖式浪漫主義的詩人，恒有所謂歡樂的憂愁。今日之羅素，雖在哲學上反對柏拉圖，底子還是一英國之經驗主義者，但他之由數學之美而免於自殺，曾相信哲學當研究一切可能的世界，則是柏拉圖式精神。他正是一面想「有翅飛向可能的世界」，同時感到人生在自然之茫昧的。桑他耶那由性相Essence之世界得救，亦同時又覺此一切性相之呈現，如朝霞晚烟之飄忽，都是一類的情調。柏拉圖式的人生情調，都是莊子所謂始乎陽而卒乎陰。故柏拉圖式的詩人，最後命運，皆理當不免如濟慈Keats之夜鶯之嘔血以死。濟慈之爲結束英國之浪漫主義之詩人，非偶然之事。柏拉圖式的數學家哲學家，如眞要探索無窮盡的可能世界、數理世界，與性相世界，而理智的把握之；其自然的生命心靈的光輝，亦卽終不免散沈於此探索中。此如夜間持探照燈，以遙望天上繁星，則此光輝，亦將散沈於無際星空。這個精神，本來十分可愛。這個精神，非向外戰爭的。但是這個精神，亦不能阻止戰爭。當戰爭從有此精神之人足下起時，這種人之精神，對之一無辦法。這種精神，卻絕不成就生命之悠久，與文化之悠久。在這種精神中，其歡樂與憂愁，探索與發現，都是其自然生命力之耗竭者。具這種精神的人，在本質上是不適於家庭的。如天空之彗星，不適於在地上安居。故這種人之子孫，其自然生命力必一代不如一代。其後裔有 Decadence 之趨向。此處之 Decadence，是一內在的趨於昇騰至理型世界，而失卻地上之根的生命趨向。

柏拉圖式的精神，在本質上，乃一純粹的向上、企慕、嚮往超越理型之精神。他說哲學之目的在學死。這不是基督教之死以求生之意。這是心靈之歸還於其本宅。從柏氏之理型世界，推不出現實世界之必須要產生。現實世界之根柢之物質，最大的價值，只是為一理型世界之接受者 Receptacle。而此物質本身是非理性的。人的自然生命，為理型而耗竭其自身以後，即得其所求；亦即無理性上必須要繼續下去之理由。但是為什麼依理型世界而造世界之造物主，所造出之人，竟有違悖理性之情欲與罪惡？卻是一切柏拉圖主義者之大惑。柏拉圖在其一般的道德論與理想國中，都求將理性的主宰力，或一理想之形式，自上而下的蓋在一切在下之非理性反理性之事物之上。情欲在下，理性在上。多貪欲的農工商在下，哲學家在上。共產公夫婦之制度與合正義之法律在上，人之飲食男女權力之欲在下。總而言之，不外如荀子所謂使「湛濁在下，而清明在上」。這一種道德政治之理論，在原則上，正是對人之非理性反理性之在下之湛濁，莫有想法去從根加以超化的。這樣的理想社會，縱然實現，將只是有一理想的形式，爲一切非理性者之包皮。這一種自上投下一理想形式，強施於現實世界之社會政治思想，在西方後來有多種之形態。就是馬克斯之共產主義，亦可說是其中之一種。本來柏拉圖之社會政治思想，並不代表柏拉圖精神之主要一面。主要一面，乃吾人上之所說。但專就柏拉圖之社會政治思想說，近來頗有人以之爲啟發極權政治國家主義者。此亦不無道理。這道理，乃在凡自上而下，以加於社會之理想的形式，必需爲只及於有限之材料者，乃能被定置下。卽只限於特定群體、一階級或一國家的。和天下，天下一家之理念，在此是無法出現的。同時人對於非理性反理性之一切人之情欲與罪惡，不能從根上求超化時，亦是必免不掉要用非理性的壓制方法，以對消一切非理性者之力量的。而一國家如果在內部不免趨向極權的，便免不了對外求戰爭之機，如我們前所說。

三　亞里士多德之思想中有形式之永恒，無生命之悠久

亞里士多德哲學之精神，與柏拉圖哲學之超越精神相較，大家都知道是更爲內在論的。柏拉圖之精神是數理的，亞里士多德之精神更是生物的，亦卽更是生命的。柏拉圖之理型，到亞氏手裏，變爲內在於材料的，爲材料自身要去展現的形式。由此而物質與一切爲材料者，皆不復只爲一接受者，而成爲趨向現實化其內在形式之潛能。如是，靈魂成身體之內在的形式，理性成情欲之內在形式。人之自然本能、家庭生活，與謀生之事業中，皆內具發展出道德生活公民生活之潛能。這一種思想，是

更能於柏氏所謂非理性者之中看出理性之形式的。其道德政治之理想，是更能生根於現實的。亞氏之種類不變之生物理論，及永恆運轉之天體，不斷帶着地上萬物運動之理論，使自然世界成爲一「無始無終的潛能不斷化爲現實」之世界，而若悠久存在。但是他這個自然世界之無始無終的歷程，却又是定限於運動之形式與生物種類之形式的。他比較百五十八個城邦之政治制度之形式，而討論諸政體之優劣。但是他仍從未想城邦以上之人類社會之形式，而冒出天下一家之理念。這個理念，依其哲學實難冒出。因爲既然一切普遍形式，宜實現於不同的個體以成類，則國家亦宜須成類。成類卽不能天下一家。如一類動物之非一家。一切特定之運動形式、生物形式、國家形式、之通過種類中之各個體而實現，其事若永恆而悠久。然此永恆悠久，仍只在此形式之自身，並不在個體的生命。一形式之實現千百次，自其自身說，亦等於一次。形式本身無歷史，則過去未來同一形式之重複的實現，只是一永恆的現在，因而不成眞正的悠久。而且如果物質之潛能之意義，只在現實的形式，現實的形式在上帝之思維中。則如「物質的潛能」一觀念本身之涵義，全部現實化，卽當只有一純形式之「上帝的思維」。亞氏之思想實邏輯的，要歸到基督教「物質原不存在，太初只有上帝存在」思想。不管歸不歸到此，總之只透過亞氏之形式所見之自然，最後都只有一被觀照的形式之永恒的現在。因而不能發見一眞正洋洋乎發育萬物，悠久無疆的生命世界。亞氏之道德政治之哲學，可以使人之人格與國家，成爲一有限而具足有審美性和諧之現實存在。亞氏雖然亦知國家之戰爭應以和平爲歸宿，然而如何和一天下，和一諸城邦，而達天下一家以使人文悠久之問題，根本在亞氏心思外。亞里士多德很像中國之荀卿。荀卿教了個李斯，雖然失去儒家之誠悃，然仍有爲秦始皇立一同天下之制度之氣魄。亞里士多德，教了一個亞力山大。然當亞力山大征服希臘城邦，直到印度，便只覺四顧茫茫，竟不能爲馬其頓帝國立下一制度，即亡於羅馬。此亦可說因以天下爲對象之社會政治思想，原在亞氏精神之外也。

我們以上說亞氏之不能有和一天下爲一家之理念，與生命悠久人文悠久之理念，此中之關鍵，在亞氏終重在透過形式，以看個體所屬之種類。我們現在更可擴大說，一切重類重普遍形式之思想，或只重安排一「個體爲類中之一分子」之思想、態度、或行爲，都是要歸於會漠視個體，而對個體之眞實命運無情，而不關心的。我們如果要盡量的去以「類之形式」看世界，或去使一「類之形式」盡量實現於世界，則可使一切現實的類與個體之存在本身，都化成偶然的無常的，而成爲互相對峙鬥爭之關係中的。因爲在普遍抽象的類之形式下，有無限個體，與只有一個個體，或無個體而成空類，同是邏輯上可能的。於此，如果類之形式，又是實際的或形上的規範主宰世界時，則此諸可能，即亦是實際的會輪替實現之諸可能。此時再濟以我們之盡量的去依一「類之形式」看世界，或欲使一「類之形式」去盡量實際的實現於世界，則一切現實的個體與類之存在，實際上看來，亦必是在諸可能中輪轉，而成偶然的無常的，並在互相對峙鬥爭關係中的。自然的生物世界中，各個體與各種族間之關係，是最明顯的例。我們如自種族觀點，或自生物之生子孫、保存種族之本能看生物，生物都好似全不在乎其自己個體之生生死死，而只求此個體之生命形式，普遍的繼續遺傳下去。一個生物生了二個子女，此二子女屬一類，又爲二相對峙之個體。然當其剛各成一個體時，卽各自求實現其所負擔之生命形式以求生存。而彼此却互不相知其類之同，而可各爲其生存而鬥爭，只求其一個體之存在，而可歸至相爭相毁，以皆不存在。任一生物如果順其生殖之意志，將其個體所負擔生命形式，無盡的普遍化類化於其無盡之子孫，則使宇宙間其他一切存在之形式都毁滅，而只變成實現其生命形式之材料，他亦不會嫌多的。由此而一切生物之關係，卽可恒在無盡的相互對峙鬥爭之中。此對峙鬥爭關係，卽將生物之個體與其類之存在本身，一齊抛入一死生存亡莫卜之命運中。因順「一生物之無盡普遍化類化其生命形式，於其無盡之子孫」之生殖意志言，與「各生物互欲以他生物爲材料，以實現其形式於其上」之結果，則一切生物種類之不相對峙鬥爭而並存，便是實際上不可能的。由此而看出任一生物個體及其類之存在命運，都只能是無常的，偶然的（偶然非無因之謂，乃可不存在之義，必然乃無不存在可能之義，此乃西方哲學中偶然必然之一古典哲學意義）。莫有一個體生物能說，其自身與其類之存在是恒常悠久必然的。究竟自然界是否如此殘酷，我不作斷定。我們只是說在類之形式的眼光下，去看生物之世界，或「在盡量實現一類之形式之生物種族本能下」之生物世界，是如此的。此中，是不能有任一生物之個體或類，眞被安穩的頓放在自然世界的。但是我們復須知，當我們只透過類之形式，去看生物之世界時，我們至多要求有類之形式之被實現於個體，以使「我們依類概念而成之理智的判斷爲有效。」此中，我們只重取個體之爲判斷之主辭之邏輯意義。我們本來是對任何生物個體之實際存在否，與任一種類之生物之實際存在否，無情的，不關心的。對於我們這種純理智的心，如果有人把此有血有肉之生物之世界，從底掉換，成一片虛影，使此虛影之唯一效用，具備有爲判斷主辭之邏輯意義，而能證實其理智的判斷之有效，此純理智的心，仍可安然滿足於其自身。由此，我們便可了解，純依抽象的類的形式去看世界，或「只將個體單純的安排爲一類中之一分子」之思想、態度，或行爲，都是在本質上漠視個體，而對之無情的。而一切「只求充量的以抽象的類之形式看世界，以類概念判斷世界，使抽象的類之形式實現」之意識，都會使眞實存在之個體，化爲偶然的、無常的，而在一互相對峙鬥爭之關係中的。由此可知，一切純依抽象的類之形式、類概念去說明人類世界，指導人類世界之一切思想，都不是最高的理性主義，亦都不能眞安頓個體性之人生，而成爲致天下之太平，與成人文之悠久之思想基礎。這些話抽象一些，看下文自明。

四　科學精神之不能成就其自身之悠久

我們上一段話，乃預備由對亞氏重抽象的類之形式之哲學，不能致太平成悠久，以說明由亞氏開啟之分門別類之科學精神自身，及與此相應之近代西方之社會文化多端發展之精神之自身，亦不足安頓個體性之人生，即不足爲致太平成悠久之基礎。

不管近代科學的概念、方法與體系，較亞里士多德有多大的進步，然而一切科學的精神，都是依於人之理智的心，求把握抽象普遍的共相、類之形式(關係與性質，同可成共相或類之形式)或概念而隨之以運行，則並無不同。科學精神，永遠要求抽象的普遍者，而以之類化所研究之對象的。然類化對象，終必先多少忽視抹殺存在對象之個體性。科學精神，在此本質上，不是成物的。但科學精神，雖不成物而能成己。此所成之己，在原本一點上，初只是抽象的理智之己。科學家之依其設定之概念，與邏輯上之演繹推理，以引申其理論效果，而期於對一切同類事物，得概括的說明，因以對經驗事物加被一抽象的普遍的理論形式；正有如一生物生殖其子孫時，期其生命形式普遍的實現於為材料之他物上。科學精神之研究具體事物，誠然亦要不斷的次第特殊化其普遍概念，以向個體湊泊。然無論如何特殊化，其所得者，仍須為可普遍應用之概念。其一切特殊化，亦都只為其最初所設定之普遍概念之逐漸被規定，而非此最初之普遍概念，次第的向上超越融會，如哲學之所為。此亦正如一生物之不斷的生殖其後裔，其生命形式，亦即在進化歷程中，次第受特殊規定，而化為新種。然任一種生物，無論如何進化，牠亦總是如幹之發枝，愈分愈多，儘管枝幹可相交，然總不能復返於一本。此即喻分門別類之科學，儘可互相關涉，然而它永只代表人心智慧通過普遍概念，而次第分化以外散之精神。分門別類之科學精神，必然趨於互不相知，亦如枝葉之趨於各自開花自各榮，又如同出一祖先之生物種類，趨於互不相知，而相對峙。當大自然能供給各種類生物之無盡的營養時，萬物可並育而不相害。當樹木主幹足以支撐營養枝葉時，枝葉亦無防扶疎。此即喻人之主體自我的精神生命、哲學智慧能涵蓋科學世界時，科學精神亦儘可盡量分化外散而不爲害。然而即在其不爲害時，分化外散之科學精神，仍爲使人主體自我之負擔，次第加重者，耗竭人精神生命力者。此亦正如枝葉之耗竭其本根之力，生物耗竭大自然之力。科學精神，在此點之不能回頭認識其所依之本，亦如枝葉之不認識其本幹，生物之不認識大自然。生物死時才會認識大自然。樹葉落了，才回歸根。科學思想有危機，才會求之哲學智慧，而反省到支持科學精神之存在者，乃人之主體自我之精神生命等。但皆太遲。實際上向外分化散放之科學精神，必須恆有一超越之之哲學智慧以涵攝之，人亦須自己隨時能開拓其精神生命之源泉，自覺其主體自我之存在，然後可長久保此科學世界之茂榮而不墜。

由科學精神之趨於向外分化散放，故其自身不能成爲其自身悠久存在之基礎。分化外散而分門別類之科學精神，一方趨於互不相知。一方，又本於人內在的不容已之普遍理性的要求，而一專門科學家亦恆欲普遍化其所治科學中概念命題之應用範圍，以成更概括之知識形式。一種科學精神，初是以一特殊範圍事物爲材料者，其進一步，即是要以其他科學領域中事實，與其他科學之概念命題，成爲此種科學知識形式之材料，或低級知識形式。此似是科學之哲學化。但科學精神，依於人之普遍理性要求，卽內在有此哲學化之趨向。此亦正如一類生物，有無盡繁衍其種族，而吞併其他生物之體質爲材料之趨向。我們看愈小的螞蟻與微生物，其繁殖力愈強，便知懷特海所謂「最不好的玄學家，即專門的科學家」之話，有時是不錯的。實際上人之科學精神與哲學精神，是終不能相分離。哲學固總要取資於科學之概念，以爲次第向上超越融化之所憑藉。一科學精神，在一科學領域中站穩脚跟時，亦免不了要求其他科學來納貢的。如果只是互相納貢，這並不壞。這亦是成就科學精神之會通，而促成哲學之進步的。但是當人之綜攝的持載各種科學精神之智慧，與精神生命力自身衰弱時，則哲學化的科學，與取資於特殊科學概念之哲學，同可變成小而繁殖欲強之螞蟻與微生物。由是而形成思想世界之分崩離析，與充滿偏執之見的論爭。此論爭，直接形成人之理性心靈之破碎，與其內在之不安。而此論爭與人之現實的社會文化勢力之衝突，及人之私欲意氣之衝突相結合，卽可造成最殘忍的殺人流血之事。

五　社會文化多端發展之精神與分裂人文世界之人心動機

其次，我們要說明，與分門別類之西方科學精神相應的社會學術文化多端發展之精神的利弊。我們曾說西方之各種社會學術文化勢力，如宗教勢力、經濟勢力、學術教育之勢力之分途，是西方民主制度基礎。此種社會學術文化之分途，復形成一社會中各個人之分工。此種分工之價值，表現於近代西方工商業之發達者，尤爲人所共見。由此提高工作之效率與價値，增加社會最大多數最大幸福之總量。故我們曾說中國要現代化，必須由傳統之重整全之文化精神人格精神中，開出此社會文化之多端發展並使各個人能各顯所長之社會組織。但在此，中西社會文化缺點，是相反的。在西方社會文化之傳統中所缺者，正在一重整全之文化精神人格精神，以運於其階級化類別化之社會人群關係間。希臘至今之西方社會，都是階級化類別化的。柏拉圖亞里士多德之理想國與政治學，同肯定希臘之階級之類別的，不過他們要使上層階級成爲賢智者而已。猶太之本族人，與外邦人、中古之封建主、農奴、基督教士、異教徒、武士、商人，都是淸楚的類別化了的。西方近代崇尙個人之自由平等，個人乃易轉移其社會之職業與階級。中古傳下的先天的類別化之身份差別，逐漸打破了。但分工的社會，仍須要把個人安排定置在某一類工作中。自十九世紀以來，自英之羅士金Ruskin、摩里士Morris等起，不少文學家、哲學家、社會主義者，直到如今之杜威、羅素，幾無不感到過度的分工之社會把個人生活機械化之病，把人生職務昆虫化之病（近見英人約德 G. E. Joad著Decadence. A Philosophical Inquiry P.389引C. T. Hastin：On Ant and Man謂西方近代人之學術社會中職務之專門化，乃人道之邁向虫道（Advance of Humanity toward Insecthood）。但我們復須知，此過度的分工，只要人發展某一類之特殊能力，同時卽是把個人其他方面之能力，加以摧殘，而滯塞摧殘個人之創造力，違反個人之精神的生機者。違反生機，卽促進死機。便不是使生命悠久人文悠久的道理。同時一個人在只被人視爲類之一分子，其視人亦只視之爲類之一分子時，此時人卽互相泯沒其個體之自覺。在廠主心中，任一工人，皆只作爲一動機器者之一者去理解。在工人心中，選擇任何廠主，則只作爲一多發工資者去理解。如此，則工人與廠主之個體人格，卽互爲不存在。而人互通過對方以看自己時，則自己之個體人格對自己，亦不復眞實存在。作爲個體的人，在深心中所最怕的，原正是此自己對自己之不眞實存在。人要自覺其自己個體之眞實存在，一般的路道，是須要通過他人之承認其爲一有特殊性的個體。所以在一類化的人群中，人恆要求出類拔萃，有以勝過他人，標別他自己，獲得社會地位與名聲。因必如此，他人乃覺其爲有特殊性的個體。人自己亦才能自覺其個體之眞實存在。在比較寬舒散漫的農村社會中，個人獨處多時，人多有暇豫以直接自覺他自己，因而常不須求勝人，以標別他自己。然在一類化的人群中，則人恆不免要由有以勝於人，以標別他自己。人之標別他自己，可以賴其才能與創造。但當人不能賴此等以標別其自己時，則人亦可用各種虛榮、奢侈、財富來標別他自己，以爭勝而爭名爭位。（黑格爾在其人權哲學中，亦言及此。近代資本主義社會經濟之批判者韋布倫Veblen 論此尤痛切）。以至由不正當之計謀手段以達其目標。在類別化愈分明的社會，人之爭名位心爭勝心，必然愈強。爭名者於朝，爭利者於市。在市上者亦必爭利，在朝者亦恆必爭名。因愈被類化之個體，必然愈求出類也。此種人之自然的爭名位爭勝之心，在與天賦才能之自然發抒，精神上之創造配合，兼與一能欣賞讚美他人之長之心配合時，可使文化進步而不爲害。然人之爭名爭勝心本身，亦是可單獨發展，而不擇手段的。如此，則其幾甚微，而害無窮。此旣使個人之精神趨於外在化，而永在他人心中及社會之地位名聲上尋找其自己，同時爲文明社會之一切爭端之本。人在工廠中必要爭當廠主；在產業界即必要爭爲托拉斯。在產業界要爭爲托拉斯，在各種社會文化領域中，即必要爭經濟對其他文化領域如政治出版界之控制權。人在教會要爭爲神父；在教會與其他社會組織間，即要爭以教會領導教育機關與政府組織。此時人縱當了一國家的最高執政者或帝王，但如他國亦有同類之最高執政者與帝王，人在此順其爭名位爭勝之心，亦必求再能出類。由此即化爲征服之野心，而依野心以從事戰爭。而當一國之人民，由其爭名位爭勝之心，不能在國內得滿足時，人就願意對外戰爭。因人在見其所崇敬之執政者勝利時，即可感如同其自身勝利，而可標別其自己於其他國家之人之上。以至人有時還可由戰爭中其國家之失敗，而居其上位之人被顛覆時，逐幸災樂禍，而感一爭名位心爭勝心之消極的滿足。關於人類之何以要從事征服的戰爭，當然助緣很多，如財富物資之缺乏等。但是人如純從利益的計算出發，無論戰勝與戰敗，通常都是所得不如所失。羅素在「人何以戰爭」中，亦曾說明以經濟動機解釋戰爭之動機之謬，而歸戰爭之原於人之佔有衝動。後來他又常以權力意志爲說。此外不少人都見及此義。然權力意志在底子上則只是一爭名位爭勝之心。而爭名位爭勝之心，則由於個體之要求出類，使他人能承認其特殊性。通常，人是需要通過他人之肯定其特殊，才能自覺其個體之存在的。而在一愈類化的社會人群，則人之出類之心必愈強。故類化之社會人群，尤其是西方之過度分工化之都市社會，人在本質上有一趨於戰爭性。要根絕人之此種戰爭性，必需要使個人能直接自覺其個體性，有直接交代其個體性之處。要個人直接自覺其個體性，其外在條件，是個人之工作不能只是類化了的，個人必須不只是一社會上某一類之人，如某階級某組織之人，而是一個人；同時人要有獨處之時，人要多有鄉居暇豫，以直接自覺他自己。其內在條件，是人要體現一超越我們之自然自我與習慣自我之道德自我。因唯此自我，乃是眞正能無盡的自覺他自己，無盡的直接肯定他自己的。人之交代其個體性之處，在發現能涵蓋其個體之精神性的存在或實在。此或爲上帝，或爲聖賢，或爲師友，或爲綜攝社會文化之各方面而成一有機體之國家。（有機體之國家，可視爲一個體，人可交代於其中。此非階級統治的國家。階級統治乃以類統治類，而個體不能交代於一類。）而在現實方面說，更重要的是有禮樂的社會與家庭。此家庭中，應還有祖先之神位與父母兄弟在旁，而不只是一小家庭。而此一切都有待於日趨於機械的類化個人的近代西方社會文化之再造。此再造之智慧，正須兼取資於東方之先哲。

我們上說西方之社會學術文化多端發展之精神，不包含悠久和平之原理，而當其發展爲盡量的類化個人之分工社會時，即含蘊生機之違反。人好爭名位與爭勝，皆可爲導致戰爭之機。此即同於謂，西方之廣泛的人文主義之精神、民主自由之精神，皆尙不能眞爲人類和平人文悠久之最後基礎。廣泛的人文主義，可以爲一人文社會產生之基礎，民主自由精神可使個人各發抒其創造精神，以使此人文社會生發。此皆誠如西方近代文化發展史所示。但當一社會中人，其向上創造精神之形式，與其所表現之成果，習慣化、機械化而成其自身之桎梏時；欣賞讚美其他人之長，體驗客觀的文化價值之心，爲積習所累，而不能繼續擴充時，或學術文化過於分途發展，社會組織之分化繁密，至個人之精神度量，無法加以原則性的涵蓋時；或後來之個人，覺其可能得之名位，皆爲前面人所佔，個人須遏抑其個性天才，以在社會之一角落部門中，類化其自己之工作時，則我們上述之個人爭勝爭名位之心，必不免不擇手段而出現。此時則廣泛的人文主義之精神、民主自由之精神，卽皆可化爲一純粹之分散外化之精神、反抗精神，以致只成爲人之爭名位爭勝之精神工具。由此而社會文化之生機，日被阻滯，個人之創造精神，日被遏抑，以形成社會文化之分裂、衰朽與崩壞之機勢。當此機勢既成，便亦不是優生學與任何天才之可挽救。因社會對於個人，可生出一個，卽同化一個。一般的人文教育、法律制度，亦可爲社會風氣所腐蝕。一切反對社會文化病態之天才，其思想恒只得以幽默諷刺，或激越、憤懣之呼號之姿態出現，或則只寄希望於對不可知之未來的信心。然皆可一無用處。其次此種社會文化內在的不安與罪惡，積聚至一程度，卽可隨時爆發爲對內對外戰爭。一度表現民主自由精神之人文社會，亦可從根上崩壞，且非必然愛好和平。希臘雅典之人文社會之墮落，而使柏拉圖厭惡當時政治上之自由主義，是一前例。大革命後之法國，拿破崙以政治上之平等自由之美名爲號召，以征服歐洲是次一例。（關於人文社會之內在的腐爛機勢之形成，斯賓格勒、湯比Toynbee薛維徹Schweitzer等皆有所論。）由此可知民主自由之人文社會，要眞成爲悠久而和平的，其必須條件是此社會中之諸個人之向上創造精神，有一不息之超越的泉源，而爲一超越精神。此諸個人之超越精神，復能伸出於現實社會人文之上，以涵蓋其分途發展；而人恒能互欣賞讚美其個性之所長，共體驗客觀之文化價值。如此，乃可使人之好勝心，成爲純粹之向上創造之精神；好名心化爲「客觀化自心於他心」之自然的求同情的意識，以獲致人文社會之內在的穩定。穩定而不須向外擴張，以解決其內部之矛盾，然後成爲和平的。這個人文社會之必須以個人之超越涵蓋精神爲基礎，以支持此社會之悠久與和平，可比喻如：在大熱天，一群人站在那兒。每人都伸傘來互相遮蓋，爲他人獲致清涼。如果你有更大的傘，更向上創造的精神，你儘可把你之傘，伸得更高，以涵蓋其他小傘。如果你只有小傘，亦樂於有他人之大傘在上，爲我遮蔭。各個人在此，平等的立在地上，互相笑語，成就和平。清涼，與人情之溫暖，成就悠久感。這個個人之超越涵蓋之精神，爲民主自由之人文社會之基礎，而致和平成悠久者；一般民主自由主義者、人文主義者，皆恒不能認識。只康德之理想主義，能透視至此。黑格爾能知此精神爲一國家之人文社會之存在基礎，但對國與國之問題，未能解決。西方基督教，求此精神之根於上帝，然於如何培養此精神，使之極其量，則皆尙有所憾，此當於下文詳之。

西方哲學精神與和平及悠久（下）

六　康德黑格爾之哲學精神與和平及悠久

康德之理想主義，我們說是能透視到民主自由之人文社會之基礎，在社會中各個人之超越涵蓋之精神的。康德之哲學，從文化觀點看其歸向，乃是一銷除「西方社會中多端發展之學術文化精神間」之軋轢衝突，以阻止其「分離而裂開，成僵固化、機械化，而互相對峙之文化勢力」的哲學。而此哲學，亦卽一眞求維護個人精神之自由，成就民主的和平之哲學。西方文化，以其來源本爲多元，其學術文化之多端發展，自始與軋轢衝突相俱。蘇格拉底死於哲學與宗教之衝突。耶穌死於宗教與律法之衝突。布儒諾死於泛神論與超神論之衝突。蓋律雷斯、賓諾薩，被幽囚放逐，乃因科學與宗教、哲學與宗教之衝突。這些凸顯的個人事例後，是宗教、法律、政治、學術間之相殘。這些事，康德看得十分清楚。啟蒙運動後，西方社會中，經濟力量、政治力量、宗教力量、學術思想力量，固已漸互相寬容忍讓，在國內兼由立法，以互相限制。但是此衝突，却又漸爆發爲世界性的，（見後）而有今日之天下大亂。這個人文世界中各人文領域，如東風西風之互相摧壓，莫有一綜攝之精神爲其樞紐，以緩和其間之衝突，進而使之相容不悖，國家不會安，天下不會太平的。康德的批導哲學之文化使命，正在立此樞紐。康德之純理批導，成就科學。實踐理性批導，成就道德宗教。判斷力批導，成就自然與藝術。再在其政治法律之理論中，肯定個人之權利之重要。以至於對於個人之好名位之心、好勝之心等野心之引發個人才能之表現之價値，康德亦承認。他在永久和平論及普遍歷史之理念二論文中，論及人類之和平問題與未來人類之問題。他的批導哲學，正是志在使各種人心能力各得其表現施展之人文領域，而不致越位，由此以使各人文領域，相容而俱存者。然而其思想所以能如此，正賴其能眞實自覺「人之超越的涵蓋於各人文活動、各人文領域之上、在本原上提挈此整個人文世界之主體自我」，而哲學地加以樹立。

康德哲學對於人之超越涵蓋各人文領域之主體自我之樹立，一方面是爲提挈人文世界，爲人文領域之相容不悖奠立下思想的基礎。一方面卽昭明了人之主體自我，是不能只以抽象的普遍者去加以規定或理解的，而客觀外在地被類化的。此自我之理性，只是內具普遍性的，故能成就科學與一切有普遍性之文化。但他又是超越的涵蓋於社會人文之各方面之上的主體自我。由此而人才有一眞正的道德的個體人格。每一道德性的人格，都可說是涵蓋一人文世界的，而一切道德性的人格，則合爲互相涵蓋其人文活動之人格世界。此諸人格，則可依超越的敬意以相聯接。此人格世界，是在理念上必須視爲在現實的社會人文世界之上的精神世界。每一人格爲一個，一切人格則是一人類。但這個人類，在理念上是眞正具體的人格之類，不同於所謂商人之類工人之類，以至不同於所謂科學家之類、哲學家之類、宗教家之類。這些類是有限定性之意義的，其中之個體，在理念上是可互相外在的。而透過道德性的人格所成之人類之理念，則是超此限定性的。同時在人之人格之可依敬意以相聯接處，可見此多諸個體在理念上，爲相對地互相內在於對方敬意中的。透過如此之人類之理念，乃一方面可把上下古今的人通起來，以思其未來，觀其悠久；一方亦即可把普天下之一切人，作絕對平等觀，望其永遠和平相處。我想康德之所以能論人類歷史與永遠和平，最後理由在此。這個人類之類，實不當是亞里士多德與近代邏輯家自然科學家依抽象概念以分對象之類的類，如生物學上的生物類人類的類，亦不是人文社會中的各類人的類。如依前者以看人類，畢竟不能識得人之個體生命。此中只有概念形式之永恒，個體間的和平是可有可不有的。個體生命的悠久感，人類生命的悠久感，都是無從獲致，亦無意義的。（理由見第三段）如依後者以看人類，個人在社會中，亦是不能被安頓下的。其事實上之被類化，與其不能不標別自己個體之特殊性之要求，是永相矛盾的。於此，一方是個人之生機不免被社會所摧壓而迫近死機；一方是個人爭勝心爭名位心與對社會之反抗，亦復可分裂社會，以至發展爲戰爭。只有由康德這種「人在本質上爲一道德性的人格」之理解，去形成人類之理念，能把人之個體性，與普遍性融攝爲一。康德哲學所成之人類之理念，正當是孟子所謂聖人與我同類之類。只此人類之爲人類，是有無盡莊嚴神聖之類。因其每一個，都是可內在於其他個之敬意中，能涵蓋整個人文世界——亦涵蓋自然世界的。因自然世界涵於康德之知識世界中。只有依如此之人類之理念，才可把上下古今、普天之下的人結爲一。人才可感到其個體存在于人類中之的歷史性的悠久，並有眞正的普遍的人道意識，而以致世界之太平，成歷史文化之悠久爲理想。康德之能承赫德 Herder 而思維人類之未來與論永久之和平，應當從此去理解，才可連上其道德哲學。（雖然康德在論普遍歷史之觀念中，初乃自人之自然的貪欲虛榮等非社會性的動機，所引出之人類能力之發揮上，說人類文化之起源。但此個人能力之發揮，所自然歸嚮之目的，則在人皆能依其理性以肯定普遍的人道原則。）從此去理解，便知康德之觸及此問題，在西方思想上是空前的。然在中國人先秦儒家，則早從其對人之德性仁心之體悟，人與聖人同類之體悟，而以致太平成悠久爲直接之人生理想了。

不過，康德哲學雖然觸及此人類之未來與和平之問題，但是他對此問題之感觸，不如中國儒家之眞切。此亦可說，由康德以前之西方世界，從未天下一統，而西方人文世界一直在衝突中，其文化之歷史亦非連續之故。此與儒家之常有視爲「已實現天下太平萬邦咸寧之三代之治」在心，而儒家所承之文化又是有統之類，有一貫之歷史精神一直注下者，實迥然不同。此又可說，由於康德之觸及此問題，乃在其哲學思想之末段，而非如儒家恆直下即以如何平治天下、安天下、和天下、通古今爲問題。由是而康德雖能觸及此二問題，然而他並不知如何眞實現其理想之道。康德固知人類所共建之道德的王國，在理念上應當是和平而悠久的。但他不知此理念之實現於世界，如何才是實際上可能的。（

看後段對黑格爾之評論）他亦忽畧國家社會中各種人文勢力之軋轢衝突所致之不安，必須有生根於社會之一現實存在的道德力量，以實際從事凝聚協調之之事。康德雖能在哲學上建樹道德人格之尊嚴，但是他對於道德實踐之工夫，却自始未如中國儒家之著重。他自己亦未能成爲有道德力量以凝協德國社會國家之道德人格。菲希特倒更是如此之道德人格。他依康德所開啟之綜攝涵蓋人文世界之精神，對德國作了凝協建立社會國家之工作。菲希特在此可謂由哲學家想進到聖賢。哲學家想進爲聖賢者，在西方是變不是常。然眞要使人之綜攝涵蓋人文之哲學精神，發揮其凝協社會文化，或幹旋彌縫人文世界之分裂之效用，却必須有將此精神化爲現實存在的道德力量之聖賢人物。中國社會中之儒家人物，本其知行合一之精神，而又生根於社會，使其能成此種人物。然西方哲學家則不是。伊辟鳩魯派、斯多噶派所謂智者Wise Man，Sage，基督教所謂神聖人Saint，亦不能眞是。伊辟鳩魯、斯多噶之思想，在本質上是自然主義而非人文主義。其所謂智者，乃不爲社會人文之習氣所縛，而能自得其得，順其自然理性以生活之人。基督教之精神，則在本原上亦是超人文的。中國儒家之聖賢人物，數千年相傳，却一直是以一超越的涵蓋社會人文之德量度量，在其他分殊的、可能相對峙的社會人文勢力間，抱裁成輔相之懷，作凝協、幹旋、彌縫其中之軋轢衝突之事業。這一個生根社會，而爲其中心之現實存在的道德力量，是中國歷史社會較西方更具內在的安定之本。但是西方之歷史社會，始終未出現似中國之儒者之人物傳統。西方人之道德的精神力量，是分散在各種類人文領域中，或各類社會人物如宗教家、政治家、教育家、學者之中。因而其人文世界之分途發展，特見精彩。然亦正因如此，則當其人文領域間發生軋轢與衝突時，便實際上莫有居中的道德精神力量，以作凝協、斡旋、彌縫使其淳之事業。西方哲學家之批判工作，在西方歷史文化上與社會上之任務，本近乎此。但不够。西方哲學家，一般的缺乏實踐精神，便不成生根社會之聖賢人物，不能成現實存在於社會中之道德精神力量。康德哲學只在理想上建樹了一「當如何」，而其理想之實際實現，必須依其哲學轉出聖賢人物之存在於社會才行。而康德未見及此。

關於要使人文世界之免於分裂，以獲致社會國家之內在的安定，必須有一超越於特殊的社會文化勢力、類化的職業，與一般社會組織之上，而加以涵蓋、凝協，使之相反俱成之精神與力量，黑格爾是懂得的。黑格爾在市民社會之上，安放一國家政府，要人效忠國家，要政府中之人不是只代表某一方面之社會利益，而代表國家之意志者。他正是有鑒於西方社會人文勢力互相軋轢之害，而欲謀挽救。黑格爾所理想之政府公職人員，亦當有如中國之士大夫之以凝協、斡旋、裁成、輔相為己任之德性。但是他這個思想，被人視為一促成政府之集權之思想。這批評亦不全錯。因政府之公職人員，是容易自居社會之上，而不是眞在社會之中生根的。這不能代替儒者可進可退、可出可處之社會任務。西方要轉出負此類似儒者之社會任務之人物，應當由康德黑格爾，這種哲學家之精神，與宗教家、社會改造家合起來，去轉出才對。

七　黑格爾之國家論與人類歷史之悠久論

康德對於人類歷史與和平之意見，所遭遇的最深的疑難，是黑格爾之理論。黑格爾之論主體自我，乃承康德菲希特下來。但他不只如康德以敬意聯接各主體自我，而且由康德所謂諸個人人格在敬意中，互相連接而相內在之義，推類至盡，發展至一唯一的客觀精神實體之理論。國家便是完成的客觀精神之實體。有公民自由之個人，在立憲國家中，一方可眞在自己之財物中、家庭中、所隸屬之市民社會 Civil Society 中、政府組織中、整個國家中，自覺其精神之客觀化，同時，自覺此一切皆內在於其主體自我。國家中之一切，乃皆爲對自己，而亦在自己的。此之謂立憲國家中一切人自由。由此而國家稱爲一完成的客觀精神實體。個人之忠於國家，乃純由個人之自覺其被涵蓋於國家之精神實體中，而國家亦涵蓋於個人忠於國家之主觀精神內。如果人類只有一個國家，這樣一個國家之理念，與個人及國家之關係論，亦實是在原則上完滿無缺的。這是使個人之個體性普遍性同時得其充量表現發揚，而皆被安頓亦被護持的。儒家所謂之成己成物，人人皆以「中國爲一人」之精神，其理想之內容，亦不能外是。但是黑格爾却說，如此之國家理念本身，可普遍化類化而爲多個；諸國家間之關係，却是非道德的自然的關係；康德之永久和平論，是不切實的，康德之人類之理念，是無力的，而國家存亡命運，則由世界精神之行程決定。這確成了康德之見之最深的疑難。

黑格爾之理由簡單說如下：卽人之自我，雖內具普遍的道德理性，並亦可說在本質上爲一道德自我；此道德自我，可形上的通於上帝，通於一切人。但此一切最初都是不自覺的。人最初之心靈精神活動或理性表現，乃與其特殊的經驗自我、欲望自我不相離的。此不只是一事實，而且亦本於形上學上的「普遍與特殊之具體的統一」之理。由此而實際上之個人，總是某一國家、某一家庭、某一社會關係下、某一自然環境下或最初有某一些特殊的經驗、抱某一些自然欲望之個人。由此而個人由其心靈精神之活動，以表現其理性而客觀化，使不自覺者化爲自覺，亦只能循一現實的特殊路道而前進。此中之屬於普遍理性的，與屬於特殊經驗欲望的，在實際上最初只能是同流而俱行；在其次第前進之歷程中，使後者逐漸超化，前者更充量的表現。由此而人由個人權利幸福之肯定，進至道德生活之自主，進至家庭社會國家之倫理生活，都是普遍理性之透過特殊的經驗欲望，而在其中表現其自己的事。黑格爾劃分道德與倫理生活爲二階段。在自覺的道德意識之階段，我們固亦可如康德之由自覺我之主體自我，同時卽依理性以普遍化之，而知一切人同有此主體自我，頓時形成一普遍的人類平等之理念。但是此超越的人類之理念，却不是已落實而現實化具體化了的。換句話說，亦卽尙只是在主觀之自覺中，而未被客觀的實踐的。要加以實踐，則此種內心之道德意識，須轉化爲倫理生活。要成就倫理生活之實踐，便須在諸個人之精神之共同客觀化所成之組織，如家庭、社會、國家中去成就。家庭、社會、國家是超個人之有機組織。在此中，諸個人之精神紐帶，互相維繫，以形成客觀精神實體。個人只有在客觀精神實體中，使內心的道德落實而現實化、具體化、客觀化。因此，個人必然要愛其所在家庭，去維持其所在社會之秩序，忠於其所在之國。這是理性上之當然、必然，亦是經驗事實上之實然。在此，抽象的人類意識，一切人平等之道德意識，便處處只顯得空虛而無力。因此抽象的普遍意識，無現實具體的特殊以爲媒介，是不能實踐的。由此當國與國於戰爭之際，個人亦即無依抽象的人類平等觀念，而立於其外，以靜觀之可能，便只有投身於爲其精神實體之國之戰。國與國之上，既無更高之組織以爲裁判，則國際條約，本身爲抽象的，無絕對拘束力的，而國與國即立於一自然關係中，亦即非道德倫理之關係中。因而國與國之戰爭，必然地不能在原則上根絕。在戰爭之際，特殊之國家，即投其自身之存亡與衰於一歷史性命運中，以待歷史命運之裁決。此即是一世界精神之法庭。特殊的國家，在此世界精神之法庭前，無論其存或亡、興或衰，皆可得其對整個人類歷史之普遍的價值意義。由此而戰爭之不能必然根絕，特殊的國家之無常，皆所以成就世界精神，或人類歷史自身之悠久。

黑格爾順康德所開啟之理想主義而推類至盡所得之結論，便使康德之永久和平論成無客觀上之保證的。這究竟對不對？這很難說是不對的。康德之永久和平論確是未落實之理想。其人類平等之觀念，亦確是抽象的，並非眞已落實而已具體化現實化的。落實下來，人只有在其倫理生活中，直接對家庭社會國家之責任中，客觀化其對人類之道德意識，亦是不錯的。由是而人要過完全的倫理生活，在其所生之具體國家與他國戰爭時，個人是只有為其國盡忠，而將其個人之命運，置放於國家之命運中的。此中個人要躲閃，成不應當的。而在國與國之戰爭中，國家自身之命運，亦確投入於一不可測之中。最後決定勝敗者，即可說是天意。一國之人為其國之存亡而戰，儘可盡其己力。盡力只是盡責，最後仍只能付之天命之悠悠。此盡力盡責以後付之天命之悠悠，正是謀國者與戰士之最高感情。在此感情前，人之自我，準備承担一切生死存亡，亦立刻可了結萬世，而超生死，證其精神生命自身之悠久。所以，戰爭對人之自然生命是毀滅的，然對人之精神生命，亦可是成就的。由是而戰爭不必即是殘酷。這都很難說不對。

八　黑格爾哲學之思維反證人類和平之可能，與今日之世界性的人文分裂

對於黑爾耳之說，比較穩妥的批評之道路，是先承認其所說都對，然後再看我們能否在理論上進一步。我們可承認其對康德之批評，承認在國與國之戰爭中，個人只能為其國盡忠，承認此盡忠之有至高之價值，承認戰爭中之超越的感情之價值，以至承認人類歷史上之戰爭，都有價值；承認從整個人類歷史看，特殊國家之無常性、可毀滅性，以至承認只有人類歷史舞台中之勝利者，能現實的維持有普遍性之人類歷史於不墜。但是我們縱然對這些全部加以承認，仍只證明過去或已成之人類世界中

，國與國之戰爭與一切歷史上國家之興亡之有價值，一切爲國家之興亡而盡力或盡忠之英雄人物，忠臣義士之有價值；只證明此已成之人類世界，皆爲人之道德理性、人之精神價值之客觀化、人類已成之歷史世界，卽上帝之行程而已。但是這却不能證明人類之未來歷史仍當如過去；不能證明人類之國與國之上，不能有天下一家之更高組織；不能證明人之道德理性、人之精神價值，在將來不可有更高更偉大的客觀化之表現；亦不能證明人類社會在將來亦必須要在戰爭場合中才能表現其承擔生死而超生死之德性。換言之，卽黑格爾國家哲學、歷史哲學縱全幅皆是，他亦只是把已成世界全部神聖化、合理化，把其中之一切人類組織形態、一切歷史事實、一切戰爭與毀滅，皆能發現其神聖價值與理性而已。此一切縱然皆對，都只是哲學理性在已成世界之事已成之後看出來的。這整個哲學，只是一事後之哲學。然而人之對於其未來，則是一事先之地位。在事先以看未來，未來仍是一空白。未來之空白，如何去塡充，正是人最具體、現實的問題，而此問題之解決，仍只有以未現實化、具體化之當然理想爲先導。此卽須仍重返於康德。此重返於康德，同時亦使我們必須再定置一超國家之天下太平之理想。此理想之定置，是有理論上之必然性的，而且是黑格爾本人亦必須承認其有必然性的。因黑格爾之哲學本身之辯證發展，卽須要此理想。

我說黑格爾哲學本身之辯證發展，需要承認一更高之天下一家之理想，這是對黑格爾之理論之眞正內在的批評。這我在他處有詳細討論，今只能畧述其簡單的大意。卽黑格爾之國家哲學、歷史哲學之最高概念，在世界精神與人類歷史。黑格爾之歷史哲學思想本身，最後啟露了一對世界精神人類歷史之感情。我們於此可問他，此感情本身如何是可能的？其次黑格爾在縱論人類歷史、各國家興衰成敗之歷史時，他本人表現了一能涵蓋人類歷史，而肯定各歷史上之國家民族之價值的胸襟。不錯，從縱的人類之歷史上看，各國民族是通過戰爭，而興亡，而更迭以起的。但是這些却同時是橫陳的被涵蓋於黑格爾之心，其價值俱被肯定。這些合在黑格爾心靈中，成為一整個宇宙精神之各階段之表現，或上帝自身之表現。如此，則依理性，對黑格爾之心可能的，對一切人之心亦是可能的。對過去更迭而起之國家民族之價值，俱加以涵蓋的肯定，是可能的；則對於現在並列於世界之國家民族之價值，俱加以涵蓋的肯定，亦依理性而必然是可能的。黑格爾又自認其哲學心靈是現實的，亦應當現實的。如此則何不說人們之「相互肯定其他國家民族之價值」之心靈，亦是應當現實的？於是，我們可將黑格爾式之哲學心靈，由縱的化為橫的，同時將其世界精神之理念，亦可由縱化橫。如此則我們可問他，為什麼我們不當視世界精神，平鋪的實現於今日之世界？為什麼我們不當將對世界精神各段表現之普遍的感情，化為對並存於世界之各國的感情，因而望各民族國家與其文化，亦並行不悖，互相取法，以貫通為一現實的世界精神之實體，以使上帝自身平鋪的表現於天下，而天下一家？對我們之問題，黑氏是不能有反面的答覆的。因為只有正面之答覆，是從黑格爾之心靈自身之辯證的發展，所必然要肯定的。

順我們以上所想，我們可以透過黑格爾，再回到康德之當然的理想之觀念，重建天下一家之和平悠久之理想，如我在本文篇首所論。然而此理想之實際實現的可能與道路，仍是一問題。此理想意涵使現存之各國之關係，綜攝於一更高的具有機關係之全人類的組織中。以往之一切國際條約、國際聯盟，以至今日之聯合國，都不是具有機關係之人類組織。但如何知此組織，是實際上可能的？此組織如非實際上可能，則國與國間，畢竟終歸於在自然狀態中。黑格爾之結論，仍是不可駁的。這個地方，我們決不能聽外交家之言辭，以騙自己。現在的國與國間，畢竟無眞道義關係可言的。人亦無權在此希望。在世界未有具有機關係之人類組織之前，人只有先盡忠於其自己國家，而同時思想全人類的有機組織，天下一家如何可能，爲之備具條件，即人之最高的道德。

對於國與國之上之全人類的有機組織，所以是實際上可能的，其實亦爲黑格爾哲學本身所涵蘊。因爲黑格爾，雖以國家爲現實存在的人類最高的有機組織。然其國家，只爲其所謂客觀精神之表現。在客觀精神之上，尙有絕對精神之表現，如藝術、文學、宗教、科學與哲學。這些都是個人面對宇宙全體而有之精神表現。因而是超國界的。人在藝術宗教科學哲學之生活中，人即參與超國家而有絕對普遍性之精神生活。由此而各國之人，在一切宗教學術藝術文學科學哲學生活中之相了解，即可實際上構成超國家的人類間之精神紐帶。而一切國際性的宗教、學術、藝術、文學、科學、哲學之學術文化之組織，亦即可成爲理想的「超國界之全人類的有機組織之實現」的實際條件。然而黑格爾在其人權哲學中，在論社會團體處，只重產業團體，對一切文學藝術科學之合作所成之社會組織之重要，都皆不知（張眞如Hegel's Ethical Teaching 最後章，亦評論及此）。這原因，蓋由於在黑格爾的時代，各種國際性的社會文化之交流與聯繫，所形成之組織尚不多。他之社會團體之觀念太狹，並只知國家之組織爲最高。但是這百年來世界性之交通、無綫電、經濟組織，與其他國際性之社會文化之組織之迅速發展，已明將地球縮小，而使人之目光，皆能超出國家，以嚮往天下一家之世界之來臨。而此等國際社會文化之交流，與聯繫之促進，卽可以爲此世界之來臨，備足條件，亦人所共知。但是我們前在本文第二段，又說此是不足的，此何以故？

我們之所以說國際性的社會文化之交流聯繫而生之團體組織，均不足以達世界和平天下一家者，是因由這些所構成之人類精神的紐帶，本身仍抽象的、形式的。而且我們前所言之一國內之社會文化之多端發展，所構成之軋轢衝突，現亦以世界性之形式而出現。此軋轢衝突，正因獲得世界性之形式，而更難化除。我們以前說之個人之爭名、爭勝之心、野心權力意志等，現在皆通過世界性組織，世界性之主義運動，而表現爲集體的爭名心爭勝心野心與權力意志。國際性的帝國主義，對弱小民族之壓迫，世界性資本主義之經濟，對於世界政治社會之控制，共產主義之政治，對於世界的宗教學術文化之控制，東西文化的衝突，都是大規模的人文領域之軋轢衝突，合以形成今日整個人類的人文世界之分裂。從前我們說，要凝協斡旋一國內之社會人文之分裂，須賴個人之涵蓋持載國內社會人文之各方面之胸襟，社會中有以裁成輔相爲懷，而以凝協斡旋爲事之中心的道德力量之存在。若然則凝協斡旋今日整個人類人文世界之分裂，卽須世界之諸個人之有涵蓋持載全世界社會人文之胸襟，或世界的中心道德力量之存在。此方是世界和平天下一家之具體實質的精神條件。然人類外在的活動範圍愈廣，人之能涵蓋持載此外在的活動之胸襟愈要大，道德力量愈要強，而人之道德自我之負担愈加重。於是此精神條件，遂成爲最難具備的。

九　基督教與人類和平及人文悠久

在西方文化中，最能成爲天下一家之理想之具體實質的精神條件者，只有基督教。因爲基督教是有最長遠歷史的。一切精神與思想，須有長遠歷史的，才能是生根的，且爲公共的。如一精神與思想，全要從我們今日才開啟，縱然極好，亦要在若干年，才能成爲有歷史之根的，公共的。同時基督教本身，又是超國界的。基督教所要建立的上帝之天國，正是人類之天下一家之超越的模範。天父與聖子義子之關係，正是一家庭關係的類比。一切人皆同胞之意識，普遍的人類愛，正是貫通一切人心之達道。中古之神聖羅馬帝國，亦正是一近似天下一家之組織。直接自耶穌傳下的教會，尤其是天主教會，是基督教徒之一貫古今、通天人、遍世界之神聖的社會組織。無論現代之自然主義者、唯物論者、實證主義者如何反對上帝之存在，在哲學上上帝之存在之問題，如何可作各種不同的解釋與討論，然而在相信上帝的人，卻可直接內證上帝之信仰，能使其精神提高並加以充實。因上帝本身爲一無限完全存在，而又是愛一切個體的。於是人在信上帝時，卽可覺其個體性，立刻有一交代與依託，若爲一超越之神聖愛所護持，並若由此愛之貫注，以獲得無盡之力量，而願本上帝之愛，以愛一切人。上帝之愛與其智慧，本來無所不涵蓋，則人信上帝時，覺上帝下臨吾心，人卽可亦若覺其愛與智慧，亦能無所不涵蓋。由此而我們在論康德時所講之超越涵蓋之精神，卽均最易由信上帝而得陶養。人再通過對耶穌之信仰，卽可陶養其爲人類而犧牲之精神。此種種基督教之價値，足以爲天下一家人類和平之精神條件，可毫無疑義，我們亦可以不必多講。

但是對於上來所說，人雖全部承認，仍不必謂只有或只須基督教之發揚，卽可實現人類之和平與文化悠久。因上述之一切，亦非基督教所獨有。印度的婆羅教回教之上帝，佛教徒心目中之佛，以至一部份儒者心目中之天，亦有基督教的上帝之一切德性。而眞信之者，同樣可培養出一超越而涵蓋之人格精神。貫古今通天人，遍世界之神聖的組織，回教佛教印度教亦有。其與基督教相比，只有勢力大小，組織疏密之不同。中國之儒者雖無組織，然同樣可有通上下古今之道統意識，友道意識。如是，則我們應當進而從基督教之特殊之處，看其是否必然高於其他之宗教，是否只有基督教教義堪爲致天下一家、世界和平、人文悠久之精神基礎。

但是我們在問到這些問題時，我們立卽發現基督教之最特殊之處，在其三位一體之教義，在其耶穌爲上帝之獨生子之教義，由此而自稱爲唯一由上帝直接啟示的宗教，或上帝自立的宗教。此諸教義，我們可與以哲學文化史上的說明，以知其價值。但基督教徒亦不宜以自己之教是唯一由上帝啟示之宗教，因如此，則明是忘了回教可蘭經自稱天啟，吠陀亦稱爲天啟，日本神道教亦稱天啟，佛家亦有授記。基督教如以其他天啟爲絕對之妄，便不免有獨佔上帝啟示之嫌。如由此而看不起世界一切其他宗教，謂一切異教徒，在末日審判時皆當入地獄。則其對一切人之心，便不能眞正平等。歷史上基督教徒與回教徒之戰爭，異端裁判所之設立，亦都可說多少是由中古基督徒以爲人上天堂之路祇一條，而天堂之門太窄小，（此乃取勒克Lecky西洋道德史對中古基督教之評語）所必然難免的事。此即中古基督教教義中之戰爭之種子。有此種子，則無論基督教徒如何講愛講和平，亦將不免只以基督教徒所講之愛與和平，爲有價値的可升天堂的；其他教徒之愛與和平，即是達地獄之路的，而此時講愛即可成恨之根，講和平亦可成戰爭之母。這是値得今日之基督教徒加以反省的。

復次，基督教固是重普遍的人類愛的。由信上帝耶穌，人固可陶養出超越涵蓋之精神，以持載此人類世界。然而基督教最後精神，畢竟是超人文的。其目標直接在人之死後之復活得救，而不直接在此人文世界之開展，以成就人格世界之相互感通。人在世界的不安，城攻打城，國攻打國，處處有災荒，實際上亦正是人更易信基督教之條件。中古基督教徒又以末日審判後之世界，一部分人升天堂，一部分人入地獄，今日之人間世界如裂爲二，而不復存在，以後之世界，則在天堂中者，永得福樂，在地獄中者，永遠受苦。上帝再不賜恩地獄中人，以救地獄中人至世間，而次第超渡之，便使上帝之救渡不成悠久無疆的事業。（此指奧古斯丁下來正宗基督教思想說。在西方中古基督教思想中如Origen John Scote 之以一切人最後皆可得救之說，實更爲一廣大之宗教精神，然皆被判爲異端。我近讀Losskii之History of Russian Philosoply，其中論俄十九世紀之Bulgakov，本耶穌原始精神，主一切人得救，反對永恆地獄，謂有限之罪不能有無限之罰。此種思想亦爲當世俄之名哲Berd-yaev所發揮。基督教徒，如能改革其理論，使此異端之教義，成爲正宗，正更合於耶穌之愛之道。此有裨於人類文化之進步者，豈淺鮮哉。）

依方才所說此二點之前一點說，印度婆羅門教，以一切人皆可直接見上帝，便是更能將上帝之聲音公諸世界，而更致廣大者。佛教之以一切衆生，皆可由自覺以成佛，說我不入地獄誰入地獄，便是有更大之平等心慈悲心者，因而更能開啟人之更廣大平等之涵蓋精神者。而自後一點說，佛之成佛，正同於基督教之升天。但成佛，仍將入地獄救衆生，即比基督教徒升天以後即一去不還，更能成就其在世間之悠久事業。儒家於崇敬天以外，兼崇敬一切聖賢與人格世界（耶穌釋迦都在內）及人間世界之祖先，並信人皆可以爲聖而念念以通古今之人文，爲萬世開太平存心，豈非一最廣大和平而悠久無疆之人文宗教精神？如此我們如何能說只有基督教，便可爲天下太平人文悠久之精神基礎呢？（近人諾斯諾圃 Northrop 於其東方與西方之會合一書最後數章，亦曾論及基督教、回教之教義，包涵有不適於促進和平而易於促進戰爭之處。彼於其科學與人文之理則(頁二九四)並謂如與東方宗教比，西方宗教之果實，似爲撒旦之產物，而非和平之神之產物。此雖言之而過甚，更不能以指耶穌精神本身，但亦値西方人之猛省。)

十　畧論西方思想未能致天下太平成人文悠久之故，與東方智慧之方向

本文之所以作，是根於我對西方文化之四精神卽超越精神、學術文化多端發展之精神、重個人自由之精神，及客觀化理性之精神之價値，加以認識以後，再反省西方文化之缺點，在對於致天下和平成人文悠久問題之未解決，而預備由此以說明東方智慧之能帮助其解決此問題之處。但對此最後一點，因本文已太長，不及多論。俟將來更端另論。本文之討論柏拉圖、亞里士多德、康德、黑格爾諸理性主義、理想主義之思想家與基督教，都是作爲此四精神之代表者，以對照此二問題而說。在本文中，我們說他們之所以不能解決此問題，在柏拉圖式精神，只企慕嚮往理型，而不免致生命力之耗竭；亞里士多德精神，則只歸於立形式之永恒。柏亞二氏，都只知小國寡民之政治。亞氏所重之學術之分門別類，與西方之學術文化分途開展精神，皆可趨於分散外化，導致人文之分裂。唯康德之哲學，能立超越自我爲本根，進至關心人類未來歷史，而有永久和平之論，然又未知使之落實之道。黑格爾知

理想之當落實，而又失康德之理想。基督教徒則信上帝，而恒不免由敬愛上帝，遂以上帝之啟示爲己教所獨有，乃與一切非基督教徒成敵對。故他們之思想，皆尚不足致天下之和平，成人文之悠久。關於人類自身的事，在思想上已有的，不必在實際上卽能都有。然而在思想中已早有的，在實際上總能多有一些，而可早有之。至於思想中莫有的，實際上卽絕不會眞具有的。縱以偶然關係而有，亦是無眞意義而不能長久的。在中國思想，先秦諸子卽以如何「和天下」、「定天下」、「安天下」、「平天下」、「治天下」、「均調天下」爲問題，故中國早統一，而歷史上之戰爭，畢竟較西方爲少。印度之思想中，重忍讓慈悲，卽使印度雖被侵畧，而未嘗侵畧人。甘地之求印度獨立，仍是以和平的方法。今日爲西方文化思想所主宰之世界不能和平，人類隨時有毁滅之虞，正當歸其一原因於西方思想之傳統本未將這些問題早當作問題，爲其思想主流之理性主義理想主義基督教思想尚不涵蘊此二問題圓滿解決之故。而此缺點之最深的關鍵，如再追問下去，便當說在西方理性主義理想主義與基督教，都只重在本理性以向上向外，形成理想，使之高，使之遠，而未注重到如何能自內部開拓吾人理性之自身，使之大，求其久，卽未能向下體察人在內心中，自然生命中，習慣生活中，社會人文中，之一切非理性反理性之存在，而謀自根上加以超化之故。而尤其不幸的，是基督教之力量，至近代而愈衰。西方思想中理性主義理想主義，到了黑格爾以後亦衰落。素羅鏗在其社會文化動力學第二册中，根據統計材料說，自一八三〇年（卽黑格爾死之前一年）至一九二〇年，是西方思想史上理想主義最衰落之時代，亦是悲觀主義之盛過於十八世紀之時代。百年來，西方思想中之實證主義、功利主義、實用主義，都是只着重如實的把握事實，就實際問題解決實際問題。此雖然亦表示一更切實的思想態度，然而在本源上不求深植根，則在精神上不能涵蓋現實而提挈之以向上。此外，不少百年來之反對西方之理性主義理想主義潮流之思想，則重發掘人非理性反理性之部分，而見其爲人文世界之主宰者。如馬克斯以經濟上之私利動機解釋人文，佛洛特以性欲解釋人文，尼采以權力意志解釋人文，叔本華以盲目意志看人間。今之存在主義者，遙承杞爾克加之思想，固頗有求人生向上之志。但亦不免傾向自恐懼怖慄虛無死亡之感上，抉發人生之內在的不安，與非理性反理性部分。此種種思想，固皆有其所把握之事實。而且人思想能認識人之非理性反理性者，亦表示一思想之深入，表示人之心靈之光輝向黑暗處、隱微處之照察。但是此種種思想，畢竟是消極的。此種心靈的光輝，終是不免偏於下沉的，而不够算眞正向上昇的。此種種之思想，偏在諷刺世界，引動人之感慨，而使人在諷刺感慨中生一快暢，畢竟不足成就人生與世界。如只有此發掘人之非理性反理性部分之思想，能引人注意，終是西方文化思想發展的大不幸。實際上順康德黑格爾理想主義的發展，正應當於向上發現一超越自我，向外看理性之客觀化於自然歷史之後；卽轉而向內，去求如何開拓人之道德理性的心，去向下體察一切非理性反理性者，而由道德實踐與社會人文之裁成，以加以超化。然而此未作到。於是有西方理性主義理想主義在黑格爾以後百年來之衰落，及非理性主義反理性主義之興。此中思想上之降落的關鍵，亦可說始於黑格爾之理想主義，把一切現實都視爲理性理想之客觀化，把一切非理性反理性者之私欲、野心死亡戰爭之現實，都重在事後於其形上的根基，或歸宿至之將來上，肯定追認其價值。由是而使一切非理性反理性者之現實，皆不復需如其爲罪惡與非理性以認識之，因而不復眞成爲在理想上必須主觀內在的加以超化者。由是，而黑格爾之哲學亦可是一使人之道德理性無事可作而只收縮於其自身之哲學。而後起之哲學，便亦不能不是偏重客觀的認識事實，或只重實際問題之哲學，或片面的發掘一切非理性反理性者之哲學。然而東方的智慧，由儒道佛教印度教所代表者，則自來對於一切屬個人或屬社會之非理性反理性者，皆着重直接如其爲非理性或罪惡以認識之，而又不只把它們視作客觀外在的事實，而理智地分析之；卻都隸屬之於我們之主體自我之自身，視之爲主觀內在的待超化者。同時，其思想皆與其說重在本理性以建立理想，不如說重在「如何用工夫」，使理性之久大的相續流行於現實生命」成可能，從根上超化一切非理性反理性者。東方宗教思想，無永在地獄中的人，即此精神之最好的象徵。東方思想中，道家重在致虛守靜，以開拓我們心之虛靈明覺。佛家重在觀空破執，以超化煩惱。儒家重在體證仁心，於人心見天心，而存理去欲，變化氣質，都不是只重在以理性建立理想，而是求爲我之理性自身久大的相續流行於現實生命，備足可能條件，而謀從根上超化非理性反理性者。我們看西方之哲學有各種「論」而不重「修觀」，西方宗教重信與祈禱，而不重瑜伽行與證。此即不免有神，而不重神何由「降」；有明，而不重明何由「出」。我們又看西方社會有分途開展之人文領域，而缺綜攝貫通之禮樂精神，運於其日常生活之中。有各種追求特殊人文理想之宗教家、科學家、文學家、社會改造家，而終無裁成人文之儒者。便知西方文化之所缺，正是東方之所長。而只有在西方取此之所長，將其所信爲超越之天理，皆加以內在化，使之流行，以徹上下，以禮樂精神之圓而神，運於其人文分途之方以智之中，而化其哲學家爲兼儒者之人，以裁成社會之人文，方爲眞正之致天下之太平，成人文之悠久之道也。但關於此一切，下二文當略說之。

（四十三年七月．「民主評論」第四卷第十四、十五期）

印度與中國先哲之宗教道德智慧之方向

一　導言

我們前說西方人眞要超化人之非理性成分，以獲致人文悠久，與人類和平之智慧，須求之東方古代之印度與中國。首先，我們有歷史事實證明，中印之文化，是世界一切文化中存在得最久的。黑格爾、斯賓格勒，及許多西方學者說，中國文化在漢以後卽停滯不進，並不合事實。而中國文化之屢近衰亡而又再生，則爲一明顯之事實。如秦之結束以前文化，而有漢之再生。歷魏晉南北朝之混亂，而有唐之再生，經五代與元代之生人道喪，而有宋明之再生。有由淸至今之墜落，亦可有將來之再生。中國文化不斷臨近衰亡，而又再生之事實，不能純是一偶然，而當是賴一文化精神中之再生質。今日印度，能出甘地、泰戈爾、阿羅頻多等，卽證明其文化精神並未衰老。這亦當有其文化精神中之再生質作基礎。至於中國人印度人之愛好和平，則是人所共認的。印度以此而被回教征服，英人征服，然甘地之獨立運動，仍祇賴一和平的方法。中國歷史上，雖常有內亂與對外戰爭，然而中國卻無以戰爭本身爲正當或必不可免的思想。中國儒家祇推重「一怒而安天下之民」之戰爭。在中國過去，天下太平之盛世，是常有的。過去中國人，因以爲天下卽等於中國與其四夷。故當太平時，卽可有一眞正的世界太平，宇宙乾坤亦太平之感。我們大家都知道，西方除了羅馬曾建一大一統帝國外，歐洲從未統一。羅馬亦最後才征服卡太基。卡太基完了，羅馬亦衰弱了。羅馬之城市與鄉村之隔絕，自由民、貴族與奴隸階級之對立，並不曾使羅馬人在世界上有「蕩蕩乾坤，悠悠宇宙，太平無一事」之感。此感則是中國過去之太平世中人所常有的。此可由詩文藝術之情調證之。對於和平之所以爲和平，過去中國人的體驗，確定的比西方人多。英人湯比於「文明在考驗中」，亦承認西方「羅馬式和平」與「中國式和平」之不同，乃在前者一去不回，而後者則能再生而復來。中國與印度文化能悠久存在，並愛和平之故，最後必須多少歸到中國印度先哲之有關和平與悠久的智慧。而中國印度先哲，對悠久與和平智慧，重要者尙不在其喜積極的講仁愛和平，慈悲喜捨之道理一面——在此面說，東西思想相差尙不遠——而正在其能依人之理性，以超化人之非理性反理性成份一面。此超化人之非理性反理性成分之智慧，一是關於人生之宗敎道德之內心修養的，一是關於日常的社會文化生活之方式的。對於後者，我另有一文，已交人生雜誌，於最近期發表，讀者可以參看。本文祇畧論前者。

二 印度宗教中超化人類之非理性反理性部分之瑜伽行，與其他似消極否定的哲學

印度位熱帶之地，人處處見自然生命之生生不已，人之自然情欲，亦成熟較早。人類精神性之最初表現，恒在求有以反自然、超自然。故印度宗教哲學之精神，首表現於如何使人自自然情欲中解脫，自生生死死之輪迴中解脫。由此而印度智慧之開始，卽在對治一切人心中人之生活中之反理性非理性部分或盲目勢力，如所謂「業障」、「無明」、「闇德」、「貪嗔痴愛」等一切煩惱。印度初期之各派宗教與哲學，皆以此爲問題。其最後之特殊的具體成就，則在修行中之瑜伽行，與似消極的否定的哲學。黑格爾論希臘哲學以有爲始，印度思想以無爲始。在其大邏輯中，以中國之道家之無之哲學，爲其所論之無之範疇之舉例。我們可說，重有是西方的哲學智慧之開始，重無正是東方之佛道二家與西方哲學之一不同點。印度佛家重空的無，中國道家是虛的無。印度佛家在此，較之道家，更與西方思想之重「有」，針鋒相對。原來西方自希臘起，已有以有重量有實質的原子，爲萬物之所由成。而古代印度思想中，卻早有相信無方分不佔空間地位之極微，是萬物之所由成。希臘依里亞派，以宇宙只有「有」而無「無」。柏拉圖所謂物質，可爲 non-Being，此亦有劣義。而印度思想則自始着重說幻有者之非有。數論以神我自性說明宇宙，頗似西方笛卡兒二元論。然笛卡兒以心物皆爲實在，數

論則以一朝「神我」自「自性」解脫，世界即不存在。在西方宗教思想中，所謂消極神學 Negative Theology 重說上帝不是什麽，如 Pseudo-Dionysius John-scot Bohme 等說上帝爲神聖的無（Devine Nothing）、爲神聖的黑暗 Devine Darkness 。此派神學可遠溯至新柏拉圖派，但並不佔西方正宗神學之中心地位。多瑪斯之神學，乃更爲西方神學之正宗。多瑪斯雖以人之論上帝之一切屬性，皆在一意義上爲消極的，但他仍重依類比之推理，以論上帝之積極性質，以成立其神學之體系。西方的哲學家，自希臘起，皆重以有說明有，以形上之有說明現實之有。自斯賓諾薩而眞知凡「有」皆爲一限定，而有所無，以成其爲有。至黑格爾才眞知從一有至另一有，必須以無或否定作用爲過渡。今存在主義哲學家如海德格、薩特雷等，承杞克葛德 Kierkagaard 而知無與死之體驗，乃使「有」開朗於人之前者。然一般西方哲學家，均罕有關於無的智慧。他們都是佛家所謂怖空者。亦不知「空」、「無」之概念在何處乃有眞意義。西方所謂虛無主義 Nihilism 遂成一壞名詞。故尼采專以此名罵人。然印度的宗教思想，自來對於梵天，即較偏重在說明它不是什麽，此正是西洋所謂消極神學的思路。佛家以涅槃眞如、佛性，代替梵天，而發展至一切法畢竟空之大乘空宗佛學。說印度教與佛家精神，只是一消極否定精神，固然不對。說佛家必與印度教不相容，必不能相信有類似上帝之形上的精神實在，亦大可商量。因後期佛教之常住眞心、如來藏，與印度教思想之梵，亦可謂相近。但佛家之思想，終是以否定上帝梵天之執着，否定一切常我之執着開始。佛家之否定此一切，其用意，正明在使人之一切非理性反理性之無明煩惱，一切盲目的勢力，晦闇的衝動，或私欲權力意志，失其所憑依；由此以開拓智慧，或心之虛靈明覺。此是人類思想中，直接面對一切非理性反理性者，而求加以超化之最徹底的思想形態。佛學今雖衰於印，然我仍以之爲最典型而充量發展的印度思想。佛學與中國文化關係最深，故可再多說兩句。

佛家不如儒家與西方哲學基督教，先直接從正面說大公無私之理性，與仁心、上帝，而先說空一切所執之人我法我。三者道不同不相爲謀，似無相互取資之必要。然人之理性仁心之涵養，與純潔之信仰，同有賴於心之虛靈明覺之開拓，則中西思想所當共認。我們必須知道，在一般人，其大公無私的理性與仁心，常是被掩蔽的。縱然呈現，亦常不免夾雜私意。夾雜的私意之後面，即有不自覺的盲目勢力，晦闇衝動，如私欲，與權力意志。人之心靈之活動，一有夾雜，亦即道與魔俱生並長，或魔鬼與上帝同行。上帝到那裏，魔鬼亦隨之俱往。則上帝無絕對之勝利，魔鬼亦無絕對的失敗。人只依一超越精神，去嚮往一理想，此理想無論是什麼，是上帝，或理型世界，或關於人間社會文化之理想，都可使我們向上翻過魔鬼，若不見魔鬼。然魔鬼仍可在任持此理想之理性的心之後面窺伺。魔鬼之活動之所依恃，恒即在吾人對於理想之執着。誠然，人對於理想之執着，如眞自覺出於大公無私之理性仁心，即非執着，而爲一至善之流行，或上帝之表現。但是通常人在此，總差一分自覺。差一分自覺，則本是至善之流行、上帝之表現者，皆可在實際上兼爲魔鬼之工具。人在此時，便常須有一空掉所執着之一切理想的對象之工夫，由此以空掉一切私欲與權力意志之所可憑依。縱然人此時之理想，在根原上亦仍依於一至善之流行，而爲上帝之表現；然上帝亦將願意暫時隱退，表面死去，以撤回魔鬼之一切把柄。此卽同於謂人之上帝之觀念亦須隱退。因唯由此上帝或上帝之觀念之隱退，而後魔鬼能失去把柄而隱退（上帝之隱退 Withdrawl of God 一名，乃本於海德格論霍德林（Holdern）詩之文）。此時一切法畢竟空之智慧，卽可成不可少。此是不僅對佛教徒不可少，亦是對一切人皆可爲不可少之一人生智慧。基督教徒與一切信上帝者，亦當知其上帝觀念在此亦須隱退，須「一翻死去方能活」。我們由此卽可逐漸湊泊佛家之似消極似否定一切的思想言說之積極意義。佛家之空掉一切執着之道，一般說在觀一切法之無常，觀一切法之因緣生，無自性等。自理論說，一切法是否無常，一切法是否因緣生，無自性，可以討論。然而據之以修習空觀，則亦不必須討論。這是人當下可用以去除人之執着、私欲，與權力意志，而開拓其心之虛靈明覺的工夫。此外佛教之一切瑜伽行，都可說是重在由戒定以生慧。此所增加之智慧，並初是「一切法畢竟空」而無所得的根本智慧。我們可姑名之爲：心之虛靈明覺之能量上的純粹開拓。但我們復須知，佛家開拓此心之虛靈明覺，而又並不回頭把握執持此心之虛靈明覺。如有把握執持，必須打掉。故此心亦不可得，亦可說其畢竟是空。然此空之本身又須空，否則空又成執。故我們仍將說，求畢竟空之心不空。卽心之虛靈明覺之能量上的純粹開拓，不空。此心之虛靈明覺之能量之純粹開拓，亦卽使人之眞正大公無私的理性，或性理或仁心，得其流行而伸達之條件；兼使無矯亂虛妄之眞知識成可能。此在佛家名之爲由智生悲，依根本智而有後得智。佛家與其他印度宗教家，多知道用心於由空觀，各種瑜伽行，以戒定工夫增智生悲。這種用心的方向，是西方人所一向忽畧的。西方人能運用其天生的智慧，以觀察，實驗，構造假設，推演其理論效果等以研究一切，而上窮碧落，下達黃泉，並知歌頌讚美天才之靈感，亦知用各種外在的教育訓練方法，去陶冶智慧。並常能依其自然理性，人道感情，以從事革命，推倒社會政治上之黑暗與專制壓迫，作種種謀社會福利的事業，以推行上帝之道於世間。但是他們未必知，如何用內在的空觀瑜伽行之工夫，以增益智慧與慈悲，以達於更高之精神境界。此種缺點，乃深植根於西方文化本原之宗教精神中。西方宗教總偏重以上帝天國之境界爲超越的。譬如，西方宗教中有神秘主義者，能直接見上帝感到忘我的歡悅。但是不少東西的學者，如阿托Otto羅達克西蘭Radhakrishnan論東西神秘主義之一差別，都說西方之神秘主義者之見求上帝，初惟出自祈望要求，其見上帝則恒感其爲突然降臨，因而生一莫大的精神激動。詹姆士宗教心理之種種Varieties of Religious Experience一書所擧例，亦多可爲證。此外美現代一女哲學家May Sinclair在其Defence of Idealism亦謂東西神秘主義之異，在後者之爲冒險，先無準備。然印度神祕主義者，對梵天之體證則是寧靜的、安謐的、恬愉的、輕安的。印度瑜伽行使任何人都可依一定的方法從事修習，以獲證所謂超世俗之神秘境界。如見梵天與證佛家之定境等。由是而使神秘境界之證得，爲人所自主的，因而亦可是無所謂神秘的，而只是修道者之日用尋常事。在西方之宗教中，神祕主義恒被視爲異端。中世之正宗基督教教義如多瑪斯所持者，重對啟示之信仰，重以理性講神學教義，以人與上帝覿面相遇，只能在死後，或天國降臨時。其正宗神學家，以一般自稱神秘主義者所見，可非上帝而爲魔鬼。但眞正說，如我們不承認上帝則已，如承認之而又不承認其可直接實際呈現於人心，只有通過耶穌以間接啟示吾人，或只能由理性推證其存在；則其存在，便終是對心爲超越且外在的。如此之神，人如要只信其當前之直接經驗，便可加以懷疑。要絕此懷疑之根，則一切超越境界或上帝之存在，最後必須是人今生所可多少實證。若然，則西方神祕主義者，求在今生直接實證上帝與超越境界，正未可厚非。唯以西方之神祕主義者，其見上帝，常是出自突然之主觀之感悟。他自己對此感悟，亦不能眞加以主宰把握，遂無一客觀之標準，去驗證其是見上帝或魔鬼。正宗神學家不重神秘主義，亦不能說全無理由。然由印度之瑜伽行，以證梵天（即上帝）或神秘境界，則一方確定此上帝或超越的精神境界之必可實証，並一方依一定之方法程序，去從事實證。此方法程序本身，又是可依客觀之理性標準，加以檢討，加以說明的。依此方法程序去實證，又是有把握而自己能主宰的。此正是兼綜合西方之神秘主義之重實証，與西方正宗神學重客觀之理性標準的精神。關於印度這種瑜伽行，我因未向此用工夫，亦不便在此多論。我之未向此用工夫，因我相信儒家工夫更簡易直截，亦能知天而達超越的精神境界。但我決不否認，此中大有事在。人向此用工夫，亦確可另有所得而再造人生。無論如何，這是表現一種自作主宰，去呈現超越凡情之精神境界或神境之精神。這是依於一「一切超越精神境界皆可呈現於一切人，而對之成爲內在的」之致廣大而極平等之信念而生。亦是依於「一切凡信仰爲可有之境界，皆可依合理的修養程序而卽能達到」之信念而生。此中修養所以能有效之理論基礎，則在相信：「凡障蔽或違反此精神境界之一切『無明、執着、私欲、權力意志』之可被空掉，或被超化」。這是「直接依於否定『對此精神境界之否定者』，以使此精神境界得被肯定於人心」之道。這一種宗教修養工夫，乃全是沉潛着裏向內的。在修養歷程中，所增益的心之虛靈明覺或智慧，亦一直可再用之於向內心深處之煩惱業障照察，加以超越轉化，以使一切煩惱業障本身，亦皆成菩提正覺之資糧。由是而人之理性的心，自可日益去其夾雜之成份，而歸於純淨清明，而如理如量，以相續流行。

印度宗教，與其他宗教與哲學之瑜伽行之目的，固偏重在個人之解脫，以達宗教之目的，而不在成就文化之悠久。然而文化之成就，依於眞正純淨清明之理性的心。此理性的心之相續流行，正是文化之相續成就，而悠久存在之條件。印度之瑜伽行，正所以陶養此理性的心。印度民族文化之所以能比較悠久，正當直接間接，多少歸原於其民族中智者之會習於瑜伽行，或瑜伽行之精神之表現於其社會生活。而今日之西方，如要使其文化眞得悠久，在根本上，亦正須從如何使其理性的心之得純淨清明上下工夫。西方人除少數之宗教家哲學家外，其現在之文化精神，尙偏於向前之創造，向上之嚮往追求，向外之表現成就。很少西方人眞能反顧到其向前向上向外之精神之下面、後面、內面所夾雜之煩惱業障。我不能說，他們卽能立刻接上印度文化之精神，而以瑜伽行開拓其智慧。但是只要他們對於印度哲人之重空無的精神，能多少認識其價值，不復輕易以印度之宗教爲異端；並於人性中非理性反理性之成份，多加注意，而勤求加以安頓、調伏轉依之道；知此方爲使人之理性的心，相續流行，亦是文化悠久之必須條件，則已算逐漸透入印度文化之精神。此則是應當而又可能的。現代西方學術界，對東方思想中之中國思想了解最少，尙偏重在考證器物文字。然對印度思想，則已算頗有興趣。這是西方學術界的進步。亦許西方人要先了解了印度思想，才能到了解中國思想之階段。

三　中國與印度人生智慧之相通

中國文化精神與人生智慧，本與印度不同。然中國與印度之文化，同樣是重和平而有最久之文化歷史的。其人生之智慧，同著重對非理性反理性者加以安頓超化之工夫，而不似一般西方思想家宗教家，只著重依理性去形成理想建立理想，而對之追求企慕嚮往，或一心歸命上帝，祈禱上帝。中國文化與印度之文化之不同，在印度文化精神核心是宗教。印度人以前根本不重視其歷史，亦未嘗自覺的求文化之悠久。只是其傳統宗教之重內心之修養，內在之開悟，實際上使其民族精神趨于沉潛內斂，而增益其民族之智慧，以使其文化得悠久存在。此如上文所說。印度人之好和平，則一方是由其宗教文化精神使人精神沉潛內斂，人各向其內心之煩惱罪過用工夫，以求超於無量刧生死流轉之外，而不外求支配人征服人之故。一方面則是由於其無所不在之梵天信念，與一切衆生皆有佛性之教，及一切致廣大之神話（如梵天有無數化身、于世界動輒言三千大千世界、無量無邊等），都使其心胸廣大之故。故印度文化之較悠久與好和平，皆只爲印度精神附帶之產物。而中國文化，則自始以求文化悠久與世界和平爲一自覺理想。中國自古卽有史官之設置。中國人之歷史意識，是世界最發達的。重歷史而求通古今民族文化生命以爲一，亦求今日之文化生命延續于萬世。以文化進步原于鬥爭矛盾戰爭之西方式思想，如黑格爾馬克斯尼采等所持，中國自來卽缺乏。中國儒家喜論可久可大之道。求久求大是求「萬物並育」，「萬邦咸休」，「協和萬邦」，「萬國咸寧」，「建萬國親諸侯」，是慕「太平之世」，「大同世界」，「天下一家」之實現，是要「安天下」、「和天下」、「治天下」、「平天下」。于是中國文化之能悠久與過去之常有太平之時期，均可說是中國人之自覺的文化理想之實現。中國文化之所以以悠久與和平、久與大爲文化之理想，這是依於中國先哲對於人生之根本智慧，此卽仁與知之智慧、人性善之智慧、天人合德之智慧等。這些智慧與印度之人生智慧，亦不盡同。但是在原則上亦可貫通。印度思想之否定方式，是中國先哲所少採取的。分析人之無明與執着或私欲，而着重於破執，亦不是先哲的思路。觀空或觀一切法之如夢如幻，與一切瑜伽行，亦非中國先哲之修養方法論中所原有的。但關於心之虛靈明覺義，中國先哲中之道家，却甚爲看重。儒家亦非不知。道家莊子，以虛爲心齋，知萬物不可納於靈台，而要去智與故；正是使心無所住、無所滯而無所執之意。孔子之「無可無不可」、「無適也無莫也」、「毋意毋必毋固毋我」、「吾有知乎哉？無知也，空空如也」，亦未嘗不隱涵此義。荀子亦以心之虛壹而靜爲知道之本。佛家去執之教，在此處正可相通。不過佛家在如何去執的工夫上，說得更密，儒道二家則以虛靈明覺，爲心之一德性；而要人直接湊泊，以用涵養工夫。心之虛靈明覺，確是一切智慧之本。唯心原是虛靈明覺的，乃能呈現一切實在，一切感相，一切理念，一切理想。心不虛，則對一切有皆不能有。中國道家儒家講此心之虛靈明覺都說之爲原則上無限量，無所不運，能涵攝天地萬物的。此與西方理想主義者如康德、黑格爾以至虎塞耳之以超越統覺、超越意識之心爲無限，能涵攝一切可能經驗可能對象，亦是義可相通。只是中國之道家儒家，又未嘗如西哲之自此心所統屬知識範疇或理念之普遍性、統攝性，以說到此心之普遍性、統攝性。依中國道家儒家義，以論此一切知識範疇或理念，只當說其不過此虛靈明覺，接觸對象而欲成知識時，所表現的各種活動之姿態之形式，或規定性而已。（此乃一比較專門之問題，非今之所及論），所以中國先哲之在如何湊泊涵養此心之虛靈明覺上用工夫，亦正是所以開拓我們賴以成就知識之智慧之本原。實際上，人只是用其天生的智慧去努力求知識，成就知識，運用科學技術，去征服自然或改造社會，尙是較容易的。反省我們知識所由成就之先驗的範疇理念，以成立一認識論，如西哲所爲，亦是只要人之多餘之智慧力，在向前求知之外，尙能向內反省，而知其所以能知，便可以作得到。但是生也有涯，知也無涯。智慧之能力，用竭蹶了，如何使之不斷滋生，都是一般西方學者，常一無辦法的事。中國先哲與佛家在此，都同樣提供了一自內部增益智慧之方法。佛家的方法，是觀空破執，中國先哲之道家儒家，是要人直接湊泊涵養此心之虛靈明覺。莊子於此說了「坐忘」、「喪我」、「以明」、「兩行」、「葆光」、「物化」一套心境、工夫，以顯虛靈明覺之心德，而神由此降，明由此出。後來宋明儒家之體認、體會、操存、涵養，亦正包含有要呈現此心之虛靈明覺之義。

四　中國儒家所謂操存、涵養體認之工夫，皆所以使理性不致爲非理性、反理性者所間隔，由天理流行，以超化非理性反理性者

但是，我們又須知道儒家對於心之體認體會操存涵養，又不是只體認涵養此心之虛靈明覺。此心之虛靈明覺，縱全幅呈現，在正宗儒家看，亦只是此心之一個光景。人縱常得保任此心之虛靈明覺，而不斷增益智慧，並不能算眞盡了心之眞性。心之眞性，自孔孟以至後來儒家，一直認爲在根本上，只是一仁。心之保任其虛靈明覺，可以將雜念與私欲執着等澄清，此可爲仁之性德流行之地步。然其本身尙不是仁。心之虛靈明覺，固可說爲心之一德。然此德仍依於內在之仁德。心之虛靈明覺之所以可能，由於我們心之能超越執着私欲等。超越執着私欲之活動之所以可能，唯由我們之心，有一生

生不已之性理，或仁德，要破除執着私欲之限制，以逐漸呈現或呈露。故積極的呈現或呈露心之性理仁德，而顯於接物之情，才是我們之心之正面要求。如果我們不能積極呈現心之性理或仁德，而止於心之虛靈明覺之保任；則此「止保任虛靈明覺之心」之心，同時亦可滯住性理仁德之流行，而有一自私之不仁。如此，則虛靈明覺之保任，便亦非眞有價値，而只可說是中性的，（因其一方雖使私欲執着不呈現，而實現一超化罪惡之善，一方亦有不仁處，二者相抵，故爲中性的）。由是中國眞正之儒家，只以虛靈明覺爲仁德流行之地，只以致虛靈明覺，爲使仁德流行之一工夫，而不以虛靈明覺卽心之本體。心之本體，乃生生不已之仁德或性理。人須涵養操存體認者，乃此「虛靈明覺而卽具生生不已之仁德」之心性之全。這個體認，不是懸空去體認，不是在心之後面或前面，心之上面或下面去體認，而是卽在此心自覺「清明在躬，志氣如神」，「胸中無一事，浩然與天地同流」之際，去體認；在此心感物而動之無私的怵惕惻隱，與人物之痛癢相關之情中，去體認；在此心之不自軀殼起念，思及「上下四方曰宇，往古來今曰宙」便知我與宇宙同在無窮中，而頓超直悟「東西南北海聖人，此心同，此理同，而若與之脈脈通情」之感中去體認；與其他一切此心之仁德、仁性之顯於應接事物之情，或對自己意念之善善惡惡之良知中，去體認。這個體認，同時卽是操存涵養。操存涵養，卽是心之自求充實，自求保存，其所呈現之仁德或性理之事。這個修養的工夫，大體是正宗儒家所一脈相傳。千聖一心，誰也不能在此根本義，再逞聰明，弄精彩。然宋明數百年之理學家，在比心性之微上，所認識之深切，則世界上實無能相匹。我們今亦不能多所論述。

在此處我特要提醒的，是這一套修養工夫之精微處，全在其自最本源處用功。所謂在最本源處用功，可試造一西方式名詞來說，即在「道德理性之相續的表現實現之如何可能」上用功。此中問題之核心，不在如何用我們已顯道德理性，去建立道德律，爲善去惡，完成人格，成就事業，創造文化之下面一段事。而在如何使我們之道德理性，能相續表現實現（即天理流行），不爲私欲習氣等非理性者反理性者所間隔上。宋明儒所謂主靜主敬涵養操存之工夫，都是所以成就道德理性之表現實現（即天理流行）之可能，同時亦即使反理性非理性者之呈現，漸爲不可能。道德理性本身是內在而超越的，乃天之所命，現現成成，不容造作，非人力工夫所得而施。人力工夫之所得而施，皆只在如何使其相續流行爲可能，而使間隔之者之呈現成不可能上。所以這個工夫，只可說在天人之際，或善與不善，理性與非理性間之幾上。此一切話，如讀者不多少用過工夫，而再加反省，亦不易得解。然如多少用過工夫，而又加以反省，則知此種修養工夫與學問所達之境界，是比康德之先驗的實踐理性，還要更深一層。這個工夫與學問，亦可謂一如何使康德之「實踐理性眞能有實效性，而使經驗的我咸順之而超化」的學問的工夫。康德之道德哲學，如果不接上此一段工夫，其應當之命令，最後仍必然要空懸而升騰，爲拍拉圖之理念世界中之價值理念。此即哈特曼(Nicolas Hartmann）之倫理學之所以由康德再退至拍拉圖之故（我以前將哈氏三本倫理學看了一次。此是一大著。他一方似較康氏進了一步，但同時亦退了一步）。然而如接上此一段工夫，則一切應當之命令皆可落實，而無不可由實踐而實際的實現。道德理性之必然能超化非理性者，爲人生與宇宙之主宰，亦可由此實踐，以不斷被證明。孔子所謂「一日克己復禮，天下歸仁」，孟子所謂「萬物皆備於我矣」，朱子所謂，「吾心之氣和則天地之氣和，吾心之氣順則天地之氣順」，陽明所謂「良知是造化的精靈」，皆可於此得解。而後叔本華弗洛特馬克斯尼采等非理性主義之論可不立。至於如黑格爾之由長遠歷史，以證明非理性者服役於理性，以見理性爲世界主宰之說，亦是更爲迂迴之論，尙不如由此工夫所證者之親切。

宋明儒者講道德修養之境界，恒以人欲淨盡天理流行爲理想。所謂天理流行，與人欲淨盡，原是一事之二面。但我們可以姑分開說。中國先哲所謂天之涵義，一方看，可並不少於西方哲學上之上帝的涵義（詳論見拙著中國文化之精神價值十四章。此書我仍望世人一看。此下所論，亦多與此書相照映）。所謂天理流行，用西方哲學之術語說，卽普遍客觀之理性或上帝之理性，相續呈現實現於吾人，並見其卽吾人之理性。天理流行之境界，乃直感天理之自上而下自內而外以流行。須知在眞正之道德生活中，我們對我們自己之意念行爲，皆有一自內心深處自動自發的「安或不安之感」（孔子）、「悅心或不悅心之感」（孟子）、「好之或惡之之情意」（太學）。合理則安之，悅之，好之；反之則不悅，不好，不安（朱子）。故可說我們之每一意念行爲，皆對照於一「昭明靈覺之天理」，而在其前顯其爲是或非（陽明）。此亦卽是說，吾人每有一意念行爲，皆有一良知之直接判斷昭臨於上，而是是非非，而好善惡惡。良知之好惡，初非一般好惡外物之自然好惡，而恒是依直接呈現之天理，對吾人之自然好惡本身之一直接好惡。良知之是非，亦初非一般指向他人或外面之社會之自然的是非，而是依直接呈現之天理，對吾人之自然是非之本身之一直接是非。（注意：此二層之是非好惡，最後可合成一層。然當其初現，則是二層，此須細會。）良知之是非好惡之判斷，若在上昭臨而爲超越的，同時純爲內在的。在完滿的道德生活中，吾人之一般意念，念念相續，此良知判斷，亦恒念念相續，即知即行，徹上徹下，存中形外。此即天理之自上而下自內而外以相續流行。此良知天理，因其初爲內在而又超越，且普遍無私，廓然大公，故講到最後，必須承認其來自我即來自天，屬於我心，亦即屬於天心。而我之主觀之良知，即客觀天地萬物之良知；吾心主觀之理性，即客觀存在之宇宙之理性。故中國儒家之以隨處天理流行爲工夫到家之證，以西方術語言，亦即以「普遍客觀之理性或上帝之心，隨處直接呈現顯現，爲吾人之理性，於吾人之心」爲工夫到家之證。此中，人之一切工夫，皆直接迎迓天命，自降神明之工夫，而非如西方基督教之向上祈望之工夫。西方基督教之向上祈望，亦是要超出人欲以迎迓天命。但是此種求超出人欲之方式，恒是將人欲撇開，而壓至旁邊。此依近世心理學家說，便是壓之於下意識中。如此，便不能根絕人欲。人欲亦終將化身而出，或永在旁窺伺。故單純的向上祈望，以迎迓天命之工夫，在理學家看來，仍是向外襲取。其制人欲，是如鯀之治水，用堵塞法；而非如禹之治水，用疏導法，以使人欲順流而下，自然融化。要使人欲順流而下，自然融化，只是向上祈望是不行的。此所須者，是順天理之流行，以徹入於人欲之內，而隨其所往以俱往。人欲恒會理由化而出。故儒家之修養工夫，重去自欺。孔子已說：「君子疾夫舍曰欲之而必爲之辭」。大學愼獨之工夫，全在毋自欺上用。人欲壓入下意識後，亦可形諸夢寐。儒者之修養工夫，則要一直透入夢寐之中。以夢魂之淸明，爲工夫之效驗。西方宗教徒，知人欲恒會理由化，亦知人欲可壓入下意識，故要人不要太相信自己，而要人更一心歸命於神。然此畢竟非釜底抽薪之道。故升天國只能在死後，人世終不可安居。西方中世眞用工夫之基督徒，在罪惡之念出現時，恒痛自懺悔，以祈禱神恩。其精神亦極可佩，而方法則終似欠高明。唯中國儒者之在本原上，涵養操存，以使天理得相續流行，徹上徹下，充內形外，使人欲自然如泥沙之順天理之流行而俱化，此方是「由仁義行，非行仁義」，而在此生今世，可成聖成賢之道也。

五　中國儒家所謂省察與研幾，皆在本原上超化非理性反理性者之工夫

復次中國儒家言道德修養，除直接言涵養操存，以積極的使天理相續流行之工夫外；如方才所言之毋自欺，便須先能省察及自己自欺之事而下消極的尅制之工夫。然中國儒家言省察尅制工夫，亦頗皆不同於西方宗教徒與罪惡奮鬥之說。因中國儒家之言省察尅制之工夫，重要者皆是在「過」

尙未成爲彰著之罪惡時，卽人欲尙未橫流時，用工夫。因在罪惡已彰著時，再用工夫，常是落後一着，而來不及。中國儒者蓋深知在經驗事實上看，人依理性以主宰自己生活之力量，仍是有限。故儒家之言省察尅制，重要者乃是在意念之稍有不正，過而失中處，卽下手用工，此之謂硏幾。幾之一名，宋明諸理學家各有解釋，皆極細微。但無論幾指什麼，硏幾之工夫，都是一種用心於理性與非理性反理性者之際或關鍵的事。人能硏幾，則不俟惡積而不可解，再施矯正之功，自然用力少而成功大。西方基督教言去罪，中國儒家言改過。過旣成罪，亦可謂非人力所得而施，除非上帝化身爲耶穌，在十字架上流血，不能贖。人不得神恩，便只有入地獄。然人眞能硏幾，於不正之念之初起，加以省察尅制，則人人所能爲。由中國儒者之能作此細微之硏幾之工夫，至宋明理學家，而知一切私欲、習氣、權力意志之本源，都可直溯其根於一念之陷溺，或一念之矜持，以及心靈之向外偏向。（此義至晚明理學，而後發揮盡致。）因無論是陷溺於什麼，皆使心失其虛靈。無論是矜持什麼，皆使心有不平衡而凸出。無論是什麼一種向外偏向，皆使心易有所蔽障。因而皆可產生佛家所謂一我執或法執，或產生儒家所謂習氣或私意者。有我法執，有習氣私意，以阻滯生意之流行，仁體之昭露，卽可逐漸引出各種誇大自我，征服他人之權力意志，及各種私欲，與鬥狠殘忍等無數罪惡者。宋明理學家，在此種在心髓入微處求絕過惡之原之智慧，其所以精闢絕倫，全係於其用心，不徒在依理性以建立理想之一面，而同時能反照察於一切違反此理性之一切勢力之萌動，以保任此理性的心之相續流行之故也。

中國人之日常的社會文化生活與人文悠久及人類和平

中國儒家傳統所宗尚所形成之社會文化生活，其目的乃在安人，安天下，或安頓潤澤人生，以使一般人之日常生活，歸於平順安泰。人之精神，一方面固要求向上升進，并表現自我之特殊才能於社會，一方面亦要求有平順安泰的日常生活。而平順安泰之日常生活之所以可能，則係於日常生活與精神生活文化生活之合一，唯由此乃可完滿的獲致人類之和平成就人文之悠久，此文即從此一點說。

一　日常生活與精神文化生活之合一

關於中國儒家傳統所宗尚之日常生活，我們都知其并不以絕去人之自然生命之慾望爲最高理想。中國宋儒所謂「人欲淨盡」之「人欲」，亦專指不正當私欲，而非自然生命欲望之謂。儒家以後者爲不善，而不以前者爲不善。故儒家肯定人之自然的飲食男女之欲之正當，而以「使有菽粟如水火」，

「內無怨女，外無曠夫」爲王道之本。此乃因儒家在自然生命之存在本身，即發現一自然之善或價值。故儒家亦肯定一切利用厚生之物質文明之價值。從一方說，儒家之此精神，似是順應俗情的。然而儒家讓人滿足之此俗情，同時即將人之此俗情，與以一交代，一安頓。我們須認淸人之自然生命欲望，乃有限而非無限，亦非私欲。無限度的欲望或私欲，乃依於人之自覺的理性陷溺於自然欲望而生，此點人多未能認識（詳論見拙著中國文化精神價值第六章及昔年出版之道德自我之建立第三篇）。故對人之有限的自然生命欲望，與以有限的滿足，而予一交代，一安頓；人之精神生活、文化生活即可自由的生長發展，以成就人之精神生命文化生命了。

然而儒家對於人之精神生活文化生活，如何生長發展之道，却同時有一大慧。此即不重使人之精神生活文化生活與人之日常生活、自然生命欲望脫節，而獨立生長發展。却重使人之精神生活文化生活，直接貫注於人之日常生活，以潤澤陶養人之自然生命欲望，使之不致發展爲無限度之欲望或私欲、權力意志。先秦儒家之精神，首表現於其對於禮樂之重視。儒家之禮樂，初不成一獨立之文化領域，不似西方之視文學藝術政治宗教，各爲一獨立之文化領域。禮運謂：禮之初始於飲食。儀禮之首要之禮是冠婚喪祭之禮。儒家所謂禮之涵義，說平常則平常之至；說精微，亦精微之至。我們以前說西方文化所表現之一切弊端，其根源皆在西方人之精神恒只重向前向上嚮往理想，企慕神境，而對在人之理想後面下面之權力欲私欲等，無法加以超化。人之權力欲私欲，遂能以各種自覺的理由來文飾其自己，或歪曲人所定之理想，以適合其自己之要求。於是人自覺是依理性所定之理想而行時，實際上常是受後面之私欲、權力欲所驅使。在此，人要絕對的自拔於罪惡之外之道，一是如基督教回教之一心歸命於超理性之上帝，或信託宗教上之啟示，以超越於自己之外，由是以超越於自己之一切自欺之外。此是基督教要人不要太信自己之良心之根本理由所在。一是如佛教之觀一切法畢竟空，以使人之一切私欲、權力欲失所攀緣憑藉。一是由內心上之眞切的省察存養之工夫，以絕自欺之道。世界唯中國之宋明儒者，用此工夫能鞭辟近裡。而另一道，則是使人之未能自覺或不須自覺的日常的社會文化生活，先習於一種方式，其本身涵一種精神意義，能自然的超化人之權力欲私欲。而中國儒家傳統，所宗尚所形成之中國社會文化生活——即禮教生活——正是最富此效用者。即以最平常之飲食來說，中國人之飲食，極早便趨於合食，食前或先祭天地君親師。此與西方人之分食，似只是風俗之末節上之異。然而分食，即表現一尊重分立的個體之精神，於無意間培養人之分立的個體意識者。合食則表現照顧全體，尊重他人之精神。在基督教儀式中，十分重視聖餐之禮。以共同的酒與麵包，象徵共同崇敬的耶穌之血與肉。這正是因爲食物的共通，即可培植一精神的共通。所以我認爲西方人，要增益其家人朋友的情誼，亦應廢止分食，而改爲中國之合食。西方教徒，在飲食之前，先感謝上帝或先祈禱，是很好的禮節。因爲這是先培養人之一超越自然生命欲望之精神意識於前，然後從事自然生命欲望之滿足。但是人如要充其宗教精神之量，應包括天地君親師之崇敬（詳論亦見拙著中國文化精神價値第十三章及理想與文化第九期宗教意識之本性及其諸型態）。故中國人之過年過節時，食前先祭天地君親師更好。此外如中國人之飲酒，必坐定而後飲，此與西方人至今尙有在酒店舉杯立盡之風，二者所培養之精神意識，亦全不相同。酒本所以興奮精神，立飲則精神亢奮，易生好勇鬥狠之心。坐定而飲，則表示與奮中有一節制與寧靜。此外西方飲食中用刀叉，乃獵戶遺風。吃一次西餐，左固是刀叉，右亦是刀叉。換了若干次刀叉，才吃完一頓飯。此亦足培養人之殺機。依理而論，西餐之刀叉，皆須廢除，或改用木質膠質，方能培養人間和平之氣於飲食之徵。

中國儒家之禮記一類之書中，說明人之飲食之禮之各種意義價値，多備極精微。此外亦並重說明各種日常的禮儀、各種日用的衣服冠履、宮室器物之所以當用某質料某形式之意義與價値，此處不擬多述。此中究竟有多少是爲了提高人之精神境界培養人之德性，必當如此的；有多少乃是順已成之風俗習慣，而對其意義價値，姑作一方面之說明的；有多少是可保存當保存於今日的，都大大値得研究。一時很難作決定的判斷。但是此種從人之日常生活之禮儀，衣食住行中之用物上面，思索其提高人之精神境界，培養人之德性之意義與價値，確是表示一種求日常生活與文化生活精神生活完全融合爲一之理想。現代之西方人與中國人，對其衣食住行之日常生活，恒不免只視之爲所以滿足人類生存的需要，並特重便利之標準。或則加上美觀與刺激人注目之標準。實則此皆不免以人之衣食住行爲生活之手段，而非以之爲生活之自身。如人眞以衣食住行爲生活之自身，則人之衣食住行，除便利、美觀、刺激人注目之標準外，正當注重衣食住行對吾人精神境界之提高，德性之培養之價值，以使此衣食住行之生活本身，即成爲眞正之文化生活精神生活。如人之衣食住行，只以便利、美觀、刺激人注目爲標準，則使人之精神，自然趨向於向前看與向外看，而不能眞正向内看。同時人之權力欲與私欲，即緣人之只向前向外看之性向，以滋生暗長，而人類之和平，亦將永不可能。對於這個問題，我現在尚不能有更多具體之意見提出。在人們尚根本未注意此問題時，具體的意見，多提出亦無用，徒使人驚訝。譬如近代西方之都市中，數十層樓之建築，我即認爲不須再造。因這即是使人精神向上凸起，而永不能眞正放平的。人精神如永不能放平，世界亦永不會和平。此外如西式喪禮着黑服象徵生命之斷滅，此實不如中國喪禮之穿白服之象徵生命之明潔（湯姆生 F Thompsom the world without and the world within 第二部，曾謂西人死時着黑服乃表示一絕望之悲愁。如知死亡非斷滅，則應廢此黑服云）。又如男子西服，雖有便利處，然其硬領硬袖，把人自然的身體綳起，向外用力，亦非陶養人之和平寬容之精神的。其衣袋太多而無用，徒暗示人之貪得之意。又如英國紙烟最好，而其牌名，或爲海盜、或爲海軍、或爲三炮台，都是在無意中暗示人以黷武好戰之意識，都要不得。這些話，我不便說的太瑣碎，一時亦不易爲人所信，姑止於此。林語堂先生著吾國與吾民、生活之藝術，頗論中國人之日常生活之衣食住行中，其情趣之深長，爲西方人所不及處。林氏立言不求嚴肅而頗富風趣。讀者可以去看，以補本文所畧。

自註：胡蘭成先生近著山河歲月，於今年三月在日本清水市西貝印刷所出版，其書論中國人之日常生活中之意味，與所表現之性情德性，較林著更有一疏朗優柔之氣味，亦前所未有之書。讀者並宜參看。

四十三年五月誌

二　自然生命之安頓於社會文化生命中

中國儒家傳統所宗尚之社會文化生活或禮教生活之又一點精義之所在，即在對個人之自然生命，自開始與終結，都由人與人間之禮儀，以安頓之於社會文化之生命中，因而使人之自然生命中夾帶之權力欲私欲，亦自然易得其超化之道路。中國古代之一般禮儀，特別重冠昏喪祭，方才已提到。這些禮儀，最初固亦本是人自然情誼的表現，且爲各民族之所同有。然而中國之儒家傳統，則特別自覺的指出其意義之所在，因而自覺的求保存之於永久。人之初生，與冠而成人，及結婚，皆有賓客來賀，即使人感其自然生命之成長，男女之欲之滿足，皆在他人或社會之精神之環繞中。對結婚之意義，中國儒家更特別自「合二姓之好」，與「承先啓後」以說。由是而結婚遂成爲貫通橫面之異姓家庭，與縱面之祖宗與子孫之生命之事（西方人或視結婚只爲二人間所訂之契約。康德之法律哲學中亦如此說。黑格爾於人權哲學中論家庭章謂康德此言爲可羞。然黑氏亦只言家庭爲夫婦子女合成之一精神實體爲止，對孝與祀祖宗之義，仍無所知）。中國之婚禮，不似西方之婚禮由牧師證婚，而行禮於天地君親師之神位與昭穆之神位前。此在原則上，乃更能表示婚姻之爲人間世界人倫世界生命精神世界中之情蘊所充滿者。中國昔之婚禮儀式，亦有不適於今日者。然今之中國新式婚禮，亦多不合理。重交換戒指與證人，此是只重婚姻之法律意義。在總理像、國旗黨旗前結婚，只是重婚姻之政治意義。在代表上帝之牧師前結婚，則只是婚姻之宗教意義。皆在原則上不如在天、地、君、親、師神位前結婚，能象徵婚姻之人生意義之全。至今之婚禮中，賀客賀辭，一般趨於下流無聊，更不必說。至在人死後之喪祭之禮，其所以更爲中國儒者所重視，則依於生者對死者之無盡悠久之情誼。所謂「事死如事生，事亡如事存」。「養生不足以當大事，唯送死足以當大事」。事死送死之足以當大事者，乃因事死送死，而後吾人對死者之情誼，直達於幽冥，而使死者之生命始終，皆爲吾人之情誼所環繞護持。夫然，故冠婚喪祭之禮，皆所以使人之自然生命之始終，皆爲他人或社會文化之精神所環繞而被安頓。而當人自己念及此時，則其對他人及社會文化精神之情誼，亦將油然不容自已而更能極其致。現在西方文化中喪禮，由教士主持。因其宗教只許人祀上帝如神，不許人祀祖宗如神，故薄祭禮。祭禮薄而愼終追遠之情薄，生命之源遠流長，悠久無疆之感弱。人念其一死，卽離塵絕俗而去，而對世間之情，亦不能極其致。故如理而說，中國儒家之禮，皆增厚人對人間之情誼，亦培養人之和平之精神、悠久之意識所不可少之禮，而爲今之中國人所當保存，西方人所當深體其意而加以遵行者也。

三　孝弟及對天地聖賢之崇敬與人類和平及人文悠久之關係

關於中國儒家之禮教之安頓人之自然生命之價值，一方表現於其對於個體生命之始終，皆以他人或社會文化之精神加以環繞；一方表現於其重家庭之倫理，重對於聖賢或師與自然之天地之崇敬。中國之重家庭之倫理，其涵義極精微博大，我們以前已說得不少。要而言之，則中國家庭倫理之重孝弟，乃一直接挽回動物性之自然生命之一往下流趨勢，而使之上達者。人之愛妻與子，乃人與動物相差不遠者。孝與弟，則是人異於禽獸之一特點。孝弟之感情，是兒童卽自然流露的。此是超「動物性之自然」的，而表現一「精神性或人性之自然」的。孝是依於人之自然生命之欲反合於其本，弟是依於人之自然生命之分而不忍分。孝弟之情中，均有人之「超越個體之現實自我」的超越自我（卽中國先哲之本心）之直接呈現。此超越自我之直接呈現，同時卽直接超化人之權力意志與私欲之根株。人之權力意志，依於個體與其他個體之對峙之一念。人之私欲，始於個體之把握佔有其所有之身體財物。至於人對人之佔有欲，卽始於對妻子之佔有。中國儒者之重兄弟之友愛，乃是在父母之生命之開始分化爲兄弟之個體處，將此兄弟之個體，可能互相對峙之意識，直下加以超化。中國禮教中之孝，要人不把其身體視作其所私有，而視作父母之遺體，於是人之保存其身體之生物之本能，卽化爲「身體髮膚，受之父母，不敢毀傷」之爲父母而保存身體之道德意識。中國禮教主父母在，子女無私產；並要人愛妻子之心，亦兼從「妻也者，親之主也，敢不敬與？子也者，親之後也，敢不敬與？」上去設想，要夫妻相敬如賓，遂使愛敬妻子之心，更不易淪爲佔有妻子之心。人不佔有妻子，即絕去人之佔有他人之意識之一根株。西方弗洛特派心理學，從變態心理中，發現人在兒童時，即有佔據親情，嫉妬兄弟之潛慾與權力意志。但是他們忽畧人在兒童時，即有自然之孝弟之情，以超化此潛慾與權力意志。西方人之夫婦，固亦重相敬，並因男女平權，各有私產，離婚有自由，而使夫婦間，誰也不能完全佔有誰，然我總覺其在男女愛情中，互相佔有之意味恒重。（如西方電影中擁抱接吻之多，使人厭膩。）故兒童亦可有如弗洛特所謂奧狄蒲斯 Oedipus 之情結，而嫉妬竟可及於兄弟父母。然在中國則從未聞此怪癖之論。此正由中國之男女之愛情中，本來較少互相佔有之意味，而儒者又深知孝弟亦爲天性而加意培養之故。我說弗氏之論爲怪癖之論，不是說其全不代表一事實。亦許人由其動物性的攫取爭鬥本能之貫注於其意識之後，人原是對一切其他個體之親情，都要佔有，並對其他並立個體，亦都可生對峙之敵意，而引出加以壓倒之權力意志的。故人依其動物性，人首先對之有佔有與對峙之敵意者，即可爲人首先接觸之父母兄弟。然而此畢竟未講到人之人性。他們不知人之人性，即直接能對治此人之動物性，湧出自然之孝弟之情。除了在變態心理下，人之動物性暫不受人之人性之主宰外，人根本不是如弗氏所說之一動物。只依其說以看人類，直是侮辱人類。然而由弗氏之指出人自其動物性而生之佔有嫉妬之情，會首先表現於家庭之父子兄弟間，却更反證了儒家之能在人之家庭中、父子兄弟中指出人之自然的孝弟之情，以見人性，並首在人之自然的孝弟之情之培養上，下工夫，眞是依於一極高之智慧。中國儒家堅決的主張孝弟爲仁之本，這不僅是洞見人之仁心之流行之本源的話，同時亦是洞見人之罪惡之本源，而使罪惡失去其最初之表現場合，因而斷絕其以後之表現之可能的最深徹的教訓。（現代人說西方人亦未嘗不孝，基督教亦要人孝父母，誠然誠然。但是耶穌對其弟子要葬父母者說，讓死人去葬死人。孔子則無此語。在希臘人之尊老年，唯在老年有成就之智慧可供商量之一條件下（G. S. the Goverment of man所述），中國古代却一方養老乞言，一方亦有爲敬老而敬老之精神。這些明明表現文化精神之重點之不同，何用多辯？）

中國儒家之禮教，除重自然生命之安頓外，一方重開拓人之純粹的精神文化之生活。敬聖賢敬師與敬天地，即皆所以開拓人之純粹的精神文化之生活。崇敬人物，本爲東西人性之所同然，但是西方人所崇敬的最高對象是上帝，而其所崇敬之人物，多是先知、英雄、詩人、革命家、有發明之科學家、造大系統之哲學家等。此皆是能表現一向上求超越，向前求開闢，或向外求推倒，或積極的求有所創造或成就之人物。中國過去所崇敬之聖賢，則多只是對後人有功德，或有一內在的博大之胸襟，或對人有敦厚之性情，其精神不只向求超越，而且能向下多所涵蓋包容之人物。由是而中國人之崇敬聖賢，亦即所以使吾人之精神，涵育於聖賢之德性中，而得所依恃。此與崇敬西方式之人物，恆只使吾人精神上向外向前以提起者，實不同。畢竟二類人格之長短如何，誠不易論。然而中國式之聖賢，更能涵育吾人精神，使吾人精神得依恃，卽可使吾人之精神，更趨於凝攝協聚，而得一安頓，則是確定的事。西方人中，當然亦有中國式的聖賢人物。但是，此類人物之被崇敬者，遠較少於中國。我想西方人如要求削減其向外征服之權力意志，而謀世界之和平，必須先使其精神能被安頓於世間。而要使其文化能悠久，亦必須使其生命的精神，能趨於凝攝協聚，而改變其所崇敬之人物之形態，或增加中國式之聖賢爲其所崇敬之人物之形態，正是一種使其生命精神得到安頓，而向內凝攝之一道。

四　對天地之態度

荀子說：「禮有三本：天地者生之本，先祖者類之本，君師者治之本。」中國人之崇敬天地，卽表示中國人之宗教精神。中國許多先哲所謂天地，皆非只一物質的自然，而恒卽指宇宙的生命精神。不過中國先哲所肯定之宇宙的生命精神，亦直接表現於物質的自然。人亦可直接由物質的自然，以透視宇宙之生命精神。由此而中國之宗教精神，與人對自然之審美的感情、對自然物之愛惜的感情，恆相融爲一；而無鄙棄自然物、征服自然物，使人之精神與自然敵對之思想。這種思想雖多少妨礙科學的進步，然而同時却是培養人之和平精神之一道。人對於自然，如只求征服之與之敵對，則最後亦必至對人之自然的物質性的身體，亦加以敵對。——再進一步，卽可培養出對他人之精神加以敵對之意識。此意現代西哲中如薛維澈（Schweitzer）、桑他耶那（Santayana）、凱薩林（Keyserling）、羅素（Russell）等皆分別多少有所見。反之，如我們眞要培植人之和平精神，則必須不僅對人之精神有情，亦須對人之身體，及物質的自然有情；而當視物質的自然，亦爲宇宙之生命精神、天地之靈氣之一直接表現。西方中世之神秘主義，與近代之泛神論及絕對之唯心論之哲學，固亦有以物質的自然，亦爲宇宙生命精神直接表現之思想，然而西方人之對自然之藝術精神，仍不如中國之藝術精神之能眞正的游心於自然。（此亦須參考拙著中國文化之精神價值第九及第十章方知其實義）西方人至今對自然物之征服敵對之意識仍太強，並太缺愛物惜物之意識。我認爲西方人如不能眞正培植其愛物惜物意識，游心於自然之審美精神，西方人將仍不能眞安頓於世界，亦不能陶養出完滿的和平精神的。道理就是這樣，請讀者不必懷疑。

五　鄉土之情誼與農業

與崇敬天地之宗教精神及愛物惜物游心自然之精神相連者，爲鄉土之情誼。德詩哲席勒（Schiller）深知人有一回歸於自然土地之心願。（見其On Simple and Sentimentel Poetry一文）現代西方人如威爾斯（Wells）亦知人類之離鄉土Delocalized之害。然世界唯中國人對於土地之氣息，有深厚之情誼。此意友人程兆熊先生發揮最多，說來意味親切深長。讀者可多看程先生之著作。須知土地雖是物質，然人所感土地之氣息，與對土地之情誼，則非物質。何況以精神的眼光看世界，則一切物質皆表現宇宙之生命精神。又何況中國傳統之農業生活中，人所接觸的，乃是能滋養生命孕育生命，包含生機的土地。（此與物理化學實驗中之土地，旅行者所經過之土地，在概念上全不同。）人對鄉土與農業生活之情誼所自生，與鄉土及農業生活之精神意義、精神價值，分析起來是極複雜的。從前我亦曾論農業生活對人生之啟示，主要者有四，今重述如下：

一是植物之生長與結實，賴人之培植。人之培植種子，必需順種子之性。種子之生長與結實，除賴人所施之肥料等外，尙賴氣候與天氣之適宜。所以在農業生活中，人一方覺其有支配控制自然之力，一方亦覺自然界之每一植物之種子，有人所不能改變之性。又氣候與天時，亦非人力所能控制。由此而人自能節制其對自然之權力欲，同時培養出人與自然或人與天之相輔相成相和協之意識，由此以生出天地對人爲有情之直覺。在工業生活中，我們是在儘量的對原料，加以製造。原料自身不能生長發育，只可因吾人之加工，使之改變。因而我們易覺爲原料之自然物，是純可由人力加以支配主宰者，而只啟示人對自然不斷加以征服之意識。

農業對於人生之第二啟示，是常觀植物之生長，則使人更能相信一自內部開展之世界。工業的生產，必須將許多原料與機器，在外面加以聚集，在一定之空間之地位關係上，加以配合安置，再在機器以外發動動力，使機器轉動，方能有所生產。所以工業的機器生產，不表示有一自內開展之世界之存在。而植物之生長與發育，固亦待肥料與日光水分之外在條件之結合。然而每一種子本身，有其自性，有其潛伏而要生長發育出的芽、葉、花、果等形式，爲其生長發育之事所將表現。此遂使我們可以於一種子中看出生機，看出將自種子內部開展出之一切。亦使我們更能了解世界，不僅有其外表的一方面，且有其內部的一方面；使我們不只從現實上看世界，而從可能上看世界。我們在植物中，看見一生機，看出一自內向外開展之生命歷程，我們卽可轉而啟發、印證我們自己之生機；使我們亦自然趨向於開闢我們自己之內心之世界，實現我們自己深藏之人性，使誠於中者形於外，而成就我們之文化生活。西方之文化Culture 一字，與農業上培養 Cultivation 一字同原，實不爲無因。

農業對於人生之第三啟示，是農業生產主要賴土地。土地與機器之不同，在土地雖可私有，然人所私有之土地，不過地面之一塊。此一塊，亦屬於整體的大地。大地之整體，終無人帶走。卽無人眞能佔有之。而土地之能生產，賴天時之運轉，氣候之適宜。天時與氣候，亦人所不能佔據而私有者。所以在農業之生產意識中，包含一「不可私有不可佔據之天地之肯定」的意識。人在田野，常見大地之連綿不斷，天上日月星之運轉不已，太虛之遼濶無極，人於此不僅開擴了胸襟，同時亦自然減少了向外逐取，對客觀世界物加以私有佔據之心。機器以及一切人工製造物，則爲人造的地面之物，乃人在原則上所能携帶移動把握者，亦卽人之佔據私有之意，可附着其上者。所以人佔據私有機器之心最強，由此而引生近代資本家之無比的貪欲。社會主義的經濟制度下，機器國有，人可以想着機器無法私有，而去其私有之心。然而當人想着機器爲一地面可移動之物時，已可有私心之潛滋暗長。此理深徵，思之自知。人只有常常面對在原則上不可私據之天地，方能常廓然忘我，無私心之可起。農業社會之人，所以常較工商業社會之人爲恬淡，爲樸厚，這是一個原因。

此外農業社會鄉村社會，是較分散的，工業社會都市社會，是較集中的。集中的人群，便於政治的統制，亦便於野心家的操縱。集中的人群，常互相模仿暗示，以造成社會風氣，一時代的潮流。此風氣潮流，可壞亦可好。但有一點是確定的，即在集中的人群中，不易出拔乎流俗，獨立不倚，以顯發其性情，開闢其心靈，表現其天才，以擴展人文之世界之內容的人格。所以歷史上眞正的人才，常出自鄉村。鄉村社會之人稀疏散居，使人可常有機會對獨立蒼茫的宇宙，而反省，沉思，融化其所得之知識與經驗，而發出眞正之創造文化力量。

農業對人生之第四啟示，是農業生活使人在空間中，必需有定居之所。游牧與工商業，則使人常流動於空間，不必有定居之所。人在空間中行動，固經歷時間，但人所注目者，常是在不同空間中所見之事物。因而其空間意識特發達。而當其認識每一新空間之事物時，均必須忘掉前一時間所見之舊事物。所以他常缺乏眞正之歷史意識、時間意識。他之時間意識中之時間，具備變化性，而缺乏綿延性、悠久性。當人安定於空間時，則其所注目者，將是切近空間中之一定事物在時間中之變化，與變化中的恆常。因而他之時間意識中之時間，不僅具備變化性，且具備綿延性、悠久性，乃有眞正之時間意識，歷史意識。人有眞正之時間意識歷史意識，人遂能在其個人生活上，愛惜過去之生活，回味過去之生活，以迎接當前或未來之生活，而感到生活意味之深厚；在人倫關係中，更能追慕祖宗之生命，體念祖宗之意志，以愛護子孫之生命，而感到生命意義之悠久；在學術文化上，求上繼古人之精神，下開來者之先路，而了解人類文化之連綿不斷，實亘初終爲一體，而自然更望其悠久存在。

我們從上列四點農業對人生之啟示以觀，便知農業生活確是更能培植人之和平精神與使其文化更能悠久存在的一種必需有的一種經濟生活之方式。中國古人說農之效曰：「和協輯睦於是乎興，敦龐純固於是乎成。」（國語周語）和協包涵和平，純固則能久。這正是有見於農業生活之可大可久之精神價值。人由農業生活而安土，而對土地有情，亦即所以使人得到安頓滿足於自然，而能愛他人者。故易經又謂「安土敦乎仁故能愛」。論語說「仁者樂山」。西方之文化自希臘至今，皆不免以工商業爲主。唯美國有大規模農業，其立國精神，亦較濶大。工商業之生活，自有其所特啟示之精神價值。然在使人在和平相處，與使人精神有悠久之感上說，則其效決不如農業。在理想的人類世界，我想無論工商業如何發達，人皆應有其農村之故鄉，爲其兒童之時所居，老年之所休息，死時之所葬。將來的中國與世界，可以再無地主階級。然人人應有一鄉間的故居，如此而後人縱然離鄉別井，亦可常有故鄉祖宗廬墓之思，其精神方不致長在掛空游蕩之境，而有一依止寧息之所。人之此種對鄉土之情誼本身，即可阻止人之權力意志、向外征服戰鬥之意志，而使人之生意長存，此即所以成就人類和平人文悠久之一道也。

（四十二年十一月·「人生」半月刊第六卷總第六十三期）

人類精神之行程（上）

——中西學術文化發展三階段之對比

一　導　論

人類現在尚存在而有長遠歷史之文化系統，應當說有四個。一是由希臘、羅馬，到近代歐美之文化系統，所謂西方文化。這是兼在武力、經濟力、科學知識技術上，與現實政治上，支配現代之世界的。一是印度之文化系統，此是在西方之東，而又在東方之西之赤道線上的。印度人過三萬萬。三是由阿拉伯民族所創，興於中古，今尚分佈於近東、中東，與赤道以南之亞洲，直達印尼之回教宗教文化。回教人民，今亦尚有三萬萬。四是居東方之東之中國文化系統。此後三者之文化與其民族，皆是在當今世界正掙扎圖存之文化與民族。至於位居地球北方今日俄羅斯之政治文化，則有如東西文化之尾閭。此是被西方人斥爲殘存東方蒙古的統制技術之政治文化的，亦被東方人斥爲將西方的機械主義用至人類自身之政治文化，而爲東西文化之遺毒之混雜的產物。（此指俄國文化現狀而言，非指歷史上之俄國文化全部而言）人類文化，如無前途則已，如有前途，人類實當互助；掙扎圖存之文化與民族，必須能眞正存在於世界；而混雜的文化，必須化爲清明，尾閭中所積汚垢，一朝滌除，其前途亦可無量。這皆有賴東西文化與民族正確的互相了解其價値，互尊重其地位。

這種正確的相互了解，必須依於相互平視的眼光。在過去的中國，直到淸末，曾以自上而下的卑視的眼光，看近鄰夷狄，與近代洋夷之文化。在中古時期，回教與蒙古民族之鐵蹄，皆曾橫掃歐亞。而近代的西方人，則又憑藉其武力經濟力，科學技術，以征服世界爲殖民地。現代不少的西方學者，以西方文化系統以外之文化，皆屬於落後之一階段。而近百年來的中國人，亦在吃了軍事上經濟上的敗仗之後，乃改而以自下而上的高攀的態度，去接受西方文化，並自視爲落後地區，落後文化。但是我們必須承認：自上視下者不見，自下視上者不明。只有眞正的相互平視，能有文化與民族之相互了解。有此相互了解，人類才能以眞正互助，謀共同的前途。

爲了要成就人類諸大文化系統的相互了解，各文化系統的比較研究，必不可少。粗枝大葉的，亦得先有。而此四大現存之文化系統中，中國文化與西方文化，更適於互相對照的比較，中國亦更在東方之東。西方國家雖然很多，其文化內容，亦特別複雜，在現代最顯精彩。但是以地面大小，與人口多少來說，歐洲之地面與人口，與中國仍差不多。以時間說，則五千年中國文化之歷史，應可與希臘羅馬至近代西方之整個歷史相比。中西文化，正如上帝之二長足，行於東西之世界。美洲之西方文化，因原自歐洲傳入，可視爲歐洲文化之一旁支。此正如日本、越南、朝鮮之文化，初只是中國文化之一旁支。而美國之有欲承繼歐洲文化之意，亦如日本之亦有欲承繼中國文化之意。回教民族昔曾震蕩歐洲，亦如匈奴突厥回紇，在漢唐曾威脅中國邊疆。回教文化與其所保存之希臘文化等，在中古亦曾分別傳入東西之世界。印度佛教之曾影響中國文化，則有類於希伯來宗教思想之影響羅馬，與近代歐洲。近來很多西方與印度之學者，注重研究希臘希伯來思想與印度思想之歷史關係，定論雖然不多，已發現不少綫索。無論如何，大家公認巴比倫、敍利亞、波斯、埃及、阿拉伯、猶太與印度之古文化與宗教思想，是更直接相互影響的。此中國之西與西方之東之一大段地帶，可稱爲人類大宗教思想之集結地帶。上帝的面龐，於此地帶之風沙中，直接透露。上帝於此左右伸手，分別將宗教思想，散入中國與西方世界。此亦爲一中國與西方文化可相對照而觀之一點。至於自北而南的今之俄國政治文化勢力之威脅西方，並控制現在之中國，則是現代之中國與西方之問題，互相糾纏，不能單獨解決，而必須合力謀人類文化之自救的原因。所以我們要以平視的眼光，去對中國學術文化與西方學術文化，多作對照的比較。這不僅是促進中國與西方之相互了解，以合力謀人類文化之自救的事，亦是求人類之四大文化系統與其民族之互相了解的首要工作。同時我們之如此研究，亦是可進一步去求從事回教文化猶太文化印度文化與俄國文化等之研究，求眞正加以了解的。因爲此四者與前二者，從中西古今之歷史上看來，正密切相關。

但是，以平視的眼光，去對中西文化作對照的比較，是不容易的。一方面因文化的方面太多，一方面是平視的眼光難持。在現實上看，中國與西方之武力、經濟力、科學技術之進步、教育之普及、社會政治上之秩序，都是不能相比的。要比，只能比文化的潛力、文化的歷史，與文化的理想。我相信只要歷史能比，則潛力與理想都可以比，而現實亦可以比。如果不從歷史看，則說潛力有何根據，說理想亦成空談。現實便只見不能相提並論處了。至於我在此文所要打算比的，則是中西過去之學術思想精神的發展之歷史階段一方面。而不是直接將中西文化之全體拿來比較。同時我將偏重自二者所歷階段之同處看。因中西學術文化之異處看的話，我個人過去已經講得太多。我希望在此文中，能講出中西學術思想精神之發展歷史，共同的幾個大的階段；從此以多少昭露人性之同然，人類可能的思想形態之同然，與人類思想發展之方向之同然，並證明以平視的眼光看中西學術文化之可能與應當。此文之末，並擬畧提示中國與西方學術文化之現階段之缺點，以暗示其當求合力謀自救，並開創人類未來學術文化之意。我希望我所言雖少，而可以喻大。

我們如眞以平視的眼光，去看中西之學術思想之歷史，我們將不能承認西哲如黑格爾之以整個中國學術文化之歷史只相當於人類精神之最早階段之說，亦不能承認他與斯賓格勒之以中國學術文化至漢即停滯不進之說，亦不能相信湯比之以中國後來文化為大乘佛教所支配之說。尤不能相信許多西方學者，以中國之歷史較諸西方差一階段，即中國少一個近代之說。此後一說，復為中國新文化運動以來一般人士所持。四十年來中國人，恆比中國過去文化於西方之中古，視儒家之束縛中國學術，如中古基督教會之束縛科學。又視中國過去之社會，如西方中古封建社會。視中國過去之古文，如拉丁文。故胡適之先生曾提倡白話文學，如但丁等之倡國語文學。馮友蘭先生著中國哲學史，亦以中國過去之哲學，只有類似西方中古之經學時代，而無近代。他以廖季平先生晚年之牽強附會之經學思想，爲中國哲學史之殿軍，而不以康有爲、章大炎或孫中山之思想終其書。因其意在證明中國過去之經學思想之瓶已破，近代則尚未來。由此而有許多人，又視新文化運動爲中國之文藝復興。胡適之先生被西方人認爲中國文藝復興之父。又有人進而倡中國應再繼以一西方式之十七八世紀之啟蒙運動，或十九世紀之狂飈運動。共黨則由此進而判定中國今之社會文化，乃半封建半殖民之社會文化，而欲直接趕上最近代之社會主義共產主義，以之赤化中國。此皆由中國學術文化較西方少一近代之觀念，演變而來。我們須知，一個歷史觀念，即是一個歷史觀點。一個歷史觀點，即展示一過去之歷史世界，同時托出我們現在所在的地位，而暗示我們現在當向何方向去。這個中國文化少一近代之觀念，先假定中西文化在一直線上行，中國落後一階段。因而中國人所當爲者，便只是求迎頭趕上。今共產主義，既爲後出，當然亦應先趕上再說。這個觀點，亦是使數十年之中國人，總是以自後趕來自下而上的眼光，而罕能以平視的眼光，去看西方學術文化，作自主的選擇，求自主的創造之本。這種說法之所由成，大概都是由於先以西方文化爲標準，然後再看中國缺什麼，即以之爲在歷史之階段上少了一時代。

這種說法，又皆先是專自武力的眼光、經濟的眼光或科學知識技術的眼光，去比較中西文化之長短，而得其所據。這種說法，忘了我們要比較中西文化，不應只以西方文化作標準，亦不能只自文化之外表的方面看。而應以一超越的眼光，去從雙方文化靈魂所在之學術精神之發展，去看其文化發展之階段才是。

如果我們試改而依一超越的眼光，去看中西學術精神之發展，便知中西之學術文化，同有其古代，與中古，與近代。由中西學術文化之不同，此三時期之學術文化之內容，亦各有不同，互有長短。然又同爲人性之實現於學術文化，應經之三階段。而且在相當之時期，出現相類似之不同的學術思想型態。

通常對於西方學術思想之三階段之分，是希臘之哲學科學一階段，中古基督教神學哲學一階段，近代之文藝復興以後之學術，爲又一階段。如果以中國學術之發展階段相比，則春秋戰國之諸子思想好比希臘思想。魏晉六朝隋唐之佛學，好比中古基督教思想。宋明之儒學復興，正好比文藝復興以後之西方學術。此當是一最簡單亦最自然的比較法。

這個比較法之所以最簡單而又最自然，因爲我們可以說人類的問題，首先是從自然中創造人文。其次是由人之精神之一往上升，而求上達超人。再次是由超人，重返至人文、人間與自然。在第一階段，人在學術上，必要求能別人於自然之他物，如禽獸，而對「人」之尊嚴，及「文化」價值，直接加以肯定。然當人發現其所造文化，不能滿足人內心之無限的精神要求，人覺人自己與自然物之現實存在，成為其無限的精神要求之累時，於是人卽求達於超人超自然之境界，並要求超人超自然之學術思想。遂由第一階段之學術思想，轉至第二階段。然人求達於超人之神佛，其精神直升霄漢，往而不返，又與其為「世間之存在」相衝突時，於是神佛又可宛成人之累。而學術思想，亦不能不由第二階段轉至第三階段，而重新肯定人與自然界之現實存在，人之尊嚴與文化之價值。但當人在第三階段，行行重行行，因而膠着其精神於現實之自然與人間，並自陷溺於其學術文化之路數、已成之成績時，人在自然與人間所造之學術文化本身，復可直接成為人之本身之累。此卽今日中西學術文化共有之危機。然此危機之所在，同時展示一下階段，中西學術文化之新機運之可能。我下文卽擬本此觀念，以平視的眼光，去看中西學術思想之幾個發展階段中，大概情形的類似。至於為什麼有此類似，則似偶然而非偶然。人可說由於上帝之意旨，由東西文化過去之交通。亦可說由於人類歷史之發展，本有其一貫之目的與律則或方向；或人之思想，原有若干定然的可能型式。亦可說由於人類之歷史，雖為客觀之事實，而人類之歷史知識，則是後代人類所次第建造。人類之建造其歷史知識，必要求其所知的歷史之發展，為合「目的」、「律則」、「方向」之觀念的。因而其所不斷地選擇為重要之歷史事件與歷史人物，卽不自覺的受此「方向」、「目的」與「律則」之觀念所裁定。但是關於此問題，不能在此討論。我認四者皆可說，說到最後，四者亦或可會通為一。無論如何，我此下所說，都是一些公認的歷史常識，而不是我個人任意編造的。只要我所憑之歷史常識無誤，則中西學術文化之歷史，確是有如此類似之三階段的。

二　古代學術思想之對比

我們說中西之學術第一階段，即上古之階段。此階段人所要求者，是別人於自然之他物，以成就「重視人與其文化」之學術思想。本來人是在自然中創造文化。因而人類之學術思想，首當着重在別人於自然，而自覺其爲人之尊嚴，與其文化在宇宙間之地位與價值。文化之創造，乃民族的共業。然自覺的學術思想，則始於少數的思想家。在希臘，由蘇格拉底而鄭重的要人「知汝自己」，知德行以具德行，故謂知識即德行，在中國，自孔子而教人如何爲人。而二人皆同處於過去之社會政治文化漸崩壞之時代。希臘一般社會文化的創造，在蘇氏以前。周代文化之建設時期，在西周，亦在孔子以前。孔子所承之周代學術文化，是周魯爲中心之禮樂的文化，是掌於王官之詩書史籍。孔子以前之學者，是史官與賢臣。蘇氏以前之希臘，只是城邦分立，其文化是流行於社會的戲劇、彫刻、史詩、神話。蘇氏以前之學者是自然哲學家，與能教地理，教修辭，教數學物理的哲人學派。希臘人之生產製造的技術，由東方之巴比倫、埃及、菲尼基、敘利亞來。希臘人原不長於直接的生產製造，而善業商。思想上輕視勞働，而用奴隸勞働。中國古代人，則早便發明各種生產製造的技術，業農爲生，而一向贊美勞働。且古代頗少奴隸。（近人以西周爲奴隸時代，乃以西方之歷史看中國而生之謬見）孔子與蘇格拉底所承之社會文化之不同，一直影響到後世中西文化之不同，亦使孔子與蘇格拉底一生思想、教育方法，及一生命運，互不相同。孔子尙仁與禮，蘇氏尙智與義。孔子教人，問而後告。蘇氏則尋人辯論。孔子好古敏求，以承周之文化自任。蘇氏則重批判傳統與流俗。其不同之處甚多，不一一論。然而二人，在歷史上生時相距不遠，而其精神，同在要人自覺其所以爲人，與已成之人類文化之價値所在則一。其爲中西學術之劃時代之一最重要人物則一。在中國，無孔子，則無孟子，無孟子則亦無荀子。在西方，則柏拉圖如未聞蘇氏之教，親見其從容談笑而死，彼亦不知理念世界之崇高。無柏拉圖，則亦無亞里士多德。希臘之有蘇柏亞，正如先秦之有孔孟荀。孟子言人性善，言人能盡心知性則知天。他明辨人禽之異，而人始眞見其尊嚴。此正如柏拉圖之言人心中具先天理念，直通至善至美，因理念非感覺之對象，非禽獸之所能及，而始見人之尊嚴。荀子反孟子之言性善，只言心之知，而廣論禮樂制度、君道、臣道、王霸之辨、正名之理，正如亞里士多德反柏拉圖之先天理念，重言理性能力，而廣論倫理政治、邏輯，及學術之各方面。孟荀與柏亞之不同，在孟荀都嚮往堯舜文武之政，而柏氏則夢想理想國，亞氏則考察比較當時希臘諸邦之憲法以論政治。此外柏氏重幾何學，而孟子只知爵祿之比例，如「上士倍中士，中士倍下士」等。亞氏有對動植物學天文學物理學之討論。荀子對這些，則以爲「不知無害爲君子，知之無害爲小人，」而加以忽畧。孟荀談道德，皆直接就生活上，行事上，出處進退上，態度辭色上，親切指點，要人卽知卽行。而柏亞講道德，則只是着重分析道德問題，與道德概念，恆缺親切意味。他們之所長，乃在講純哲學。他們講哲學，皆自知識之分析下手。故能層層翻出道理來講。亞氏講邏輯，竟有如許之理論。而孟子與人辯論，至多只反復二三次。荀子之正名篇，寥寥數頁。這些中西思想之不同，皆由中西文化學術背景之不同，亦我所一向重視。然而自人類學術史上看他們共同的精神，則柏孟同是要由人之心性之自覺，以建立「人禽之辨」。而荀亞則同是要對各方面之社會人文價值，與以一分別的肯定說明，以眞實的成就「文野之辨」；而兼要歸到明人與一切自然物之辨，及「單獨的個人」與「在群中的個人」之辨。所以荀子王制篇有「水火有氣而無生，草木有生而無知，禽獸有知而無義，人有氣，有生，有知且亦有義」一段話。又屢說人之所以異於禽獸在能群。而亞氏亦以礦物之存在無生命，草木無知覺，動物無理性，人乃爲有理性有知覺有生命之存在。又說人爲政治動物。東西相距數萬里，而二哲之立言相同如此，何也？以所處之學術史之地位畧同也。

在西方希臘之學術文化中，其早期自然哲學理論與其幾何學，皆爲中國古代所缺。此猶如中國之官家史書，與鼎彝上之圖案花紋，爲希臘所缺。然希臘之哲學以蘇柏亞思想爲主流，正如中國先秦思想，當以孔孟荀之儒家爲主流。在中國先秦思想中，除儒家外，主要有道家墨家。道家之莊子、子華子、老子、楊朱之徒，或求逍遙自得，平齊是非，以上與造物者游，或貴自己之身甚於天下，或求歸眞返樸，或拔一毛利天下不爲。要皆爲厭棄現實政治，求不受社會之禮法束縛，以自樂其樂之個人主義者。墨家則重社會，刻苦自勵，泛愛兼利而非鬥。在希臘思想，則小蘇格拉底派之塞茵尼派Cerenica之快樂主義，與後之伊辟鳩魯之樂生哲學，皆不問政治，只求自得，而近乎道家者。犬儒學派與斯多噶之節欲自勵，忍情性，以服從自然理性，視萬民平等，而抱世界主義之思想，則正是墨家的道路。至伊辟鳩魯與莊子之不同，則在伊辟鳩魯精神太侷促，而莊子之氣象，則恢廓而宏遠，眞與造物者游，與天地精神相往來，而萬物畢羅，莫足與歸者也。斯多噶派人與墨子之不同，在前者之創始者，皆不直接作社會政治運動，而墨家則組織團體，爲弭兵非攻之運動，以利天下。然在西方，伊辟鳩魯派與斯多噶派之相對峙，同爲蘇柏亞以外之希臘思想之旁流，與道墨二家之相對峙，爲儒家以外先秦思想之旁流，或左右夾持，或中道而行，相推相挽，以成就中西古代學術之發展，其事正無以異。

在中國古代之世界，早有爲天下共主之堯舜與夏商周天子之世系。此爲其與西方希臘世界根本之差別所在。以此而中國之儒墨道三家、立說不同，而皆上本先王經世之志，以安天下平天下和天下爲念，無不氣概博大，而條理疏濶。西方希臘思想家，則條理細密，而對政治理想，罕出小國寡民以外。斯多噶有倫理的大同世界，世界公民之觀念，然希臘斯多噶派，多只私人講學，而未形成如墨子所形成社會政治之運動。故馬其頓之統一希臘世界，以傳播希臘文化於東方，雖有似秦之霸西戎而統一戰國；然馬其頓之統一希臘世界，並無自覺的觀念理想爲之領導。此與秦之統一戰國，由先有戰國時代已流行之大一統之思想不同。及後羅馬繼馬其頓，有如漢之繼秦。然希臘思想中；柏亞之政治理論，不足適羅馬帝國之要求，伊辟鳩魯之個人主義，更無論。故只有斯多噶思想，與羅馬人本有之法制精神結合，乃有助於羅馬世界之形成。而羅馬斯多噶派，乃更富政治法律之意識。本來秦之統一，由荀卿弟子李斯助成之。此頗似馬其頓之亞力山大，曾爲亞里士多德之弟子。荀亞之文化哲學之大系統，亦理當繼以一政治上之大系統之形成。唯以西方世界，無夏商周之天子之世系，希臘各派思想，皆缺政治組織上之天下一家之理想，亦缺如先秦之法家思想；故馬其頓不如秦之能建制立法。羅馬之有取於斯多噶精神，所成之帝國，亦不能如漢之直接有取於儒道之精神以立國之堅實。(唯羅馬之賢，如西塞羅 Cicero，辛尼加 Seneca 諸人之兼擅人文，其對羅馬之政治法律之功，亦未嘗不有類於董仲舒與漢儒，爲漢制法之功) 故羅馬世界再分裂，而迄今不能合，中國之世界自漢一統，而分久必合。然除此點以外，則希臘世界之統一於馬其頓羅馬，與春秋戰國之統一於秦漢，仍表示東西歷史精神，如上帝之二足，橫跨歐亞，而依同一步伐以進行，則爲明顯無疑之事。

三　由古代至中古之宗教思想對比

茲捨去一般社會政治之問題不論，而論中西古代學術之發展。則中國古代思想，由戰國直貫注入秦漢之一思想，爲陰陽家方士之言，與緯書中宗教術數之思想。此思想上接中國原始之宗教思想與巫術。在西方與此相對應者，則爲由阿菲克宗教，至貝薩各拉斯之數的神秘主義與輪迴思想，再至柏拉圖之思想中之一部份，直至希臘羅馬時代新柏拉圖派之一支思想。中國古代之宗教精神，表現於郊祀之禮中者，隨周禮教之衰，與諸子之哲學之起，以漸淪失。此如希臘人對奧林比克山上衆神之宗教情緒，隨希臘神話之文學化，並經哲學家之批判以喪失。至於中國古代之原始宗教思想與巫術，由民間保存再經方士陰陽家之手，乃漸化出緯書之著作；則正如希臘阿菲克宗教與貝薩各拉斯之思想，由民間與貝氏之團體中之人民保存而傳下，乃升進爲柏羅提羅等之思想著作。緯書中所嚮往之渾然之元氣太極，與柏羅提羅之太一，皆依於同一之形上的宗教的要求而建立。由陰陽家方士所開之道教之修眞養性，以求長生；與柏羅提羅之鍊魂以合太一，而證永恆，亦相類。而道教之修眞養性求長生，與柏羅提羅之鍊魂以合太一，又同未能認識宗教生活中最根本之問題，卽人類之苦痛與罪孽之問題，兼同未有純精神的天國或彼界，爲人所歸往。亦同未有能救贖人拔於苦罪外之耶穌釋迦之人神，爲崇拜對象。故當中國之秦皇漢武求長生失敗，詩人知「服食求神仙，多爲藥所誤」時，則佛教之勢必須傳入；正如曾受柏拉圖新柏拉圖派之思想影響之保羅奧古斯丁，終必歸命耶穌。而柏拉圖新柏拉圖式之思想，成爲早期之基督教之註釋，亦正如道教所依附之老莊思想，曾爲最初傳入之佛教思想之註釋。中國魏晉之以格義講佛學，則尤類似西方之可知論者 Gnostic 辨神論 Apologists 者也。

關於東西文化之偉大人格，孔子釋迦蘇格拉底之生時，相距不及百年。後約五百年而有耶穌，再後五六百年而有穆罕默德。孔子是東方之人聖，蘇格拉底是西方之人哲。釋迦人而神，耶穌則被稱爲神之化身爲人者。穆罕默德以先知而爲王，乃合宗教與政治於一身。釋迦耶穌則皆棄政以立教。釋迦原爲王子，夜踰城出家，悟道成佛。而其教終不能行於印度之國，乃傳播於東南亞，盛於中國。耶穌則曾被人推之爲王，而彼不願爲王，遂被釘於十字架。其教亦不行於猶太民族，乃行於外邦，今化及於歐美。耶穌之死於十字架，與蘇格拉底之死於毒酒，先後輝映。乃同以其死，昭露人格精神之莊嚴。而釋迦之寂然而終，與孔子之詠歌而卒，則同以其生，盡其循循善誘之教。耶穌之教之大行於中古，一由希臘固有之宗教思想，不能滿足人之宗教之要求；一由南下之蠻人，本富原始宗教之情操，因無固有文化之束縛，易信外邦之教，君士坦丁大帝查里曼大帝等遂崇信基督教。而佛教之盛行於中國，亦一由中國固有之宗教思想，不能滿足人之宗教要求，一由南北朝時北方五胡君主之提倡，胡人之更樂於崇信。耶穌之教，行於西方幾二千年，而佛教自漢傳入中國，亦幾二千年。佛教之傳入中國，曾與中國固有之道教衝突，生辯論。基督教入羅馬，亦與羅馬固有之國教衝突。而不同者，則當時中國之道教徒，較少憑政治力量，殘害外來佛教徒。而羅馬人則大殘害基督教徒。其次則爲佛教入中國，始終未嘗政治化，而基督教既傳入羅馬，其本身即日益爲羅馬之法律政治精神所感染，而羅馬教會組織，亦政治法律化。以至有教皇干政，政教衝突之事。此則一方面由於羅馬之政治法律精神，本不足維繫一大一統之政治，故必須化爲神聖之羅馬。一方由基督教中外在於個人的唯一上帝理念，必不免直接要求一外在的唯一教會，以客觀化此唯一上帝之理念，爲此唯一上帝在世間之軀體。而佛教之入中國，始終未嘗政治組織化者，則一方由中國社會之凝攝原則，可求之於儒家之教；一方由人可自力成佛之教，本不須要人在一共同之教會組織中，乃可得精神之解脫。於是佛教之傳入中國，始終保存其純個人宗教之地位。中國之宗教與政治關係之疏淡，乃使中國免於西方中古與近代一切政教之衝突，一切宗教戰爭之禍，與一切對異端異教之審訊殘殺之事者。亦使中國中古之佛教，未嘗如西方中古基督教之不免約束多方面學術文化之發展。故中國中古之魏晉南北朝與隋唐，雖可以佛教爲代表時代之學術思想，而此時代亦爲其他宗教、玄學、經學發達之時代，及文學藝術最盛之時代。而佛教思想之在中國，日與中國之儒道之思想相融攝，僧徒生活，亦恒不免詩人化。當中國之和尙與佛教之異端吟詩唱和，或儒釋道三教共同講論於朝庭時（羅香林先生近著唐代三教講論考。載香港大學東方文化第一期，可參考），西方之教皇可正在間接下令燒死異教徒。人之度量，豈不遠哉。然而這一切，却並不礙於中國之中古與西方之中古同是宗教思想居於學術思想之首位的時代。

四　中古宗教思想之發展之對比

西方之中古宜終於東羅馬滅亡，在十五世紀之中。中國之中古，宜以宋爲斷，乃終於十世紀。人類歷史之時代，原不必與地球之年歷，處處配合。然單就中西中古時期之宗教的學術思想之發展來說，雙方亦各有類似之三階段。夫人類宗教精神之呈露，首先要求超越現實世界，而超越俗情。故在西方初期之基督教思想，多以新柏拉圖派與柏拉圖之向上企慕之哲學，爲之說明。奧古斯丁崇上帝之城而睥睨世俗，並厭棄當時希臘之人文與希臘式之哲學家，即代表此種初期基督教精神之極峯。而在中國之世界，則首先流行之佛學，乃禪定之法與大乘之空宗。空宗之精神，即直接視俗情所執之現實世界，爲虛幻不實，或不如俗情所執之實。此以鳩摩羅什所譯書與其弟子，及後來吉藏之空宗思想，爲中國最早之代表。奧古斯丁來自北非，父爲異教徒，母爲基督教徒。鳩摩羅什來自西域，其父爲印度人，母乃西域人。二人同生於四世紀，而同死於五世紀之初。其歷史地位，亦正是東西相望。所不同者，只是奧古斯丁宗教精神，極其嚴肅，而鳩摩羅什則慧解超脫，有點游戲人間之意味。此乃由當時東西文化環境之不同，（中國魏晉南北朝乃一藝術文學時代，奧古斯丁之時代則在所謂黑暗時代邊緣）與佛教基督教之本性之不同。然此不同仍不礙其同代表中古時期之宗教學術思想之第一階段。

中古時期宗教學術思想第二階段，在西方是經院哲學的興起，由宗尙柏拉圖而漸宗尙亞里士多德。此乃兼由西方與阿拉伯文化中所保存之希臘哲學亞里士多德哲學，重新接觸而來。經院哲學中之最大人物，爲多瑪士。多瑪士之異於奧古斯丁，在奧古斯丁強調信仰高於理性，多瑪士則漸將理性與信仰平列。他不僅對中古神學各種爭論，及其中之各種矛盾的概念，加以一一綜合的解決，分別的安排，而且肯定純本於自然理性而生之哲學，相對的獨立於神學之外。由此而多瑪士對於世間之知識，亦與以分類，加以分別安頓。由此而多瑪士兼能系統的討論世俗的社會、政治、倫理、經濟之原理，並肯定政治之純人性的基礎。不復一一宗奧古斯丁之論。這是表示西方宗教精神之步履，在上達於超越之神而確定此信仰後，再來回頭對人間之知識與社會文化生活，加以一承認，一安撫。在中國的世界中，與此相對應者，則是由眞諦玄奘等，將印度法相諸宗教義，不斷輸入，而有天臺華嚴諸宗的判教。天臺華嚴的判教，主要是要判別各種教法之不同，諸教義先後高低的層次，由此以使佛教中之不同理論，各得其所。此正是同於西方經院哲學所担負的任務。而天臺與賢首之判教，最後對世間的諸教，亦復與以一地位。如華嚴圭峯之原人論，以人天教安頓儒教梵天教，天臺之荊溪湛然之肯定中庸的價值，此與多瑪士之肯定依於自然理性之哲學，與一般世俗思想之相對的地位，正無有分別。

中古時期之宗教學術思想的第三階段，乃由中古直通到近代。此在西方卽始於十四世紀到十六七世紀之宗教改革運動，由此而有路德卡爾文之新教。新教承認人可以不遵統一教會對聖經的解釋，而直接去讀聖經。新教注重直接發自個人的良心的宗教信仰。順此下去，便會產生個人直接通過上帝之啟示，以接上上帝之思想，而再契合於耶穌所謂天國卽在吾人心中的思想。此在中國的世界，與相對應者，則是慧能所開啟之南禪。慧能之教直指本心，見性成佛，捧喝交馳，掃除文字。此與新教視新舊約爲天啟，而重此天啟之語言，仍然不同。但是慧能與路德，同要打破舊有之宗教形式，掃除一些舊有之宗教儀節；同是代表一宗教精神之內在化的要求，同是表示「人類宗教精神之原自自身發出，既客觀化爲宗教形式儀節後，要再折回於其自身以立根上之傾向。

在西方世界，新教興起以來，各地之獨立教會林立。自中國禪宗興起，而各地之廟宇亦更盛。中國禪宗興盛以後，淨土繼盛。淨土宗以人持阿彌陀佛之名號，即可帶孽往生。教愈簡易而愈普遍。在西方則近代牧師之對一般人講道，亦愈不重講哲學與神學之理論，而人亦可只須自認爲罪人向救主上帝祈禱，即如可往生天國。亦是教愈簡易而愈普遍。然而當人信佛而只持名號，人之信基督教而只持耶穌上帝之名號，同時亦是佛教基督教眞精神所以逐漸淪喪之故。及佛教廟宇只成孤苦無告之人所托命，佛堂與慈善堂合一，基督教會之化出青年會，日同於社會服務機關，則宗教與世俗之別，亦微矣。而其所以如此者，則因自宗教改革與禪宗興起以後，學術思想之時代精神，已別有所寄也。此即在西方爲文藝復興所開啟，在中國則爲宋代諸儒所開啟之中西近代學術。

人類精神之行程（下）

——中西學術文化發展三階段之對比

五　近代精神之始原與理性主義哲學之對比

此第三期之學術思想之精神，乃依於人之重新自覺「其自身之存在於人間與自然，與所創之歷史文化之價値」。此在西方，則文藝復興始於十字軍以後，重新認識希臘羅馬之文藝歷史之價値。而在中國，則始於韓愈之古文運動，以承堯舜禹湯文武周公孔孟之道統自任，諫憲宗之迎佛骨而闢佛。黑格爾歷史哲學謂，當西方世界以保護聖地爲名，而興十字軍之時，其宗教精神實已寄托於物質之聖地。此正與唐憲宗之迎佛骨，其佛教精神寄託於物質之骨也同。以超越之宗教精神而寄託於物質，則物質之興趣，更宜將掩蓋於宗教精神之上。故十字軍士歸來，西方人之精神，即縈迴於商業與所得之文籍，不能不另有所寄。而唐憲宗與當時人，置當時之民窮財盡於不顧，任天下之僧尼，奪民之衣食，則韓愈之振臂一呼而闢佛，亦勢所不能已。在中國，歷五代之亂，及北方強敵之壓境，不能不繼有宋初三先生及歐陽修等之講春秋大義，經義治事之學，與夷夏廉耻之辨，此正如西方世界經回教與蒙古之鐵蹄以後，各民族國家，不能不興起，求政教之分離，而但丁辟特拉克馬克維利諸人，不能不重意大利之民族與政治。所不同者，唯在文藝復興時之政治外交，皆尙權術，則與北宋之政治學術之風氣迥別。至於文藝復興之精神之由重文藝歷史，而轉入十六七紀之理性主義，啓蒙運動與科學研究，則正如韓愈歐陽修之古文運動，歐陽修司馬光之史學精神之繼以周張程朱之理學。今先捨具體之史學與科學成就不論，在西方近代之初之學術，當以理性主義（廣義理性主義，可概培根洛克等之經驗主義）啓蒙運動之精神爲代表。在中國近代之初之學術，則當以開啓於宋代之理學精神（廣義理學卽概心學與氣學）爲代表。

西方近代之理性主義，似遙承柏拉圖亞里士多德之重理性而又不同。其不同者，在前者爲經一中古宗敎精神之「間接」（Mediation）而成。此猶宋明理學爲先秦儒家之復興，而又爲經中古佛學之「間接」而成。中古之基督敎與佛敎之精神，皆必以凡情所執之世界爲虛幻，或唯心所現，或上帝本其自由意志之所造，無內在之必然性實在性者。故中西近代精神之由神或佛而反諸人間也，必不免先自肯定凡情與現實世界之眞實開始。此中，西方文藝復興時之人，肯定自然情欲之眞實；與中國唐代韓愈之肯定日用民生之衣食之重要，斥僧尼「不耕而食，不織而衣」，以闢佛，同爲第一階段。宋初三先生、歐陽修、王安石，與但丁馬克維利之肯定民族與政治之眞實，爲第二階段。然欲肯定人之自然情欲與民族政治之眞實，必依於重肯定此客觀的自然宇宙之眞實。此在西方則十六七世紀有布儒諾之泛神論，以自然卽神，與格桑狄 P. Gassendi、霍布士等之唯物論，以直接肯定此客觀的自然宇宙之眞實。而進一步之思想，則爲笛卡兒來布尼茲斯賓諾薩之理性主義（狹義）的宇宙論。彼等依我之理性上之必然，以肯定客觀的自然宇宙之合理而眞實。以至對上帝之眞實，亦依我之理性以建立。在柏亞二氏言理性，重把握物之形式，或所依理型，而使人上企理型世界與純形式之上帝。近代理性主義較亞氏更重論證上帝之存在。（此兼由承經院哲學而來）並重求知一切自然物與其運動之定律。此定律乃內在的構成（constitute）自然物與其運動之自身者，而非如柏亞之形式，猶可說只是事物之外在的形式，或運動所欲達之超越的目的而已。此種近代理性主義與希臘之柏亞二氏之理性主義之不同，不必在此詳論。而在中國之世界，則相應於十六世紀之布儒諾，及唯物論者，乃五代至宋之道家之客觀宇宙實在論。陳摶穆修，中國之布儒諾也。而相應於西方之笛卡兒來布尼茲斯賓諾薩之理性主義的宇宙論者，則爲周濂溪邵康節張橫渠之思想。周邵張與孔孟荀之不同，乃在孔孟荀重直接立人道於自然，以參天地，其言仁義禮智之德性，重在以之綱維世界，而未視之爲構成世界者。周邵張則或依太極以立人極，或依太虛太和乾父坤母，以言人合天，或由太極皇極以經世。彼等皆先求依其思辨之功，以探客觀宇宙之本原或第一原理，且以天地萬物所由構成，卽本於其內在的陰陽健順之德性或生物成物神化無方之德性。進而復依此天道以立人道。此乃承中庸易傳及漢儒以及陰陽家之思想而來。故彼等之言德性，與孔孟荀正多志同而情異，亦如近代理性主義者言理性，與蘇柏亞言理性之志同而情異。

以西方近代理性主義者之笛來斯，與宋代理學中之周邵張相比，除一承西方傳統，而其理性實為智性，一承中國儒家之傳統，其所謂性理，實為德性外；只以思想之方式，與歷史地位言，則周濂溪與笛卡兒相似，邵康節與來布尼茲相似，張橫渠與斯賓諾薩相似。周濂溪之言太極化生萬物，如笛卡兒之仍認上帝為造物主。周濂溪之分陰陽善惡剛柔，二端對說，正如笛卡兒之分心物，思維廣袤，動靜，二端對說。對說者開一為二。開一為二者，思想之分解之始，而亦恆為開宗祖師之思想形態。然一可開為二，則可再開為四。故邵康節開二為四，而見物皆四片，四復開為八，為十六，以至無窮；而有其數學。康節復重以物觀物，寓論一物一乾坤之義。此與來布尼茲重數學，由一上帝之具無窮觀點，一單子一觀點，一觀點一世界，有無窮之觀點，即有無窮世界之說相似。來布尼茲之得邵氏之易卦圖而深喜之，正以其運思之方式，重數之觀念，正相似也。然一能開為二與多，而二與多，又依於一。則凡可分者，無不可合而觀之。合之則仍當說乾坤一太和，萬物皆一氣化之所成。或當說心物依一實體，萬物皆其樣態。前者張橫渠之思路。後者斯賓諾薩之思路。而前者與後者正相類似。周邵張與笛來斯，除前者一本中國文化之傳統而尚仁尚德性，後者本西方文化之傳統，而尚知尚數學物理知識外，其思想形態，多若合符節，而其分別為中西近代學術思想界之先河亦同。

六　近代之實踐精神與哲學主要學派之對比

在近代之初，西方學術思想，除大陸之理性主義哲學潮流外，爲英之培根、霍布士、洛克一路之經驗主義之哲學，與哥伯尼、凱蒲來、蓋律雷、牛頓等純粹之天文學物理學之思想。而由彼等之精神，合以開啟者，即爲十八世紀以後，本科學知識，以征服自然，利用自然之精神，與本幸福功利等目標，以改造人間社會之精神。由此而有應用各種科學所成之技術。此種重征服自然改造人間社會之精神，與其所成就之種種近代之社會、經濟、政治之事業，皆西方曠古所未有，而亦爲理所宜有。蓋西方近代精神，乃西方人之精神，既經中古之宗教文化之陶冶，提昇，以求上達於霄漢之後，自上而重新下降跳落於人間與自然。依此自上而下之跳落之勢，便若將衝破此地面，求對此自然與人間，施其主宰、運轉、改造、征服之力。由此而希臘人，在科學知識中之觀照精神，即爲近代人對科學知識重實用重實踐之精神所代。此近代之重實用與實踐精神，即可由培根之「知識即權力」一名言以代表。此與希臘之蘇格拉底，有「知識即德性」一名言，與中古基督教所承之猶太神話，以「食知識樹之果，即人墮落之因」，乃不同三階段之學術文化精神之最明顯的象徵。

英國之培根洛克等經驗主義之學術精神，所以別於大陸理性派諸人者，在大陸理性派諸人，其用理性，尙上承希臘中古之精神，而重在由理性以論定上帝、世界，與自我之眞實。其求知數理物理，重在使人理性之能力，直接得其安頓之所。而培根洛克之精神，則更重行爲上之實用實踐。卽同時爲更重視人之意志、目的，與情感上之要求的。培根洛克之精神，固與中國之程明道程伊川之思想，迥然不同。然自其所以與大陸之理性派之精神相異之處而觀，却正有類似於二程與周張邵之相異。二程不似周張邵之重宇宙論之討論，不言人上合於天，不言觀乎天地之德，以見聖賢之德，而處處扣緊人之心性，以言道德實踐。故言仁者渾然與物同體，言天地之用皆我之用，言觀乎聖人之德，則見天地。其與周張邵之思想之爲另一路數，正在後者猶不免重觀照思辨，其著作如通書、正蒙、皇極經世，皆較重理論系統。而前者則更重當下之道德實踐，生活上之直接受用，著作少而多留語錄。此豈不正與培根洛克等之精神，重實踐實用有相類之處？不過彼等以知識爲主，而重外在的自然社會之改造征服；二程之聖賢學問，則以生活之智慧爲主，而重內在之習氣人欲之改造變化，其言實踐實用，純爲內心德性上的，內心生活上的耳。復次由培根洛克等所開啟之近代用知識以改造征服外在之自然社會之精神，乃人之自恃其知識，以居高凌下之勢，面對自然與社會之現實，直欲透入於自然一切之秘密，現實社會之底層，而施其主宰改造之力。而二程所開之理學心學，則由天理之體會，以面對相反之習氣人欲，而以一徹上徹下之勢，冀對人之習氣人欲，從根加以超化，以再造人生。學者或病宋明理學對人欲之態度，過於嚴峻。與先秦儒家之言不相類。此正如西方近代之科學家之對自然之嚴厲無情，革命家對現實社會之欲除惡務盡，與希臘哲人對社會自然之態度不相類。蓋中西近代之精神，皆表現人類精神之自高而降，以施其主宰之功者也。

吾在以上畧論二程與周邵張思想之別，有似西方近代之經驗主義思想與理性主義思想之別。然在近代之初，則二程與周邵張，同爲開近代中國理學之人，其精神仍多相近。亦如笛氏斯氏來氏與培根洛克等，同爲開西方近代啟蒙運動之人，而精神仍多相近。中西近代哲學之思想之行程，乃愈後而派別愈分。此諸派別，固非一一皆可對比而論。然專自大派別言，仍可見其同中之異，異中之同，以見其同屬於人類近代精神之行程。如在中國方面，由二程之重心性之自覺，而程門弟子，如謝上蔡即以覺性言仁。至胡居仁而以心爲天地之本。此正如培根洛克之重經驗，而繼有巴克來休謨之唯心論觀念論。至於朱子之承程門之言心性，以融合於周濂溪張橫渠之太極陰陽之天道論；則正大類於康德之本大陸理性主義之傳，又受經驗主義者如休謨等之影響，而主張知識不能及於可能經驗以外。康德除依純粹理性，以言成就科學知識之何能條件外，尤重道德理性。以爲唯由道德理性，可建立形上學之信仰。此則西方思想之發展之轉近乎東方中國者。而朱子承程門之主敬致知之工夫，上承周張之宇宙論，乃更重即物窮理之義，欲「即凡天下之物，莫不因其已知之理而益窮之，以求至乎其極」，因而更重博學多聞。朱子知識之富，著書之多，古所未有。而朱子之後學，亦多以博洽見稱。此則轉類於西方學者重求知識之意者也。

與朱子同時之呂祖謙與張南軒，雖與朱子相切磋，尚不成對壘之學派。當時與朱子最不同者，一爲浙東永康永嘉之功利之學，一爲陸象山之學。永康永嘉之學重事功，而其精神之遠原，亦承北宋諸儒。彼等之重事功，似王安石。宋元學案言，陳傅良上接安定濂溪二程之傳，葉適陳龍川，亦爲安定四傳。諸儒之重事功，亦卽重社會性之道德實踐。此未嘗不有合於二程重實踐之意。陳龍川等之最不慊於朱子者，乃在朱子之喜言理氣天道，又若重致知格物，誠意正心，而不期於實用。彼等與朱子之相對反，正如與康德同時而稍後，由英國培根洛克經驗主義而來之邊沁穆勒之功利主義，與康德之相對反。至於陸象山之重識得本心，則其精神，乃直接程門之重心重覺之義。而其教欲人當下識得吾心卽宇宙，宇宙內事卽己分內事之義，則與康德同時之耶可比Jacobi之重以直接之信心，證天心本體相類。而康德所開近代理想主義之流，至菲希特、席林、詩來馬哈等，或重道德意志，或重審美經驗，或重宗教上皈依情，然要皆意在融理歸心，明天心與人心之合一，神與我之不二，于有限中見無限，于個體中見全體。此正類顗與楊慈湖之論「天者吾性中之象，地者吾性中之形」，陳白沙之言「才一覺便戲大而物小，物有盡而我無窮」及陽明龍溪近溪等，良知卽天心天理，卽造化精靈，卽乾知坤能之言，相類似。而黑格爾哲學，則融心靈理性于精神之概念，並重論精神之客觀表現于歷史文化者，則正似王船山之融心與理于氣，而船山亦歸極于大論文化與歷史。王船山尊朱子而崇張橫渠，亦正如黑格爾之承康德之思想，而特有契于斯賓諾薩。黑氏嘗謂學哲學當先爲斯賓諾薩學生，斯與張正相類似者也。王黑二人之思想內容與淵源，多若合符節。其歷史地位，則一爲西方近代理性主義理想主義之最大宗師，一爲承宋明之理學之問題而別開生面，以通經史之學之最大宗師。船山而後，清代之顏元李塨，重習慣重實行，戴東原焦循之哲學，以情欲之不偏不私，卽天理，皆較不重論天道之本源，而重社會民生。則正類似康黑二氏而後，西方十九世紀一切實證主義、現象主義者、自然主義者、社會主義者一類之思想形態也。

(七)西方中古時代之內在矛盾之爆裂、西方之擴張及科學之發達；與中國之史學成就，及中國民族之和融凝協，及其力量之收斂

至于整個中國近代與西洋近代學術精神之行程之大不同，則由于其所承之上古中古之學術文化精神之不同，而所重之哲學以外之學術之不同；與東西民族對外在環境之反應態度、反應方式之不同。在西方，與其啟蒙運動時之理性主義經驗主義及後之理想主義哲學相傍而行者，爲由哥伯尼、凱蒲勒、蓋律雷、牛頓以來之天文學、物理學，及以後之生物學、心理學，及社會科學之分途發展，而成就近代科學知識世界，與各種技術發明。此諸技術發明，固可用之以重造自然與人間。而近代科學知識世界中之理論，如太陽中心說、萬有引力論、進化論，與愛因斯坦之相對論，亦皆不僅爲科學理論，且皆改變、擴大、膨脹人之宇宙觀。而與此科學知識世界之成就、各種技術發明相依傍而併進之西

方民族之精神，則爲盡量向外膨脹與擴張其權力，而分佈，亦分裂其權力于世界。在古代希臘，本是各城邦獨立。北方蠻人南下，其種族複雜，而生命力充沛。羅馬與基督教文化之統攝、凝合、融協之力量，至中古之末而窮。于是至近代，而有各民族國家紛紛建立。文藝復興時代，政治外交已極尙權謀霸術。至後而各民族國家間，互相對峙、抗衡，衝突益烈，其勢不能不向歐洲以外之地區發展。乃航海世界，四處殖民。開發美洲，屠殺紅人。瓜分非洲，奴役黑人。殖民印度東南亞，壓迫黃種人。幾欲化中國日本爲殖民地而後已。二三百年歐洲之白人，誠可謂全球之驕子。此歐洲民族之權力，既向外膨脹與擴張，復以所取于世界之財富，養歐洲之國家，與盛其商業，帮助其產業之革命。而其近代科學知識之進步，技術之發明，更爲產業革命之知識基礎。現實權力之擴張、膨脹，與科學知識技術之進步發明，相互爲用，其支配世界之勢，遂強悍横霸而莫之能當。

然在中國之近代，與宋明理學心學、浙東永康永嘉之事功之學等哲學社會政治思想相傍而行者，則爲史學上之成就。在西方文藝復興時，固亦未嘗不重歷史。今日之西方史學，亦未嘗不發達。然此乃一二百年之事。（此只須讀魯濱生之新史學中歷史的歷史一章，卽可知之。）且其史學之體例之富，亦未必能及中國。（中國史學之發達，亦可由西方一成語謂「中國爲歷史家的天堂」一語以證之）西方近代文化最大成就，足助其西方民族支配征服世界者，仍在其科學知識技術。在中國，則近代之初，張横渠邵康節以至朱子等，亦未嘗無自然知識之興趣。然自宋以來，除哲學思想外，中國學術上最大之成就，則在史學。西方近代之初，蓋律雷牛頓之推翻亞里士多德之科學，而開啟近代西方科學，正如歐陽修司馬光之重修以前歷史，而開啟中國近代之史學。此中中西或重史學或重科學之不同之故，亦由中西古代文化在開始點，即一重歷史，一重自然哲學，一尙德性與仁，一尙智與知識。希臘之史家希羅多德，蘇息底息斯皆只著戰史，西方之中古學者，幾毫無眞正客觀的人文歷史之興趣。而中國之魏晉六朝與隋唐，仍史家輩出。對於史學之精神與一般科學精神之不同，在西方，乃經赫德爾、康德、黑格爾，德之西南學派，及狄爾泰等之論列，乃逐漸認識，而尙未必能極其致。大率一般科學重普遍抽象之理，史學重特殊具體之事。一般科學可惟以理智、冷靜的了解客觀之物理之因果爲目的，可不用人生文化價值之概念，以從事評價。而史學則須以同情的智慧理解事理之得失，不能不用人生文化價值之概念，以從事評價。科學重在於異中求同，變中求常。史學則重在於常中觀變，而由同以識異。科學之假設，求證實於未來經驗。史學之考證，則求證實於已往之文獻。科學之用，直接在使人精神，貞定於普遍之定律概念，而超臨凌駕於「定律概念所可應用之事物」之上。史學之用，則直接在使人精神收攝於具體之史事，而返求當前事變，與吾人之生所自來之本。故科學使人心，向前而向外。史學使人心向內而向後。科學使人前瞻，以求肆志。史學使人回顧，人乃多情。科學上之定律既得，必求實際應用，以達人之目的，而轉成科學技術，並廣求可實際應用之場合而運用之。此即西方之近代科學技術，所以與西方近代人向外業商殖民，開發地區之精神，可相配合而相得益彰之故。而史學之使人知當前事變，與吾人之生所自來之歷史文化之本原之共同，則人與人情意相通，將益助人之求其民族之和融凝翕。此即中國自漢以來所建設之古史系統，與各時代之偉大歷史著作所以有助於中國民族和融凝翕與國家之統一者。夫然，故中西近代之學術精神之大別：在西方則爲本科學技術以日益擴張其民族之勢力於世界；在中國學人則由唐宋以來，感北方夷狄南侵之壓迫，乃更求民族內部之和融凝翕，而益邃力於史學。自宋而私家修史者益多，考史論史之風，更邁越於漢唐。由宋至清之學者，疑史疑經之風，亦由求史實眞相之動機以興起。故在宋以前中國之天下，尙是分久必合，合久必分，其分則成相當長期之割據之勢。在宋以後，則雖歷經元淸之入主，然近千年之中國，皆爲大一統之局面。此與歐洲近代自羅馬世界分裂，即日分而不能合；徒事向外擴張，殖民於外，則又離祖國以求獨立，正爲一相反之對照。此故正在自宋以來中國民族之成就，即在其內部之更和融凝翕。此時代中國學術中之史學之發達，歷史知識之增益，所以使人念念不忘其歷史文化之本，正助成此民族內部和融凝翕之事者也。

八　分門別類之科學精神及歷史考證之學術價値與其限制

吾人如以超越之眼光，觀中西近代精神之步履，則西方自中古以入於近代，即中古精神之表面的統一下，一切矛盾的民族與文化之力量之爆裂，而發爲對世界之爭覇。此可喻如喇叭之斷管而張嘴。

而中國民族之由漢唐之威震四海，歷宋代以及於今，屢經外力之壓迫，乃益求民族之內部和融凝翕，則又如蓮葉之捲縮收歛其生力，以還沉向於其本根。自學術之成就言，則西方歷十七八世紀之理性主義（廣義）之潮流以後，其科學知識技術，日益分門而別類。政治經濟社會心理之學之日益離哲學而獨立，亦爲十九世紀以來之實證主義現象主義功利主義之哲學家所促成。於是不僅自然本身爲科學研究之客觀對象，卽人類社會自身、人類之心理與精神自身，亦一一客觀化爲科學之對象。西方之自然科學，自牛頓至愛因斯坦，而整個自然世界客觀化爲一事象之遷流，更無形上之體與力，亦無形上之理，以爲之支撐；（用牟宗三先生「上帝之隱退」一文中語）而一二百年西方之社會科學心理學之研究人類社會之現象之演變、心理之發展，亦純視如客觀外在之事象之遷流。十八九世紀以來之社會科學與心理學，不似以前宗教文學哲學之空談社會政治經濟上之當然理想、人生之精神要求；而重考察社會政治經濟之現實、人類生活人類心理之現實；再由現實以向下探究，從事暴露、發掘現實社會中一切罪惡之根，與人類心理之類似動物之處、文明人之獸性的遺留、人之下意識欲望之力量，與人心之如何受成見、社會習慣、兒童時的環境之影響束縛；人心之如何以「理由化」掩飾其下意識欲望，而自欺欺人，與人類之各種變態心理、瘋狂心理、犯罪心理。一百餘年來社會科學心理學，對此等等之研究，皆有種種空前之發現與成就。由是而馬克斯、弗洛特、愛理斯、亞德勒、朗布羅梭、華遜諸人特馳名於世界。此固一方表示近代科學之大進步，人智能無幽不察，且更見科學精神之能純客觀的考察事實，而超出一切主觀的好惡之情以外。然一方亦表示人之智慧，今已不復求積極的上達天庭，而轉沉入於地下。或不免傾向以消極的抉發卑污黑暗之事實，爲己之能。至於十九世紀之末與廿世紀以來之西方哲學，除康德、黑格爾理想主義曾影響英法意美各國之哲學講壇外，英美新與之實用主義、新實在論，皆只願自附於科學之後，以立論，而徒從事思想方法之研究，與知識概念之分析。此外如德之現象學派與今之存在哲學，雖尙有傳統哲學之遺風，然已不足動自以爲當世寵兒之科學家之觀聽。而與於廿世紀，亦眞能代表二十世紀精神之哲學，較爲今之科學家所喜者，則爲邏輯實證論。此派以西方傳統哲學中一切先驗的綜合命題、形上學命題爲無意義，以一切形上學爲不可能，古今之形上學著作，只爲概念之詩歌。又以倫理美學之判斷，皆只表示主觀之願望，與形上學同不能稱爲知識。此派以今後哲學之工作，唯在邏輯的語句之分析與構造，各種科學語言之分析，與普遍的科學語言之構造。觀此派之縮小有意義的語言之範圍，與哲學之範圍，以簡化哲學之問題，亦可謂之爲西方之哲學精神，在其對常識，對宗教思想，對科學思想，作各種批判之工作之後，轉而對其自己更施以最嚴厲之批判。此哲學可謂繼康德理性之批判以後而作語言之批判。其意不如康德之意在定知識可能之限度，而在由定語言可能之限度，以定知識可能之限度。並使人由此而更能說其可說，而不說其所不可說。因而人乃不只成爲世界之主人，知識之主人，亦爲表達其知識之語言之主人。人能成爲其自身之語言之主人，要爲一極重要之事。我將以爲此派哲學精神眞正價値所在。然此派哲學之如此簡化哲學之內容，又正無異整個西方傳統之哲學精神之總退卻，而縮入人造之語言世界，以作語言名詞上之清理工作。此派視哲學不當更有任何對於形上道體、上帝、靈魂與客觀的美善之價值理想之存在，或人之超語言之宗教生活、審美生活、日常生活、人類歷史文化之未來歸向之應當如何，有所說明或有所主張之使命。過去整個人類之哲學思想，除此派所承數人之外，亦皆被視為人類錯用語言之產物，而更無知識上之價值意義之可言。於是此派之簡化哲學內容之運動，同時卽陷哲學與哲學史於自古未有之大貧困。此派之求構造普遍的科學語言，並圖以物理語言為標準之科學語言，固尚存有統一科學語言之哲學宏願在。然分門別類之科學，乃分別向所知之客觀眞實世界，以探求眞理，勢不能不隨所發現之眞理，以用新語言。此又使彼等求建立普遍的科學語言之工作，勢將永為落後一着之追趕，實永無完成其目的之一日。而彼等之如是追趕，亦不復自覺有確定不移之立腳點於其精神之自我或內在之理性。因此等等，皆被視為玄學之名詞。彼等所論之邏輯句法之形成，轉換之規律本身，亦終只能為一方便的語言之約定，而人如欲求此等規律之理性的基礎，恆不免被此派之信徒詆為不必須之事，或墜入玄學之窠臼之事。而彼等之哲學工作，對彼等之精神自我，其究竟之價值何在，彼等亦不復追問，或竟自居于理智的遊戲之名，以一往彼搜尋追趕世間之語言，而再對之有所說，再自說其如何說，以形成各層次之語言，以逞其解析之能。此外，西方傳統哲學所視為極有重大意義之哲學上之根本問題者，亦被解析為本無意義，只由語言之錯用而來，本可不成為問題之假問題，而視為不值討論。故此派之哲學對解析技術之貢獻，雖非人所得而否認。其所以產生，亦表現一人之自求主宰其語言之精神。然彼等既不承認吾人此所謂精神之一名，而順其所否定之哲學問題以趨，往而不返，則終不免歸向哲學之大貧困。由上列種種，而見西方現代學術精神之行程，遂整個爲一一往崇尙客觀理智，不斷分化此理智以外用，而只存愈分愈細之「對客觀外在事實之研究之科學知識」之勢。同時爲哲學精神，由自甘從科學之後，而只留邏輯技術之勢。如此之學術精神，其不能，亦不願擔負任何將分裂後之羅馬世界基督教世界，重加以凝翕協調，以安和天下之責任，而唯有將此責任，付諸社會政治軍事上經濟上之人物，而自龜縮於研究室、圖書館與實驗室乃必然之事。二十世紀接二連三之世界大戰，旣爲西方曠古所未有，而對此馬恩列斯之唯物主義極權主義之洪水橫流，除其傳統之宗教思想與傳統哲學之遺存外，乃更無足以在本原上加以挽救之學術精神。及今仍不免恃原子彈，以爲自由世界之守衞者。而學人或猶不悟，乃岸然自足於二十世紀科學知識累積之無盡，與出版物之無窮，科學技術所生產之機械之多，器物之多；而每忘此一切成就，皆可爲戰爭之所毁，爲極權者之工具，以使人化爲奴，化爲物。又不知人如只沉酣於分殊之客觀科學知識技術與符號文字之世界，而無寬裕溫柔，高明博厚，剛健篤實之精神，以充運於此等等之中，此等等皆不能自保其存在，而終爲人之累。人終無力，無德，無心以止戰爭而抗極權，撫慰人間之創痛也。於此而恬然自謂已，我之純學術純科學，不負此一切責任。悲哉，學者之不仁也。是則離人而言文化，離文化之全體而只言學術知識之過也。

至於在中國之世界，則三百年來學術精神之升降盛衰之故，亦可得而言。原宋代之史學，歷元明至明末清初，乃日益發展進步。當時顧黃王之大儒，皆欲由經史之學以經世。而三百年之中國學術最大之成就，則不在哲學思想，而在整理考訂中國固有之文籍與歷史。謂清代學者之訓詁、校勘、輯佚、辨僞、註疏之功，超過中國過去任何之時代，亦當爲人所承認。在明末清初，黃梨洲、宗王陽明、劉蕺山之理學而兼治史。顧亭林、王船山反明代王學之空疏，尙尊朱子、張橫渠，皆兼治經史。及後而顏習齋、李塨，乃大反宋儒。顧黃王之治經史，顏李之反宋儒而講六藝，皆重在以其道爲當今之用。至惠棟戴東原而倡漢學或考據之學，以反宋學爲旗幟，以博洽多聞或考據精審本身爲貴。後常州學派，上溯西漢經學，以探孔子之微言大義。則經世之意稍重。至於章學誠言六經皆史，兼論周公之教，古代學術政教之原，則可謂更能探中國學術之本。而有清一代之文字、音韻、金石、器物之學，其本意原在直探中國文字語言之本原，由書籍以外之文物，以知古代之歷史之精神或道者；其後則日益漸以文字語言器物本身之知識爲目的。清末以來，甲骨文、流沙墜簡、燉煌石室之發現，及各種地下發掘事業之開展，各種來自殊方異域之歷史材料之獲得，於是中國歷史，當重加考訂者日多。而民國以來之中西學者，更注意於先史時代之原始文化之研究，及中國歷代對外之文化交通。由清中葉之經略邊疆，魏源龔自珍之治外藩地理以來，直至民國之學人，對遼金元各朝史、滿蒙回各民族史之研究之重視，亦爲昔所未有。故此三百年來，中國學術精神之行程，乃是一方逆溯歷史而上，由明而宋，而東漢，而西漢，而三代，而由文籍中之歷史之世界，至先史前之世界；一方則由欲通經之文，以求聖人之道，治史以爲經世之用，至以考據本身與文字音韻、訓詁、器物之知識之獲得本身爲目的；再一方則由重中國本土之歷史文化之研究，至重視對其四圍之邊疆之地理歷史之研究。此種學術精神之行程，乃愈行愈古，愈行愈遠，而向先史時代，與化外，及語言文字器物之末，以用其心。凡此等等之用心，一方固使中國舊有的學術世界之範圍更擴大，且亦皆有種種前所未有之成就，爲吾人所不能否認。然此種學術精神，同時爲離文化之全體與人，亦復明明日與中國之國家社會民生之問題漸不相涉，並與中國民族之他方面之精神上之要求互相隔離。而當此學術精神，岸然自足於國中，又別無足以「立人極建國家，通貫民族古今生命之理學與史學之精神」，以爲文化之中心支柱時，而中國四十年來之民族，乃終成中無所主之民族。接受西方文化以自補其所缺之事，亦以「自外入者，無主而不止」。於是共黨之以現實之民生社會之問題爲號召，而以破壞中西文化之傳統爲事者，亦宜乘虛而入主於中國矣。是亦離人而言文化，離文化之全體而言學術知識之過也。

九　中西近代學術精神之成就

吾人於此試再將近代中西民族學術文化精神之行程之成績，合而觀之。則此百餘年之西方民族，乃依於人之向外分散其智力，以日益成就分門別類之科學知識技術；而不重樹立能安頓人類自身之學術精神，以運用此科學知識技術；遂日益遠離於近代之初之理性主義、理想主義、人文主義精神之本原之時代。唯此百餘年中，其科學知識技術之長足進步，仍不能不謂其具本身價值。而由西方民族之向外膨脹，所造成之世界各民族與其文化之接觸，仍有「打開各民族文化之精神閉鎖」之效用。而三百年之中國學術，則爲一求自審訂、自考證其文籍，以自知其歷史文化，而終亦沉入純粹文字器物等等之研究，而漸遠離宋明近代之理學精神，與史學精神之時代。然各種考證，與文字器物之研究成績，仍可資後人之更自覺其歷史文化精神之用。而滿漢回民族，三百年來，亦更歸于互相同化，仍可謂爲此時期之一文化成就。惟此百餘年來之西方民族，以其充沛之活力，並運其科學知識技術，以向外膨脹擴張其勢力之事，雖致世界于烽火瀰天，亦復光芒顯耀，眩人心目。而此三百年至今之中國民族，則由其學術，只一往向遠古之本，回頭遙望，民族復屢受外來壓迫，其生命力量，乃向內收歛，而若沉入於形上的潛能之世界。吾人可謂，自上古以至此三百年之中國民族之互相同化之事，歷代儒者相生相養，相忍相讓之教，凝翕協和之功，今所留之成績，遂唯是今日之五萬萬之一群人。此五萬萬之一群人，唯自覺是屬一國家，用同一文字語言，屬於一文化系統，而若有渾淪不可分之精神繫帶，以彌綸布護於其間。世界之華僑，無論至何處，終不忘其祖國，而恒對其祖國致其期待盼望之誠，罕有別建國家，以他國爲家之想。此即此精神繫帶存在之外表的一些徵兆。然此種渾淪不可分之精神繫帶，今只爲中國人之隱約透露的直覺感情，因而亦只可謂屬於一形上的潛能之世界。由此而吾人可說，今日之西方精神之表現，由二十世紀之烽火彌天，而見其乃正在分裂之「現實」中；而中國人之精神，則在外表上，一切皆若無可說，而如只有一渾淪之「潛能」。中國歷史精神之未來的行程，尙有待於中國人之對此潛能、此上述之直覺的精神繫帶中所含之原理所賴以形成之無數列祖列宗先聖先賢之心血與智慧，及面對彼條理整秩而不幸在分裂之現實中之西方精神之前，重新加以自覺；乃藉彼條理之整秩，規劃此直覺之精神繫帶，以建制立法，興學立教，再擴此精神繫帶，爲全人類之精神繫帶，使天下人共生息於其中，以彌縫世界之分裂，而後可能也。

十　餘　論

人類到了現在，應當是把整個人類當成一體看的時候了。同時已到對東西各大文化系統加以平論的時候了。對世界現存之四大文化系統，我們若作爲一個整個人類精神之表現、或一上帝精神之表現來看，則印度文化如上帝之右手，中國文化如上帝之右足，回教文化如上帝之左手，西方文化如上帝之左足。手之不落地，喻宗教意味重。足則實踐實行之意味重也。對此上帝之二手，今不論。對此上帝二足　則左以喻一往直前，右以喻一步一回顧。由五千年人類歷史，我們明明看見上帝之左足，由希臘羅馬中古至近代，上帝之右足，由夏商周，歷秦漢隋唐，宋元明清、分別依一二三之步伐，在東西半球上行走。但是左足右足，恆互不相知，各走各的路，有時左右足互相踢蹴，互相藐視，而二足之形狀與活動姿態，亦確不同。此不同，亦說之不盡。此最大之不同，我可以一粗俗的比喻來說。我說此上帝之左足，如不穿履而指爪在外。上帝之右足，則穿履，重履踐，而渾然全足。我看見此上帝左足之指爪，化爲希臘人之矛盾衝突的悲劇，化爲希臘人之銳利的科學哲學之理智，化爲互相獨立的希臘城邦，化爲中古之上帝與魔鬼與異教異端的鬥爭，化爲近代之抗衡對峙的民族國家，各種社會組織科學知識，亦化爲四面伸指以攫取世界財富與土地而壓迫其人民的資本主義帝國主義，最後化爲極權主義者斯太林之抓拿天下，灰塵滿掌的魔掌（此灰塵即所以喻唯物論）。我又看見上帝的神履，化爲堯舜的垂衣裳而治，化爲周公的禮樂，化爲儒家的仁心，墨家的兼愛，老莊的大道，以溫暖人間，衣被天下。化爲漢唐之充實而光輝及於世界的政治，化爲對普渡衆生慈悲爲懷的佛教之融納，化爲愛惜回念其過去行蹤的歷史意識，化爲搏合五萬萬人民之心爲一之精神繫帶。然此回顧依戀之歷史意識，亦僵滯住神足的前進。故我們可名此上帝之左足之成就，爲「人類精神之分散展開」的成就，上帝右足之成就，爲「人類精神之凝聚翕合」的成就。左足之病，在指爪不剪，而血流未已。右足之病，在渾然全足，五指未能暢伸。左足之病在傷人，右足之病在自傷。此可以喻中西學術文化之當謀互相取資以開新，夫然後上帝之神足乃能遍行天下，人類之精神之行程得日進無疆也。

（四十三年一月．「民主評論」第五卷第一、二期）

附錄

自註：此下所錄四文，亦我近年之所寫。此諸文可合以使人了解此書之文所以寫作之故。其中我對於哲學與宗教之抉擇，可說明此書之哲學思想之背景與我對宗教之態度。人文主義之名義，乃畧說人文主義之一般意義，此一般意義，並不能概括此書之特殊主張。然此書之特殊主張，亦建基於此人文主義之一般意義而作。學術思想之自由與民主政治一文，則是答友人徐佛觀先生一信。此信是爲解釋我數年來所寫之文所引起的一些誤會與反感而寫。同時亦說明了此書之思想與中國當前之社會政治及其他文化思想的關係。最後一文懷鄉記，則是抒寫我個人兒時青年時一些事。此文情調，不免帶愴涼的悲感。但我之所以寫本書中這許多文，直接間接多少由於我個人在現實生活上，對鄉土，對中國社會人倫生活之可愛的方面之懷戀所化出的力量在後面推動。故一併附於此，以帮助人了解此書。(註)

註：「人文主義之名義」、「學術思想與民主自由」二文改編入全集第十卷「中華人文與當今世界補篇（下）」，「懷鄉記」作者已編入「中華人文與當今世界（下）」（全集第八卷），故此處抽出。——編者

我對於哲學與宗教之抉擇

——人文精神之重建後序兼答客問

一

我之所以寫此篇文，有三個原因。一是我近來自己校對人文精神之重建一書，覺此一大堆文章，只是廣泛論中西之社會文化問題，而未曾述及我在哲學思想與宗教信仰上之所宗主。這固是此書文章之體裁所限，但是終難免使一些讀者覺對此書思想，拿不住把柄。故想寫一文，畧補此缺。一是我好多年來在大學中講中國或西方哲學，總是循今日一般大學教授講課之方式，注重客觀的介紹各派的學說，以使學生多得知識。此似亦無可非議。但人們之要學哲學或研究宗教，通常皆有一求確定信仰與得安身立命之地的動機。在承平之世，一個人可以一生坐在書齋，客觀研究各家學說，加以體玩欣賞，到一生一世，而自己無任何確定信仰。一純粹的哲學史家，亦可作哲學家之考證，寫哲學思想之發展史，講來頭頭是道，而他自己則什麼哲學都不信，亦不另有所信。然而這不是人——尤其不是在此艱難困苦的時代的人——研究哲學與宗教之原始動機與終極目的。人之研究哲學與宗教之原始動機與終極目的，畢竟在解決其在生活中所眞切感到的問題，以使其生活有一最後的安頓寄托。眞正的哲學家宗教家，決不同於哲學史家宗教史家。他必須有所主張，有所信仰，而以其自己之覺悟或信仰，啟發人之覺悟或信仰。他之主張信仰可以自己變，亦可與他人、古人之信仰衝突，於是他將求客觀的了解研究他人或古人之所信，而修正充實其所信。但是他必須時時有所信，或求有所信。他有所信時，他卽願意自己一個人，面向蒼茫的宇宙，將其所信負責。這一個負責，是對其眞與妄都要負責。如眞，則負責堅持；如妄，則負責捨棄，決不躱閃。這所負責信仰者，可以亦是他人所負責信仰者，可以只是一學派或教派之公義，或老生之常談。然而他之負責信仰之精神態度本身，則爲他一人之所獨，爲一唯一無二者。而任何人，亦只在他有所願意負責信仰者之時，他亦才成一個獨立的有個體性之人。否則他之思想總在搖蕩，而在一是如此又非如此，非如此又是如此之狀態中，或什麼都不是之狀態中。此便只是一游魂，非獨立的有個體性之人。我由此感到講哲學與宗教之學，除客觀的介紹各派學說外，必須現身說法。說出自己之所信。這並不妨礙人兼作客觀的研究，亦不妨礙各人之自求其所信。以前常有學生或晚輩問我在哲學宗教上之主張是什麼，我總不多說。我說還是多客觀的了解研究中西大哲之思想，自己抉擇判斷，求一信仰吧。今日我才知此態度之不妥。因我不表示我曾勤求有所信，而又得其所信，以爲示範，又如何能對人說，你當求有所信，你必能自得其所信。因此我想寫此文，以畧表示我對哲學宗教思想加以抉擇後之所信，同時亦示人一條如何求得其所信之路向。第三是最近有一鄧澤民先生，在「華僑日報」上接連四日，刊登一文，批評我去年在「民主評論」所發表「西洋文化之根本問題」一文中，對於基督教與和平問題的意見。他之此文，雖未談多少純學術理論的問題。但他是本於一自衞其教之熱誠寫的。我平常對於今日一般知識分子的意見，不必十分看重。因爲他們恒只是說說，而少眞信。亦不喜與人辯論。但對於任何眞宗教徒，却都有一敬意。一個眞宗教徒之信仰，乃其靈魂之所託命，是應被人尊重的。我有許多佛教基督教的朋友。但除了討論學問，我總設法不有傷害其信仰的地方。我只是根於儒教之恕道，覺得對人該這樣。然而鄧君此文，可以使人生一印象，好像我是反對基督教的。這完全不合事實。因爲我正是認爲在此時代，須有宗教精神之再生的，這不僅在我之文中，隨處論到，而且我很願從旁幫助任何宗教徒的宣揚其所信，亦望人多了解宗教。譬如新亞書院數年來，曾舉行百餘次文化講座，大概都是我去請人來講。而請基督教徒佛教徒回教徒來講者，卽前後不下十次。對鄧君此文所說之基督教之長處，我亦從未加以否認。但是我對各派宗教徒，互不認識異教之價值，却有一說不出的難過。我希望宗教互相了解，並去除其相互敵對的地方。我認爲此中主要賴今日勢力最大之基督教之某些觀念，經一改變或發展，卽可逐漸作到。所以我在一些文章中評論到基督教。這種關於宗教教理之問題，本來是極深微的。要全部說我之意見，亦至少需要一部書。但是因鄧先生之批評，我覺亦有把我一些對宗教教理之抉擇及對基督教之希望，說清楚一點的必要。本文是因上列三原因而寫，亦須兼達三種目的。這恐怕不易寫好，我只能試一試。

二

人文精神之重建一書，都是論一般之社會文化，尙未論到專門的哲學與宗教問題。但根據本書之哲學立場，其所要反對者是很明白的。本書反對一切以看一般生物眼光看人之思想。如馬克斯只從要求物質的生存之眼光看人，弗洛特之只從性欲之眼光看人，與尼采亞德勒之偏從人之求權力之眼光看人，巴洛夫與一些行爲主義心理學者之只從交替反應之眼光看人，雖然都可對人性有所發現，然而在根本上，都是不能認識人性之本，而未把人眞當作人的。如果人要認爲，這些學者把握了人性之全部眞理，我只能視之爲邪說，斷然要加以拒斥的。這些思想可以在思想自由的社會中任他人主張。但是有人主張，即同時必須有人駁斥他。一切錯誤的思想，可以在一時存在。但其存在之意義與價值，即在經駁斥而漸不存在。人的思想是不能免錯誤的，錯誤的思想是恆不免要經過的。但每人之經過錯誤的思想之意義與價值，即在認淸錯誤思想的面目，而不再犯它。思想自由的信仰，只是讓人去嘗試一切可能的思想，最後使錯者還它錯，邪者還它邪，眞者還它眞，正者還它正。不是一切眞妄正邪皆不辨。

何以說此一切依于一般生物之眼光看人之思想，皆錯誤皆邪？如何確知人與一般生物之不同，或人禽之辨？如何確知人性所以爲人性之特質？說簡單，固簡單；說複雜，亦極複雜。人可以從生物學心理學文學宗教哲學各方去研究。這問題要牽涉到我們對整個宇宙的觀念，對形上事物的信仰。由是我可以把我對這問題思索的經過，及我對各種哲學宗教派別抉擇的經過，說一說。由此便可以明白，我此書之哲學思想上的背景是什麼。究竟在我內心，希望成立什麼一種哲學宗教信仰，以安頓我自己的生命。這都是在本書中所莫有說到的，而關涉到個人經歷的地方，多是平時從未向人說及的。

我追溯我之對於一切以看生物眼光看人之思想，所以有反感的根原，亦即我哲學思想的根原，最早應當是六七歲左右時一段經驗。當時有一日，我父親同我講一科學上的預言，說太陽的光與熱，最後要黯淡而消失。地球那時亦將到末日。在地球末日時，只有一個人帶着一條犬。記得當時我聽此故事，覺有無窮意味。不後幾天，一日天下過雨，庭中土地經太陽一晒，土便皸裂。我當時便想地球可能要崩裂了。當時在庭中的情形，今已相距約四十年了。我尙記得很清楚。我想這就是我之哲學思想與一切對人性之看法的根原。爲什麼人會想到世界的毀壞？這中間即包含人性之神秘、人性之尊嚴，與其異於禽獸之所在。這可以用求生存、性欲，求權力欲與交替反應之活動來說明嗎？不可能的。因爲這一切活動，都繫於世界之存在。而人在想世界毀滅時，是世界在其心內之不存在，亦即此一切活動之不可能。我如何能想世界之毀滅，而能忍受此一之存在於我心中呢？後來我有確定的了解，即人是一具超越物質世界性的存在。當時當然不知道。

除了我七歲時想到地球會毀滅之一念外，關於我之哲學思想之根原有關之事尙多，亦無妨說說。其中之一是十三四歲左右時讀了梁任公先生之一篇人生目的何在。那文大意是說人生都在忙。他舉出忙這，忙那，總說了百多種，他問畢竟忙來忙去，是爲何來？但該文並無答案。我把那文看了，忽然自以爲有一大覺悟大發明。此大覺悟大發明，其實亦非常簡單，卽人生是爲求快樂。我當時了解到人殺身成仁，亦實只是爲求心中快樂。於是拿了一張極大的紙，預備寫一篇長文。但寫了百多字，便莫有說的了。現在我還能憶起那張紙十分之九都是空白的情形。何以我只有十分之一的思想，而要拿十分之十的紙來寫？這我現在了解其原因所在。這是因在人之自覺中的思想之範圍，是遠比其直覺到的可能思想的範圍小。就在那時不久，我卽開始讀孟子荀子，對性善性惡的問題發生興趣。我當時認爲人性有善有惡，我且自以爲發見了孟子荀子都實際上是主張性有善有惡的，不過二人用的名詞不同而已。我說荀子以心善而性惡，孟子以性善而耳目之欲是惡。當時我爲此作了幾千字的文章，並堅信之有五年之久。當時我以一切耳目之欲皆是惡的，身體是最可鄙賤的東西。一切身體之欲望是應取消的，人生目的卽在絕欲。雖然我在實際生活上並不能不飮食等。我把絕欲的理論與人生求快樂之觀念連起來，構成了自以爲空前的理論。卽我反省人滿足欲望時所達之心境，卽是莫有欲望，但同時是快樂。因此我推出人如能無欲，則其心境便是永遠快樂，無窮盡的快樂。這個思想，我現在看來，亦不能不承認其中有一智慧。因爲家庭的教育，所以當時我讀書仍以古書爲多，但古書少引起我之思想上的問題。不過那時中國思想界又正是所謂科學的人生觀與玄學的人生觀論戰的時期。此論戰却非常熱鬧。我可以說把雙方的文章都看了。連五四時代流傳下來的講新思潮批評中國文化的書，不管懂不懂，只要能找着的亦都看了。但莫有能改變我原來的思想的。我只是由此更發展我自己的思想。當時我得了一個決定的對宇宙人生的認識，卽人心是能自覺的。此自覺與其所覺，畢竟不同。心之自覺，決不能全同化於或歸併到其所覺之身與物。因而成一種二元論。此二元論之思想，使我以後之思想，無論如何不能相信唯物論。亦使我反對過唯心論。

當我看科玄論戰的文章時，我同時最反對的卻又是玄學家的意志自由理論，與講什麼直覺一類的話。我至少有好幾年的時間絕對相信因果的必然，物理的因果與心理因果同是必然。因而絕無所謂意志自由。然人無意志自由仍可努力。因此努力亦是必然的。在十八九歲時，我已看了一些佛家唯識的書，亦聽人講唯識。但覺其離識無境的思想，與我之二元論相違。乃對之想出幾個駁論。其中之一是說如果境皆不離心，由心變，則我心所見之他人身體，亦不離我心。而他人之心又是由他人身體活動所推知，則必只有我一人之心存在。此卽謂唯識論必歸到唯我論，對他心無法眞肯定其存在。成唯識論中對他心存在問題之答覆，我發現其並不能釋我之疑。後來我才知此是西方駁唯心論之一通常的論證。但是我在當時還進了二步，我說如所認識之境，不離心而存在，則我思過去我時，過去我卽現在我之境，亦當不離現在我之心而存在，則過去我亦非眞存在。然現在我在被反省時，卽可說是已過去之我。不被反省時，則無現在我可說。由是而唯心論，必歸至無我之存在可說，亦無心之存在可說，而無心可唯。在成立此論證以駁唯心論時，我是初次作西方式的哲學思索，可以說眞下了一番苦功。

上述之絶欲的快樂主義的人生觀，二元論機械論的世界觀，實在論的知識觀，即形成了我對於哲學問題的可能答案之初步的抉擇。這都只是我廿歲以前一人的瞎想，但這些思想，在我當時卻是曾自覺的加以信仰過。這些思想與我當時之特別尊崇純理智的、科學的哲學之方法相配合。我曾想如果我之思想方法只停在當時的階段，再多研究科學，亦可能變成一科學的哲學家。而後來一切思想上之進步改變，都是一點一滴的與自己之信仰鬥爭而來的。因而我所經過的錯誤的信仰，在被確知爲錯誤以後，亦即永遠不會再來了。

三

我第一次感到我的哲學思想之困難，是在廿一歲讀了詹姆士在徹底經驗論集中一篇文，爲題目Does Consciousness Exist。這篇文章之結論，大約是人只有意識之流。此流只是一連串之波浪式經驗。後一經驗銜接前一經驗而生時，前一經驗即爲「所」、「客體對象」，後一經驗即爲「能」、「主體自我」。因而根本無所謂單一的意識或自覺或自我。這與我原來之以自覺與對象爲二之二元論的想法，全不同。由此使我之思想生一大激蕩，而覺有多了解研究他人之哲學的必要，同時覺有革新以前之思想之必要。這時我尙在大學中，一面讀書，一面自己思想，竟然又另造了一思想系統。我當時用了兩個原則，一是同一律，一是感相間之關係，來說明宇宙一切存在及各種人類之習慣與心理活動。此二原則之運用只限在經驗中。故任何超越的本體或實在，皆絕對不能存在。但是這個思想，我却未繼續走下去。如果一直繼續下去，亦許卽會變成今之邏輯實證論者。當時因看了英美新實在論者，如摩耳、培黎、孟特苟、斯泡丁等的書，使我不能停在經驗主義現象主義。新實在論使我相信可能被經驗而未經驗之潛在的共相一定是有的。當我由相信宇宙間有無數可能存在的潛在的共相，其中包含無窮之眞美善等價值時，使我生了無數的歡喜。蘇格拉底、柏拉圖所謂哲學的愛情，對理型世界之企慕，及現代如羅素、桑他耶那等之心靈，所安身立命之地，在此時我皆覺有所契合。

新實在論的思想，口口聲聲說根據新邏輯。這使我亦花了半年工夫去看新邏輯的書。但是我的問題，只在其原始概念與基本命題。究竟這些東西是何處來？可否歸併至一最簡單的某物？我曾試想出一邏各斯 Logos 爲這些東西之本原。但是我無此天才把它展露成一邏輯系統，亦未能講出一套邏輯哲學，只是一些直覺。後來直見到牟宗三先生之大著邏輯典範（商務書館三十年出版），才印證了我之所直覺，亦使我的心在此問題前得安放下來。而我亦再無興趣去學邏輯的演算了。

新實在論之思想最攻擊唯心論，這與我最初對唯心論之態度相合。我當時想，新實在論是最新的哲學，西方以前之唯心論，必然是錯了。但是我當時又有一點不放心。即我未讀他們之書，我如何能定其必錯？我必須去找出他們的錯，才能眞打倒它。因當時新實在論者如羅素摩爾斯泡丁等，最喜攻擊之當代唯心論者是勃拉得來。而英國唯心論者如霍恩來，又說勃氏是哲學家中的哲學家。於是我先看勃氏之現象與實在。此書前半段充滿之詭論，與我少年時所讀之佛書中之中論十二門論之詭論，幾全一樣。使我生無盡的興趣。爲此還寫了一文比較勃氏與三論宗，在哲學評論中發表。由此書才帶我到讀康德黑格爾等唯心論宗師的書。讀了黑格爾之精神現象學，才知除新實在論者一往平鋪的哲學境界外，另有層層向上升高之哲學境界。但是我當時仍然不肯對康黑等心服，實在說亦不了解。此後我所泛覽的書，就更多了，幾乎任何哲學宗派之思想家的書，只要能得着，都要看一看，這樣直到而今，遂對任何派哲學，一無專門研究。但是對任何與我不同之思想，我却總要對其是非，抉擇一番。如抉擇不了，則存之於心中，一問題存於心，十年以上，是常事。亦不必一一去說它。惟我自己一面讀書，一面思想的結果，三十歲左右，便走到喜歡西方唯心論的路上去，這眞是始料所不及。由此再來看中國先秦儒家宋明理學佛學，才知先秦儒家宋明理學佛學，又有超過西方唯心論者之所在。直到民卅七年寫宗教意識之本性一文後，至今五六年，我才對宗教之價值，有所肯定，同時認識儒家中之宗教精神。此上便是我對中西哲學宗教思想之抉擇經過程之簡單的敘述。這些抉擇的過程，從客觀上說，並無什麼價值與意義。但從主觀上說，則都是自己與自己之戰爭，自己從自己之成見中，逐漸殺出血路來的歷史。到了現在，許多思想上的傷痕血跡，亦漸漸忘去了。又如舟行海中，舟行之迹，亦隨舟之前進，而沉入大海中去了。而我仍然要說者，仍不外上文所謂現身說法的意思。我希望青年朋友們、有志學問者，由此可以知道，人的思想必須要求有所信，亦必須要以自己之所信與他人之所信，絜長度短，才能使自己進步。同時知道學問思想上的事，總是翻過一層又一層的。一個人最反對的，亦可以成為他所最贊成的。同時人眞正確知為錯誤的，人以後思想，亦決不會原樣的倒回去，只要勤求眞理，進步是必然的。而且我在下文，還要根據我自己之多年對各派哲學思想宗教信仰之抉擇的經過，更明白的指出人類哲學宗教思想中，各種待人去抉擇的幾條路，甚麼是我今日認為眞正通達宇宙人生最高眞理的直路。這當然不能一一指出理由，只是一些獨斷的結論。願意向此路走的，便向此路去；不願的，可以自己尋自己的路。天下一致而百慮，同歸而殊途。思想的車輪在錯誤的路上，多繞幾個灣，亦可以回到正路。只要眞求眞理，總是要聚會在一個地方的。

四

我認為我們如眞要求眞理，則我們之一切思想抉擇的開始，是要抉擇我們之思想的態度。究竟我是隨自己自然形成之習見，或流俗之習見去思想，或順自己之眞知所及去思想，這我們須先有一抉擇。如只隨自己之習見、流俗之習見去思想，則我們之當下的心，便總在一被動的狀態。這一種心態，亦隨時可爲政治的宗教的社會的一切宣傳之所惑，並使人時時想適合於學術文化之最新潮流而不問其眞與僞，亦易爲在社會上有名望的人所震懾。這一種人，亦是極權制度下最好的順民與奴隸。因爲這一切都是依於同一之恒在被動的心態而成。而實際上，大多數人在日常生活中，大多數時總是恒在爲習見所束縛之被動的心態下。這眞是一莫有辦法的事。而思想抉擇的開始，卽當是決定求超越此心態，不甘只隨自己之習見、流俗之習見去思想，而處處求順自己的眞知之所及去思想。

思想抉擇的第二步，是抉擇自己要求甚麼一種眞知。人不同的時候，可以求不同種類的眞知。人以氣質之不同，而或一生偏重在求某一種的眞知。這卽成不同種類的事業家、學問家、宗教家。無論求某一類的眞知，自作主宰的判斷，同不可少。在自作主宰的涵義中，卽包含所得之結論可與世相違，因而可能最後是一人在求眞知之道上，踽踽獨行。而求眞知的人，亦必須預先決定願擔負任何程度之孤獨與寂寞之命運。「雖千萬人吾往矣」之氣概，是求任何種類之眞知的人，同須培養的氣概。但是以眞知之種類之不同，人之求知活動之路方向，卽有本性上之不同。大體上說，直接求實用實踐的眞知，是一條大路；求純學術上的眞知，是一條大路。在後者中歷史學是一條路；科學是一條路，哲學是一條路。一個人可以求不同路上之眞知，亦可發現其會通。但是在開始點上看，這些決定是不同方向的路。最後如得會通之處，再順下來看，仍是不同的路。因而從一條路轉向另一條，必須同時有求知活動之轉向。在有大智慧的人，可以自覺的自由掉換安排他求知活動之方向，漸進於至圓而至神。但是他仍須隨時自覺他之求知活動在那一方向，在通向那一種眞知的路上，決不能加以混淆。而一個人如決定一生專求某一種眞知，則必須隨時自覺是在某一條路上用思。求實用實踐的眞知，姑不說。求歷史求科學求哲學的眞知之三條路，我可簡單的加以分淸。求歷史上之眞知，是求了解事之流變。求科學哲學之眞知，是求了解原理原則。但是在一切求科學歷史上之眞知的心境中，皆包含一客觀事物或客觀對象（無論是形數、自然、社會、歷史之事物皆爲一客觀對象）與求了解之心之對待，及此一客觀對象與其他在外之客觀對象之相對的或一時的劃分。歷史家之研究歷史，他須對歷史上之事物，根據文字紀載、遺物，及一切史料來考證、分析、推測。終於重構已往歷史事象，於其現在之心，並將各歷史事象相連屬，以顯其因果綫索、流變方向。科學家研究科學，亦須對其所研究客觀對象，作輪番的觀察、實驗、量度、計算、描述、臆測，以求了解其本性，或與其他對象之因果關係函數關係，因而得以定律規定其一切性質作用或活動。但是一切歷史科學的求知活動，開始點總是要凝聚於一個特定對象，或向一特定對象環繞。在根本上，其求知活動方向，是一向外伸展的，向已有而與研究之之心相對而若外在之事物伸展的。在科學歷史的研究中，誠然恆須保留向外判斷，而向內反省，以審察其所臆測所構造之假設，是否本身眞是可能的；據此假設所作之推演，是否合理等。但此等工夫，都是以退爲進，似向內，而目標仍在外面之客觀對象之了解。由內心反省所構成之最後的臆測或假設之是否爲眞，仍須受後來我們對於史料自然物社會物或形數等，一切客觀對象之經驗或直覺來證實。如果是眞，則此眞知便仍是關於此客觀對象，繫託在此客觀對象的。求歷史與科學上的眞知活動之必爲向外伸展的，乃其本性所規定，或即其本性之所在。於此誰最能使此種求眞知之活動向外伸展，而又最能如上述之以退爲進，誰即最能有歷史上科學上之發見發明。誰最能使此種求眞知之活動，向一特定範圍之對象凝聚環繞，誰即最能成某一種科學之專門家，某一種歷史研究之專家。這便是歷史與科學的路之共同之處。

哲學的路，在其開始點，是與科學歷史立於對反地位。這當然不是說哲學家要否定科學歷史之價值與其所得結論。這是說哲學上之求知活動之方向，初是逆於科學歷史求知活動之方向的。科學歷史的求知活動之方向，是向外的。向外而先抉擇某一特定的歷史的自然的社會的或形數的客觀對象，爲其求知活動所凝聚環繞，同時卽知此所抉擇對象異於他所未抉擇者。但此抉擇，同時卽是人心靈可能有的求知活動之一局限。此局限有兩層意義：一是局限於特定對象，一是局限於向外方向。此局限對一切特定知識之成就言，對人心靈之原始發展言，皆是必須。否則人心靈卽只能潛伏於主觀客觀之渾然一體的混沌中。此混沌要開展，主客便須分裂爲二，而主體之心靈光輝，卽向外之客觀對象注入，以成求知活動。同時此求知活動，亦必須先向某一特定對象下手，才能伸展出去。否則客觀對象亦只是渾然一片，而心靈活動亦將窒息，復返於潛能狀態。此卽求知活動之所以必須有局限，以成就各種特定的知識。但在人之主體心靈本身，或求知活動之本身，又初無所謂局限的。故我們於此又有一不安，而想超越特定知識中之局限。如問哲學從何處開始？卽可說從人要從此局限超越出之要求開始。（而其內在的最高目的，則當是要彌縫各種知識與知識間裂痕、內外主客相對之裂痕，而返至其求知活動之本，自覺其心靈之全。）因而首要把我們向外凝聚環繞於特定對象之求知活動，抽回來，或擴散開。這個要抽回來、擴散開之要求，是一不容已的。因爲人之求知活動之的本身，是初不爲此局限之所限的。任何專門歷史家科學家，都不能將其求眞知之活動，只凝聚、環繞局限於其專門研究之範圍以內。他總要求溢出去，總有一哲學的衝動。如果他不學哲學，他卽必須根據他對人類之歷史之流變方向之認識，以成其哲學，或以科學中所知之原理原則，爲放之四海而皆準之哲學原理。否則他必以常識中之宇宙觀人生觀，爲其哲學。這仍是想把他的求眞知活動，暫自其所得歷史科學知識中，溢出去或擴散開。歷史家科學家而絕對無自科學知識歷史知識超越之哲學意識者，從來不曾存在。這不是因歷史家科學家不是歷史家科學家，而是因爲他們亦是人。其求知活動之局限，與其求知活動所自來之本，有一眞正的內在的矛盾。反之，一哲學家而從未曾局限其求知活動於特定對象，以求科學歷史之知識者，亦不曾存在。因爲我前已說，人之求知，最初一步必然是要向外而向特定對象的。因而人總有此二種求知活動。但是一個人在不同時間，必須抉擇他是在研究歷史、哲學或科學，而自覺的安排其求知活動的方向；同時，在其一生亦或須抉擇他以哲學或某種歷史或科學之研究爲主。

五

如果一個人在一生或一時要走哲學的路，此中亦有兩條路須抉擇。一條路是從上述求實用實踐生活上之眞知及求人類社會歷史之眞知出發，而卽在實用實踐生活上及我自己在人類歷史社會中所處之地位，隨處體認反省以到哲學。這大體可說是東方哲學的路。這亦是大多人隨時隨地可行的哲學之路。這條路最廣大，最簡單。但走此路，必須有道德上的眞誠，否則易流於恍惚，或狂妄。如果人有道德上的眞誠，無論依儒家道家佛家之教去生活行爲，或專從其個人在人類社會歷史上之地位去反省，同可超越一特定的知識的限制，而對宇宙人生之本原，有極高明而又極親切之參悟。但這條路，今日中國一般知識分子多不喜歡。因中國現在需要科學，偏於崇拜科學的意識，恒不免連帶着崇拜西方，較看輕歷史。今中國之大多數知識分子，罕有着重東方之聖哲所示之生活道路的。而不眞看重歷史，亦不能眞知其個人在人類社會歷史之地位與責任的。故這條到哲學的路，在今日幾只有豪傑精神者才能走。除非重興古代之講學之風，不易把一般人帶上此路。而另一條路則是從人之科學知識以引進到哲學的路。此可說是一般西方哲學的路。這條路較可適合今之時代，且比前一條路，切實穩當，決不易流於恍惚狂妄。但是要從這條路會悟到東方聖哲的境界，必須經思想上之一極曲折悠長的路。須從好多西方的哲學派別中翻出去。又不是容易的事。因而人恆不免半途而廢。而人在此最易自足於一純理智的哲學系統中。但是如人能忍耐所經之思想之曲折，盡智力以達超理智之境，亦可返而對東方聖哲之言，更別有所會心。

在走西方哲學的路有兩條，一是直接隨傍科學知識的路，一是反溯科學知識之所由成的路。我所謂隨傍科學知識的路，是指卽就某一科學或多種科學之原理，將其概括化 Generalization，以成一宇宙觀，而在此宇宙觀中決定人生觀的路。如斯賓塞於生物學中認識進化之原理，進而去認識天體、人類社會之進化，而成一進化哲學。他這種思路，在原則上，只是將進化原理的應用，自生物範圍之中抽離出或解放出，而推擴散開，以概括全宇宙，由此卽成就一自專門科學的求知活動超越出之哲學活動。此哲學活動，只是比科學活動更廣，但是其所得之原理是直接從專門科學所得之原理，加以推擴概括而成。這一種哲學活動，要發現最能概括應用之原理。這是逆於「一切科學活動之要逐漸對一原理，加以特殊規定，以說明特定對象之趨向」的。因而對科學活動言，是一逆道。但是他之逆，只在這一點上是逆。此哲學活動所得之原理，其是否爲眞，依賴於其所根據之特殊科學知識是否爲眞。他亦只能隨科學知識之變而變，因而此種哲學在原則上，莫有獨立性。但是這種哲學，却是比較容易建立的。我們只要能在任一科學中，發見一可資以概括的說明宇宙之原理，皆可成立一哲學。如一單純之原理，有不能概括的地方，我們總可以再加以補足之原理。這樣我們之哲學活動，便總可進行。依此我們可據物質存在之原理，以建立唯物論。據能力存在之原理，建立唯能論。據生命存在之原理，建立唯生論。據機械原理，建立機械論。據目的原理，建立目的論。據統一之原理，成一元論。據對立之原理，成二元論。或將各原理拼合起來，成物質與能力論、機械的目的論、層創進化論等。這些哲學理論，都不難直接根據科學常識之知識，施行抽離、推擴概括的手續，加以撰成，而皆可持之有故，言之成理。西方各時代之各種自稱爲科學的哲學，或西方與今日中國不以知識論爲基礎之一切宇宙論，均是如此建立。而我們以前所說之一切視人如物如生物之思想，亦都是此路中之哲學之一些形態。在這條路上從事哲學活動的人，其科學知識愈廣博，而抽離、推擴概括的理智能力愈強的人，則可錯誤愈少，成就愈大。但是無論其成就如何大，只要其所據之某一特殊科學之理論改變，則其哲學理論，亦因而被視爲不適切或不眞。因而此種科學的哲學，永不能成爲絕對的必然的，而若永爲一待證的學說。人亦永不易由此哲學得其安心立命的信仰。人如果要由此路，以建立絕對必然的哲學信仰，亦須同時要使科學之進步僵固起來才行。此卽依賴於十九世紀之物理學之俄國辯證法唯物論者，所以必須反對新物理學中與其哲學之相違處之理論之故也。

另一條反溯科學知識之所由成的路上，有不同的層次的哲學。此中第一層次的哲學，是就已成之科學知識系統，而考察其方法、其理論之關聯是否有邏輯上之必然，與此知識系統是依什麼基本假定或基本原則與基本概念而成。進而分析此假定、基本原則、基本概念之意義，將其清晰起來。這卽是所謂科學之批判的哲學。這一種哲學，不重在建立什麼一種對宇宙全體的知識，而恒視一切所謂對宇宙全體的知識，皆始終不脫假設之性質。這一種哲學，只是要人對其科學知識本身，有一種知。科學知識向前開拓行程，此種哲學則逆此行程，看它的步伐，與步伐是否錯亂，及其行程從何處開始等。這一種哲學，至多可告訴科學家說：如果你從此開始，你便會到那裏，或你應當到那裏，而當說些什麼，當如何去作觀察實驗。但他可並不要求什麼科學從那裏開始。這種哲學之最純潔型態，乃是對科學無所要求，而只是在旁邊觀看科學之行程。這一種哲學，在西方發展到現在，便是所謂邏輯實證論之解析技術。用此解析技術，希望能把各種眞正的科學知識系統，還原至爲若干原始語句，依一定句法轉變規律而造成之各種語句系統，最後統一爲一物理的語句系統。其野心是很大的，工作亦是很繁重的。但是這種哲學，在一意義上仍與上一種哲學一樣，是永遠跟着科學跑的。只有在科學之進展停止時，其哲學的工作之完成才可能，而此哲學的工作之完成，亦卽哲學之無事可作而死亡。

把邏輯實證論當作一對科學知識之解析技術來看，與把邏輯實證論作爲一般哲學來看，二者之意義是不同的。從前者來看，它不與任何哲學爲敵，亦不能與任何哲學爲敵。它只能不談其他哲學。從後者來看，則它對知識論形上學價值論有所主張。它一方說知識論上之實在論觀念論之爭等是無意義的，形上學是不可能的，價值判斷只是表情語句。一方在知識論上，是以感覺經驗爲證實語句眞僞之最後標準之經驗論者、否定邏輯原則之先驗理性基礎的約定論者、形上學之現象主義者，或不可知論者、價值論上之主觀價值論者、相對論者。在哲學上這只是休謨到馬哈的老路，亦卽感覺經驗主義的老路。反形而上學，以價值判斷只表主觀上之贊否之情，都只是休謨的思想。但任何眞正的經驗主義的哲學，比起純粹的科學批判的哲學工作，我們仍須承認其是更能反溯科學知識之所由成之進一步的哲學。因純粹的科學批判之哲學工作，可以不問科學知識系統之所以得爲人所建立、在人的方面所根據之基料在那裏。而經驗主義則定然的肯定，人能建立一切科學知識系統，其最原始一點在人的經驗。而最原始的經驗是人的感覺經驗。這一種哲學活動，是預備把放之彌六合之科學的求知活動，加以反省，而回頭看到此求知之活動之開始處之經驗。同時卽可說是在想把上窮碧落下達黃泉的一切科學知識之根株，定住在人人自幼至老，時時刻刻當前所具有之最具體最現實之感覺經驗。這是要賴一種更向內收斂反省才能達到之結論。這是一種更逆科學之道的一種哲學之道。而一個人能確認其感覺經驗的眞實，這亦可是人之自我肯定之始點，一眞正有獨立性的哲學之始點。

但是一切感覺經驗主義或一切在感覺經驗以外只肯定一分析的理智力之思想，如由休謨至今之邏輯實證論之思想，在哲學上皆永只能是被經過，而被超越的。這一類型的思想，肯定的仍太少，而破壞的太多。順休謨的思想去看人類的圖書館中之著作，他是明白主張大部份的書應燒的（見其所著人類理解研究最後頁）。這樣看來，極權主義者之焚書坑儒的事，這一路的思想家亦可能作的。但是我們如從深一方面用心思，便可知只將感覺經驗與由經驗而成之習慣、交替反應，及其他任意約定之原則，以說明科學知識之所由成立，是決不可能的。以經驗上尙無例外、語句之重複，說明因果原則與邏輯上的必然，亦是不可能的。承認邏輯上之必然，而否認有內在的或先驗之理性，亦是不可能的。而依感覺經驗主義，以否定超經驗之形上事物，以形上學命題爲無意義，亦只能是根據對「意義」一名之意義的任意約定，或對「命題種類」之任意約定。此約定本身亦是無客觀意義的。如要有客觀意義，則只能是一種既非純本經驗亦非純依理性之獨斷論。此獨斷論，乃原於我們之理性活動既貫注於感覺經驗，卽執定唯此感覺經驗是實，而否定其他一切。但是其他一切，既認爲不在經驗中，則此處理性之否定活動，亦不能有客觀意義。因而此否定，只是否定理性之再有所肯定。卽否定其自己再有肯定之可能。而此卽是理性之一種否定其自己之表現之事。這決不能成就對形上事物有客觀意義之否定。這些話須牽涉到語言哲學與知識性質的專門問題，姑止於此。（本西方理想主義哲學立場與我自己意見相近而討論這些問題之書，我曾看過 Urban Language and Reality 1938、Blanshard 之 The Nature of Thought 1950 二書，讀者可參看。）

六

從經驗感覺以否定先驗理性及形上事物或形上學命題，如不可能，則可開出超感覺經驗主義之哲學之路道。在西方傳統哲學中，重要者有三條。一條路是主要依理性中之原則，如同一原則、因果原則、充足理由原則、連續原則、不可辨別者之同一之原則或理性概念（如完全者之本質與存在合一），將其客觀化，爲構成形上實在之原則的理性主義者的路。此卽笛卡兒斯賓諾薩來布尼茲哲學的路，所由立之基石。另一條路是依理性以觀照識取經驗世界一切普遍的共相、理念，推求一般現實存在所以存在的外在原因或所依之潛在者。此卽由希臘柏拉圖亞里士多德，經中古之多瑪斯，以至一切超越實在論者及今之新實在論者的路。再一條路是卽就知識世界經驗世界，反省其如何形成之內在與外在條件，而分辨何者不能不原自經驗而由外入者，何者不能不原自先驗的理性，而由內出者。此卽康德之批導哲學的路。這三條路，在一方面看，同是要解答科學知識之所由成。第一條路中之理性中之原則，乃被認爲人求知識時，運於能知或能思之心之活動本身，而加以反省出者。第二條路中形式共相，乃人有所知時，表現於現實的或可能的客觀對象中者。第三條路中之超越的範疇理念，乃人求知時，對於可能經驗的外在對象之內在的安排方式，或誘導我們去形成系統知識之理想原則。但是第一、二條路，都只承認人之思辨的或觀照的純知的理性，旣可通到科學知識，又可通到形上學。而第三條路，則由科學知識之所由成，一方賴於外在的超絕的對象，一方賴於內在的超越的範疇理念。此範疇理念，卽統攝於我們之超越的理性自我，亦自此而發；由此而見知識之世界之兩頭，皆繫託於一超知識超經驗之形上事物。遂可轉進到純知的理性以外之實踐的理性之肯定；而由此實踐理性，以另開形上學之門。從此而西方有超科學之道德的形上學，與建基於道德之宗教哲學。而康德之道德的形上學，經菲希特、黑格爾，而成客觀精神的形上學。此派哲學再激發出後來之重道德宗教之存在主義、人格的唯心論。以至一切重價值之實在的哲學，如懷特海等之哲學，皆多或少，正面或反面，直接或間接，由此派哲學激發。唯此中所須之抉擇，便更細微，此文是不能再說下去了。

因哲學之本性，是要逆科學之向外求眞知之活動，而向內求眞知，故在此三條形上學之路中，當然最後一條路，是最能由科學知識所由成之本原之識取，以上通於超科學之道德宗教境界。從這條路下去，亦是最能使科學與道德宗教及形上學之範圍不相夾雜的。其所以能不相夾雜，一方由其領域不同，一方由其中所包含之眞理，屬於高下不同的層次。科學儘可有其自己的眞理。人儘可用科學方法上窮碧落，下達黃泉，前推萬古，後測萬世。大而星雲世界，小而原子核；外而自然社會，內而心理生理，皆可爲科學之所研究。但此一切科學知識，總是統屬於我們之求知之活動，而爲其成果。任你科學知識世界如何發展，什麼新理論層出不窮，以至各種新舊理論，如何矛盾衝突，總不能在人之求純知之活動之可能範圍以外。然而在此科學知識所及世界外——即把一切可能成科學知識之對象全部合起來所構成之世界外，仍然有另外的世界。此即關連於人之實踐理性或情意之審美活動、實際行爲活動、宗教信仰活動所發現之世界。而這一切活動（包含純粹求知活動）與其所發現之世界，則共統攝於人之超越自我。純知活動與爲其成果之科學，有無價值？當然有。但是誰承認或肯定此純知活動、此科學之價值？只是此自我。如果無此自我對純知活動與其成果之價值之承認或肯定，則一切純知活動，即立刻對我無意義，而不成我之活動。而此活動之一切成果，亦全與我們不相干。以至其所知之整個世界，亦與我們爲不相干，而在我們之前，沒入虛無與混沌。由此而一切科學研究之進行，皆爲不必要，亦不再可能。但是此自我，不僅肯定科學的純知活動，與其成果之價值，亦肯定其審美之活動、實際行爲之活動、宗教信仰活動與其成果之價值。即它超越的涵蓋持載此各種活動與其成果，而承認肯定其價值。而個人之能在原則上，或在特殊情形下，判斷此各種活動與其成果之價值之高下，決定選擇那一種，亦即此自我之價值意識，或良知。良知判斷我之科學的純知活動之價值，判斷我之實際行爲之價值，判斷我之藝術活動宗教活動之價值，即是看此等等之是否合乎自己之內在的嚮往或標準，是否合乎良知之理。凡合者，謂之是；不合者謂之非。良知是是而非非，亦即善善而惡惡，是爲人一切道德智慧道德實踐之原，人生之內在的至高無上的主宰。人問，這個良知，心理學家社會學家可否研究？如何研究，豈不落在科學範圍中？我們說，這不相干，心理學家社會學家可以研究良知，但他研究良知時，他所研究的良知，便客觀化爲一對象。然而至少仍有一個東西，永不能全客觀化。此即社會學家心理學家自己去研究良知的「心情」之本身。他們之此心情本身是否有價值？還是要受他自己之良知之判斷。他們自己可以自己反省，他們爲什麼要研究良知？是爲名？爲利？爲求眞？或爲啟發他人的良知？但他們的良知會告訴他的，爲名爲利而研究良知之價值，不如爲求眞而研究良知；只爲求眞而研究良知，不如爲啟發他人之良知而研究良知。這即是說他們之研究良知之社會學心理學的科學工作，仍受一更高的良知所主宰。無論怎樣，孫悟空不能翻過如來佛之手掌。一切科學之活動，一切理智之活動，皆只能在良知承認其價值時才可能，即永在良知所主宰之下，不能翻到上面去。一般的科學家哲學家一切對良知之懷疑與批評，實皆無一不遠落在下面之層次，無不可由更深的對良知反省而加以解答，無一能動此良知之教一分一毫也。唯此處亦不必多論。

知自我之良知在科學活動之上，而爲判斷裁定，抉擇科學活動及一切人生文化活動之價值或是否當有之主宰，便知依據科學所研究之任何其他事物，而得之原理，無一眞可窮盡的說明此自我之良知之性相，亦無一人之純知活動所對之現象界事物，能成爲此良知所由存在，或內具價值之來源。因此一切皆只爲其所肯定之純知活動所統率之對象而已。而一切根據一種科學，以至綜合各種科學之結論而成之哲學，與一切只將純知的理性客觀化與依純知理性去識取外在的共相形式之哲學，亦皆不能眞參透到宇宙人生之本源。因爲這一切哲學，皆不知唯有能自覺其純知活動而肯定其價值之自我之良知，能爲一切純知活動及此一切哲學之所依以存在者。而此自我之良知，則永能自己肯定其自身之價值，肯定其自己之應有與當存在，因而自己爲其自己所內具之價值，及所由存在之來源。亦即能自己肯定自己之爲人生活動之本源者。而人欲參透入宇宙之形上的本源，或絕對的天理之所在，亦只有由此良知，與其所肯定之全幅人生之有價值之活動以透入。

畢竟宇宙本原是什麽？我們可說是天知或天心或上帝，但是我們却不能說天知與良知爲絕對分離之二物。良知可說只是天知之呈於我，天知只是良知之充極其量，因而是一。如要說是二，則其間之關係必爲互相保合之關係，而不宜只以因果關係、本體屬性關係，或創造者與被造者之關係言。這些名詞，都只宜用以說自然界，而不宜用以論天人之際。但此卽入形上學哲教宗教問題深處，今不多說。（讀者如欲對中國先哲王陽明之良知之教求了解，可讀牟宗三先生近著「王陽明之致良知之教」（中華文物出版社出版）。

七

由此我可畧說到我對宗教之抉擇。宗教家必說到不朽或來生或復活，必說到天堂、極樂世界，或彼界，說到上帝、阿拉、梵天，或佛菩薩、仙。宗教家所肯定的這些，都是常識與科學所不能證實，亦非審美的文學藝術之所能全部描寫，更不直接屬社會政治經濟之範疇以內。一般的道德實踐，亦可不依此諸肯定而成立。所以我們說宗教之精神，是超人文的。這當然不是說宗教家不從事社會人文之事業——自一切宗教事業與人相關處言，宗教亦是人文之一支。但宗教精神之特色，則在肯定此超現實世界，亦卽超人文世界中之形上物事。而宗教家所求者，乃在此現實生命以上之另一生命，亦是明顯之事。如果不然，宗教家將何以別於世俗之人？又何以見宗教之神聖性與莊嚴性？故我說基督教精神又是超人文的，並非貶辭。我們所當用心的，到在去說明超人文的宗教精神何以對人文爲必需：

何以爲人之良知所必須承認肯定其價值者？我們如何去論證或說明宗教中此諸超現實世界超人文世界之形上物事之眞實不虛，並如何判斷、抉擇包括不同形上事物的信仰之各種宗教之高下偏全。這正是各派宗教各派宗教哲學或神學中，產生無數爭論的問題。我此下所談者，主要的卽此諸問題中之最後一個。

這個最後的問題，不是輕易答復的。因答復這問題，不能獨斷的取任一宗教之教義爲標準。因各宗教本身，都自以其教義爲判定其他宗教之高下偏全的標準。這亦不能以上帝的話爲標準。因上帝不直接說話，而只通過其各種代言人說話。要證明什麼話眞是上帝說，此本身須要一人間的標準。然則這標準在何處？這仍在人之良知與良知所統率之純知的理性與經驗。

有些宗教家反對良知爲判斷宗教的標準。因只有上帝可判斷人的事，人不能判斷上帝的事。自判斷之嚴格意義上說，所判斷者應在判斷之活動之下。我們可說人永不能判斷上帝的事。因上帝是超一切判斷活動之上的。他永不能成被判斷者。只能是被信仰者。但自判斷之嚴格義說，則人之良知，是人之一切判斷所自生之原，其自身卽是超一切判斷之上，亦永不能成被判斷者，而只能自己印證覺悟者。因它從未成被判斷者，則上帝能否判斷它的話，亦無由說起。但自判斷之寬泛義說，則去印證去覺悟去信仰，皆是判斷。遂當說上帝能判斷人的事，人亦能判斷上帝的事。譬如，說人不能對上帝作判斷的宗教徒，亦同時可說人不對上帝判斷，將得上帝之寵愛。而此亦可說是在判斷上帝的內心。

以至我們可謂，說人之判斷只是被上帝判斷者，此本身仍是人之一判斷。作此判斷的宗教徒，亦同時本其判斷，而自認此判斷之爲是。縱然我們承認我們之一切行爲，生心動念（包括一切判斷）皆恒爲超越之上帝所知，到世界末日，必經與上帝同體之耶穌，來作最後判斷；但是又怎知所謂世界末日，我們被上帝耶穌判斷，不即是、或同時有我們自己之超越的良知對我自己作最後判斷？如果耶穌上帝在那時對我之判斷，絕對不須經我之良知所認可，則此上帝是否還能算仁慈的上帝呢？畢竟上帝與良知是何關係，是否有世界末日，世界末日如何，這些都是我們今所不能多討論的問題。但是至少在人們相信這一切時，人們自己良知，仍必先自己承認此相信是好的；則人們實際上還是必須先肯定其良知之存在，而以良知作判斷宗教信仰的標準。所以，以下我卽依良知之標準，以對各宗教之價值，加以一番抉擇。

（甲）依良知爲標準，我們可說一切高級宗教中之超越信仰，皆出自人之求至善至眞完滿無限永恒之生命之要求，求拔除一切罪惡與苦痛之要求，賞善罰惡以實現永恒的正義之要求，因而是人所當有的。我們不能說此要求是人心所不當有。因如果此要求非人心所當有，則一切求生命存在，求去苦痛罪惡，實現正義之社會政治法律文化之事業，亦不是當有的。此要求是主觀的，但又是一面要求，一面卽肯定滿足此要求的對象之客觀的存在的。此客觀存在，乃是形而上的客觀存在。人只根據其純知之活動及其所認識之自然世界現實世界之情狀，來否定宗教要求之價值，來判定宗教上所肯定之上帝佛天國極樂世界必不能存在，同是不可能的。因爲通過人之良知，去看此不完滿而充滿罪孽苦痛之自然世界現實世界，正是人望由道德實踐加以改造，加以否定的；亦卽透過我們之道德實踐來看，當成爲非眞實，正逐漸成爲非眞實，而其本性卽爲非全眞實者。故此自然世界，現實世界，永不能成爲判斷其他宗教家心中之形上世界之不眞實之標準。而一切對現實存在爲眞之科學的語言，亦不能成爲衡定宗教的語言之是否包含眞理之標準。

（乙）依良知之標準，我們可說一切高級宗教中所講之上帝、阿拉、梵天，在究竟義上都不能與人之良知爲二，而相隔離。如爲二，則此二亦必須通過良知之肯定。此肯定卽已通二爲一，或使二者之關係成不離之相保合的關係。基督教（此文基督教包含天主教）、回教之創造理論，以人之良知或靈魂被造出旋卽犯罪，便與天心或上帝有一隔離，乃再以道成肉身之救主或先知，爲通達人神之路，亦可說。不過多了一曲折。至佛教之一派所謂兼含悲智之如來藏心、常住眞心，在實際上亦只能是指人之與天合一之良知。其德性亦與西方之上帝無別。但佛教以此如來藏心常住眞心，惟在吾人煩惱淨盡時乃顯。吾人平日之心，皆爲染心而在纏。其工夫遂偏在去染出纏，理論偏在說空。基督教則欲憑仗人之信，以求正面的連接於神，其工夫乃偏在將精神上提，其理論偏在說有。然基督教仍以吾人之心，爲原始罪惡所汚。故與佛教同不免重在超化吾人之當下之心；而不重直接承担此當下之心之善根。至於中國之儒教，則以人只要反身而誠，則卽在一切染心罪惡心中，皆可見得此至善之本性，此良知之存在。一綫微光與大明終始，一隙之天與長空萬里，乃凡聖之所由異。但此非本性上之差別。識得一綫微光是光，即通達於大明。識得一隙之天是天，即不隔於長空。人知此理，而後可極高明而道中庸，使超世間與世間不二，而肯定一切人生人文之價值；由知此理能通達而不隔，而後能相信，東海有聖人此心同此理同，西海南海北海有聖人，此心同此理同；而後能舍名相之異，與工夫方法之異，而通達一切宗教之所同，使之相容而俱存。

（丙）基督教對人升天堂後之生活之如何，視爲屬於上帝之奥祕而不可說。然佛教對於超凡入之聖者境地，則求依層次說出。故講由修行所證之超世間的果德，基督教不如佛教。但基督教要上帝之國來到世間，故基督徒更重在世間作謀社會福利之事業。此則佛教不如基督教。

（丁）無論是眞說或只是譬喻象徵的說，基督教謂萬物皆爲人而造，只人能蒙恩救，此皆表示一提高人之地位之精神。但佛教以一切有情皆能成佛，則表現一更廣大之慈悲心腸。基督教有永恒的地獄，乃所以表現罪惡必受罰之正義原則，使人更畏懼罪惡而不敢犯。基督教不承認輪迴，則人此生不行善，一死只有入煉獄，等待末日審判之來臨，因而可使人更要在此生行善。上帝之設有永恒之地獄以待罪人，即可增上帝之尊嚴，使人更生一神聖感。但此皆基督教信仰之效用上的價值。基督教謂人在末日審判後入地獄即永受無盡之苦，永不能自己懺悔，蒙上帝之恩救，而再無下文。如此言非方便說譬喩說，視之爲眞，即不免否定了人之良知永能自動顯發以懺悔其罪孽之理，且使其上帝之仁愛，不如入地獄救衆生之佛之慈悲矣。

（戊）人之超凡入聖之路道，可不只一條。所謂上帝之啟示，如實言之，與良知之眞覺悟或發菩提大悲心，在眞實之體證中，可無本質上之差別。基督教徒，如謂唯信耶穌者可升天堂，一切人皆須在爲馬利亞所生之耶穌前屈膝，這便不能算眞能致廣大。西方基督教徒與回教之戰爭，新舊教之戰爭，新教路德卡爾文宗之爭，及一切對異端之審判流放殺戮，都由此種不免以超凡入聖之路道，只有一條來。此種排他的救渡說（Exclusive Theory of Salvation用Robinson於Mind in the Making一書（中文譯文名心理之改造）中評基督教之名詞），卽我所謂基督教中戰爭種子也。

（己）如將人心與上帝心相對而說（如合一說，當別論），則上帝心有超越於人心之處，人心亦有超越於上帝心之處。上帝心超越於人心處，在其純善、無惡、無苦。人心之超越於上帝之處，在其能感受苦痛與罪惡，而又能超越苦痛罪惡。基督教謂上帝化生爲耶穌，具神人二性，以擔負罪惡苦痛。此固所以表現上帝之仁愛，其對人之恩典。然亦見上帝之必須兼具人性，歷人所歷之罪惡苦痛再超越，而後完成其爲三位一體之上帝。此卽謂上帝之性與人性，乃相依待相保合以完成。（俄哲貝得葉夫Berdyaev之Destiny of Man及Freedem of Spirit論此最精闢。懷特海則以上帝與一切萬物之關係，皆爲相依待相涵攝而相保合之關係。）基督教必直接以神人二性之耶穌爲救主，而不以聖父之上帝爲救主，亦卽見重人爲基督教義之核心。其崇拜耶穌，卽不止崇拜其神格，而亦崇拜其人格。然基督教崇拜人格之精神，未能至乎其極。因其能崇拜耶穌而祀神如祀人，然缺乏如中國之祭祀先聖先賢與祖先之事人如事神。其神人之關係論中，對人之良知之尊重，仍嫌不足。其視人之能得救，純由聖靈之感動，或上帝耶穌之賜恩，而不說爲人之自己良知之自動覺悟。謂人之能覺悟，亦由神之賜恩，在一義亦可說。但此接受神之賜恩本身，亦待於人之覺悟，故吾人以爲神之賜恩之成其爲神之賜恩，亦由人良知之覺悟，亦可說，如此方見天人合一之義。而基督教徒偏於說前者，其意蓋在去人之傲慢，養人之謙卑。然人之謙卑，爲一德性，而人之高明，亦爲一德性。只卑人而尊天，則必不免使人失其高明。由此而我乃知中國儒者之崇效天卑法地，既教人於禮上謙卑，又教人於智上高明，乃爲宗教道德之極致。由此我又知完滿之宗教，不僅當事神如有人格，必包含事人如有神格。亦唯由此而後吾人對異教中之人格，能加以尊禮崇祀，以成就一兼祀天與祀人，天人並祀之新宗教精神。此卽可由中國固有禮教中之兼祀天地親師之宗教精神之推擴以形成。此新宗教精神，卽可協調和融各宗教，而使之各得其所，而永絕各宗教徒間之互相輕藐之意，由此而可絕一切已往因宗教而生戰爭之種子。

（庚）欲成就此新宗教精神，除待於儒教之致廣大精神之復興外，亦係於各宗教徒之自己依宗教的良知，去其偏執之觀念。因今日基督教國家最富最強，基督教之勢力亦最盛，故我須先望基督教徒，先充量發展其宗教的良知。

宗教的良知，望一切人得救，卽不忍謂實有永恆的地獄之存在。

宗教的良知，知上帝之愛無所不及，卽不忍謂上帝之啟示只及於自己之教主。宗教的良知，必須相信上帝之愛既無所不及，必廣開天國之門，而願啟示其自己于各民族各時代之有宗教意識之人中。

（辛）耶穌本人，並未明白否定上帝之啟示可及於異教。耶穌非嫉妬上帝之啟示於他人者。宗教史家多謂耶穌並未嘗自言是上帝之獨生子。新約中之上帝，亦非如猶太教中上帝之爲嫉妬人崇拜他神者。故基督教後成爲不寬容之宗教，可說爲人之過失，亦可說爲其弟子之過於推尊其師，及猶太教與羅馬法律精神注入基督教之結果（此義，人論者極多）。又中古基督教中，亦有主張一切人可得救，反對永恆之地獄。謂人之有限罪不當受無限之罰者，如 Origen, John Scote。此實更合於耶穌願救一切人之罪之精神。然此種思想皆在中古被判爲異端。如循人之宗教的良知，而充量發展耶穌精神，正當升此異端爲正信。基督教中，又有主張於形式上之教會外，有精神之教會者。在此精神的教會中，正可包括於一切在形式上不信基督教者，而肯定其皆可入天國。如此則可去吾人所批評之二弊，亦正所以承繼光大耶穌之精神。由此而卽可去吾人所言之基督教中之戰爭之種子。

（壬）以上限於說我對宗教教條或宗教信仰之抉擇，尙未說到宗教生活本身及其與道德生活之關係等。此乃一更深之問題。亦卽由哲學神學進至聖學之問題。今不能及。但是卽就宗教信仰與宗教教條上說，我亦以世界各宗教，在今日應求相互承認其他宗教之信仰教條之價值，而一方自己修正其信仰教條中與人類良知相違之處，或將此等處存而不論，而專發揮其與人之良知相合之處。今日世界上宗教之大敵乃唯物論。如唯物論控制人類思想，則一切宗教同不能存在。故各宗教應全力以反唯物論。而不應自己相輕藐。其次，在今日足毀滅宗教之哲學思想，尙有否定一切形上學而使形上信仰成不可能之邏輯實證論與感覺經驗主義，否認精神價值的眞實存在之某種自然主義。但這些哲學尙不似唯物論之有政治力量代之推行，且其本身雖反對宗教亦反唯物。故宗教徒仍宜一面亦多少承認其價值。至於其餘各派哲學思想則大均可對宗教信仰之建立，有直接間接之積極的帮助，宗教徒皆應加以研究，而不能故步自封於其已往之教義思想中，乃能破邪說而申正信於天下。

以上所說，即我對於宗教之抉擇所達之一些結論，其理由不能全說出。各人可以自己再抉擇一番。莫有經過抉擇的信從，亦不是依我之良知所希望於于人的。如人覺自己莫有能力去抉擇，則存疑而抱「知之爲知之，不知爲不知」之態度亦是好的。至於因爲不了解我之所說之意義，而依什麼唯物論邏輯實證論感覺經驗主義，而說我之話無意義，亦未嘗不可說。因我所說，確無他們所謂「意義」之意義。但是意義一辭之意義，本不限於他們所說。一個人定要把意義一辭之意義局限在很小的範圍，亦是無可奈何的事。但是如果人們願意進一步，仍可看見一更廣大的「意義」之意義所指之世界。這篇文章，我知道寫得很不圓滿，尤其是涉及天人之際的地方，許多道理都要如從刀鋒上說過去一般，乃能入微。我還是希望每一人皆能獨立蒼茫自運思，終當相遇於旦暮也。

懷鄉記

王貫之先生出了此題目，要我寫。我的祖籍是廣東客家，我的家鄉是四川宜賓，但我半生都不在四川。在四川時，亦從小就住在成都。眞在我家鄉住的時間，合起來不過三四年。我現在只能回想在四川的一些雜事。

成都是一有長遠文化歷史的城市，有不少的古蹟。這是人人都知道的。我幾歲時的事，許多都忘記了。但是我總記得當時父母帶我游草堂寺、武侯祠、青羊宮的情形。無論是在諸葛武侯、杜工部、黃山谷、陸放翁，及老子的像前，我父親總是要我行禮。記得一次，在青羊宮八卦亭前，對穿黃袍的老子行禮。此事至今猶依依如在目前。我常想我到今日還能對中國古人有一厚道的心情，去加以尊敬，亦許都由於在幼小時期，我父親對我這種教育。

成都住家，人都知道是一極舒服的地方。但是我並不喜歡成都人，與成都一般社會的風氣。四川地方太大。川西、川南、川北、川東，各是一風氣。川北人像北方人，比較堅苦篤實。陳子昂、陳壽、李白都是川北人。川東人更富於進取心，但商業氣息比較重。秦良玉、鮑超、鄒容，是川東人。成都屬川西，是司馬相如、楊子雲的故鄉。成都人以文采風流，聰明靈巧勝。川南人則比較敦厚，富於人情。三蘇生於眉山，是上川南。嘉定以下是下川南，皆爲岷江流域。岷江流域在宋代已出人才不少。淸末如廖季平、宋芸子、趙堯生諸老先生，都生於下川南。我的家鄉宜賓，亦是下川南。宜賓位在岷江與長江金沙江之交。亦爲四川與雲南交通孔道之一城市。宜賓人作川滇間的生意是有名的。宜賓有一條街名棧房街（卽旅店街）。當一商人到雲南採辦貨物回來，便堆在棧房街之棧房，請棧房主人代賣，他自己再到雲南去。棧房街之棧房主人，總是在高價時，才代其賣出。所以宜賓棧房街之棧房主人之忠厚有信義，亦是著名的。我想宜賓之名字，亦許卽由此而來。

宜賓的古蹟，有弔黃樓流杯池，是蘇東坡與黃山谷同游之地。中國過去的古人，足跡無論到那裏，當地的人，都修建祠堂，加以紀念。如蘇東坡足跡遍天下，而紀念的祠堂，亦遍天下。我現在距我故鄉六七千里，然而想着蘇東坡曾作嶺南人。嶺南人至今仍紀念東坡，我亦便不覺距故鄉之遠了。何況內子亦是蘇東坡之小同鄉呢？

大概是我的七世祖，才由廣東五華到四川。據說他到四川後已成了孤兒。十五六歲，便爲製糖店傭工，因得主人信賴，借與本錢，後便獨立製糖，生意極好。糖由宜賓一直運出三峽。後來糖船翻了，乃在金沙江畔，購地業農。勤儉積蓄，在我四世祖，便有五六百畝田。我祖父一代才開始讀書。我父親十七歲，便入了學。民國以來，我家的佃戶的兒子，亦確確實實有兩個讀完了高中，其他亦都在讀書。中國過去的社會，是士農工商打成一片的社會，而不是階級壁壘森嚴的社會。我的家世，便是一最明顯的證明。本無階級壁壘的中國社會，偏要依馬列主義之公式，來製造階級壁壘。當然要弄得鬼哭神號了。

我的家在金沙江畔，與岷江長江相交處。長江的源，以前說是岷江。現在說是金沙江。蘇東坡說「我家江水初發源」。這話不對，他是住在岷江邊。我才可以說「我家江水初發源」。當然住在金沙江上流的人，更配說此話。不過我家距上流不遠，便是屏山漢夷雜處之區了。

宜賓古名戎州，又名僰道，初亦為夷人所居。據說現在被迫入山之夷人，仍念念不忘宜賓。他們每日在天亮之前，都要教其小孩，以後要再回宜賓來。這事我幼時聽講，一方是怕，但一方亦非常同情。為什麼不讓他們回來呢？後來長大，有機會碰見夷人，我總不勝其同情。一次，一有知識的夷人告我，夷人崇拜孔明，稱之為孔明老子，直到而今。當基督教初到雲南向夷人傳教時，最初亦只好說耶穌是孔明老子之哥哥。這事當即使我感動泣下，永不能忘。

我家距金沙江只數十丈，出門便可遙望江水。對江是綿亘的山。記得一次我父親在門上寫了一對聯是：「東去江聲流汩汩，南來山色莽蒼蒼」。這是寫實。金沙江最可愛的時候，是冬季，江水幾全涸了。江底露出，並無沙泥。只見一片黑白紅赭的石子，互相錯雜。遠望如一大圍棋盤。偶然聽見江上漁船歌聲。繞灣又不見了。我每當此景，便會想起錢起湘靈鼓瑟的最後二句：「曲終人不見，江上數峯青。」我在任何地方，都不能有更切合此詩之意境的情調了。

凡在中國農村生活過的人，都知道農村中一年最值得留戀的生活，是秋收時的嘗新、過年及清明時的上墳祭祀與到親戚家去玩。秋收時的嘗新，要先餵狗。因爲據說，穀子是狗帶來的。鄉中人是不殺狗不殺耕牛的。這一種對動物亦不忘恩的精神，眞是中國文化中最可貴的一面。記得幼年時吃飯，是不許掉一顆飯的。如掉了，必被祖母責備。而外祖父對此點尤爲嚴肅。當嘗新時，他更要對此事，諄諄告誡。

我十六歲才回鄉，以前從未上墳，亦無祖宗之觀念。記得祖母在時，他從故鄉到成都，總是帶一本家譜。每見我無聊，便說你何不看看家譜。我覺非常好笑，家譜有什麼好看呢？而且我在十三四歲時，便看了新文化運動時反對跪拜的文章，故以後回鄉，亦不再上墳，祭祀時亦不跪拜，若以此爲奇恥大辱。到我父親逝世，才知祭祀跪拜，乃情不容已。後來回鄉，便總要去上墳，晨昏亦親在天地君親師之神位及祖宗神位前敬香。我同時了解了人類之無盡的仁厚惻怛之情，皆可由此愼終追遠之一念而出。而我對共黨之清算父母祖宗，痛心疾首，亦由於此。

我十二歲半以前都在成都。十一歲時入高小，是成都省立第一師範附小。我記得每週星期一第一堂是修身，由省立第一師範校長祝屺懷先生親自教。國文是蕭中侖先生教。第一篇是莊子的逍遙游，第二篇莊子養生主。而且要我們背誦抄寫。對於高小學生，以莊子爲教材，現在人一定要以爲太不適合兒童心理。但是我對「北溟有魚」，「庖丁解牛」，當時亦能感趣味。我後來學哲學，亦許正源於此。我在成都讀書時，我記得當時校長來與先父下聘書時，總是用一封紅封紙聘書，親自交與先父，同時還要作揖。據說再早一些時，校長還要向教員跪拜，表示代父兄鄭重將學生付託於先生之意。成都大成學校校長徐子休先生，躬行儒學，士林所宗，雖年逾七十，但對其校內先生歲數小三四十歲者，亦要親自跪拜。我於民國十八年第一次在成都教書時，校長較我長三十歲，送聘書時，亦向我三揖，使我當時大為驚異。但到了民廿一年，我再回四川教學時，便莫有此風，只是校長親來一握手而已。到二十六年，我到華西大學教書，便根本未見過校長的面，而那校長，還本是我先父曾教過的學生呢。後來在許多學校教書，便是除了系主任見一面以外，每期由工友送聘書了。現在香港，便用郵政送聘書了。我不知道究竟是文化的進步呢，還是退步呢？

我與江水有緣。我生在金沙江岷江邊，讀小學，在成都之錦江邊，讀中學，在重慶之嘉陵江邊。金沙江水深，岷江岸濶，錦江溫柔，嘉陵江曲折多姿。我所讀重慶聯中在重慶兩路口駱家花園。在民國十一二三年的兩路口，不似抗戰時之兩路口之喧鬧，純是一片鄉村景象。石板路上的戴笠者，與路旁的涼棚賣茶，幾根甘蔗倚在案邊，處處顯得安閒、恬靜，而蕭疏。此校是川東書院舊址。禮堂上，尙有大成至聖先師孔子神位。學校之後有山名鵝項頸，其上可左瞰長江，右瞰嘉陵江，直上卽浮圖關。當時之浮圖關，只有一座一座之牌坊與墳墓。夕陽古道，秋風禾黍。使人念墓下潛寐人，千載永不寤。當時正是新文化運動浪潮輸入四川之時，重慶首當其衝。共產黨之蕭楚女惲代英，都曾在該校演講。蕭楚女在重慶主編一報，口口聲聲要去掉五千年文化毒。當時國家主義國民黨，亦在重慶活動，但是我們學校的師生，都另有抱負。我所最難忘的是當時幾個十五六歲的朋友，都並不全隨潮流走，而要融貫今古中西。其中一個是和尚，後稱映佛法師。他當時亦在我們學校讀書。一個名宋繼武，他半年理一次髮，天天要改革社會。一個名游鴻儒，最爲特殊。他所穿的粗布長袍，只長到膝。他床上只有一硬被，堆滿了書，如二十二子之類。他眞以鴻儒自居。小小年紀，便看不起胡適之與陳獨秀諸人。他下筆千言，無事便靜坐，我眞自愧不如。他與我相約，每週讀宋元學案一學案，又以必爲聖人之志，與我相勉。但一次他回鄉再來。他說路上看見人之啼飢號寒，心裏難過，覺宋明理學太莫有用，一定要從事實際社會政治事業。但一定要反對共產主義。於是他在校中組織了廿四人的團體，我亦在內。他另參加了國家主義組織。但我未參加。轉瞬中學畢業，在民十四年，我們同到北平讀書。但到北平，他的思想就逐漸的變左。先把名字由鴻儒改爲鴻如。後來他與宋君竟同參加了共產主義青年團，我亦不參加。因我當時雖贊成共產主義之社會理想，但已反對其唯物論。我提議先修正唯物論。他們對我大加譏笑。在北伐前，我亦算參加了國民黨。十六年到了南京，因左右派都在拉青年，我覺麻煩。遂成了討厭政治的不革命的青年。從此走到學術的路上去。直到而今，仍不喜現實政治。他們到了武漢。總寫信罵我不革命即反革命。我一時很傷心。曾寫信問：「難道不與你們同政治主張，便無友誼了嗎」？我記得清楚他們之回信，是「戰場上的人是不能相握手的。」我得此信，只有付之長嘆而已。但後來武漢淸黨，宋君被捕槍斃。游君到了南京，仍躲在我處。他談到共黨內部鬥爭之情形，與他戀愛的挫折，再回想到他中學時之思想，於是矛盾苦惱，不能自拔，幾乎自殺。此時他十分感謝我對他之友誼，他說我使他再生。他後來亦對政治消極，回重慶去了。民廿一年我再回重慶後，再遇見他。又變成一談吐風生的人。我們曾重到一兒時舊游之地，茶館中談天。他忽然立在檯上，好似對我講演。他說「我當過青年黨，當過共產黨，當過國民黨，曾過儒家生活，曾過道家生活，亦曾讀佛書與西洋書，我現在要為中國人建立一人生哲學，你可以帮我的忙」。當時我覺他態度有點好笑，但其志亦殊可嘉。後來分手了。隔三四年，忽然得他一信。說他為了要建立人生哲學，必須對佛家之精神境界，求有一實證。故靜坐求證道，已入初禪定。但因一念矜持，着了魔，現已入肺病第三期，勢不能久。我記得他最後幾句是「帶孽以去，茫茫前路，不知何所底止。」並希望我在他死後為他唸金剛經半月，因為只有我了解他之一生。字跡一如平時，無一潦草之態。在他信後，有他夫人批了數字說鴻如已於某月日辭世，他死時不到三十歲，我得此信，眞是悲傷，感慨萬端，不知如何想起。我只有照他所說，為他唸金剛經半月。我從他的事，既嘆息中國青年之死於政治鬥爭者不知凡幾，又了解中西新舊文化衝突的悲劇，與人心中之許多深微奧妙的問題。我有好多年總想到死友墓上一去，終未得果。回想在嘉陵江邊，同游的朋友多作古，或不知去向。現在只有那一和尙映佛法師，還在支那內學院（據說現在亦停辦了）。他隨歐陽竟無先生呂秋逸先生學佛學，二十年如一日。我後亦常遇見他，只有他能一直以一恬靜而悲憫的情懷，談論着當時的朋友們之死生憂患。但是他又何嘗知在此天涯海角，我在此作文紀念他們呢？

處此大難之世，人只要心平一下，皆有無盡難以爲懷之感，自心底湧出。人只有不斷的忙，忙，才可以壓住一切的懷念。我到香港來，亦寫了不少文章。有時奮發激昂，有時亦能文理密察。其實一切著作與事業算什麼？這都是爲人而非爲己，亦都是人心之表皮的工作。我想人所眞要求的，還是從那裏來，再回到那裏去。爲了我自己，我常想只要現在我眞能到死友的墳上，先父的坟上，祖宗的坟上，與神位前，進進香，重得見我家門前南來山色，重聞我家門前之東去江聲，亦就可以滿足了。

人生半月刊　四十一年一月一日元旦

國家圖書館出版品預行編目資料

人文精神之重建

唐君毅著. – 校訂一版. – 臺北市：臺灣學生，2000[民 89]印刷
面；公分 –(唐君毅全集；卷 5)

ISBN 978-957-15-1021-7 (平裝)

1. 人生哲學

128　　89007312

唐君毅全集　卷五
人文精神之重建

著作者：唐君毅
出版者：臺灣學生書局有限公司
發行人：楊雲龍
發行所：臺灣學生書局有限公司
臺北市和平東路一段七五巷一一號
郵政劃撥戶：〇〇〇二四六六八號
電話：（〇二）二三九二八一八五
傳真：（〇二）二三九二八一〇五
E-mail：student.book@msa.hinet.net
http://www.studentbook.com.tw
本書局登記證字號：行政院新聞局局版北市業字第玖捌壹號

定價：新臺幣五五〇元

一九八九年二月全集校訂版
二〇一八年五月全集校訂一版三刷

11902

ISBN 978-957-15-1021-7 (平裝)